Sara Pankenier Weld

·

Voiceless Vanguard

The Infantilist Aesthetic
of the Russian Avant-Garde

Northwestern University Press

Evanston, Illinois

2014

Сара Панкеньер Вельд

·

Безречие авангарда

Эстетика инфантилизма в русском авангарде

Academic Studies Press

Библиороссика

Бостон / Санкт-Петербург

2023

УДК 7.011+ 821.161.1
ББК 83.3(2=411.2)+685.103(2)6
    В28

Перевод с английского Ирины Знаешевой

Серийное оформление и оформление обложки Ивана Граве

Вельд, Сара П.

В28   Безречие авангарда. Эстетика инфантилизма в русском авангарде / Сара Панкеньер Вельд ; [пер. с англ. И. Знаешевой]. — СПб.: Academic Studies Press / Библиороссика, 2023. — 370 с. : ил. — (Серия «Современная западная русистика» = «Contemporary Western Rusistika»).

ISBN 9798897837939 (Academic Studies Press)
ISBN 978-5-907532-84-7 (Библиороссика)

В своем исследовании Сара Вельд предлагает новый подход к русскому авангарду, утверждая, что его представители — писатели, художники и теоретики — сознательно использовали эстетику инфантилизма, вдохновленную детским искусством, языком, перспективой и логикой. В книге рассматривается влияние детских рисунков на неопримитивистское искусство Михаила Ларионова, роль детского языка в кубофутуристической поэтике Алексея Крученых, использование наивной перспективы в формалистической теории Виктора Шкловского и место детской логики в абсурдистских сочинениях Даниила Хармса.

УДК 7.011+ 821.161.1
ББК 83.3(2=411.2)+685.103(2)6

ISBN   9798897837939
ISBN 978-5-907532-84-7

Посвящается Дэвиду

Слова благодарности

Своим существованием эта книга обязана поддержке, полученной из многих источников; в значительной степени ее замыслу и воплощению способствовало бессчетное множество исследователей и научных работ, которые ее вдохновили. Прежде всего, я благодарю Монику Гринлиф, а также Лазаря Флейшмана, Григория Фрейдина, Сэта Лерера и Габриэллу Сафран в Стэнфордском университете, которые сильно улучшили эту книгу. Я также в долгу перед теми, кто читал или делал замечания относительно всего проекта или его частей в ключевые моменты его развития, особенно перед Мариной Балиной, Марией Николаевой, Мэри Николас, Ларисой Рудовой, Барри Шерром и моими рецензентами. Другие исследователи поделились своими ценными замечаниями и комментариями по поводу моей работы: Оксана Булгакова, Мария Гауф, Анна Губергриц, Лия Дикерман, Марина Косталевски, Миша Куничика, Лев Лосев, Янина Орлов, Кевин Платт, Харша Рам, Дик Шелдсом, Джэффри Шнапп и Джозеф Фрэнк. Я благодарна за поддержку в ходе российской части исследования Санкт-Петербургскому государственному университету культуры и искусства и Московскому государственному университету, а также Александру Белоусову, Валерию Воскобойникову, Андрею Ефремову, Валентину Головину, Евгению Кулешову, Ольге Лазовской, Михаилу Лурье, Светлане Маслинской, Кириллу Маслинскому, Юлии Петровой, Анне Сенькиной, Инне Сергиенко, Марине и Сергею Сорокиным в Санкт-Петербурге, а также Марии Ахметовой, Михаилу Алексеевскому, Ирине Арзамасцевой, Анжеле Лебедевой, Юрию Нечипоренко и Ирине Одинцовой в Москве. Бесчисленные коллеги и студенты поддерживали эту работу, воодушевляли меня и задавали вопросы, которые наталкивали меня на новые открытия. Я особенно признательна Александре Алимовой, Адаму Вайнеру, Мартине Винклер, Амелии Глейзер, Любе Голбурт, Мише Гронасу, Марине Жуковой, Марте Келли, Анастасии Костецкой, Кате Макклейн, Ларри Маклеллану, Чанел Миллер, Эрике Монахан, Энн Икин Мосс, Кате Неклюдовой, Тому Робертсу, Свену Спикеру и Тому Ходжу. Все эти люди щедро делились со мной своими знаниями и идеями и способствовали формированию и окончательному воплощению этой книги, но они не несут ответственности за ее недостатки.

По мере того как этот проект подходит к завершению, я хочу выразить свою благодарность команде издательства *Academic Studies Press*, особенно Ксении Тверьянович и Ивану Белецкому, а также Майку Левину и Анне Гендлер в издательстве *Northwestern University Press*, которые руководили этим проектом на всех стадиях и до окончательной реализации на английском и на русском. Я также глубоко благодарна талантливому и умному переводчику этой книги Ирине Знаешевой. За исследовательскую кураторскую поддержку в Санкт-Петербурге я признательна Марине Сорокиной из Государственного Русского музея и Наталье Козыревой из Мраморного дворца. Я благодарю Евгению Илюхину и Ирину Шуманову из Отдела графики Третьяковской галереи, а также Дмитрия Карпова и кураторов вспомогательной библиотеки в архивах Государственного музея В. В. Маяковского в Москве. За помощь с получением прав на изображения я благодарю Максима Амелина, Елену Боконскую, Ольгу Бухину, Лиз Куртулик, Екатерину Лахмотко, Энтони Партона, Любовь Родионову и Ольгу Савину. Я также хочу особо поблагодарить Варвару Викторовну Шкловскую-Корди и Никиту Ефимовича Шкловского-Корди. За доступ к исследовательским материалам я хочу поблагодарить Андреа Иммель из Собрания Котцена библиотеки Принстонского университета и Друзей Принстонской библиотеки за финансовую поддержку моей работы с этими собраниями.

Бо́льшая часть исследования и работы над книгой была поддержана грантами. Я признательна Департаменту образования США за Стипендию Фулбрайта-Хейза для проведения докторантского исследования за границей, благодаря которой я долгое время могла заниматься изысканиями в России. Стипендия Джеральда Либермана, полученная от Стэнфордского университета, поддерживала меня в период завершения моей диссертации. Центр российских, восточноевропейских и евразийских исследований Стэнфордского университета предоставил мне летний исследовательский грант. Центр международного взаимопонимания Джона Слоана Дики Дартмутского колледжа предоставил мне возможность посвятить себя постдокторантским исследованиям и работе над книгой. Фонд Эндрю Меллона оказал финансовую поддержку в публикации этой книги на английском. Северная сеть исследований детской литературы, которая финансируется Северной академией исследований, поддерживала мое участие в различных научных мероприятиях в Европе. Европейский научный фонд субсидировал мое участие в конференции по детской литературе и европейскому авангарду на завершающей стадии работы. Академический Сенат в Калифорнийском университете в Санта-Барбаре оказал финансовую поддержку в публикации этой книги на русском. Части четвертой главы ранее были опубликованы на английском, датском и русском в журналах *Slavic Review* и *Nedslag i børnelitteraturforskningen* и в собрании «Детский фольклор в контексте взрослой культуры» соответственно. Материалы этой книги были представлены в Амхерстском колледже, Бард-Колледже, Йельском университете, Калифорнийском университете в Санта-Барбаре, Линшопингском университете, Нью-Йоркском университете, Принстонском университете, Стэнфордском университете, Стокгольмском университете, Уппсалском университете и Чикагском университете.

Моя семья оказала мне поддержку в этом предприятии, как и всегда. Я обязана своей матери Биргите Ваннберг, которая является для меня образцом как писатель, и своему отцу, Дэвиду Панкеньеру, который всегда вдохновлял меня как исследователя.

Мои дети, Теодор, Майя и Корнелиус, постоянно углубляют мое понимание того, что же на самом деле означает — или не означает — детство, и в то же время они неизменно придают моей жизни величайший смысл. И наконец, невозможно выразить благодарность моему мужу Дэвиду Вельду, чья вера в меня указывала мне путь в тумане и чью надежную поддержку, чьи жертвы ради меня я никогда не забуду. Ему я посвящаю эту книгу.

Введение
От безречия к голосу

Non enim eram infans qui non fare, sed iam puer loquens.
Я был уже не младенцем, который не может произнести слова, а мальчиком, который говорит, был я.
[*Августин 2013: 11*]

Идея младенчества как состояния безречия вне пределов языка, таящего в себе потенциал возможностей, занимала философов со времен Августина Блаженного (345–430). Августин в Книге первой «Исповеди» описывает собственный переход от состояния бессловесного младенца к состоянию мальчика, который говорит, постигнув символические возможности языка. Он размышляет об обретении понимания простых значений и наблюдает за тем, как это дало ему возможность выражать свои желания и избежать беспомощного состояния младенчества [Августин 2013: 11–12]. В XX веке философ и логик Людвиг Витгенштейн (1889–1951) отталкивается от этого пассажа Августина в своих «Философских исследованиях», размышляя о примитивном языке ребенка [Витгенштейн 1994: 81]. Он и прежде исследовал идею «невыразимого» в «Логико-философском трактате», проверяя границы языка и осмысленности, и определил, что пределы языка проходят там, где заканчивается мышление — в бессмыслице [Там же: 1–72]. Современный философ Джорджо Агамбен развивает эти идеи в эссе «Детство и история» (1993), утверждая, что изначальные пределы языка, которые ищет Витгенштейн, «лежат в самом трансцендентном происхождении языка, а именно в младенчестве» [Agamben 1993: 51]. Агамбен приходит к выводу, что «пределы языка должны быть установлены... в переживании языка как такового, в его чистой самореференции» [Ibid.: 5]. Для этих трех философов бессловесный младенец, или *infans qui non farer*, в состоянии перехода к ребенку, который говорит, или *puer loquens*, существует в языке, в то же время приобретая символическую способность, присущую сигнификации. Подходя к состоянию младенчества с точки зрения философии, лингвистики или психоанализа, мыслители постоянно находят источник неизреченного в «младенце/ребенке». В этой книге я исследую, как ведущие деятели русского авангарда сходным образом использовали конструкт «младенец/ребенок» для того, чтобы раскрыть потенциал младенчества как состояния вне пределов языка. Моя книга, являясь исследованием инфантилизма в литературе, искусстве и теории русского авангарда, прослеживает путь от неговорящего ребенка, или *infans*, к ребенку, который обрел дар речи — *puer loquens*. Темы, поднятые такими философами, как Августин, Витгенштейн и Агамбен, включая безречие и невысказанное, пределы языка и границы смысла, а также чистый опыт самореферентного языка, снова и снова возникают на протяжении всего исследования того, как русский авангард конструировал «младенца/ребенка» по отношению к языку.

Мой тезис состоит в том, что видные лидеры русского авангарда использовали конструкт «младенец/ребенок» в качестве неговорящего субъекта, с тем чтобы противостоять материальности языка и означивания. В моем исследовании, где утверждается ведущая роль инфантильного примитивизма и инфантильной эстетики в рамках теории и практики русского авангарда, я описываю феномен, который я выделяю в произведениях авангардного изобразительного искусства, литературы и теории художника Михаила Ларионова, поэта Алексея Кручёных, критика Виктора Шкловского и писателя Даниила Хармса. Каждая из этих фигур, в свою очередь, служила примером для более широкого движения внутри нескольких тесно взаимосвязанных течений русского авангарда. Я считаю, что широкий интерес к «младенцу/ребенку» становится важной тенденцией авангардного движения, которая иногда знаменует стадии его развития, иногда оказывается решающей в поэтике или идеях отдельного автора, а иногда — знаковой для эстетической практики целых групп. Я отмечаю, как инфантильный примитивизм, или работа по сбору, организации выставок, а также подражание детскому искусству и языку среди ведущих деятелей авангарда, неуклонно движется к утверждению инфантилистской эстетики — такой термин я использую для описания теории и практики, которая заявляет самостоятельную ценность инфантильной перспективы и субъектности ребенка. Значение этих ключевых терминов связано со словом «infans» и его этимологическими, лингвистическими и философскими связями с идеей «неговорящего» субъекта. Действительно, я бы сказала, что именно «довербальное» состояние младенца и позиция ребенка до конвенций вербальной и визуальной репрезентации предопределяют авангардное увлечение пограничной фигурой «младенца/ребенка».

С лингвистической и психологической точки зрения состояние младенчества «без слов» представляет собой период, предшествующий языку. В своем психоаналитическом подходе к семиотическому измерению языка, основанном на формулировках Жака Лакана, Юлия Кристева развивает идею довербального состояния до языка[1]. Согласно этой концепции языка, означивание требует постижения лингвистических структур, которое отмечает переход к символическому порядку, тогда как семиотика представляет собой состояние единой и неконечной языковой потенциальности, как видно на стадии развития, характеризующейся «лепетом младенца, который испытывает свои произносительные способности прежде, чем научится говорить»[2]. Напротив, символическое состояние зависит от разделения означающего и означаемого в соответствии с конвенциональными отношениями значения. Довербальное, напоминающее предшествующие рисунку каракули, состояние лепета, которому не хватает порядка в этой структурированной системе, существует до конвенций искусства и языка, как и означающие системы

---

[1] См. [Kristeva 1980; Kristeva 1984].

[2] См. статью «Kristeva, Julia» в [Norton 2001: 2166].

в целом. Таким образом, психоаналитический подход к языку показывает, как авангард освобождается от конвенциональных форм означивания путем возвращения к истокам значения, лежащим в инфантильном состоянии до появления языка. Соответственно, детский лепет, который сходным образом находится на границах дискурса, дает источник лингвистического обновления, оказавшегося животворным для тех, кто исповедовал инфантильный примитивизм. Благодаря практике инфантилизма и сознательно инфантильному подходу к языку и форме, авангард стремится создать новые формы искусства на основе пересмотра отношения к значению. Как мы увидим, новый подход к означиванию требует новых моделей интерпретации, а также новых отношений с принудительно инфантилизированной аудиторией.

На метафорическом уровне идея неговорящего субъекта, или *infans*, намекает на политизированные следствия, проистекающие из позиции «младенец/ребенок» — у неговорящего субъекта отсутствует способность к вербальной коммуникации. Без языка младенец может общаться только с помощью крика; в отсутствие социально приемлемых возможностей ребенок бессилен выразить желания или требования. Историческая лингвистика показывает, что этимология часто связывала состояние ребенка с состоянием политического субъекта, которому не дозволено пользоваться правом голоса. Не имея права на выражение, символически неговорящий субъект не может выразить себя, тем более передать инаковость своей точки зрения или изобразить свою внутреннюю субъектность. Тем не менее, как мы увидим, инфантильный примитивизм приводит авангард к появлению интереса к уникальной детской перспективе и голосу, как становится явно из практики инфантилистской эстетики. Авангард, столкнувшись с ограничениями свободы выражения в последние годы своего развития, находит новые рубежи и формы выражения, рассматривая ребенка как субъект и принимая в расчет его субъектность. В конце концов, инфантильность оказывается последним оплотом художественных принципов русского авангарда, ра́вно как и авангард находит свое последнее пристанище в произведениях для детей.

Мы видим, что, когда авангард использует ребенка для создания новой художественной идентичности в XX веке, он конструирует «младенца/ребенка» таким образом, чтобы тот отражал его собственные исходные установки и цели. Как показали исторические и социологические исследования детства, «детство» — это конструкт, по-разному определяемый в разных обществах и в разное время. Например, Филипп Арьес в своем фундаментальном труде выдвигает провокационное утверждение, что до «открытия детства» (его термин) европейская культура не признавала «ребенка» как отдельную категорию людей, и только в XVIII веке ребенок занимает важное место в семье и в истории [Арьес 1999]. Действительно, диахроническая и сравнительная перспектива выявляют, что построение представлений о «ребенке» происходило таким образом, чтобы оставить возможность для критического подхода к исследованию того, как авангард конструирует «младенца/ребенка». Как недвусмысленно заявляет Крис Дженкс, «детство следует понимать как социальный конструкт» [Jenks 1982: 12]. Такая критическая дистанция в соединении с саморефлексивной позицией современной теории помогает обнаружить, что авангард использует ребенка как странного Другого таким образом, что это больше говорит о природе авангарда, чем о природе реального ребенка. Иными словами, авангардный конструкт «младенец/ребенок», проявляющийся в его практике инфантильного примитивизма и инфантилистской эстетики, есть не самостоятельная сущность, а отражение собственно русского авангарда, преломленное через его цели и борьбу за новую идентичность.

Между тем рассмотрение ребенка в семиотическом контексте показывает, насколько плодотворный контраст дает авангарду в его попытках создания своей новой идентичности «младенец/ребенок». Согласно семиотической модели культуры, обновление начинается от периферии, а не из центра семиотической сферы. Будучи периферийным движением по самому своему определению, авангард ищет источник радикального и революционного обновления не в классицизме традиционного канона, а в новых формах, вдохновленных культурными продуктами, находящимися в маргинальном поле. Ю. М. Лотман утверждает, что периферия семиотической сферы является «областью семиотической динамики», и замечает, что «периферийные жанры в искусстве революционнее тех, которые расположены в центре культуры» [Лотман 1996: 179]. Однако в семиотическом подходе Лотмана к авангарду то, что находится на периферии, позже становится центром. «Авангард пережил период "бунтующей периферии", стал центральным явлением, диктующим свои законы эпохе и стремящимся окрасить всю семиосферу в свой цвет, и, фактически застыв, сделался объектом усиленных теоретизирований на метакультурном уровне» [Там же]. Сходным образом авангардистская практика инфантильного примитивизма, которая изначально могла казаться периферийным художественным явлением, постепенно перерастает в инфантилистскую эстетику, которая становится предметом теории на более высоком уровне и утверждается в качестве центрального принципа искусства.

Теория игр также проливает свет на авангард в рамках моего исследования, поскольку понятие игры взаимосвязано с такими конструктами, как «ребенок/младенец» и «авангард», и находится на пересечении их понятийных сфер. Если Йохан Хёйзинга в «Человеке играющем» («Homo Ludens», 1949) [Хёйзинга 2011] первым отдает игре центральную роль в человеческой культуре, то Роже Кайуа в книге «Игры и люди» («Les jeux et les hommes: Essais de sociologie de la culture», 1961)[3] [Кайуа 2007] стремится создать классификацию игры. Определяя игру как деятельность свободную, обособленную, с неопределенным исходом, непроизводительную и либо регулярную, либо «понарошку» [Там же: 49], Кайуа также постулирует континуум между двумя полюсами упорядоченной и неупорядоченной игры, *ludus* и *paidia*, где *paidia* анархически-капризна, в отличие от конвенциональности

---

[3] Кайуа объясняет: «Я избрал термин *paidia* потому, что в основе его — корень со значением "ребенок"», и постоянно ищет примеры этой формы игры или «спонтанного проявления игрового инстинкта» в поведении ребенка. «Ребенок старается утвердить себя, ощутить себя причиной, заставить обратить на себя внимание» [Кайуа 2007: 64–65].

ludus [Там же: 51]. Действительно, именно отсутствие стабильности *paidia*, а не упорядоченность *ludus* [Там же: 66], оказывается релевантным для анархического и разрушительного поведения русского авангарда, которое основано на нарушении ожиданий. В этом отношении предостережение Кайуа относительно упрощенного подхода к детским играм в равной степени применимо к авангарду:

> Многочисленные авторы, упорно видящие в играх, особенно детских, потешно-бессодержательную деградацию некогда осмысленных и считавшихся важными видов деятельности, недооценивали тот факт, что игра и обычная жизнь всегда и всюду представляют собой антагонистические и сосуществующие области [Там же: 92].

Именно разрушительный потенциал авангарда сначала позволил слиться с революционным духом приближающегося 1917 года, а затем стал причиной его гибели — этот потенциал стал угрозой установившемуся Советскому государству.

В самом деле, хотя я считаю общие положения провокационной статьи Бориса Гройса «Рождение социалистического реализма из духа русского авангарда» (1990)[4] очень ценными, я бы предположила, что авангард следует отличать от пришедшего ему на смену соцреализма именно по признаку его игрового характера[5]. Авангард и соцреализм занимают противоположные полюса континуума, очерченного Кайуа; революционный авангард демонстрирует разрушительное отсутствие стабильности и антагонизм *paidia*, в то время как одобряемый властями социалистический реализм приближается к регламентированному порядку *ludus*, если его вообще можно определить как игровой. Утвержде-

---

[4]   См. [Groys 1996]. Первая публикация: Groys B. The Birth of Socialist Realism from the Spirit of the Russian Avant-Garde // The Culture of the Stalin Period / ed. by H. Gunther. New York: St. Martin's, 1990.

[5]   Нина Гурьянова пишет об эстетике игры и анархии в раннем авангарде, в том числе в своей книге 2012 года, см. [Gurianova 2012]. См. также [Gourianova 2002: 24–32; Gourianova 1999: 41; Gourianova 1991: 44–59].

ние Гройса справедливо в том отношении, что как только эстетика авангарда достигает центра семиотической сферы и становится принятой, она теряет дестабилизирующий элемент игры и в силу этого больше не может считаться авангардной.

Хотя в фокусе моего междисциплинарного исследования находится инфантилизм русского авангарда, важно отметить, что использование инфантильного этими представителями авангарда было не изолированным явлением, а частью распространенной практики присущего модернизму в России и Европе внимания к ребенку. В основе моего исследования — беспримерно яркий и полностью реализованный случай России, имевший место в определенный революционный момент, но мои наблюдения применимы также к авангарду и модернизму в более широком контексте. Рассматривая изобразительное искусство и литературу наряду с теорией, а поэзию — наряду с прозой, литературу для детей — с литературой для взрослых, я стремлюсь выявить преемственность, свидетельствующую о повсеместном проникновении авангардного инфантилизма. Я утверждаю, что сконструированные в рамках авангарда представления о «ребенке» значительно повлияли на его эстетическое развитие в сторону глубокой простоты — тенденция, проходящая через различные взаимосвязанные ветви авангарда. Отдельные нарративные траектории, которые я прослеживаю в этой книге — от безречия к голосу и от объектности к субъектности и внутреннему — создают парадоксальный контраст с инфантилизацией авангарда в силу политических обстоятельств, что порождает параллельную линию развития в моем ви́дении истории авангарда от его зарождения до конца.

На всем протяжении исследования я сталкиваюсь с противоречиями между реальным ребенком и конструктами, возникающими, когда ребенка изучают ученые; когда его творческие работы собираются, помещаются в раму, выставляются и публикуются примитивистами; когда он подвергается анализу, конструируется и пересоздается авангардом, его публикой, защитниками и теоретиками; наконец, когда он политизируется и подвергается репрессиям со стороны Советского государства. Я исследую парадоксы, возникающие в результате эксплуатации неговорящего субъекта «infans» и симуляции авангардом обретения свободы слова и права действия «puer loquens». Пограничная фигура «младенца/ребенка», таким образом, оказывается для авангарда пустым означающим и идеальным конструктом в его стремлении воссоздать себя — со всеми колебаниями между означающим и означаемым, объектом и субъектом, действием и смыслом. В конечном счете я исследую, как пример инфантильного указывает путь к упрощению средств выразительности, что в итоге приводит к новым отношениям с формой и значением.

Синтез различных междисциплинарных подходов к созданию разнопланового конструкта ребенка, который используется авангардом для достижения собственных целей и установок, раскрывает обманчиво сложный портрет. Инфантильное, создаваемое авангардом, ни в коей мере не напоминает реального ребенка, ра́вно как и реальный ребенок ни в коей мере не продолжает быть означаемым в этом трудном процессе означивания, который сосредоточен главным образом на самом процессе и на означающем. Напротив, авангард представляет нам нечто вроде многогранного кубистского рисунка ребенка/не-ребенка, невозможным образом сплющенного и растянутого в пространстве и времени, насильно помещенного в раму, уплощенного до двух измерений и изображенного едва понятно в силу искажений, которые свойственны кубистской технике. Это не настоящий ребенок, а продукт причудливого соположения многих наслоенных друг на друга и спаянных версий ребенка, созданных авангардом.

На рисунке без названия («Кубистская девочка») (рис. 1) подобные искажения представлены с точки зрения ребенка. Хотя это реальный рисунок реального ребенка, возникает вопрос: детский ли это рисунок? Выполнен он авангардистом или взрослым, или же является имитацией или имитацией имитации одного из вышеперечисленных? Или же сам выбор, присвоение названия безымянному рисунку и то, что взрослые сделали его известным, превращает его в объект искусства? Такие вопросы отдаются эхом в зале размышлений, в который вступаешь, шагнув через зазеркалье авангарда в модернистскую Страну чудес инфантильного[6].

В книге «Безречие авангарда. Инфантилистская эстетика русского авангарда» прослеживается развитие инфантилистской эстетики как феномена в работах ведущих писателей, художников и теоретиков авангарда в период с 1906 по 1939 год. В ней делается попытка объяснить распространенную и до сих пор недооцененную вездесущность эстетического инфантилизма в практике русского авангарда. Художник Михаил Ларионов собирал и выставлял детские рисунки рядом со своими неопримитивистскими картинами, выполненными в наивном стиле; поэт Алексей Кручёных работал с детьми в области футуристской поэзии и собирал сочинения детей для публикации; теоретик Виктор

---

[6] Во многих смыслах Алиса Льюиса Кэрролла играет роль Белого Кролика, который выводит модернистских писателей за переделы хронологически линейного времени в новое, созданное с помощью языка пространство детства, где бессмыслица и алогизм служат для разделения означающего и означаемого, предвещая, таким образом, смелый новый мир литературы модерна. Пройдя сквозь кроличью нору, Алиса перерождается в детство нового типа, где она символически уменьшается в размерах и, поскольку ее не слышат и не принимают во внимание, фактически лишена дара речи; в конце концов она взрослеет, растет и утверждает свой голос и свободу действий до такой степени, что избегает этой симуляции инфантильной неспособности. Я благодарю Шанель Миллер за это сравнение. О важности творчества Льюиса Кэрролла для писателей-модернистов, в частности Вирджинии Вулф, см. в [Dusinberre 1987]. Дюсинбер утверждает: «В конце XIX и начале XX веков детские книги и книги о детях послужили почвой для создания "Сыновей и любовников", "В поисках утраченного времени", "Портрета художника в юности", "О пионеры!" и "Моей Антонии" Уиллы Кэсер, "Путешествия вдаль", "На маяк" и "Волн". <...> Мысль заключается не в том, что детские книги создали книги о детях, а в том, что культурные изменения были отражены и заложены в книгах, которые читают дети. Радикальные эксперименты в искусстве раннего Нового времени начались в книгах, которые Льюис Кэрролл и его преемники написали для детей» [Ibid.: 5]. Точно так же Роберт Полемас связывает Джойса, Во, Набокова, Беккета и Борхеса с Алисой [Polhemus 1992: 365]. Майкл Холквист отмечает связь с сюрреализмом и Луи Арагоном, Андре Бретоном, Анри Паризо и Антоненом Арто, а также Джойсом, Борхесом и Набоковым [Holquist 1992: 389]. Холквист, как и я, отмечает, что нонсенс привлекает внимание к языку [Ibid.: 395].

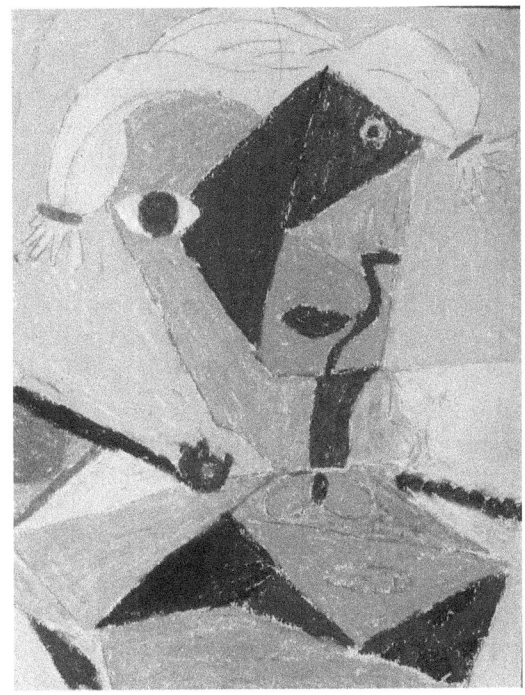

Рис. 1. Без
названия
(Кубистская
девочка). Рисунок
ученицы шестого
класса.
Используется
с разрешения

Шкловский придавал значимость наивной перспективе ребенка в контексте своих формалистских теорий; а прозаик Даниил Хармс использовал детский алогизм в своих абсурдистских произведениях для детей и взрослых. Эти примеры демонстрируют широкий интерес авангарда к детскому искусству, языку, перспективе и познанию. В этой книге делается попытка объяснить феномен присущего авангарду инфантилизма, по мере того как в ней прослеживается траектория развития авангарда от инфантильного примитивизма до инфантилистской эстетики.

Вначале в этой книге читателю кратко представляются самые важные вопросы, касающиеся примитивизма и интереса к ребенку в XX веке. Книга состоит из двух частей, в каждой из которых по две главы. Первые две посвящены практике инфантильного примитивизма, а две другие — развитию инфантилистской эстетики. Каждая из этих четырех глав предлагает подробный анализ теории и практики одного деятеля авангарда, сыгравшего значительную роль в развитии инфантилистской эстетики и известного своим интересом к «младенцу/ребенку» внутри того художественного движения, для которого он был видным новатором. Коротко говоря, я рассматриваю Михаила Ларионова в контексте неопримитивистского искусства, Алексея Кручёных в контексте поэзии кубофутуризма, Виктора Шкловского — в контексте формалистической теории и Даниила Хармса — в контексте обэриутской литературы абсурда. Рассматривая субъектную позицию «младенца/ребенка» с теоретической и художественной точки зрения различными и подверженными изменениям способами, эти новаторы авангарда искали и находили новые модели для своего искусства в понимании ребенка как Другого. Несмотря на сходство в подходе этих деятелей к ребенку/младенцу как образцу и на то, что все они представляли более общую тенденцию внутри своего особого контекста, следует отметить, что существуют различия, основанные на степени, до которой их интерес к ребенку/младенцу представляет то движение, частью которого они были. Например, Ларионов был частью более крупного движения, интересующегося разнообразными формами примитивизма, точно так же, как Хармс был частью движения, в поэтике которого «инфантильность» играла решающую роль. Интерес Кручёных к детям разделял и Велимир Хлебников, и другие, но его степень вовлеченности выделяется на фоне остальных; подобным образом и Шкловский, хотя и не он один поместил исследование наивного в центр своей эстетики, сделал это в большей мере, чем другие критики-формалисты. Как бы там ни было, рассмотренный совокупно интерес к «младенцу/ребенку», продемонстрированный этими лидерами и новаторами авангарда, ясно указывает на важную тенденцию внутри авангардного движения.

Можно задаться вопросом: «Почему ребенок?» В своей книге я утверждаю, что эти ведущие писатели, художники и теоретики русского авангарда нашли в довербальном ребенке идеальный творческий источник для художественного обновления, к которому они стремились. Неговорящий субъект, существующий в пространстве до условностей вербальной и визуальной репрезентации, давал остраненную перспективу с заложенным в нее потенциалом дестабилизировать отношения между означающим и означаемым. Приближаясь в своем творчестве к состоянию безречия младенца и необученности ребенка, авангардисты искали и нашли новые модусы художественной репрезентации, которые были частью их революционного подхода к искусству.

Таким образом, это междисциплинарное исследование литературы, теории и изобразительного искусства авангарда посвящено тому, как русский авангард использовал конструкт «младенец/ребенок» в ключевые моменты развития своей радикальной эстетики. Я утверждаю, что инфантильная эстетика русского авангарда проходит через определенные фазы, от поверхностного интереса к объектам, представляющим творчество ребенка, к более глубокому и искушенному интересу к уникальной субъектности ребенка. Постепенно интерес к художественному и языковому творчеству «младенца/ребенка», который был частью инфантильного примитивизма и в рамках которого ребенок рассматривался как объект или странный Другой, ведет к преимущественно теоретическому интересу к точке зрения и восприятию ребенка. Это знаменует собой сдвиг в сторону рассмотрения ребенка как субъекта, обладающего правами. На заключительном этапе, когда сам авангард сталкивается с ограничением возможностей для выражения и приспосабливается к политике права голоса, безречия и невысказанного, его интерес к уникальной субъектности ребенка проявляется через творческие исследования детского сознания и мышления. Таким образом, от начального примитивистского восхищения неговорящим субъектом, или *infans*, до все более глубокого интереса к нему на теоретическом уровне практика инфантильного примитивизма ведет к утверждению инфантилистской эстетики, где рамки абсурда делают возможным существование парадокса *puer loquens*, или говорящего ребенка как такового.

История понятия

Свидетельство бурного времени, ранний советский плакат «Митинг детей» (рис. 2) ярко выражает главный парадокс исследования «Безречие авангарда. Инфантилистская эстетика русского авангарда»[7]. Хотя этот плакат демонстрирует, как возрождение угнетенных субъектов через революцию и новый взгляд на ребенка стремятся дать право голоса тем, кто его лишен, он также делает очевидным проблематичные аспекты инфантилистского проекта, предпринятого взрослыми. На самом деле эта полная абсурда иллюстрация «митинга детей» изображает не просто невообразимую ситуацию, где бесправные дети организованно выступают за свои права, но невероятное зрелище младенцев, захвативших революционную сцену и озвучивающих свои требования путем массового протеста, дополненного красноречивыми плакатами, во главе с революционным оратором на возвышении. Пугающе взрослые в своем гневе младенцы, изображенные здесь, высказываются не как пассивные объекты внимания взрослых, а как активные субъекты, выражающие свое возмущение и выдвигающие требования на революционном языке того времени. «Мы ТРЕБУЕМ!» — гласит самый большой плакат в центре с черными буквами на красном фоне. Однако содержание их специфических требований гораздо инфантильнее — сухие и чистые пеленки, материнская грудь, здоровые родители, чистый воздух и вода, акушерки и отсутствие мух — и более точно отражает их возраст. Преобразование свойственного детям хаоса в организованный порядок требует умения говорить, а плакаты указывают на грамотность и способность к выражению мысли далеко за пределами возраста этих младенцев. Ясно, что это абсурдное изображение несколько превосходит возможности не умеющих говорить младенцев, которые едва ли уже носят штанишки. Если это парадоксальное зрелище — обретение голоса

---

[7] Этот плакат опубликован на задней обложке энциклопедического исследования Катрионы Келли, посвященного истории детства в России XX века [Kelly 2007]. См. также [Kirschenbaum 2001].

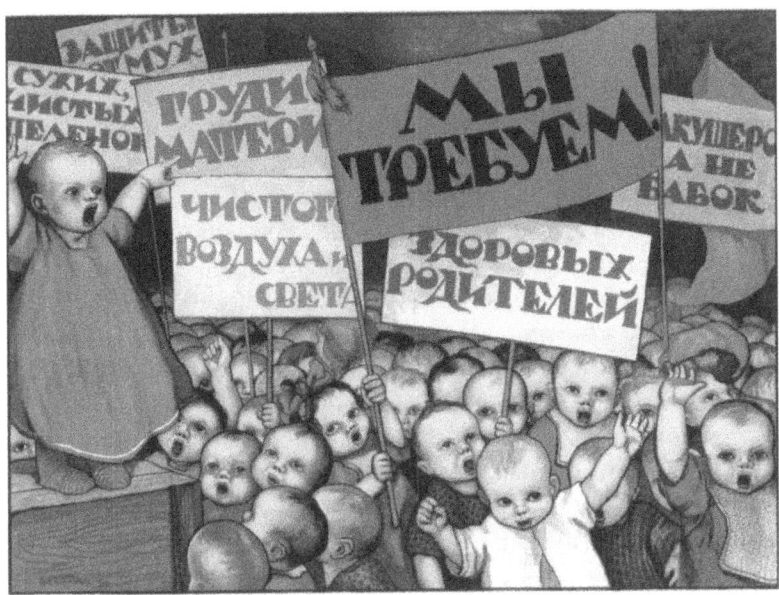

Рис. 2. Алексей Комаров. Митинг детей. Плакат, 1923 год.
Коллекция Дэвида Кинга, Лондон. Любезно предоставлено
Дэвидом Кингом

теми, кому он недоступен, — принципиально невозможно, то
маленькие дети оказываются простыми марионетками в драме,
обставленной и воплощенной взрослыми. На самом деле детство
часто оказывается такой сценой или же полем битвы.

Обобщая, отмечу, что «младенец/ребенок», изображенный
здесь, используется подобным образом авангардом в его практике инфантильного примитивизма и инфантилистской эстетики
для достижения целей, определенных взрослыми. Этот плакат,
цель которого — донести информацию из сферы здравоохранения
и передать революционный дух, использует «младенца/ребенка»
в качестве пустого означающего и стратегического конструкта для
трансляции взрослой идеологии. Этому художественному изображению детей ни в коей мере не удается избежать объективации
и дать им право голоса. По сути, захват взрослыми субъектной

позиции ребенка не только не дает право голоса реальным детям, но и узурпирует голос «младенца/ребенка». То же самое относится к использованию и злоупотреблению ребенком в авангардной практике. Жаклин Роуз отмечает, что детская художественная литература «опирается на невозможность» — «невозможные отношения между взрослым и ребенком» [Rose 1998: 58]. Она отмечает, что «за этой категорией не стоит ни один ребенок... кроме того, которого определяет сама категория, того, в которого ей нужно верить для достижения собственных целей» [Ibid.: 65]. То же можно отнести и к использованию ребенка авангардом.

Исторический и политический контекст России начала XX века, живо возникающий в памяти при взгляде на этот плакат, характеризовался сверхдетерминированной направленностью на ребенка. Этот странный плакат не мог появиться в другом месте или в другое время. Точно так же не случайно инфантильный примитивизм и инфантилистская эстетика во всей полноте воплотились в русском авангарде. Уникальное соположение сил и влияний внесло свой вклад в развитие этого сюжета. В то же время, однако, пример России следует рассматривать в контексте крайней степени интереса к детству в этот период в целом. Во-первых, влечение к инфантильному не может ограничиваться только революционным авангардом. Оно также проявлялось в других модернистских движениях, включая поэтические теории языка, выдвинутые ведущими деятелями акмеизма и символизма[8]. Наиболее примечательна символистская реконструкция детского сознания, осуществленная Андреем Белым в «Котике Летаеве» (1917–1918), которая будет подробно рассмотрена далее, однако роман заслуживает отдельного изучения в силу своей сложности и уникальных обстоятельств самого Белого, что отличает его от более тесно связанных между собой деятелей авангарда, которые обсуждаются на этих страницах [Белый 1922]. Другие модернистские писатели и авторы автобиографий — Максим Горький, Иван

---

[8] К ранним символистским сочинениям, включающим инфантильное, которые будут более подробно обсуждаться далее, относятся очерк Белого «Магия слова» (1909) и очерк Александра Блока «О современном состоянии русского символизма» (1910). См. [Блок 1910; Белый 1910].

Бунин, Федор Сологуб, Осип Мандельштам, Андрей Платонов, Борис Пастернак и Марина Цветаева[9]. Очевидно, что русский авангард был лишь одной из многих художественных групп, обратившихся к ребенку как источнику творчества в этот период. Однако я считаю, что в целом эксперименты авангарда продвигают этот интерес дальше и в более экстремальном направлении, чем другие художественные группировки, писатели или группы — возможно, исключая экспериментальный роман Белого «Котик Летаев», который относится к несколько иной категории[10].

Хотя присущая русским творцам сосредоточенность на ребенке как часть пересоздания ими национальной идентичности и позиции в мире в начале XX века была во многом уникальной, в более широком западном контексте художественное внимание к детству существовало как в этот период времени, так и в исторической перспективе. В сущности, русский авангард не был оригинален в использовании и даже злоупотреблении ребенком, выступающим музой. Авангардисты сознательно или бессознательно опираются на более старую традицию, которая возвышает ребенка, хотя они и трансформируют ее уникальным образом в соответствии со своими целями. Структура моего исследования, посвященного преимущественно периоду 1909–1939 годов, не позволяет дать полный исторический срез соответствующей предыстории истории детства, хотя следует отдать должное Филиппу Арьесу с его провокационными утверждениями отно-

---

[9] Воспоминания Осипа Мандельштама «Шум времени» обращаются к детским чувствам, как и отдельные стихотворения, такие как «Silentium». Андрей Платонов широко исследует тему детства в «Котловане» и обращается к инфантильным субъектам в рассказах, в особенности через использование молчания в «Реке Потудань» и детской перспективы в «Семене». Борис Пастернак занимается поэтикой детства в стихотворении «Так начинают. Года в два...» и в мемуарах «Охранная грамота», а также в романе о девочке «Детство Люверс». Автобиографические произведения Марины Цветаевой, особенно «Мой Пушкин» и «Мать и музыка», затрагивают тему детства. Тонкий анализ темы ребенка-поэта в творчестве Цветаевой см. в разделе «Спор о детстве» второй главы книги Виктории Швейцер [Швейцер 1992].

[10] О научных подходах к роману в контексте монографии см. в [Alexandrov 1985; Wachtel 1990; Janecek 1972].

сительно открытия детства [Арьес 1999] и — в русском контексте — Эндрю Вахтелю, который выдвинул изучение детства в России на первый план[11] и с полным на то основанием назвал Л. Н. Толстого основополагающей фигурой в создании русского мифа о детстве[12].

С другой стороны, если говорить о синхронном подходе к эпохе модерна, следует отметить, что живопись эпохи модерна, такая как работы Пауля Клее, Пабло Пикассо и Хуана Миро[13], часто черпала вдохновение в детском искусстве для своих радикальных экспериментов с упрощением формы; при этом в поэзии восхваление инфантильной бессмыслицы у дадаистов даже заимствует свое название из редупликации слогов, свойственной детскому языку[14]. Многие важнейшие произведения европейской литера-

---

[11] Вахтель, с отсылкой к смелой риторике Ф. Арьеса, который датирует «открытие детства» XVIII веком, утверждает, что «появление специфически русской концепции детства можно отсчитывать от сентября 1852 года, когда "Детство" Толстого анонимно появилось в журнале "Современник"» [Wachtel 1990: 2]. Макс Окенфус также использует эту фразу [Okenfuss 1980].

[12] Хотя значение Толстого как основоположника репрезентации русского детства не может быть оспорено, существуют и другие признаки современного ему интереса к субъектности ребенка. Другие канонические рассказы о детстве включают мечту о возвращении в детство в «сне Обломова» И. А. Гончарова (1849) и «Детские годы Багрова-внука» С. Т. Аксакова (1859). Более полный список и краткий анализ других произведений можно найти в главе «Другое детство в русской литературе» Александра Ф. Звирса [Zweers 1971: 113–142].

[13] Обсуждение вдохновляющей роли детского творчества на произведения этих и других художников, включая Михаила Ларионова и Василия Кандинского, см. в [Fineberg 1997]. См. также [Fineberg 1998].

[14] Связь названия «Дада» с детской лошадкой-качалкой показана в «Манифесте Дада» Гюго Балля 1916 года и в «Дадаистском манифесте» Тристана Тцары 1918 года [Motherwell 1989]. Французское слово «dada», которое обозначает детскую лошадку, образовано путем редупликации слога «да» — на детском языке это значит «головокружение». Сопротивление дадаистов точному определению единого происхождения этого термина и последующее перечисление Тцарой возможных значений данного слова в различных языках, включая «детскую няню» и «двойное утверждение в русском и румынском языках», демонстрируют попытку говорить на универсальном языке, включающем также детский лепет и ранние словоформы (часто участвующие в образовании слова «дада» в разных языках).

туры модернизма также пытаются проникнуть в детский опыт, поскольку создают особую модернистскую чувствительность в отношении языка, сознания, времени и памяти. Такие моменты встречаются, например, в «Портрете художника в юности» Джеймса Джойса (1916), «На маяк» Вирджинии Вулф (1927) и «В поисках утраченного времени» Марселя Пруста (1913–1927). Действительно, для XX века детское сознание представляло собой новый рубеж творческих экспериментов в искусстве.

Однако направленность искусства XX века на ребенка как такового покоилась на трудах ряда предшественников, которые на множество направлений подготовили почву для этого истинного культа детства. Предшествующие века стали свидетелями серьезного сдвига от поклонения младенцу, присущего христианству и романтизму[15], все еще представленному такими влиятельными фигурами, как Ницше[16] и Бодлер[17], до изучения младенца у Дарвина, Геккеля и Фрейда. Если Чарльз Дарвин признавал, что

---

[15] Питер Ковени считает, что романтизм превратил ребенка в «важную и постоянную тему в английской литературе». Когда поэты-романтики обращаются к теме детства, замечает он, «мы сталкиваемся с чем-то принципиально новым, с феноменом крупных поэтов, выражающих через образ ребенка то, что они считали очень важным... в течение нескольких десятилетий ребенок выходит из относительной незначительности, чтобы стать центром беспрецедентного литературного интереса и, со временем, центральной фигурой во все более значительной части нашей литературы» [Coveney 1967: 29]. Для поэтов-романтиков ребенок представляет собой идеальное средство драматизации противостояния невинности и опыта. Вордсворт лаконично выражает романтический переворот ценностей в своем поэтическом утверждении: «Кто есть Дитя? Отец Мужчины» (У. Вордсворт, «Займется сердце...», перевод А. Ларина в [Вордсворт 2001]).

[16] Несмотря на свой иконоборческий характер, «Так говорил Заратустра» Ницше («Also Sprach Zarathustra»; 1883) в своей духовной и философской идеализации ребенка кое-что заимствует из библейского отношения к детям и его благоговения перед Младенцем Христом [Ницше 1990].

[17] Бодлер однажды заявил, что «талант и есть вновь обретенное детство» [Бодлер 1986: 290]. Он увещевает: «Постараемся, насколько это возможно, усилием воображения вернуться к самым юным, к самым утренним впечатлениям», так как «ребенку все внове», к «гению детства, для которого ни одна грань жизни не потускнела» [Там же].

«близко сходные стадии эмбрионального развития» указывают на «их происхождение от одной прародительской формы» и что «общность строения зародыша связана с общностью происхождения» [Дарвин 1939: 248][18], то Эрнст Геккель представляет понятие вечной жизни как метафору через формулу «биогенетического закона», который обычно звучит так: «онтогенез повторяет филогенез»[19]. Символический резонанс этой метафоры — написанный на юном теле нарратив нашего коллективного прошлого — обеспечил ее немедленное принятие и повсеместное применение в интеллектуальной и культурной сферах, не связанных с ее биологическим происхождением, несмотря на тот факт, что позже она была дискредитирована в силу искажения и чрезмерного упрощения[20]. Например, Фрейд, который сам был приверженцем теории повторения филогенеза, сравнивает состояние младенчества человека с таковым у животного, дикаря или примитивного человека[21]. С точки зрения биогенетики, можно сказать, что для Фрейда переживания детского тела отпирают нарративную структуру взрослого разума [Freud 1963]. Таким образом, младенчество и раннее детство, а также внутреннее переживание «младенца/ребенка» приобретают максимальное значение как опре-

---

[18] Научные интересы Дарвина распространялись и на младенчество человека. Он опубликовал подробный отчет о развитии своего маленького сына и в дальнейшем повлиял на развитие полемики о ребенке и зеркале, которая позже войдет в литературную историю в «Алисе в Зазеркалье» Льюиса Кэрролла (1872) и будет закреплена в психоаналитическом пантеоне в «Зеркальной стадии» («Le stade du miroir»; 1936) Жака Лакана. См. [Дарвин 1881]. Впервые опубликовано в «Mind: Quarterly Review of Psychology and Philosophy», 2 (1877), с. 285–294. См. также [Мазин 2005].

[19] В «Общей морфологии» («Generelle Morphologie»; 1866) Геккель пишет: «Онтогенез — это краткое и быстрое повторение филогенеза. <...> Во время своего бурного развития... особь повторяет важнейшие изменения формы, происшедшие от ее предков в ходе их длительного и медленного палеонтологического развития» Цит. по: [Gould 1977: 76–77].

[20] Подробное изучение истории этой идеи см. в [Ibid.].

[21] Например, Фрейд в «Трех очерках по теории сексуальности» (1905) сравнивает оральную и анальную стадии младенца с ранними животными формами жизни [Фрейд 2017].

деляющие воздействия на психику. По той же причине работы Фрейда все еще сохраняют остаточные черты прошедшего времени, поскольку он связывает сохранение инфантильности с гениальностью в манере, заимствованной из более ранних романтических представлений о детстве[22].

Тем не менее Фрейд, постулируя концепцию «инфантильной сексуальности» и связывая ребенка с примитивными побуждениями и сексуальными влечениями, развеивает идиллические представления о невинном ребенке эпохи романтизма. Питер Ковени так определяет роль Фрейда в развитии литературной темы детства: «Фрейд мощно повлиял на развеивание сентиментальной атмосферы, которая сложилась вокруг викторианского ребенка; он также ослабил религиозное варварство в отношении ребенка» [Coveney 1967: 34]. Подобным образом, Стивен Маркус считает, что «Три очерка по теории сексуальности» (1905), которые включают очерк «Детская сексуальность», «подвели к концу эпоху культурной невинности, в которой младенчество и детство считались невинными сами по себе» [Marcus 1984: 23]. Пересматривая инфантильность, Фрейд вычищает романтический и викторианский сентиментализм из современных представлений о детстве и, таким образом, кладет конец присущему прошлому поклонению перед младенцем. Вместо этого он понимает «младенца/ребенка» как внутреннего дикаря, который на уровне микрокосма воспроизводит отношения примитивного предка и человека эпохи модерна. Такой фокус на дикости и первобытных инстинктах и побуждениях человека, предложенный Фрейдом, находит выражение в художественном примитивизме и авангардных выходках.

Сделанные Фрейдом открытия в понимании детства должны были сместить в XX веке младенчество и ранее детство на пе-

---

[22] В своем исследовании «Леонардо да Винчи. Воспоминание детства» Фрейд анализирует этот выдающийся образчик гения эпохи Возрождения на примере его опыта в младенчестве и раннем детстве. Подобно романтикам, Фрейд связывает гениальность, ребенка и игру, замечая: «Великий Леонардо вообще в некоторых вещах всю жизнь оставался ребенком. <...> Будучи взрослым, он все еще продолжал играть» [Фрейд 1912: 83–84].

редний план и в центр модернистского понимания сознания. Благодаря вниманию к внутреннему переживанию «младенца/ребенка», в основе которого лежит психоанализ, Фрейд придает значение субъектности ребенка. Как пишет Ковени, «главной задачей фрейдистского анализа было накопление знаний о ребенке и объективная оценка важности детского сознания для развития взрослого разума» [Coveney 1967: 34]. Действительно, психоанализ закладывает основу для всех литературных экспериментов XX века, направленных на инфантильное сознание[23]. Примечательно, однако, что Фрейд признает ограниченность способности взрослых проникать внутрь детской психики. В работе «Из истории одного инфантильного невроза» (1918) он пишет о «недооценке ранних детских впечатлений, которые не считают способными оказывать столь длительное воздействие» [Фрейд 2007: 167][24]. Это утверждение подчеркивает, что детство и младенчество стали представлять собой новый важный и загадочный рубеж.

Хотя авангардисты, о которых пойдет речь в этой книге, демонстрируют умеренный интерес к специфическим идеям Фрейда, помимо его внимания к инфантильному, время от времени они восторгаются дикостью и примитивными побуждениями, которые он описывал. Во многих отношениях они и сами стремились к роли фрейдовского *enfant terrible*, высвобождая внутреннего ребенка-дикаря и скандализируя своим эксцентрическим воплощением жизни как искусства, или жизнетворчества[25]. Влияние, оказанное идеями Фрейда, также дает модель деструктивного авангардного революционного подхода к тради-

---

[23] Обсуждение открытия для литературы внутреннего мира ребенка с точки зрения психоанализа см. в [Steedman 1995].

[24] Массе, подробно останавливаясь на конструировании ребенка в психоанализе Фрейда, отмечает, что статья 1918 года стала кульминаций предыдущей работы Фрейда по этому вопросу. По ее мнению, это предохранило его более раннюю работу о детской сексуальности от размытия. См. [Massé 2003].

[25] Анализ феномена жизнетворчества см. в главе «Zhiznetvorchestvo: The Conflation of Art and Life» («Жизнетворчество. Слияние жизни и искусства») книги Майкла Вахтеля [Wachtel 1994: 148–180].

ционным иерархиям и закосневшему миру взрослых. Между тем психоаналитический интерес к внутреннему миру и субъектности живо воплощается в более поздних попытках авангарда проникнуть во внутренний психический мир ребенка, воспроизвести сознание ребенка изнутри и другим способом исследовать инфантильную перспективу и мыслительные процессы ребенка.

Однако во всех этих случаях, как и в психоанализе или любой эпистемологии, то, что приписывается младенцу/ребенку, с большей долей вероятности отражает художественные и литературные цели наблюдателя, чем нечто присущее наблюдаемому объекту. Таким образом, каждый отдельно взятый и все в совокупности примеры использования и колонизации инфантильного могут быть подвергнуты эпистемологической критике, которая делает очевидным сам факт конструирования «объекта», который они определяют как примитивный. В конечном счете субъектность ребенка остается принципиально недостижимой для философского, научного и психоаналитического исследования, поскольку более пристальное рассмотрение показывает, что «младенец/ребенок» продолжает восприниматься и конструироваться как объект, остающийся в ловушке основанных на власти иерархических отношений со взрослым — невозможных отношений ребенка и взрослого.

Это краткое перечисление нескольких значимых влияний на модернистские понятия детства показывает, что интерес русского авангарда к «младенцу/ребенку» имел предшественников в России и на Западе и не был абсолютно оригинальным. Скорее, несмотря на революционное отрицание прошлого и полное тревоги отрицание какого-либо влияния [Bloom 1997], претензия авангарда на оригинальность сводится к риторической стратегии. Такая претензия основана на понятии «Я как источника», как полагает Розалинд Краусс в своей книге «Оригинальность авангарда и других модернистских мифов» («The Originality of the Avant-Garde and Other Modernist Myths», 1997) [Krauss 1997]. Оригинальность и изначальная наивность становятся органической метафорой рождения и самозарождения.

Оригинальность авангарда понимается в буквальном смысле как оригинальность происхождения, начало с нулевого уровня, с рождения. Маринетти, которого выбросило однажды вечером в 1909 году из своего автомобиля в заводскую сточную канаву, наполненную водой, появляется словно из околоплодных вод, чтобы родиться — без предков — футуристом. Эта история об абсолютном самосотворении, с которой начинается первый манифест футуристов, служит образцом того, что понимается под оригинальностью в авангарде начала XX века. Ведь оригинальность становится метафорой в духе органицизма, отсылающей не столько к формальному изобретению, сколько к происхождению жизни. «Я» как источник не подвергается порче традицией в силу того, что обладает изначальной наивностью. Отсюда высказывание Бранкузи: «Мы мертвы, едва перестаем быть детьми». Или, опять же, «я» как источник несет в себе потенциал бесконечных актов обновления, сохранения и самозарождения. Отсюда слова Малевича: «Жив только тот, кто отвергает свои вчерашние убеждения». «Я» как источник — это способ провести абсолютное различие между настоящим, переживаемым *de novo*, и обремененным традицией прошлым. Притязания авангарда как раз и есть притязания на оригинальность [Ibid.: 157].

Эта жажда оригинальности и статус первоисточника также составляют основу того факта, что русский авангард конструирует себя как ребенка и через ребенка. Младенец/ребенок служит безусловным символом истока, оригинальности и первородной наивности. По этой причине авангард стремится стать подлинным ребенком XX века и, как следствие, его законным наследником.

Часть I

ИНФАНТИЛЬНЫЙ
ПРИМИТИВИЗМ

Глава первая
Детское искусство: Михаил Ларионов, детские рисунки и неопримитивизм

Рожденный в период творческого брожения между началом XX века и надвигающимся потрясением Октябрьской революции 1917 года, русский авангард обретал зрелость в беспрецедентно бурном времени и пространстве. В своем противостоянии новой эпохе, определяемой модерностью и позднее революцией, русский авангард стремился к радикальному разрыву с прошлым в поиске нового искусства и будущего. Определяя себя словом «авангард», изначально военным термином, обозначавшим часть войск, находящуюся впереди главных сил как в пространстве, так и во времени, эти художники-новаторы вели войну со временем. Авангард, сформированный апокалиптической чувствительностью к *fin de siècle* и революционным предощущением конца света, отверг линейное время, предпочитая ему симультанность неизбывного настоящего[1]. Будучи символом этой войны со временем, примитивизм предложил художникам-авангардистам отбросить предшествующие влияния, вернуться к архаическим истокам далекого прошлого и устремиться к будущему благодаря новому ви́дению искусства. Графическая работа М. Ларионова, опубликованная в сборнике «Мирсконца»

---

[1] Идея революции как конца исторического времени имеет и эсхатологические интерпретации. Тонкий анализ библейских парадигм, лежащих в основе революционных утопий, см. в [Paperno 1988].

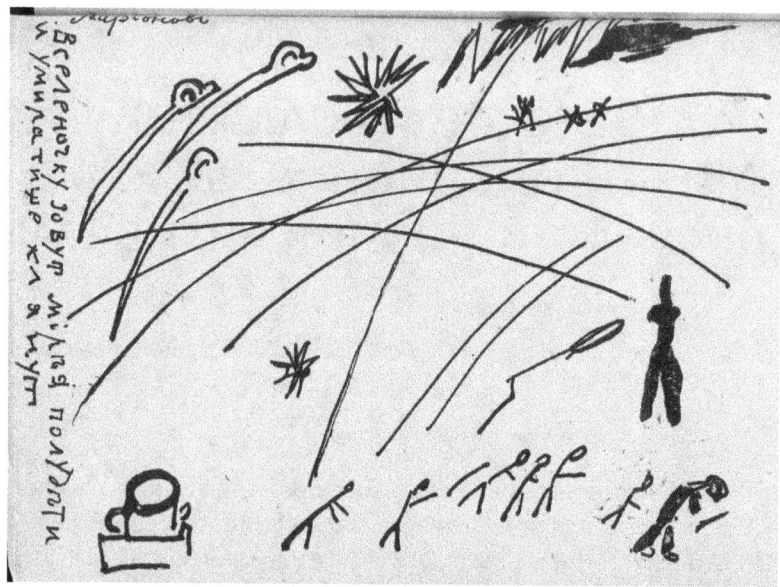

Рис. 3. Михаил Ларионов. Вселеночка... Иллюстрация к книге
Алексея Кручёных и Велимира Хлебникова «Мирсконца», 1912 год.
Исследовательский институт Гетти, Лос-Анджелес (88-B27486).
Copyright © 2022 (ARS), Нью-Йорк / ADAGP, Париж

(1912) [Кручёных, Хлебников, 1912] в качестве иллюстрации
к тексту Велимира Хлебникова «Вселеночку зовут мир ея полу-
дети / и умиратище клянут» (рис. 3), изображает маленькую
вселенную («вселеночку»), полную примитивистских влияний.
Яростная сцена коллапса космического времени вызывает в воображении различные временны́е пласты, поскольку соединяет
неолитическое искусство прошлого, детские рисунки и апокалиптическое ви́дение будущего. Она также уничтожает личное
время, соединяя изображение смерти с идеей полудетей, что
соответствует замыслу применения двойного кодирования инфантильного взрослыми, к которому прибегали русские неопримитивисты вроде Ларионова.

Объединяя и комбинируя примитивные влияния через ими-
тацию доисторического искусства, неумелой руки художника

и детских рисунков, это изображение также поднимает вопрос о том, насколько приравнивание примитива к ребенку, о котором писал Леви-Стросс [Lévi-Strauss 1969: 92], в равной степени несправедливо для всех заинтересованных сторон. В действительности, примитивистский контекст выгоден только западным взрослым, которые категорируют примитива и ребенка таким образом, как отмечает Иоганнес Фабиан в своей книге «Time and the Other» («Время и Другой») [Fabian 2002]. В самом деле, Ларионов использует примитивное как часть революционного порыва против традиционной эстетики и искусства недавнего прошлого. Здесь, как и в других случаях, авангард обращается к примитиву, чтобы разрушить художественные конвенции, подорвать принятые понятия о художественной репрезентации и, наконец, предложить свой взгляд на искусство. В этом контексте Ларионов и другие художники, связанные с неопримитивизмом, конструируют ребенка как примитива, создавая стратегический анахронизм, чтобы уничтожить прошлое, хотя эта примитивистская практика обеспечивает новые направления будущего искусства, предлагая, как кажется, возврат к истокам. Восстанавливая предполагаемое детство искусства, неопримитивисты стремятся выдвинуть русский авангард на передний край новаторского искусства и экспериментов, претендуя на мантию «примитивов XX века»[2].

В статье «Пространственная форма в современной литературе» («Spatial Form in Modern Literature», 1945) Дж. Фрэнк утверждает, что вневременные пространственные формы характеризуют авангардное искусство и все виды его изобразительного и творческого проявления[3]. Действительно, одержимость авангарда темпоральностью и пренебрежение ее общепринятыми структурами путем схлопывания времени и пространства не только оказываются полезны в качестве линзы, через которую можно рассматривать изобразительные и литературные эксперименты русского авангарда в целом, но также объясняют авангардистский

---

[2] См. [Клюн 1916]. Позднейшие публикации в [Кручёных 1973: 191–192].

[3] См. [Фрэнк 2007].

поворот к «младенцу/ребенку». Русские художники-авангардисты используют ребенка как стратегический анахронизм, который предлагает возврат к истокам искусства и первоначальному художественному восприятию, тем самым обеспечивая альтернативный путь новаторства в искусстве, не привязанный к прежним законам времени и пространства. Это схлопывание времени не только приближает авангард к ребенку, но и тем самым также усваивает детское восприятие времени как вечно длящегося настоящего. У. Липпитц в «The Child's Understanding of Time» («Детское восприятие времени», 1983) пишет, цитируя точку зрения Пиаже, что «время не существует для детей, пока они не достигнут возраста оперативного интеллекта»[4]. Наряду с другими источниками вдохновения, обретенными в примитивном, авангард использует вновь найденное инфантильное, чтобы вступить на путь упрощения формы и абстракции, что соответствовало провозглашенной им художественной программе. Действительно, то, что неопримитивисты открыли и подчеркивали в детском творчестве, в большей степени отражает их собственные художественные цели и убеждения, чем открывает какие бы то ни было существенные черты собственно детского творчества, поскольку ни одна примитивистская идея не в состоянии избежать ограничений колониального подхода, который определяет Другого как «примитивный» атавизм. Тем не менее в этой главе исследуется, как авангардный художник Михаил Ларионов и другие увлеченные «неопримитивизмом» художники действовали в рамках примитивистской традиции, конструируя ребенка как примитив и свое собственное искусство как инфантильное, хотя определяли себя как примитивов XX века, с тем чтобы устроить пространственно-временной переворот в мире искусства.

Для современного искусства в целом практика примитивизма часто применялась как элемент мятежа против традиции, времени и риторики линейного развития. В книге «Primitivism and Modern Art» («Примитивизм и современное искусство», 1986)

---

4   См. [Lippitz 1983: 172], а также [Piaget 1981].

Роберт Голдуотер определяет примитивизм как разработку «примитивного» искусства в качестве источника обновленной витальности искусства [Goldwater 1986]. Художникам XX века, оценивающим современность критическим взглядом, примитивизм предлагал альтернативу риторике прогресса — регрессивный возврат к мифологическим истокам прошлого. Первоначально темпоральное бегство от современной цивилизации осуществлялось за счет перемещения в пространстве, как в случае с Полем Гогеном, который последние 20 лет жизни провел на Таити [Даниельсон 1973]. Примечательно, что этот возврат к прошлому иногда принимал формы личного прошлого и языка детства; Гоген утверждал: «Чтобы создать нечто новое, следует вернуться к истокам, к детству человечества»[5]. Показательно, что Гоген хотел рисовать, «как рисуют дети», как с одобрением отметил Ван Гог [Ван Гог 1966: 388], и подвел итог в своем эстетическом манифесте: «Я вернулся далеко назад, гораздо дальше, чем кони Парфенона... к самой моей детской Дада, лошади-качалке» [Гоген 2021]. Подобные комментарии указывают на модернистское стремление примитивиста отринуть наслоения исторического прошлого, чтобы достичь иллюзорного примитивистского рая через воображаемое путешествие во времени и пространстве в предполагаемое место истока, для удобства сконструированное как «примитивное». В самом деле, эта борьба с традицией и временем, будь то борьба с модерностью или революционное отрицание прошлого, в первую очередь приближает художника к ребенку. Эти примитивисты конструируют детство как идеальное пространство, из которого должно произрастать художественное обновление и вдохновение, но в действительности привлекательность безмолвного примитива состоит в том чистом холсте, который он предлагает для выражения того, что они ищут.

За пределами цивилизации, в реальности «примитивного» Другого, который, что удобно, неспособен протестовать или выступать в свою защиту, современные художники верили, что

---

[5] Поль Гоген. L'Echo. 1895. August 15. Цит. по: [Fineberg 1997: 25].

они могут вернуться к началу времени и снова открыть источники искусства и языка. Следуя по следам такой фигуры, как Ж.-Ж. Руссо и находясь под влиянием романтизма, они прибегли к идее благородного дикаря, чтобы отринуть оковы цивилизации и переучить себя, начиная с самых основ. Параллельно они заново открыли ребенка, который так кстати оказался под рукой, как стратегический анахронизм, схлопывающий и время, и пространство и дающий доступ к истокам. Онтогенетическое заблуждение подобного конструирования «младенца/ребенка» было типичным для своего времени. Например, уважаемый русский ученый Н. А. Морозов в 1916 году писал:

> Последовательные стадии душевного развития ребенка повторяют в упрощенных формах доисторические стадии развития всего человечества со времени его возникновения на Земле.
> В первых звуках детской речи мы слышим первые попытки говора наших отдаленных предков; в первых каракулях детских рисунков мы видим первые попытки их изобразить окружающий мир и всё, что в нем хотелось бы увидеть. Детские рисунки — это пережитки давно минувшей эпохи, и внимательное изучение их в высшей степени важно для всякого историка человеческой культуры [Морозов 1916: 11].

Независимо от своей сомнительной научной точности, онтогенетический подход наделял детские каракули и лепет огромным значением. «Младенец/ребенок», таким образом, давал, как казалось, возможность путешествия во времени. Сходным образом, рассмотрение ребенка как «примитива» открывало заманчивый доступ к происхождению языка и искусства, поскольку ребенок становился инструментом и объектом антропологического исследования.

На рубеже веков по всей Европе взгляд примитивистов был прикован к вновь обнаруженным «примитивам» различных типов, которые рассматривались ими как находящиеся в привилегированной позиции, вне течения времени. Эти примитивы XX века стали объектами художественного, интеллектуального и антропологического внимания. Как размышлял Дж. Сайко в статье «Why Modern Art Is Primitive» («Почему современное искусство примитивно» 1934), современное искусство «опирается на три сферы, в которых, как кажется, должны быть реализованы сходные цели: на искусство примитивных народов, на доисторическое искусство и на "художественное творчество" ребенка»[6]. Несмотря на эту ошибочную параллель, проведенную между тремя формами «примитивов», мой анализ инфантильного примитивизма в русском авангарде сосредоточен на третьем, а именно на детском творчестве. Художники, исповедовавшие инфантильный примитивизм, рассматривали собственно детское художественное творчество как более спонтанное, наивное и подлинное, чем работы взрослых. Казалось, оно открывает нам доступ к более выразительному творческому миру, что стало впоследствии предметом исследования движения сюрреалистов.

В той мере, в которой примитивизм оценил заново или дал новую жизнь маргинализованным субъектам, принадлежащим к временно́й и пространственной периферии современного общества, он также переосмыслил ребенка как странного Другого, находящегося рядом. Как современный дикарь, реинкарнация «благородного дикаря» эпохи Просвещения и романтизма[7], ребенок являл собой экстернализованную форму доступа к примитивному прошлому. Идея ребенка как дикаря распространялась также на внутренний мир индивида, поскольку психоаналитики рисовали детскую психику как примитивную и дикую в сравнении с ее последующими наслоениями[8]. Примитивистская направ-

---

[6] Saiko G. Why Modern Art Is Primitive. London Studio. 1934. Vol. 7. P. 275. Цит. по: [Goldwater 1986: XX].

[7] Предшествующие примеры образа «благородного дикаря» или «человека природы», олицетворяющего идеалы западного Просвещения или романтизма, можно найти также у Ф.-Р. Шатобриана («Атала», 1801), у Дж. Ф. Купера («Эпопея о Кожаном Чулке», 1823). Встроенные в западные нарративы, эти дикари отражали современные западные идеалы. Неопримитивисты XX века, напротив, используют эти поразительно «примитивные» формы для того, чтобы вдохнуть в эти клише новую жизнь.

[8] З. Фрейд часто проводит подобные параллели. См., например, [Фрейд 2012].

ленность на отдаленное пространство и время, или пространственную и временну́ю периферию, также приложима к фиксации авангарда на «младенце/ребенок», поскольку ребенок воплощает собой возможность для обновления искусства с позиции временно́й и пространственной периферии семиотической сферы — как максимально удаленный от художественного истеблишмента.

Империалистический контекст примитивизма, который также выставляет доисторического человека, дикаря и ребенка на рассмотрение с точки зрения колониализма, которая предопределяет их статус как Других, показывает, насколько примитивизм оказывается уязвимым для постколониальной критики. В книге «Время и другой» И. Фабиан рассматривает критику Леви-Стросом «архаической иллюзии», которая представляет сознание детей, умалишенных и «примитивных умов» как стоящие в одном ряду [Fabian 2002].

> Эта старая эволюционистская стратегия рассуждений от онтогенеза к филогенезу (и обратно), конечно же, представляет собой классический пример «методологических» злоупотреблений временем: первобытное мышление проливает свет на мышление западных детей, потому что они равноудалены от западного мышления взрослых. Оба представляют собой ранние стадии последовательности развития [Ibid.: 61].

Знак равенства между сумасшедшим, представителем примитивного народа и ребенком, как замечает Леви-Стросс, в равной степени несправедлив по отношению ко всем вовлеченным сторонам, кроме взрослых представителей Запада, которые категорируют их таким образом и встраивают в отношения подчинения с помощью временной иерархии [Lévi-Strauss 1969: 92]. Фабиан развивает свою критику дальше, используя подходы, релевантные для моего исследования, обращаясь к постколониальному мышлению в отношении ребенка и задаваясь вопросом:

> Должны ли мы игнорировать тот факт, что отношения взрослый — ребенок также зачастую — а порой преимущественно — чреваты едва прикрытыми отношениями власти

и практиками подавления и злоупотребления? Хуже того, должны ли мы забыть, что слова, будто природа примитивных народов подобна детской, никогда не были нейтральным актом классификации, но являлись мощной риторической фигурой и мотивом формирования колониальной практики в каждом аспекте. <...> Если не говорить об эволюционистской фигуре дикаря, едва ли существовала другая концепция, столь тесно связанная с политическим и культурным угнетением, чем представление о наивных туземцах как о детях [Fabian 2002: 63].

Если подобный ребенку туземец — это конструкт, подвергаемый сомнению постколониальной теорией, то задача моей книги — подвергнуть сомнению зеркальный конструкт: ребенок как дикарь.

Как и в этнографии, в художественном примитивизме часто вполне буквально ставится знак равенства между дикарем и ребенком. Например, в 1908 году парижский художественный критик Э.-Т. Ами провел эту параллель и сделал несколько последующих логичных выводов: «С точки зрения искусства дизайна, как со многих других точек зрения, дикари — истинные дети; они рисуют, они смешивают краски и лепят, как дети». И Ами утверждает, как и многие после него, что, если нам не хватает свидетельств об искусстве первобытного человека, мы можем проследить эстетическую эволюцию человечества, наблюдая за развитием способностей детей[9]. После первоначального допущения, согласно которому был создан конструкт ребенка как дикаря, примитивизм развивался в соответствии с известными типичными стадиями. Ранние стадии примитивизма часто предполагают осознанное собирание оригинальных работ «примитивов» как экзотических артефактов, как в случае с коллекцией африканского искусства и скульптуры Пабло Пикассо [Goldwater 1986: 145]. Эти артефакты, поданные должным образом, затем служат источником вдохновения для примитивистских подражаний.

---

[9] Hamy E.-T. La figure humaine chez le sauvage et chez l'enfant // L'Anthropologie. 1908. T. 19. P. 385–386. Цит. по: [Goldwater 1986: 22].

Тем не менее на всех стадиях примитивистская система отсчета включала в себя колониальный взгляд, который конструирует странного Другого в соответствии с предвзятым колониальным стереотипом, который оказывается не столько образом колонизируемого субъекта, сколько объективирующим конструктом, который отражает устремления колонизатора. Как отмечает Марианна Торговник, «примитив делает то, о чем мы его просим. Безмолвный, он позволяет нам говорить за него. Это наша чревовещательная кукла» [Torgovnick 1990: 9]. Ее формулировка подчеркивает бесполезность безмолвного примитива/первобытного человека именно таким образом, что это в особенности относится к неговорящему *младенцу*, о котором идет речь в данной книге. Такая постколониальная критика применима также и к инфантильному примитивизму русского авангарда, который собирал, преподносил и использовал детское творчество, с тем чтобы продвинуть самоконструирование и осуществить свою цель радикальной перестройки искусства[10].

В России начала XX века характер авангардистского движения был однозначно связан с идеей революции, которая сама по себе является метафорой «бунта» и бурных изменений или стремительных перемен относительно времени и пространства. Придание большей ценности дикости, чем цивилизации, и ребенку, чем взрослому, следует рассматривать с точки зрения антииерархической и даже карнавальной смены позиций, выражавшей дух времени. Дух *fin de siècle* и политических потрясений 1905 года будет способствовать революции 1917 года, Гражданской войне и радикальной смене политической конфигурации с многочисленными жертвами. Однако в 1909 году, с которого начинается мой рассказ об авангарде, революция оставалась утопической идеей и будоражащей перспективой будущего. Тем не менее временна́я ориентация, подразумеваемая термином «авангард»,

---

[10] Ограниченность этого подхода проявляется, например, в принципах отбора, предопределяющих, что художники найдут в работах этих «примитивов», которыми зачастую оказывались избранные и одаренные дети художников, чье искусство отражало искусство их родителей.

а вместе с ним «примитивизм», обсуждаемый в этой главе, и «футуризм», который обсуждается в следующей, служат действенным напоминанием о революционных устремлениях нового искусства, которое искало в отдаленном прошлом, воплощенном в примитивизме, радикальный путь к будущему.

Начиная с акций и новаторства Ларионова и его современников, русский авангард действительно выдвинул себя на передний край художественных открытий и эпатировал публику эстетическим действом. Неопримитивисты во главе в Ларионовым конструировали «младенца/ребенка» и себя как истинных «примитивов XX века», с тем чтобы достичь своих революционных художественных целей. Примитивизм был способом избежать традиционных нарративов, которые определяют Россию как отсталую во времени, периферийную пространственно и иерархически подчиненную Западу. Утверждение ими своей художественной независимости тем не менее происходит за счет ребенка, становящегося конструкцией, в основе которой лежит идея времени, и дикарем, заданным и ограниченным заранее определенными идеями линейности прогресса, которая и определяет ребенка как примитива.

Типичное для примитивизма приравнивание дикаря и ребенка посредством эссенциалистских определений означает невозможность различить реальность и проекцию. Федор Сологуб, глядя на рисунки детей или художников-мирискусников, тонко замечал: «...очаровательно, несмотря на то что это все еще мы, и слишком по-нашему» [Сологуб 1916]. То же самое можно сказать о художественных работах, зачастую выполненных детьми тех же мирискусников, собранных, выставленных и ставших образцами для подражания среди художников-неопримитивистов. Как отметил Голдуотер в «Примитивизме и современном искусстве», делая различие между творениями «примитивов и примитивистов»: «...но и произведения примитивистов не похожи на произведения детей, сколь бы ни было сильно стремление подражать им» [Goldwater 1986: XXI]. Подражание само по себе предполагает интерпретацию и сознательные или бессознательные принципы отбора, которые конструируют объект рассмотрения, гипертрофируя те или иные черты. То же самое, конечно же, относится и к инфантильному примитивизму русского авангарда.

Ранние проявления
инфантильного примитивизма

Поэт-символист Максимилиан Волошин, посетив в 1908 году в Санкт-Петербурге выставку «Искусство в жизни ребенка», как и многие другие художники и интеллектуалы, ощутил интерес к детскому искусству и задался вопросом: «Детям ли учиться у взрослых или взрослым у детей?» [Волошин 1908][11]. Слова Волошина отсылают к педагогической статье Л. Н. Толстого, который ставит вопрос: «Кому у кого учиться писать, крестьянским ребятам у нас или нам у крестьянских ребят?» и дает недвусмысленный ответ: взрослые должны учиться у детей [Толстой 1928–1964, 8: 301–324]. Толстой, который и сам отождествляет крестьянина и ребенка с примитивным Другим, например, когда говорит про «чистую, первобытную душу крестьянского ребенка» [Там же: 307], оказывается несомненным предшественником в переоценке ребенка как идеализированного примитива; его слова перекликаются с прозвучавшими в XX веке высказываниями о детском творчестве.

Если Волошин подходит к детскому искусству с позиций символизма и «Мира искусства», то художник Александр Бенуа, который провозгласил в 1908 году, что «все игры детей — искусство» [Бенуа 1908], оценивает творческую энергию ребенка исходя из особенностей собственной художественной позиции. Однако подобные примеры показывают, насколько существенное место в дискурсе литературной и художественной элиты в начале XX века начали занимать детское творчество и идея детской игры. Художник-авангардист Михаил Ларионов и его соратники,

---

[11] Сокращенная версия оригинальной статьи перепечатана в [Волошин 1988: 271–272].

работавшие под знаменем неопримитивизма, однако, конструировали ребенка как эталонного художника как в теории, так и на практике. Прибегая к практике инфантильного примитивизма, которая включала собирание, демонстрацию и подражание детскому искусству и вела к углублению интереса к инфантильному восприятию, Ларионов и его соратники направляли русское искусство по пути формалистского упрощения и роста степени абстракции, что знаменует собой первое достижение инфантильного примитивизма.

Хотя русские художники и интеллектуалы этого времени часто конструировали «младенца/ребенка» как абстрактный творческий идеал, авангардные художники-неопримитивисты развивают этот примитивистский интерес далее, включая формы детского творчества в свои собственные художественные практики и воплощая тем самым присущий авангарду интерес к инфантильному в материальные формы. Таким образом Ларионов и другие неопримитивисты проложили путь к развитию инфантилистской эстетики русского авангарда. Пристальное внимание художников-авангардистов к детскому искусству, проходя все типичные этапы примитивизма, началось с частных собраний, продолжилось публичными выставками и получило дальнейшее усиление и внимание критики в манифестах и теоретических заявлениях неопримитивизма. Проникнув на все уровни художественной практики, примитивистские понятия детского искусства и творческого начала не только породили подражание, но и начали формировать художественное развитие и эстетику на более глобальном и глубоком уровне. Прибегая к инфантильному примитивизму, Ларионов и другие художники-неопримитивисты использовали модель инфантильного для достижения своих художественных целей: освобождения себя от художественных условностей, включения новых элементов в свое искусство и движения к упрощению формы, которое наметило будущее направление авангарда. В этой главе я утверждаю, что инфантильный примитивизм Ларионова играет существенную роль в следовании по пути упрощения формы и одновременного увеличения степени абстракции.

Восхваляя варваризм
и инфантильное

Посредством примитивизма русские художники пытались положить конец векам культурного подчинения Западу путем переосмысления русской культурной «отсталости» как силы. Взгляд на отставание в развитии сформировал в русской интеллектуальной истории возникающую раз за разом риторику, начало которой положено по меньшей мере в «Первом философическом письме» П. Я. Чаадаева (1829), в рамках которого жестко критиковались отсталые черты России, а позднее в «Апологии сумасшедшего» (1837) отсталость России рассматривалась как ее сила [Чаадаев 1991, 1: 320–339, 523–538]. В отличие от преобладающей темы отсталости России, меньшее внимание обычно уделяется тому, что первоначальная формулировка Чаадаева характеризует Россию как инфантильную. После рассуждения о том, что Россия — не Восток и не Запад и находится вне времени, Чаадаев говорит о том, что русские явились «на свет как незаконнорожденные дети» [Там же: 326]. По его мнению, Россия XIX века еще не пережила «юность» — период, «когда всего сильнее развиваются... дарования» [Там же: 324]; таким образом подразумевается, что он определяет Россию на линейной временно́й шкале прогресса как дитя[12]. Чаадаев часто обращается к образам детства, исследуя становление и образование народа, и сравнивает русских с детьми, которые не могут думать самостоятельно: «Мы подобны тем детям, которых не заставили самих рассуждать» [Там же: 326]. Он обнаруживает, что «мы обладаем некоторыми достоинствами народов молодых и отставших от цивилизации» [Там же: 329]. По его мнению, географические и другие условия инфантилизировали русский народ и оставили его в состоянии незрелости

---

[12] Мысль о том, что России еще не удалось полностью раскрыть свой потенциал, также находит отражение в красноречивых названиях пьесы Д. И. Фонвизина «Недоросль» (1781) и романа Ф. М. Достоевского «Подросток» (1875). Оба слова несут идею неспособности достичь зрелости.

и беспомощности, подобном состоянию ребенка[13]. Презрительная оценка Чаадаева, согласно которой русские существуют только для того, «чтобы преподать какой-то великий урок отдаленным потомкам» [Там же: 330], позднее получает более мягкую формулировку, и по сути примитивизм и авангард как составляющие более широкого революционного контекста принимают на себя часть этой ответственности. Очевидно, что это прежнее восприятие России — устаревшее и атавистическое, и только маргинальный представитель западного или европейского сообщества может говорить о сравнении России с ребенком. Инфантилизация России, следовательно, уже имела длительную предысторию к началу XX века, когда примитивистская практика начинает противостоять этой теме и переворачивать ее с ног на голову.

Под знаменем примитивизма русский авангард декларирует больший доступ к подлинным истокам в силу его временно́го и пространственного периферического положения. Отвергая западнический акцент на прогрессе и подражании Западу, русские художники утверждают ценность своего славянского прошлого и претендуют на обладание привилегированным доступом к более далекому прошлому благодаря своему восточному наследию. Таким образом, русский авангард использовал примитивизм, чтобы избежать отведенного ему пространственно-временной иерархией подчиненного положения. В рассуждении прогресса в контексте этой иерархии Россия виделась отсталой, а в отношении европейской художественной традиции — маргинальной. В рамках инфантильного примитивизма ребенок выступает как новый художественный идеал, который дает русскому и авангардному искусству возможность переосмыслить свою слабость как силу путем переоценки инфантильного. В процессе этой переоценки «примитивного» субъекта русское искусство не только открывает новое понимание инфантильного, но также

---

[13] Уместно также вспомнить легенду об основании Руси, представленную в «Повести временных лет», где варяги «приглашаются» властвовать над славянами, чтобы положить конец их распрям [ПВЛ 1950].

стремится превзойти все другие, конструируя «я» как образ ребенка, истинного примитива XX века, с полным правом наследующего будущее.

Временна́я инверсия, присущая концепции примитивизма как стратегического анахронизма, таким образом, способствовала переосмыслению принятого представления об «отсталости» России как силы. Современный критик отметил такой сдвиг в 1909 году:

> Еще очень недавно говорили: grattez le Russe[14], и вы найдете Варвара. Теперь мы это понимаем правильнее, и в этом варварстве находим большое художественное преимущество. Этот фонд суровой свежести, питаемый географическими и этнографическими особенностями, — это такой национальный клад, из которого русские еще долго будут черпать [Геваэзи 1909: 119].

Благодаря примитивизму сомнительные притязания России на варварство становятся завидным источником художественного материала. Любопытно, что использование слова «варвар» и, позднее, «варваризм» вызывает ассоциации не только с «дикарством», но также отсылает к этимологической связи со сбивчивой речью или бормотанием чужеземного Другого[15]. Это заложенное в понятии значение иностранной речи, ее чуждости и ее ценности, отражается в словах критика:

> Русские привлекли к себе всеобщее внимание. Им пришлось завидовать за те остатки варварства, какие им удалось сохранить, в то время как на Западе всё стало каким-то общим местом. И в то время, как они хотят учиться у нас, выходит так, что они становятся нашими учителями [Там же].

---

[14] Поскребите русского (*фр.*).

[15] Согласно Фасмеру, слово «варвар» заимствовано из греческого βάρβαρος; «по-видимому, звукоподражательного происхождения; варвари́зм "заимствование, противное духу языка", возм., из франц. arbarism» [Фасмер 1986–1987, 1: 274].

Описанная здесь смена ролей учителя и ученика во многом сравнима с вопросом Толстого «кому у кого учиться» и, опять же, отражает смену позиции власти, заложенную в возвышении примитива, дикаря и ребенка до уровня идеала. Таким образом, революционная переоценка ролей взрослого/учителя и ребенка/ученика стратегически перемещает русских художников на новую позицию власти. Важно, однако, понимать, как замечает Кэрил Эмерсон, рассматривая идею Толстого «кому у кого учиться» с позиции учения Бахтина, что никакой реальный вызов авторитету не возможен, если элементы иерархии просто перевернуты относительно той же оси[16]. Карнавальная смена позиций не бросает длительный или существенный вызов авторитету сильных мира сего, так же как вопрос Толстого не бросает истинный вызов невозможным отношениям взрослого и ребенка.

Переоценка исконных русских традиций создает возможность для национализма, который продвигает Россию ближе к истокам искусства. Обращаясь к примитивизму, русское искусство прославляет варварство и идентифицируется с варварским. Освобожденные отречением от Запада, русские художники воспевают свою связь с Востоком. В манифесте «неопримитивизма» («Неопримитивизм. Его теория. Его возможности. Его достижения», 1913) Шевченко говорит от лица Ларионова и других неопримитивистов:

> Нас называют варварами, азиатами. Да, мы Азия, и гордимся этим, ибо «Азия колыбель народов», в нас течет добрая половина татарской крови, и мы приветствуем Грядущий Восток, первоисточник и колыбель всей культуры, всех искусств [Ларионов и др. 1989: 62].

---

[16] Эмерсон утверждает: «То, что иерархия перевернута и граф Толстой простерт у ног своих крестьян, не имеет значения. Ось осталась неизменной. Перед нами по-прежнему вездесущее, монологическое "кто кого" — либо я знаю и научу тебя, либо ты знаешь и научишь меня». Она делает вывод: «Статья Толстого, возможно, направлена на отмену иерархии, но все же построена на том, что Бахтин называет "педагогическим диалогом"» [Emerson 1989: 152].

Используя метафору «колыбели народов», художники-неопримитивисты переформулировали пространственное периферическое положение России как более близкое к первоисточнику на Востоке, чем Западная Европа. Как свойственно примитивизму, Азия преподносится как экзотическая и одновременно восхваляется как колыбель цивилизации, культуры и искусства, поскольку искусство Азии открывает для нас детство человечества. То, что заинтересованность примитивистов в возвращении к истокам использует метафору колыбели, дает подсказку о том, каков параллельный путь, по которому неопримитивизм пришел к инфантильному, а именно посредством поиска истоков искусства в масштабе личности. Через примитивизм русское искусство приближается, в том числе, к источникам творчества, включая символическое младенчество искусства.

Манифест неопримитивизма также показывает связь, которую он проводит между находящимися в Азии истоками и «примитивным» искусством детей. Шевченко провозглашает абсолютную самобытность неопримитивизма, поскольку он представляет собой уникальную комбинацию примитивизма, берущего истоки в Азии, в национальном искусстве, и в инфантильном. Он пишет:

> Итак, Нео-примитивизм, заимствуя свое начало у Востока... вполне самобытен. В нем в большой степени отразился Восток, напр., в трактовке, в традициях, да, но и свое, национальное Искусство, в нем играет не последнюю роль, так же, как и детское творчество — этот единственный в своем роде, всегда глубокий и подлинный примитив, творчество, в котором наше азиатское происхождение видно во всей своей полноте [Там же: 63].

Так, в главном теоретическом труде неопримитивистов Шевченко подчеркивает ценность, которую эти художники-авангардисты придают детскому творчеству, или, по его выражению, «этому единственному в своем роде, всегда глубокому и подлинному примитиву». Называя главные источники влияния на примитивистское творчество — от восточных традиций и национального искусства до детских творений — он также как будто перечисляет хронологические стадии неопримитивизма, чьей вершиной является детское творчество. Он выражает убежденность, что детское творчество дает доступ к художественным и культурным первоистокам.

Близкий соратник неопримитивистов, художник Владимир Марков (настоящее имя Волдемар Матвейс) в своей статье «Принципы нового искусства» (1912) рассуждает в подобном же ключе [Марков 2002][17]. Принимая колониальную точку зрения на Другого, он инфантилизирует древние народы и Восток, возвышаемые им до идеала. Он пишет:

> Древние народы и Восток не знали нашей научной рассудочности. Это были дети, у которых чувство и воображение доминировали над логикой. Это были неумные, неиспорченные дети, которые интуитивно проникали в мир красоты, которых нельзя было подкупить ни реализмом, ни научными исследованиями природы. У нас же «Die Logik hat uns die Natur entgottet»[18], как выразился один немецкий писатель. И наше чопорное равнодушие к «лепету» Востока и непонимание его глубоко обидно [Там же: 27].

Марков заимствует присущее романтизму понимание ребенка как подлинного художника и расширяет эту характеристику также на «Восток». Его переоценка «лепета» Востока в то же время выдает характерное для него художественное восхищение начальными или невнятными еще формами выражения, включая младенческое лепетание. Здесь изображение лепета чужестранного Другого, как и понятия «варваризма» и «варварского» в их старом, объясняемом этимологией смысле, демонстрирует восхищение примитивистов перед Другим, представленным в экзотическом свете.

Обращаясь к Востоку, неопримитивисты дают понять, что отвергают Запад. Например, изданный в то же время манифест «Ослиный хвост и Мишень» (1913), подписанный Натальей Гон-

---

[17] Впервые опубликовано в сборнике «Союз молодежи»(СПб., 1912. VI. С. 2).

[18] Логика обожествила для нас природу (*нем.*).

чаровой, Михаилом Ларионовым и Александром Шевченко, возглашает отказ Запада наряду со всем остальным. «Мы, Лучисты и Будущники, не желаем говорить ни о новом, ни о старом искусстве и еще менее о современном западном» [Ослиный хвост 1913: 9]. Русские неопримитивисты умалчивают о том, чем обязаны примитивистам западноевропейским: помощью в осознании ценности коренных источников вдохновения примитивизма. Шевченко признает: «Нас обвиняют в имитации Западного искусства» [Ларионов и др. 1989: 67], и несомненно, что Поль Гоген и Винсент Ван Гог являются предшественниками модернистского примитивизма. Хотя участие западноевропейских примитивистов помогло сделать это новое направление искусства легитимным, русский неопримитивизм, вполне вероятно, имел более значимых предшественников в русской интеллектуальной истории, включая Толстого. В российском контексте, как отмечает Камилла Грэй, движение за отмену крепостного права и обращенный к социальным проблемам реализм в искусстве подготовили почву для культурного возрождения народных традиций, начавшегося в конце XIX века [Gray 2000: 9], что и привело к примитивизму. Символизм и движение «Мир искусства»[19] также сыграли свою роль в открытии ребенка как идеального творца.

Выражаясь риторически, эти новые высказывания против Запада являются для русского искусства сознательной декларацией независимости, которая в то же время противопоставляет авангард его русским предшественникам, воспринявшим влияние Запада. Действительно, русские неопримитивисты занимают уникальное положение по отношению к западноевропейским коллегам более позднего времени с точки зрения сравнительно раннего увлечения детским творчеством, степени своего внимания к нему и влияния на практики инфантильного примитивизма. Другие художники-модернисты в Европе, собиравшие и имитировавшие детское творчество, такие как Пауль Клее,

---

[19] Заслуживают внимания работы на тему детского творчества художников «Мира искусства» раннего периода деятельности неопримитивистов [Бенуа 1908; Бенуа 1909; Кульбин 1910; Бакст 1909] (первая из двух частей статьи Бакста вышла во втором номере журнала «Аполлон» за 1909 год, с. 63–78).

Пабло Пикассо и Хуан Миро[20], обратились к этой деятельности позднее, чем Ларионов, Шевченко и другие художники русского неопримитивизма. Таким образом, можно отметить, что русский авангард эффективно использовал инфантильный примитивизм как шанс занять место на переднем крае международного авангарда и определить себя через ребенка как истинных «примитивов» и будущее искусства. В то же самое время практика инфантильного примитивизма также способствовала продвижению авангарда в новые экспериментальные области.

Неопримитивистское «открытие» ребенка

На фоне растущего внимания к детскому творчеству и игре, которое проявили символисты и мирискусники, художники-неопримитивисты придали конкретности абстрактному и общему интересу к детскому искусству. В отличие от участников других групп, они не только говорили о художественной значимости детского творчества, но и внедряли теоретические взгляды на детское творчество в свою художественную практику. Михаил Ларионов и его ближайшие соратники Наталья Гончарова и Александр Шевченко не только давали новую оценку детскому творчеству, но также делали ребенка конструктивным элементом собственных радикальных авангардных целей. В своих неопримитивистских сочинениях, деятельности и художественной практике они демонстрировали интерес к детскому творчеству и его специфическим формальным техникам. Впоследствии эти художники зашли еще дальше в своем стремлении подражать примитивному Другому и воспроизвести то, что они видели в детском творчестве, посредством нарочитого и сознательного упрощения изобразительных средств. Двигаясь в этом направлении, они разрабатывают новаторские подходы к искусству путем реализации новых принципов инфантильного примити-

---

[20] Перечисление и исследование связей этих художников с детским творчеством, включая репродукции работ художников и детей, см. в [Fineberg 1997].

визма формы. Влияние их инфантильного примитивизма, таким образом, имеет важные последствия для нефигуративного искусства, поскольку неопримитивизм и его последующие стадии помогли продвинуть художественное развитие в направлении возрастающего упрощения формы и художественной абстракции.

Хотя первая стадия инфантильного примитивизма началась с собирания детского творчества и выставок, он постепенно проникает на более глубокий уровень. Эта более поздняя стадия включает подражание специфически инфантильным чертам и более глубокое влияние художественного инфантилизма на ход их развития. Первоначально Ларионов, Шевченко и Гончарова участвовали в многочисленных выставках, что показывает, насколько высоко они ценили детское творчество и его эстетические принципы. На этих выставках неопримитивисты не только предполагают равный статус и значимость детских рисунков; они отводят им почетное место. В то же время сам процесс помещения в контекст показывает, каким образом художники используют детское творчество для достижения определенных полемических целей.

В статье «Детские рисунки в русском футуризме» (1998) Ю. А. Молок подробно описывает экспонаты четырех выставок в 1908–1913 годах[21]. «Пятая выставка картин "Нового общества художников"» (1908) включала «Выставку детских рисунков», на которой присутствовали работы, собранные С. Чехониным, К. Сюнненбергом и другими[22]. В течение нескольких последующих лет Ларионов и его соратники-авангардисты принимали участие еще в трех выставках, посвященных детскому творчеству. Первой из них была «Интернациональная выставка картин, скульптуры, гравюры и рисунка», организованная скульптором Владимиром Издебским в декабре 1909 — июле 1910 года. В нее вошли работы широкого круга художников, связанных с прими-

---

[21] См. [Molok 1998]. Более поздние публикации на русском языке [Молок 2003].

[22] Молок раскрывает личности некоторых из них, а именно сына художника Н. К. Рериха Юрика, дочери организатора Д. Н. Кардовского и двух дочерей А. Н. Бенуа — Ати и Лели. Эта деталь свидетельствует о возможной личной заинтересованности Бенуа в продвижении выставки «Искусство в жизни ребенка» [Molok 1998: 56].

тивизмом, таких как фовисты, представители раннего кубизма, «Нового Мюнхенского художественного объединения» и многочисленных русских, живущих на родине и за границей. Ларионов представил раннюю работу «Цыганка», которую Круглов справедливо назвал «классическим образцом отечественного неопримитивизма» [Круглов 2003: 8]. На этой важной выставке также были представлены детские рисунки. Действительно, как замечает Энтони Партон, «Издебский был одним из первых, кто осознал художественную значимость детских рисунков, и четыре из них были представлены в завершение экспозиции» [Parton 1993: 30]. Молок раскрыл «имена авторов детских рисунков»; это «Витя Федоров, Аня Венгрижановская, Арман Альтман, Володя Родионов», которые, безусловно, были детьми представителей художественной элиты [Molok 1998: 58]. На этой выставке, таким образом, видное место было отведено художественным творениям настоящих детей, поскольку завершение экспозиции представляет риторически сильную позицию в имплицитном нарративе. По сути, детские работы часто появляются последними в ряду, так же как развитие инфантильного примитивизма со временем часто имеет тенденцию к росту внимания к творениям все более младших детей, что также подтверждается в случае с поэзией кубофутуризма. Такие явления дают представление о регрессивной тенденции примитивизма, которая соотносится с использованием детского как стратегического анахронизма.

За этой грандиозной выставкой в 1911 году последовал второй «салон» Издебского, который назывался «Международная художественная выставка» и где ведущие русские художники-авангардисты, такие как Ларионов и Гончарова, сыграли большую роль [Круглов 2003: 13][23]. Эта выставка также включала неуста-

---

23 Если предыдущая выставка использовала в названии латинское по происхождению слово «интернациональная» с иностранным звучанием и содержала больше работ художников из разных стран, то выставка 1911 года обратилась к употребительному русскому слову «международная»; русские художники-авангардисты также были представлены более широко. Эта разница в названии отмечает сдвиг точки зрения и ориентации с западных позиций в сторону русских. Я благодарю Барри Шэра за то, что он привлек мое внимание к этому различию.

новленное количество «детских рисунков» неизвестного происхождения [Там же: 12]. Они перечислены в конце каталога, после имен Якулова, Явленского и Экстера, в то время как в каталоге предыдущего «салона» перечислялись после Явленского и Яковлева [Molok 1998: 58]. Участник обеих выставок художник Алексей Явленский сам собирал рисунки своего сына Андреаса (Андрея), подобно тому как Пауль Клее собирал рисунки своего сына Феликса, а Лионель Файнингер — своего сына Теодора Люкса. Как и их русские сверстники, дети этих художников выросли в художественной среде, где внимательно изучали, ценили и собирали их работы [Barnett 2002: 41–44, 356–371]. Явленский, так же как Василий Кандинский и Габриэль Мюнтер, уделял серьезное внимание детскому искусству в контексте движения, известного как «Синий всадник» («Der Blaue Reiter»)[24]. Мюнтер и Кандинский в 1908 году тоже начали коллекционировать детское творчество, Кандинский и другие упоминают детское искусство в своих теоретических работах; альманах «Der Blaue Reiter» содержит 13 детских работ [Jooss 1998: 121–122]. Самым плодовитым и наиболее публикуемым ребенком-художником была Лидия Вебер; подписанные ее именем работы есть в альманахе, и Кандинский ссылается на них в своих статьях [Ibid.: 123]. Как показывает этот пример, данные крупные выставки привели к взаимному творческому обогащению современных движений и европейских ответвлений модернистского примитивизма даже в использовании детского творчества.

Участие Ларионова в этих двух салонах Издебского показывает интерес его и его соратников к свойственной тому времени демонстрации детского творчества. Выставка «Мишень», организованная им в марте и апреле 1913 года, дает нам убедительные свидетельства серьезного внимания Ларионова к этой теме. Его интерес к «примитивному» искусству явно послужил поводом включить детские рисунки в состав выставки «Мишень».

---

[24] Файнберг воспроизводит многочисленные детские рисунки из собрания Кандинского и Мюнтера. См. статью Джонатана Файнберга «In Search of Universality: The Vasily Kandinsky and Gabriele Münter Collection» в [Fineberg 1997: 46–81].

Большинство работ, представленных на выставки «Мишень», выполнены в неопримитивистском стиле. <...> Однако, чтобы подчеркнуть связь творчества этих художников с присущими народному искусству формами, Ларионов включил творчество «современных примитивов» в число отобранных для экспозиции «Мишени» работ [Parton 1993: 57].

Молок приводит названия некоторых из детских рисунков, что дает представление об их тематике.

Каталог московской выставки включает, наряду с предисловием Михаила Ларионова, «Детские рисунки из собрания А. В. Шевченко» (№ 153–180) без имен художников и названий, а также «Детские рисунки из собрания Н. Д. Виноградова» (№ 201–209), без имен художников, но с названиями: 201–202 «Казаки»; 203 «Чтение манифеста»; 204 «Покос»; 205 «Деревня»; 206 «Рисунок»; 207 «Малороссийская хата»; 208 «На реке», 209 «На краю деревни» [Molok 1998: 59].

Показ детских рисунков предполагает примитивистский интерес к этнографическому коллекционированию и зависит от него. То, что одна из коллекций детского рисунка была собрана под именем А. В. Шевченко, дополнительно свидетельствует о том, что теоретик и критик неопримитивизма сам собирал детское творчество. Внимание Шевченко к детским рисункам, лежащее в русле примитивизма, привело к тому, что к 1913 году он собрал обширную коллекцию детского творчества, и это показывает глубину интереса ведущих авангардных художников к детским рисункам в то время.

Ларионов и Гончарова также собирали детское творчество, как отмечает Дж. Файнберг в своем исследовании «Mikhail Larionov and the "Childhood" of Russia» («Михаил Ларионов и "Детство" России», 1997), где он приводит три детских рисунка из оригинальной коллекции Ларионова, путь которых он проследил [Fineberg 1997: 28–45]. Подтверждая интерес Ларионова и Гончаровой к собиранию детских рисунков, Молок приводит новое свидетельство посещения ими выставки «Война в детских рисунках» (1915), где они приобрели несколько работ [Molok 1998: 66]. Этот факт свидетельствует об их постоянном внимании к детскому творчеству и показывает, что и сами они коллекционировали работы детей. Существует достаточно позднейших свидетельств их интереса к собиранию детских рисунков в период эмиграции, например сотрудничество с Роджером Фраем, о котором пишет Энтони Партон [Parton 1993: 175–177].

Мои собственные исследования в архивах и фондах Третьяковской галереи выявили несколько неопубликованных рисунков детей из коллекции Ларионова и Гончаровой[25]. Эта коллекция включает поразительные образцы творческих композиций детей, которые имеют общие черты в организации рисунка с более абстрактными композициями Кандинского. Столь несомненно оригинальные работы неизвестного художника-ребенка подчеркивают, насколько в процессе отбора предпочтение отдавалось тем работам, которые поразили коллекционера, по сравнению с теми, что отражают обобщенную категорию «детского творчества». Другие детские рисунки этого собрания более традиционны, как, например, портрет девочки, нарисованный яркими цветовыми пятнами и подписанный «Елена», или упрощенный карандашный портрет с подписью «Вера». Поскольку оба они подписаны латиницей, они могут относиться к более позднему, чем интересующий нас, периоду, а также принадлежать к серии богато украшенных эскизов костюмов с деталями, выполненными в технике коллажа, отражающих интерес и склонность коллекционера к театральности. Несколько наиболее традиционных пейзажей, выполненных детьми, отчетливо отражают русскую повседневность; в этом смысле они напоминают бытовые мотивы, характерные для детских рисунков, которые были представлены на выставке «Мишени», о чем говорят их названия. Одна из акварелей определенно относится к началу войны, поскольку изображает пациента госпиталя за чтением газеты «Раннее ут-

---

[25] Я благодарю за содействие в получении этой бесценной для моего исследования возможности Евгению Илюхину и Ирину Шуманову из Отдела графики Третьяковской галереи в Москве.

ро»[26], чье название дано в старой орфографии, в то время как монахиня смотрит на другого пациента, идущего на поправку в своей кровати. На стене висит карта европейской части России, на которой подробно изображены слияния русских рек, за окном — заснеженный пейзаж. Очевидно детский, но в то же время зрелый и талантливый, этот рисунок фиксирует впечатления времени, реальности и места — Россия периода войны. Такие работы служат неизменной характерной приметой интереса авангарда к реальным образцам детского творчества. В то же время они подчеркивают, сколь индивидуальными и нехарактерными могут быть детские рисунки. Зачастую обобщения невозможны. Собственно, нет никаких оснований считать, что детское искусство должно быть менее разнообразным, чем это принято полагать в отношении взрослого.

О серьезном интересе к детскому искусству и творческой деятельности свидетельствует тот факт, что значимые представители искусства того времени неизменно занимались коллекционированием детского творчества. Партон пишет, что «в одно и то же время ряд художников и писателей коллекционировали детское творчество» [Ibid.: 94]. Исследователь В. Ф. Марков в своей истории русского футуризма отмечает, что поэт-футурист Василий Каменский собирал детские рисунки [Markov 1968: 199]. Факт публикации детских рисунков другими поэтами-футуристами, такими как Алексей Кручёных или муж и издатель наследия Елены Гуро Михаил Матюшин, также означает, что существовали и другие работы, выполненные детьми [Матюшин 1997: 159]. Очевидно, что у Шевченко и других также были собрания, поскольку они представляли рисунки для выставки «Мишень». Сохранился один «детский рисунок», принадлежавший Шевченко (рис. 4), о чем мы можем судить по его публикации на последней вклейке в книге «Принципы кубизма» (1913).

Тот факт, что Шевченко включает работу, подписанную как «детский рисунок», в число иллюстраций к своей книге, показы-

---

[26] Возможно, речь идет об издававшейся в военное время газете «Раннее утро: большая, ежедневная, политическая, общественная и литературная газета».

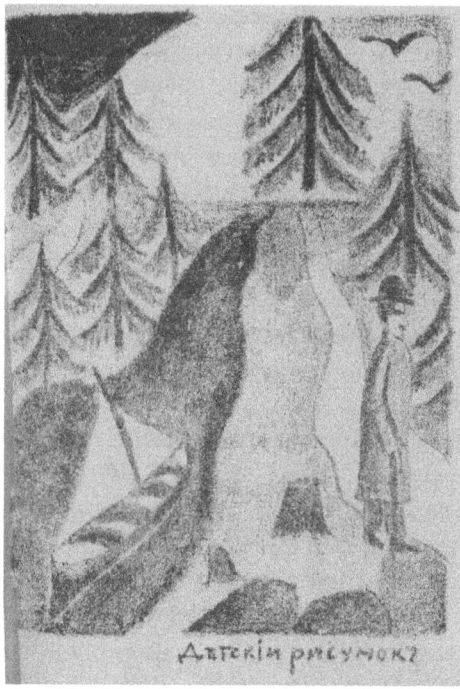

Рис. 4. Анонимный детский рисунок. Страница из книги А. В. Шевченко «Принципы кубизма и других современных течений в живописи всех времен и народов», 1913 год. Исследовательский институт Гетти, Лос-Анджелес (88-B28061)

вает его убежденность в родстве кубистских и детских установок в отношении художественных форм. Таким образом он выступает за серьезное исследование детского творчества в рамках своего собственного нарратива об искусстве, связанного с «Принципами кубизма и других течений в живописи всех времен и народов» (1913). Выразительное название книги показывает примитивистский подход к искусству, не ограниченный временем и пространством и, более того, разрушающий эти измерения. Помимо собственных рисунков, а также работ Ларионова, Гончаровой и других, Шевченко помещает в заключение тома иллюстрацию неизвестного авторства, подписанную «детский рисунок» [Шевченко 1913: 25], тем самым создавая нарративную дугу, сходную с той, что была очевидна на выставке, когда детские рисунки экспонировались в конце [Там же]. Таким образом нарратив сообщает нам, что регрессивная траектория современного искусства приближает его к принципам «примитивного» искусства, которые мы видим в детском рисунке.

С технической точки зрения рисунок, изображающий лодку на реке и мужчину, гуляющего по дорожке, приближается к использованию точки схода вдали; применены достаточно сложные стилистические приемы. Тем не менее пропорции и соотносительные размеры мужчины, лодки, деревьев и птиц говорят о незнании юным художником законов перспективы. Джон Уиллатс в книге «Art and Representation: New Principles in the Analysis of Pictures» («Искусство и репрезентация: новые принципы анализа изображения», 1997) обсуждает развитие последовательных форм проекции в детских рисунках [Willats 1997]. Согласно разработанному Уиллатсом дескриптивному инструментарию, этот рисунок использует «наивную перспективу» и может, следовательно, быть отнесен к пятой из шести выделяемых им стадий художественного развития ребенка, что характеризует этот рисунок как весьма зрелый в техническом отношении [Ibid.: 11]. Хотя записи свидетельствуют, что у Шевченко была коллекция детского искусства, есть вероятность, что атрибуция этого рисунка как детского сомнительна. На самом деле, идея ребенка как примитива служит стратегической цели и сводится прежде всего к достижению инфантильного. В силу этого подлинность не имеет значения; значимо то, как это рисунок подписан, встроен в контекст и риторически использован.

В своей книге о кубизме Шевченко уравнивает работы состоявшихся художников и примитивное искусство. Подобное нивелирование иерархии оказывается характерным для примитивизма, который расшатывает традиционные категории и предлагает новую систему отсчета. В силу соположения, которое устанавливает Шевченко, художественное творение взрослого оказывается инфантильным, а художественное творение ребенка — зрелым. Все произведения авангарда, включенные в книгу, оказываются примитивными или инфантильными по ассоциации (в силу расположения). Соединяя эти рисунки в трактате об искусстве «Принципы кубизма», Шевченко показывает, что его восхищение детским творчеством — это не только слова; он выставляет детское искусство на обозрение и продвигает как образец для подражания, в то же самое время привлекая внимание к инфантильным чертам искусства авангарда.

Инфантильный примитивизм на практике

Тщательный анализ отдельных примеров из художественной практики Михаила Ларионова тем не менее показывает, как художники-неопримитивисты трансформировали распространенный интерес к детскому искусству в преобладающий источник вдохновения и влияния. Здесь антропологическое увлечение творчеством примитивного Другого достигает более поздней стадии, когда интерес к примитивному Другому начинает углубляться. «Младенец/ребенок» постепенно перестает быть простым объектом жадного интереса коллекционера и становится средоточием идеализированного подхода, какой бы ограниченной с точки зрения живописи ни была его конструкция. Ранние картины, рисунки и графика Ларионова показывают этот переход от интереса к ребенку как примитивному объекту к взгляду на ребенка как независимый художественный субъект и образец для подражания.

Картина Ларионова «Цыганка в Тирасполе» (1909) (рис. 5) представляет собой первую стадию его деятельности как неопримитивиста. Как и изображенный на ней неуверенно шагающий младенец, она представляет первые шаги Ларионова в направлении к неопримитивизму. Здесь внимательный взгляд художника обращен на представительницу народа рома, которая изображена как полуобнаженный образец примитивного тела и экзотического Другого. Женщина с обнаженной грудью обращена к художнику, хотя ее глаза на лишенном выражения лице смотрят мимо зрителя. Кажется, она не замечает обнаженного и несоразмерно большого младенца у себя за спиной, который неуверенно шагает и тянет к ней руки в немой мольбе. Отчаянное желание младенца (infans) остается невысказанным. Художник ли своим вторжением отвлек внимание матери или ребенка

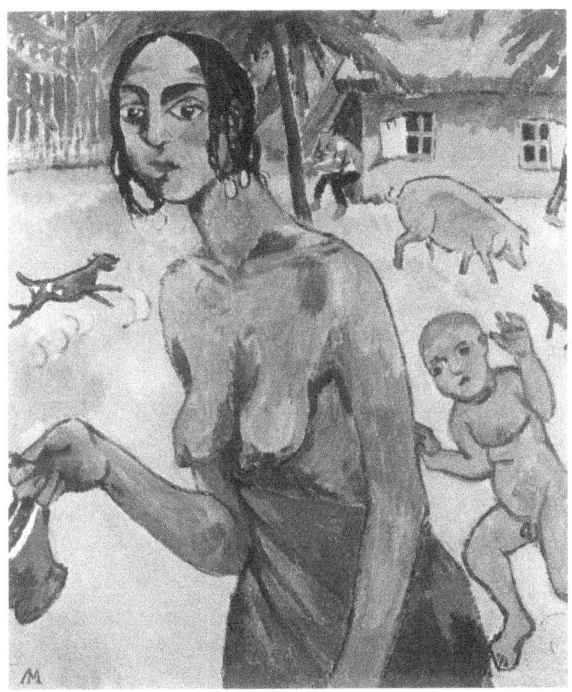

Рис. 5. Михаил Ларионов. Цыганка в Тирасполе, 1909 год. Частное собрание, Париж. © 2022 Artists Rights Society (ARS), Нью-Йорк / ADAGP, Париж

зачастую не замечают, но создатель картины видит и изображает пренебрежение ребенком. В этом смысле картина отмечает открытие ребенка в качестве нового и пренебрегаемого субъекта, следующего за экзотизированным Другим как примитивом. Животные, свободно разгуливающие на заднем плане, подчеркивают бестиарность изображения «примитивной» женщины и ребенка. В сущности, заданное движение на картине и композиция, где животные расположены на заднем плане, а люди — на переднем, помещают обнаженного ребенка в срединную позицию, в положение непрерывного колебания от заднего плана к переднему. Это указывает на эволюционный прогресс от выполненного схематически лохматого четвероногого до линейного рисунка голой свиньи и от неуверенно шагающего ребенка к стоящей в полный рост женщине, частично одетой и прорисованной более детально. Таким образом, младенец в своей наготе отнесен к животным. В то же самое время округлые формы безволосой головы и тела младенца перекликаются с формами большой свиньи позади него, в то же время обнаженная грудь его матери служит напоминанием о млекопитающей природе и происхождении человека от животных. По сути, обнаженная грудь матери отмечает центр композиции; в этом смысле живописная перспектива перекликается с перспективой грудного младенца и даже вытесняет ребенка, привлекая внимание к матери. В то же время, изначально периферийный объект примитивистского взгляда, таким образом, начинает осознаваться как субъект с независимой перспективой, хотя его потребности могут игнорироваться.

Примитивистский взгляд Ларионова на мать и ребенка отмечает радикальный отход от давней традиции изображения матери и ребенка, установленной образами Марии и младенца Иисуса в православной иконографии. Сравнение с зеркальным моментом и традиционным объятием матери и младенца, свойственным старым иконам, таким как икона Владимирской Богоматери (XII век) (рис. 6), делает этот контраст наглядным. Написанная много веков спустя картина В. М. Васнецова «Богоматерь с младенцем» (1889) все еще сохраняет благочестивую скромность в одежде и воспроизводит тесное объятие, хотя позы обеих фигур развернуты к зрителю благодаря простертым рукам ребенка. В отличие от этой давней традиции изображения Богоматери и младенца Христа в тесном контакте, Ларионов разрывает это каноническое объятие и показывает мать и ребенка отдельно — скорее обнаженными и звероподобными, чем святыми. Такие современные репрезентации символизируют то, как младенец становится отдельным самостоятельном субъектом, независимым от божественного происхождения или судьбы. Со временем, как и в истории искусства, изображение младенца становится все более инфантильным, а не идет по пути изображения его как

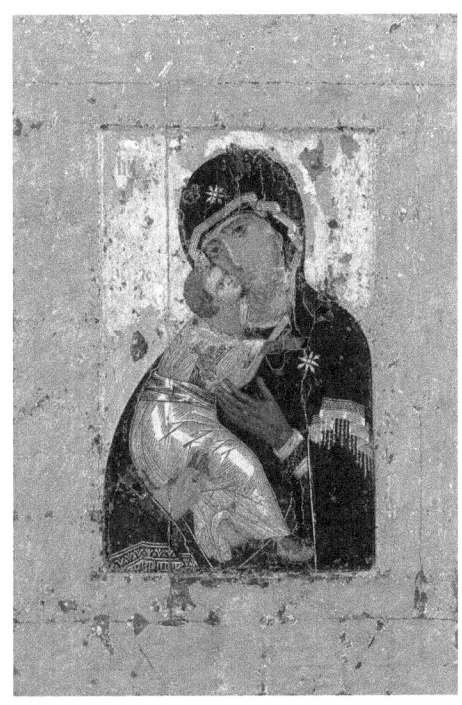

Рис. 6. Владимирская
икона Божией Матери,
XI–XII века. Третьяковская
галерея, Москва. Scala /
Art Resource, New York.
© 2022 Artists Rights
Society (ARS), New York /
ADAGP, Paris

маленького взрослого[27]. В русском контексте увеличивающийся реализм в отношении изображения младенца достигает определенной кульминации в работе Ларионова, где ребенок больше не младенец Иисус как духовный идеал, а реальный ребенок, обладающий телесностью, грубо нарисованный карандашными

---

[27] Филипп Арьес и другие обсуждали постепенный переход от изображения детей как взрослых «в меньшем масштабе» или гомункулов к более реалистичным изображениям [Арьес 1999: 45]. Арьес называет младенца Иисуса «моделью для всех детских изображений в истории изобразительного искусства» и говорит о том, что он оставался «уменьшенной копией взрослого человека», пока этот стиль не уступил место «более эмоциональному и реалистичному изображению ребенка» [Там же: 47]. Хотя Арьес может преувеличивать универсальную важность младенца Иисуса, тот безусловно служит моделью для изображения детства в русском искусстве, исторически сопротивляющегося репрезентациям вне религиозной иконографии.

штрихами. На самом деле младенец изображен нарочито грубо и упрощенно, что намекает на собственный будущий путь Ларионова в сторону большего упрощения через практику инфантильного примитивизма. По сути дела, примитивизм Ларионова мощно секуляризует мать и ребенка и заставляет взглянуть на них с земной точки зрения[28].

В противоположность духовной трансцендентности и идеализму традиционных форм репрезентации, здесь искусство сосредоточено на теле младенца и принимает примитивистский взгляд, даже если зритель также теряет привилегированную позицию по отношению к произведению искусства. Ларионов начинает сводить форму к простейшим и самым минимальным линиям «примитивного» изображения. С одной стороны, картина преподносит цыганку и ее ребенка как объекты взгляда художника и, соответственно, заключает их в некую концептуальную рамку, которая определяет их как примитивного Другого. Однако на этом раннем этапе интерес Ларионова как художника к цыганке в Тирасполе и младенцу, который неуверенно шагает за ее спиной, также включает переоценку такого субъекта. И все же картина, ограниченная объективирующим взглядом художника и примитивистским подходом, передает известный интерес и сочувствие, характерные для открытия и переоценки «примитивного» субъекта.

Крестьянки, которых Ларионов видел в родном Тирасполе, на этой картине и на картине «Проходящая женщина» (1909) были его первыми непосредственными изображениями крестьян [Parton 1993: 22] и показывают ранние поиски Ларионовым примитивов среди своего окружения. Как замечает Партон, начало примитивистской деятельности Ларионова «явило собой радикальный отход от предыдущих картин как в выборе сюжета, так и в отказе от стилистических традиций» [Ibid.]. В самом деле, Ларионов как будто освободился с помощью своего нового

---

[28] Многие современники Ларионова продолжали использовать религиозную иконографию в изображении матери и ребенка, особенно Павел Филонов и его соратница по примитивизму Наталья Гончарова, обращавшаяся в своем творчестве к множеству религиозных мотивов.

субъекта для того, чтобы следовать более резкому выразительному стилю, где «фигуры заполняют холст и характеризуются более четкими контурами и смелым подходом к моделировке» [Ibid.]. Таким образом, упрощенная передача фигуры младенца предвещает движение Ларионова в направлении все большего упрощения формы посредством практики инфантильного примитивизма.

Большая свинья, которая изображена на заднем плане картины, повторяется как абсурдная и нелепая деталь на других картинах Ларионова этого периода. Например, на картине «Синяя свинья» (1909) свинья выделяется нехарактерным цветом. Название маркирует свинью как главный персонаж, так же как и ее поведение, поскольку она целеустремленно движется на переднем плане, тогда как человеческие фигуры заняты делами и их лица не видны зрителю. Свинья также появляется на более ранней картине «Прогулка в провинциальном городе» (1907–1908), которую Камилла Грэй использует как иллюстрацию «детского безразличия к общепринятым правилам» Ларионова [Gray 1960: 105–106]. Учитывая игривые и комические аллюзии к литературным проявлениям свиньи в гоголевской традиции, эти работы даруют этому карнавальному созданию неожиданную и дьявольскую независимость. Вырвавшись за поставленные ей пределы, нелепая свинья продолжает свои выходки в авангардном искусстве и литературе этого периода. Необычайно большую роль играют свиньи и в примитивистской поэзии Алексея Кручёных, о которой пойдет речь в следующей главе — например, в сборнике «Поросята» (1913), написанном Кручёных в соавторстве с ребенком. Таким образом, нелепая свинья и приземленный юмор, который она олицетворяет, тесно связаны с примитивизмом в его инфантильной разновидности и показывают, как примитивистские карнавальные и «нецивилизованные» тела освобождают художника от традиционных художественных конвенций на пути к большему упрощению форм и линий.

В 1910–1911 годах, после окончания Московского училища живописи, ваяния и зодчества, Ларионов отбывал воинскую повинность и написал серию примитивистских картин, вдохнов-

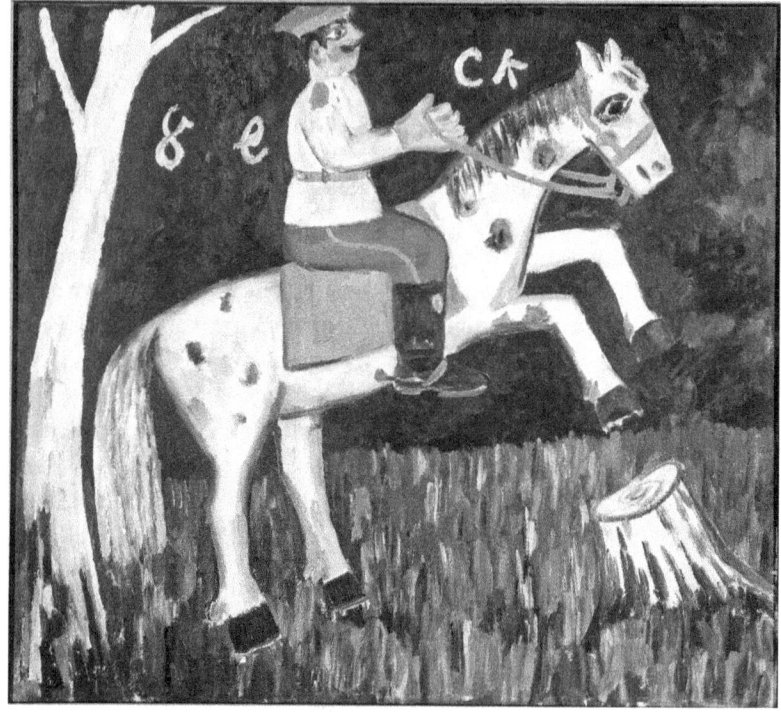

Рис. 7. Михаил Ларионов. Солдат на коне, 1910–1911 годы. Холст, масло, 80,7 × 99,1 см, Галерея Тейт, Лондон. © Тейт, Лондон, 2022. Тейт Лондон / Art Resource, Нью-Йорк. Copyright © 2022 Artists Rights Society (ARS), Нью-Йорк / ADAGP, Париж

ленных грубостью солдатской жизни. Эти картины, часто включавшие солдатские поговорки и рисунки в виде надписей на стенах, отмечают начало более частого использования Ларионовым в своем творчестве надписей. Это размывание границ между рисунком и текстом является одной из важнейших инноваций в его творчестве в примитивистский период. Все образцы «примитивного» и «низкого» искусства, такого как, например, народное искусство и популярные мотивы лубка или вывески и граффити, послужили важным исходным материалом для творчества Ларионова в отношении экспериментов с текстом, но я бы сказала, что наигранно наивная орфография, к которой прибегает Ларионов, скорее опирается на примеры детских каракулей. Характерное для детского творчества привычное стирание границ между вербальным и визуальным оказывается общей чертой авангардных художников и писателей последующего периода, включая книги кубофутуристов, о которых пойдет речь в следующей главе[29]. В то же время, однако, можно заметить, насколько сознательно и нарочито воспроизводится эта наивность, когда орфография, как и другие элементы живописи, лишь имитирует небрежное расположение букв как бы в силу недостатка умения и недостаточного контроля моторики, в то время как размещение отдельных букв остается соразмерным и гармоничным. Таким образом, картина несет двойной код: как написанная ребенком и взрослым.

К этому периоду относится картина «Солдат на коне» (1910– 1910) (рис. 7), выполненная в подчеркнуто детской манере. Файнберг выделяет несколько детских элементов:

> «Солдат на коне»… является, возможно, наиболее мастерской работой в серии и имеет ту же обрисовку, а также упрощенность в изображении задних планов, как и некоторые из детских рисунков, которыми владел в то время Ларионов, например «Цепной пес». Эти две работы даже похожи друг на друга желтыми акцентами в траве. Четкий профиль, к которому прибегает Ларионов, обычен для детского творчества, равно как и похожая на коробку морда лошади и странно приставленные задние ноги. Кроме того, художник подписал картину, как это часто делают дети, идущими по небу буквами: «8 еск» (8-й эскадрон) [Fineberg 1997: 34–36].

Последовательное использование бокового профиля и схематичные геометрические поля, чтобы изобразить фигуру лошади, напоминают традиционные детские, тогда как фигура человека отражает более реалистичные формы. Еще убедительнее наивная,

---

[29] Ключевое исследование взаимодействия изображения и текста см. у [Janecek 1984].

без линейной перспективы композиция картины. Другие инфантильные черты здесь — использование контуров и увеличение отличительных деталей в соответствии с их значимостью, например глаза солдата и лошади, или геометрическое упрощение формы копыт. Смелое использование краски и линий, крупные мазки, выбор ярких и базовых цветов также напоминают об особенностях техники детского творчества. Файнберг отмечает, что Давид Бурлюк «выделял "солдатские" картины Ларионова как образец» того, что он называл «свободным рисунком» [Ibid.: 34]. Давид Бурлюк в статье «Кубизм (Поверхность-плоскость)» (1912) развивает это понятие, разъясняя, что «обаяние детских рисунков именно и зиждется на полном в этих вещах выявлении сего канона» [Бурлюк 1912: 101]. На примере Бурлюка мы видим, что современники Ларионова были настроены сходным образом и воспринимали инфантильные элементы в его творчестве.

Инфантильный примитивизм Ларионова достигает своего апогея в многочисленных работах, включенных в выставку «Мишени», где на почетном месте были представлены коллекции детского творчества. Для зрителя того времени показ детского искусства совместно с авангардными картинами подчеркивал общие черты, заметные в стилистических аспектах этих картин, такие как упрощение форм, наивный подход к цвету и использование надписей. В то же время вопрос «кому у кого учиться» может быть перевернут с ног на голову, поскольку представленное детское творчество само по себе может быть подражанием примитивистскому искусству взрослых художников, приверженных идее ребенка как художника. Действительно, последователи инфантильного примитивизма редко признают, каким влиятельным может оказаться детское творчество или насколько вторичным оно порой оказывается, точно так же, как любое произведение искусства, созданное в рамках определенного контекста. Вневременная и внеконтекстная установка примитивистов в отношении детского творчества подчеркивает, таким образом, их нацеленность на использование анахронизма.

Включение элементов текста, вроде того, что мы видим в «Солдате», в период неопримитивизма постепенно возрастают в творчестве Ларионова, по мере того как его эксперименты с инфантильным примитивизмом набирают интенсивность и оригинальность. Художественный и эстетический инфантилизм особенно заметен в «Венере» (1912) и нескольких других работах в похожем стиле, связанных с циклом «Времена года» (1912). Здесь Ларионов с небрежностью сополагает изображение и текст внутри произведения, чтобы указать название, художника или дату. В этом отношении такие подписи напоминают подписи художников-детей, еще не соблюдающих границ, которые обрамляют произведение и делают его непроницаемым. Ларионов подписывает работу только именем, как некий неизвестный и неназванный мальчик по имени Михаил, а не знаменитый художник по фамилии Ларионов. В то же время, однако, продуманное размещение нарочито наивной надписи выдает принципы дизайна, расположения и моделирования, которые демонстрируют одновременно ее наивность и изощренность.

«Венера» (1912) Ларионова (рис. 8) в своей композиции играючи бросает вызов канонам художественной традиции и изображения женской красоты на протяжении веков[30]. Художник сводит изображение объекта к самым базовым элементам — контуру и линии. Грубые контуры передают приблизительную и упрощенную человеческую форму, лишенную эротики и чувственности; человеческое тело сведено к абстракции такой степени, что демонстрация женской красоты Венеры в этой традиционной для искусства позе становится бессмысленным. Это бросает вызов зрителю, который не знает, интерпретировать ли работу как рисунок дилетанта или же как картину в художественной традиции изображения Венеры. В формах купидона, птицы и растения, украшающих верхние поля холста, наблюдается похожая абстрак-

---

[30] Джон Мальмстад обсуждает заигрывание картины с художественной традицией, в том числе использование позы Венеры стыдливой. Он также делает ряд проницательных замечаний о ее родстве и заимствованиях из картины Гогена «Te arii vahine. Королева» («Жена короля»), находившейся в частной коллекции в России во времена Ларионова, и указывает на скрытую непристойность, которая следует из ассоциации желтого цвета с проститутками [Malmstad 1996: 164–166].

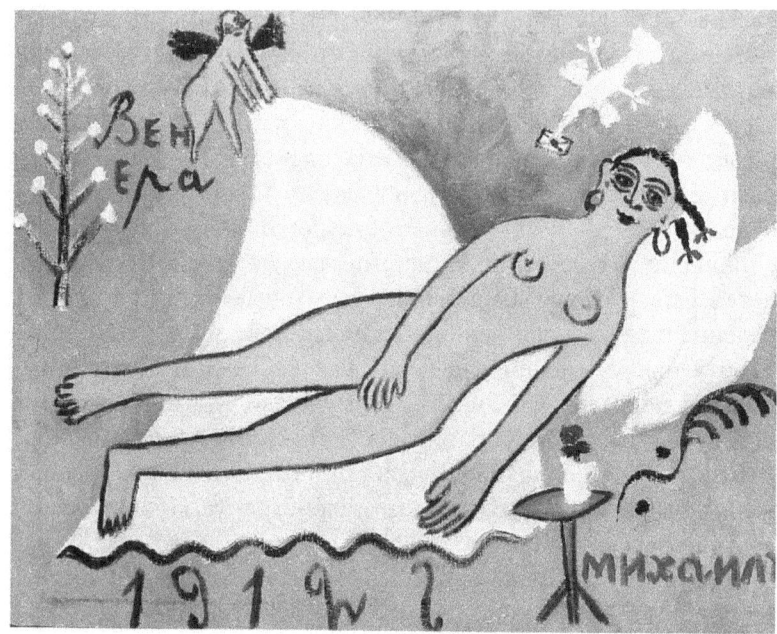

Рис. 8. Михаил Ларионов. Венера, 1912 год. Холст, масло, 68 × 85,5 см, Русский музей, Санкт-Петербург. © 2022, Государственный Русский музей, Санкт-Петербург. © 2022 Artists Rights Society (ARS), Нью-Йорк / ADAGP, Париж.

ция. В них соблюдаются строгие законы симметрии и схематического упрощения. Излишне точная геометрия птичьих лапок и изображение растений, редуцированное до линий и точек, демонстрируют инфантильный примитивизм картины. Интересно, что, как отмечает Уиллатс в «Искусстве и репрезентации», в детских рисунках условности, такие как области или линии, обычно используются для обозначения плоских объемов [Willats 1997: 81]. Эти же принципы применимы ко многим изображениям растений и животных, украшающим примитивистские композиции Ларионова и фигурирующим в картинах периода его инфантильного примитивизма.

Картина Ларионова «Осень желтая» («Осень счастливая», 1912) (рис. 9) сохраняет некоторые из этих инфантильных элементов, хотя в ней есть движение в новых направлениях. Ангелочек и птица по-прежнему находятся в верхней части композиции, где выполняют роль орнамента для несоразмерно большого главного объекта картины. Таким образом работа в духе примитивизма изощренно использует упрощенные формы для игры с канонами репрезентации, как и в «Венере». Основным объектом картины тем не менее является горообразная человеческая голова. Ее расположение в центре, устремленное вверх и даже фаллическое, маркирует ее как тотемическую и зловещую, как и безмятежные черты ее лица и слишком большие серьги. Подобно символическому воплощению «осени счастливой» или природного бога, способного ее даровать, голова даже напоминает идола или Будду, сведенного к простым формам и чертам и даже инфантильной внешности. Отсутствие шеи или тела также типичны для рисунков маленьких детей, в которых отвергаются несущественные детали тела, ускользающие от внимания неопытного художника, чей мир определяется чувственным опытом, а не общепринятым знанием или схематической репрезентацией. В то же время тот факт, что фигура выходит за установленные рамой пределы, свидетельствует о большей изощренности и использовании художественных конвенций.

И все же чертой, безошибочно указывающей на инфантильность этого произведения, оказываются текст и заголовок, включенные в нижнюю часть холста. Небрежная подпись сочетает печатные буквы, курсив, прописные буквы разных цветов, выполненные одновременно беспорядочно и с большой тщательностью. Написанное словно под воздействием импульса, второе слово разбито на две строки, а не расположено по центру с соблюдением межбуквенных интервалов. Хотя смысл словосочетания «осень счастливая» воспринимается без труда, в нем не на своем месте использована заглавная буква и пропущена немая «т» (в слове «счастливая»). Появление этой слуховой ошибки типично для ребенка, чье знание устной речи преобладает над опытом письменной или же знанием лингвистической подоплеки; эта надпись подражает детскому сюсюканью или дефекту речи, который акцентирует свистящий звук «с» и шипящие.

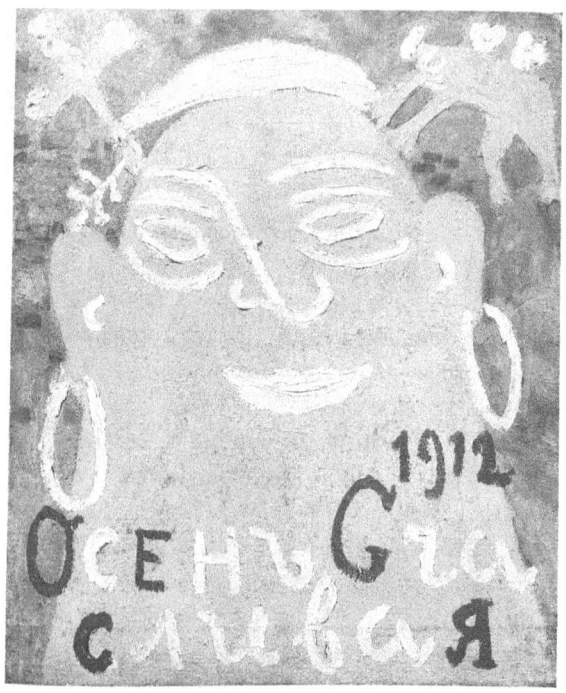

Рис. 9. Михаил Ларионов. Осень желтая (Осень счастливая), 1912 год. Холст, масло, 53,5 × 44,5 см, Русский музей, Санкт-Петербург. © 2022, Государственный Русский музей, Санкт-Петербург. © 2022 Artists Rights Society (ARS), Нью-Йорк / ADAGP, Париж

Таким образом, детский голос включен в само название картины, как будто художник проявляет сознательное и нарочитое подражание детскому голосу. В самом деле, такое утрированное подражание инфантильному или детскому оказывается типичным для примитивизма и одновременно возвышает и обесценивает субъект, рассматриваемый как примитив.

Хотя его эксперименты с типографикой в этих работах имеют общие черты с другими авангардными произведениями и экспериментами с использованием текста, Ларионов подчеркивает инфантильную природу орфографических ошибок и слуховых описок. Текстура его надписей создает иллюзию отсутствия навыка, совершенного большого усилия и трудоемкости письма за счет неравномерного и небрежного стиля начертания, характерного для детских каракулей. Неуклюжее начертание и слуховые ошибки усиливают впечатление наивности и привлекают внимание к текстуре надписи и звучанию речи, которую они воспроизводят, как предчувствие того, что формалисты называли затруднением, или ретардацией. Устная речь преобладает над письменной так же, как означающее имеет приоритет над означаемым, что типично для примитивизма. Такие орфографические манипуляции эффективно затрудняют восприятие, а также инфантилизируют аудиторию, которой приходится прилагать усилия для понимания текста.

В основных произведениях ларионовского цикла «Времена года» такие надписи используются с максимальным эффектом, отмечая развитие первоначального импульса, проявившегося в «Осени желтой», и представляют собой кульминацию инфантильного примитивизма Ларионова. Весь цикл «Времена года» был представлен на выставке «Мишени» 1913 года, ставшей высшей точкой инфантильного примитивизма. Сохранившаяся фотография с открытия выставки демонстрирует Ларионова, Гончарову и других художников на фоне цикла «Времена года», который, по-видимому, экспонировался так, как показано ниже[31]. Необычной чертой цикла «Времена года», повторенной в экспозиции, является разделение композиции на квадранты разного размера, и все четыре картины были также расположены неравномерно. На каждой картине этой серии в одном из нижних квадрантов выделен тщательно выписанный текст. В другом квадранте изображена большая гуманоидная фигура, занятая неким символическим действием, соответствующим времени года. Наконец, оставшиеся два квадранта меньше по размеру и содержат вспомогательные изображения, сцены или действия. Гармоничность и сбалансированность этих композиций, даже

---

[31] Ковтун воспроизводит эту фотографию 1913 года с выставки в [Kovtun 1998: 97].

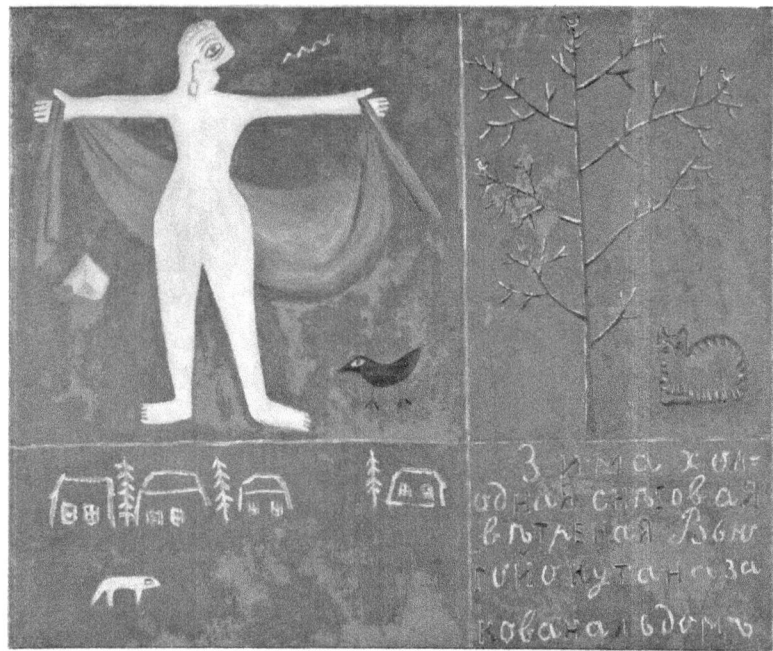

Рис. 10. Михаил Ларионов. Зима из цикла «Времена года», 1912 год. Холст, масло, 100 × 122,3 см, Государственная Третьяковская галерея, Москва. Эрих Лессинг / Art Resource, Нью-Йорк. © 2022 Общество прав художников (ARS), Нью-Йорк / ADAGP, Париж

если их содержание инфантильно, все же выдают утонченное чувство композиции и гармонии.

Каждая картина цикла «Времена года», например «Зима» (рис. 10), содержит простой поэтический текст, написанный детскими каракулями неровными и старательно выписанными буквами. По словам Файнберга, в каждом из них содержится «слащавое маленькое стихотворение, какие дети пишут о временах года» [Fineberg 1997: 38]. Приведем их ниже:

Весна яс / ная Прек / расная С / яркими / цветами / С белыми / облакам / и
лето знойное с / розовыми туч / ами И палёной / землей С син / им небом С / зрелым хлебом

Осень счастливая / Блестящая как / золото С зрелы / м Виноградом / И с хмельным
Вином
Зима хол / одная снего / вая ветреная Вью / гой окутана за / кована льдом

Файнберг комментирует визуальное воздействие такого использования текста и отмечает инфантильное впечатление, создаваемое его подачей:

В этих стихах прописные буквы, отсутствие знаков препинания, небрежное смешение курсивного и прямого начертания, строчных и прописных букв, разные размеры и случайные ошибки в написании — все выглядит нарочито детским, как и стихи и формы, созданные Алексеем Кручёных для книги «Мирсконца» с иллюстрациями Ларионова, вышедшей через несколько месяцев после этой картины в том же году [Ibid.: 38].

Файнберг справедливо отмечает взаимосвязь цикла с кубофутуристскими работами Кручёных, которые рассматриваются в следующей главе. Можно добавить также, что неожиданные обрывы и переносы строк в силу наличия неожиданных границ также повторяют поведение детей и спонтанное подстраивание к свободному месту для письма. Здесь художник-взрослый проявляет инфантильную спонтанность. Джон Мальмстад также изучает взаимодействие слова и рисунка в творчестве Ларионова и кратко упоминает цикл «Времена года» в этом контексте, хотя его рассуждения на эту тему главным образом сосредоточены на том, что эти надписи напоминают граффити и грубое солдатское арго [Malmstad 1996: 168]. Однако при рассмотрении в контексте инфантильного примитивизма эти орфографические ошибки и затрудненная орфография создают явно инфантильный эффект. Действительно, младенец/ребенок, живущий на грани устной речи, письма и изобразительного представления, перцептивно существует на стыке образа и слова; для не владеющего грамотой ребенка нет большой разницы между изображением и текстом.

Для взрослого же, который сознательно добивается этого эффекта, сообщение получает двойную кодировку: с одной стороны как инфантильное и с другой — как воплощение взрослым инфантильного.

Текст и вместе с ним визуальные элементы картины отображают детскую эстетику. Регулярный ритм перечисления, повтор звуков и синтаксических структур создают эффект заклинания. Стихотворные строки играют на струнах ритма и звуков, порождающих простые ассоциации с названиями времен года. Простота и повторы, составляющие язык этих строк, а также лежащие в его основе грамматические структуры напоминают упражнения для детей и спонтанную языковую игру в детской речи. Как отмечает К. И. Чуковский, дети часто соединяют последовательности рифм из чистого удовольствия [Чуковский 2001, 2: 388]. Повторение последовательностей грамматических форм также характерно для спонтанной детской речи. Как отмечает в своем исследовании детских монологов «Language in the Crib» («Язык в колыбели», 1962) лингвист Рут Уэйр, оставаясь одни, дети предаются практике повторения грамматических конструкций, которые они пытаются усвоить [Weir 1962]. Такая игра с новыми структурами в стадии освоения очень напоминает повторяющееся употребление творительного падежа в этих поэтических текстах. Семь раз повторенный предлог «с», написанный с прописной буквы, сигнализирует о его значимости. В самом деле, описание времен года сводится к базовым утверждениям и спискам ассоциаций, которые выглядят как ответы на серии простых вопросов, таких как «Что такое зима?»

Эффект инфантильности вербальных и визуальных элементов в текстах, сопровождающих цикл «Времена года», усиливается инфантильными чертами в остальных частях этих картин. На каждой картине изображена огромная андрогинная человеческая фигура. Преувеличенные и схематически изображенные органы чувств — глаза, нос, рот и уши — выглядят характерными для ранней фиксации детей на этих органах человеческого тела, служащих первичными источниками чувственной информации при взаимодействии младенцев или детей младшего возраста с миром. Отсутствие шеи также характерно для детских рисунков, как, например, в психологически показательных и хорошо изученных «головоногах» из самых ранних детских изображений человеческого тела, где ребенок-художник часто сращивает конечности непосредственно с головой[32]. Соответствующая важность для органов чувств также объясняет тщательно детализированное изображение пальцев на руках и на ногах. Однако кроме головы, рук и ног, пустые белые поля этих обнаженных тел лишены других определяющих черт. Их недостаток порождает наивное представление о человеческой форме, поскольку отсутствие вторичных половых признаков делает их совершенно бесполыми и андрогинными. Таким образом, тела оказываются инфантильными или показанными с инфантильной позиции. Они не поддаются категоризации и лишены признаков, позволяющих определить гендер, возраст и индивидуальный тип людей. Подобно младенцу или понятию *tabula rasa*, связанному с новорожденным ребенком, тело пусто, в нем еще не закодирован некий особый смысл.

Одна сильная цветовая комбинация преобладает в каждой из картин и характеризует изображенное время года. Нехарактерный для времени года выбор цвета включает темно-желтый для «Весны», почти черную палитру для «Лета», сияющий синий для «Осени» и красновато-коричневый для «Зимы», что бросает вызов условностям художественной традиции. Фигуры на этом плотном фоне написаны в основном с добавлением белого и черного к базовому цвету, так что общий эффект остается по большей части монохромным. В случае же ликующе желтой «Весны» фигуры оказываются скорее бледно-желтыми, чем белыми, как на остальных картинах, где они скорее отражают бледно-черный, синий и коричневый основные тона. В этом смысле каждую композицию можно рассматривать как свободную ассоциацию, вызываемую не только названием времени года как словесной

---

[32] Классическим исследованием фигуры «головонога» является работа Нормана Фримана [Freeman 1980]. См. также более раннюю статью Фримана [Freeman 1975]. Более позднее резюме исследований см. в [Cox 1993: 23–47].

доминантой, но и репрезентативным цветом как доминантой визуальной.

Эту необычную приверженность одному цвету можно сравнить с той сильной зависимостью от определенного цвета или инструмента для рисования, которая вызвана ограниченным выбором материала или просто использованием возможностей единственного инструмента. Другим объяснением может быть короткий период концентрации внимания. В самом деле, современное искусство характеризует кажущаяся необдуманность в исполнении; как инфантильный примитивизм служит стратегическим анахронизмом, так и иллюзия спонтанности, тем не менее тщательно придуманная или выполненная, помогает вскрыть слои усложнения. В цикле Ларионова «Времена года» цвет играет ключевую роль в производимом эффекте наива, даже если однородность цвета сводится только к передаче спонтанности и инфантильного.

Несмотря на неравномерное разделение на геометрические квадранты, каждая миниатюрная композиция и ее элементы создают ясное ощущение симметрии. Четкая двусторонняя симметрия, которую мы видим, — типичный выбор для ранних детских рисунков. Дома и деревья, нарисованные простыми белыми линиями в нижней левой части работы «Зима», выполнены в двусторонней симметрии и напоминают детские рисунки мелом. Сходным образом, фигуры сведены к схематичным изображениям, которые отражают общую таксономическую принадлежность референта. В самом деле, пристальное внимание детей к таксономии было показано в исследованиях овладения языком, которые демонстрируют, что дети часто чрезмерно расширяют значение слова, чтобы применить его ко всей описательной категории, основанной на форме или таксономии[33], например «собака» для всей категории «животные» или «арбуз» для категории «круглые вещи» в примере, приведенном Шкловским [Шкловский 1990: 61]. Визуальные примеры такого таксономического внимания,

---

[33] Обсуждая детскую языковую расширительность, Ева Кларк отмечает, что это явление уже было описано авторами дневников XIX и XX веков [Clark 2003: 88].

очевидные в цикле «Времена года», включают расположенных симметрично порхающих птиц, которые перекликаются с птицами на картинах «Венера» и «Осень желтая». Они точны только в схематическом отношении, поскольку крылья, ноги, хвост, голова и клюв имеют в симметричной композиции примерно одинаковое значение. Эти птицы неизменно появляются в рамках двусторонней симметрии, например над простертыми руками основной фигуры, ориентированной на зрителя, в «Осени» или над снопом пшеницы в «Лете». Напротив, у фигуры темной птицы, стоящей у ног гуманоидной фигуры в «Зиме», или сидящей кошки на той же картине нет указаний на наличие крыльев или ног, поскольку эта таксономическая деталь не имеет отношения к тому, что они делают в этот момент. Таким образом, двусторонняя симметрия, которой отдают предпочтение в рисунках дети младшего возраста, во «Временах года» преобладает на фигурном и композиционном уровнях. Однако симметрия и баланс композиции в целом перевешивают безыскусность наива.

Сходным образом, схематично изображенные птицы, деревья и большие человеческие фигуры, которые преобладают на картинах, появляются почти исключительно в плоском фронтальном виде. Сопутствующие парные человеческие фигуры с едва намеченными признаками, определяющими их как женщину и мужчину, часто изображены в профиль. Двусторонняя симметрия нередко распространена на композиционном уровне; например, две человеческие головы, изображенные в профиль, смотрят друг на друга над цветущим деревом («Весна»); две человеческие фигуры, изображенные в профиль, протягивают поднятые руки друг к другу, разделенные схематически переданным деревом («Осень»). Эти картины, на которых инфантильные визуальные и вербальные черты, присущие работам Ларионова этого периода, выражены наиболее ярко, также показывают, как он начал движение в сторону большего упрощения. Как показывает пример детских рисунков, таксономические признаки движутся к большей схематизации и упрощению, что производит более сильный символический эффект. Таким образом, обращение Ларионова к практике инфантильного примитивизма способствует его движению в направлении схематического упрощения и символической абстракции, по мере того как он берет курс в направлении беспредметного искусства.

Детское восприятие и упрощение средств

В манифесте неопримитивизма [Ларионов и др. 1989: 51–68] излагаются художественные принципы соратников Ларионова и формулируется обоснование принципов разворота к примитивному искусству. Шевченко отмечает, как неопримитивисты ценят «наш пароль и лозунг»: «простую, бесхитростную красоту», «строгость примитива» и «механическую точность построения, благородство стиля и хороший цвет, собранные воедино творческой рукой художника-властелина» [Там же: 56]. Размышляя о примитивном искусстве, он также выделяет гармонию стиля и богатство цвета как его положительные черты. Углубляясь в анализ достоинств, которые он усматривает в первобытном искусстве, Шевченко предлагает более подробное объяснение: «...находим в них наиболее острое, наиболее непосредственное восприятие жизни, притом чисто живописное» [Там же]. Коротко говоря, Шевченко утверждает, что «примитивные» формы искусства демонстрируют более острое и непосредственное впечатление от мира. Этот акцент на сильных реакциях и неопосредованном выражении свидетельствует о возникновении на более поздних стадиях инфантильного примитивизма внимания к характеристикам перспективы и восприятия, которое находит свое воплощение в теоретических работах авангардных критиков формальной школы. Шевченко уточняет: «Мы считаем самой ценной, самой продуктивной — работу по впечатлению. Это дает большее поле для выявления собственного мировоззрения и не отвлекает внимания ненужными деталями» [Там же]. В соответствии с этим примитивистским подходом, наивный художник наделен художественно незамутненным и более подлинным и прозрачным восприятием мира. Шевченко продвигает искусство, созданное «примитивами», как образец этого восприятия.

«Нас только прельщает его простота, стройность стиля и непосредственная, художественно верная прочувствованность жизни» [Там же: 57]. Таким образом, неопримитивисты отдают предпочтение наивному наблюдателю, еще не лишенному остроты восприятия в силу опыта или переизбытка впечатлений и еще не стесненному в свободном выражении выученными условностями или художественной традицией. Отход от традиционных установок, которых придерживаются остальные, обозначен наречием «только» и местоимением «нас». В этих примитивистских рамках «младенец/ребенок» воспринимается как идеальный художник, невинность восприятия которого порождает яркие впечатления, более непосредственно выраженные в художественных произведениях. В то же время отказ от деталей и простота, восхваляемые в этих цитатах, также показывают, как примитивизм следовал курсу на возрастающее упрощение формы.

Подобное отношение к особой детской восприимчивости встречается и у Кандинского[34]. В трактате «О духовном в искусстве (Живопись)», написанном в 1910 году и опубликованном в 1912-м, он обращается к ребенку, чтобы с полной ясностью представить свои взгляды [Кандинский 2001]. Стремясь объяснить привлекательность художественного примитивизма, в развернутом пассаже о восприимчивости ребенка он противопоставляет незнание и опыт. Он конструирует ребенка как еще не испорченного опытом и потому сохраняющего завидную свежесть восприятия.

> Только привычные предметы действуют на средне-чувствительного человека совершенно поверхностно. Те же, которые нам встретились впервые, немедля вызывают в нас душевное впечатление. Так впечатляется миром ребенок, для которого всякие предметы новь. Ребенок видит свет. Свет его привлекает. Ребенок хочет его схватить, обжигает себе пальцы и проникается страхом и уважением к пламени. Позже ребенок видит, что кроме враждебных свойств огонь

---

[34] Н. Гурьянова отмечает: «Увлечение детским мировосприятием проявляется в теоретических трудах Кандинского» [Gurianova 2012: 54].

обладает и дружественными, что он изгоняет мрак, удлиняет день, что в его власти греть, варить и дарить радостным зрелищем. По накоплении этих опытов знакомство с огнем сведено, и знания эти укладываются в мозговом ящике на хранение. Ярко-интенсивный интерес пропадает, и только еще способность огня к радостным представлениям тормозит наступление полного равнодушия. Итак, медленно и шаг за шагом чары распадаются. Всякий узнаёт, что деревья дают тень, что лошади скоро бегают, автомобили еще скорее, что собаки кусаются, что месяц далеко, что человек в зеркале — не настоящий [Там же: 109].

В этом отрывке Кандинский присваивает точку зрения ребенка, так как он воссоздает детское восприятие и даже вызывает ассоциации с древней историей о Прометее, прибегая к образу огня. Используя простые и короткие текстовые отрезки, он воссоздает ощущения и мышление ребенка, опытным путем познающего основные явления окружающего мира, и стремится проникнуть внутрь этого детского опыта познания мира даже, как кажется, прежде зеркальной стадии, когда ребенок понимает, что человек в зеркале — это он сам. Как и на более поздних стадиях неопримитивизма, представление Кандинского о ребенке как о примитиве приводит его к вниманию к инфантильному восприятию. С другой стороны, ранняя неопримитивистская практика в значительной степени фокусируется на особенностях художественного знакомства ребенка с миром.

Однако по мере того как Ларионов выходит за рамки неопримитивизма и основывает беспредметную школу лучизма, он обнаруживает более глубокое влияние практики инфантильного примитивизма. Как и Кандинский, он размышляет о действительных механизмах зрительного восприятия детей. В статье «Лучизм» (1913) Ларионов излагает принципы этого нового художественного направления, где акцент делается на изображении лучей света, исходящих от предметов и производящих впечатление на наши чувства, а не на самих предметах[35]. Таким

---

[35] Ларионов М. Лучизм. М.: Издание К. и К., 1913. Переиздано в [Ларионов и др. 1989: 13–22].

образом, лучизм, использующий наивный подход к воссозданию неискаженных чувственных впечатлений, движется от примитивистского упрощения формы ко все более беспредметному искусству. Я бы сказала, что инфантильный примитивизм играет существенную роль в художественном развитии Ларионова в этом направлении; через возрастающее упрощение техники и развитие наивного и безыскусного подхода, какой мы видим в детском творчестве, Ларионов движется по пути развития интереса к инфантильному восприятию мира. Это означает фундаментальный сдвиг от внешнего к внутреннему и в то же время освобождает искусство от ограничений реалистических репрезентаций путем смены фокуса внимания от произведения искусства как такового к механике зрения, делающего возможным восприятие. Показательно, что Ларионов в своей статье о лучизме обращается к ребенку как примеру неискаженного восприятия. Подобно Кандинскому, он считает, что детский глаз видит реальность более непосредственно, чем опытный и приспособленный глаз взрослого человека. Он пишет:

> Наш глаз — аппарат настолько мало совершенный, что многое, передаваемое нами, как мы думаем посредством зрения в мозговые центры, попадает туда правильно относительно реальной жизни не благодаря зрению, а благодаря другим чувствам. Ребенок видит первое время предметы вверх ногами, и впоследствии этот недочет зрения исправляется другими чувствами. При всем своем желании взрослый человек не может увидеть предметы перевернутыми [Ларионов и др. 1989: 19].

Здесь Ларионов обнаруживает научный интерес к механике зрения и сложной идее перевернутого изображения на сетчатке[36].

---

[36] Факт, что «образ внешнего мира, проецируемый на сетчатку, является перевернутым», был впервые продемонстрирован Иоганном Кеплером (1604) и затем изучен Уильямом Молинье (1692) и Иоганном Мюллером (1826). См. об этом в [Herrnstein, Boring 1965: 103]. Однако классический эксперимент Дж. М. Стрэттона в 1897 году, когда он в течение семи дней получал перевернутое изображение, убедительно установил поведенческий аспект

Он задумывается о развитии восприятия у ребенка применительно к зрению. Ученые долго считали, что именно в детстве непосредственно воспринимаемый образ подвергается обработке, которая переворачивает образ в сознании. Сейчас, спустя столетие все более активных исследований развития зрения и зрительной депривации в ходе развития ребенка, нейроученые в области когнитивных наук все еще согласны, что младенчество и детство являются критическими периодами зрительного развития. В главе «Подключение зрительной коры головного мозга» Лиз Элиот объясняет: «Вторая фаза подключения зрительной коры управляется ощущением, говоря точнее, электрической активностью, производимой непосредственным актом смотрения у ребенка»[37]. Таким образом, идеализация Ларионовым неискаженного восприятия мира остается справедливой, хотя парадокс с перевернутым зрением по-прежнему является сложной проблемой, которую он слишком упрощает в своем изложении. Важнее всего, что оно служит целям Ларионова как научное объяснение свойственного ребенку подхода «le monde à l'envers» («перевернутого мира»). У него также есть интересные точки соприкосновения с идеями Шкловского о переворачивании изображения вверх ногами, что будет обсуждаться в одной из последующих глав. Таким образом, можно увидеть, что в формировании взглядов на детство сыграли свою роль научные исследования того времени.

Отказавшись от ностальгической идеализации инфантильного восприятия, Ларионов противопоставляет способность ребенка к восприятию непосредственно того, что видит глаз, неспо-

---

перевернутого изображения на сетчатке. Этот близкий по времени к Ларионову эксперимент может лежать в основе его интереса к феномену перевернутого зрения. О научном обосновании этой идеи см. главы «Johannes Kepler on the Crystalline Humor as a Lens and the Inversion of the Retinal Image, 1604» [Herrnstein, Boring 1965: 91–97]; «William Molyneux on the Inverted Retinal Image, 1692» [Ibid.: 97–100]; «Johannes Müller on Subjective Visual Size and Position in Relation to the Retinal Image, 1826» [Ibid.: 100–103]; «George Malcolm Stratton on Visual Localization and the Inversion of the Retinal Image, 1897» [Ibid.: 103–112].

[37] См. [Eliot 2000: 206]. См. также главу «Wiring Up the Visual Brain» [Ibid.: 196–227].

собности взрослого остановить непроизвольную обработку, автоматически осуществляющуюся приспособившимся мозгом в результате подключения зрительной коры, которое произошло в ходе получения зрительных ощущений в младенчестве. В контексте развивающейся теории лучизма Ларионов выдвигает на первый план ребенка и изначальное детское неискаженное восприятие как пример для подражания. Инфантильное восприятие, таким образом, является частью его рассуждения о том, что искусство должно быть приближено к тому первоначальному впечатлению, которое оно производит на наши чувства. В этом смысле Ларионов выводит инфантильный примитивизм на следующую стадию, когда ребенок становится не просто объектом, но начинает рассматриваться как идеализированная точка отсчета. В конце концов, лучизм стремится стереть полученный опыт, чтобы вернуть взрослому более «чистое» восприятие ребенка, как бы подходя исключительно близко к восстановлению «первоначального» образа. И неопримитивизм, и лучизм исходят из идеализации инфантильного восприятия, хотя они также представляют собой последовательные стадии в цепи развития, которая ведет к возрастанию значимости внутреннего и указывает на все большую абстрактность образа, начавшуюся с упрощения формы, но продолжающуюся через искусственное и чисто теоретическое повторение инфантильного зрительного опыта.

В следующий период своей карьеры Ларионов продолжает эксперименты с лучизмом — движением, которое имеет особую значимость в истории русского искусства как одна из первых школ абстрактного искусства в России. Влияние инфантильной эстетики, которую он развивает в период своего ориентированного на ребенка примитивизма, сохраняется во многих его лучистских рисунках, а также в других рисунках, портретах и графике этого периода. Например, в своих ранних лучистских работах Ларионов продолжает поиск универсального символизма через абстрактное изображение, что также связано с его примитивистскими поисками истоков искусства в категориях «примитива». Он исследует универсальность примитивистского символизма в рисунке «Вселеночка» (1912), с которого я начала эту

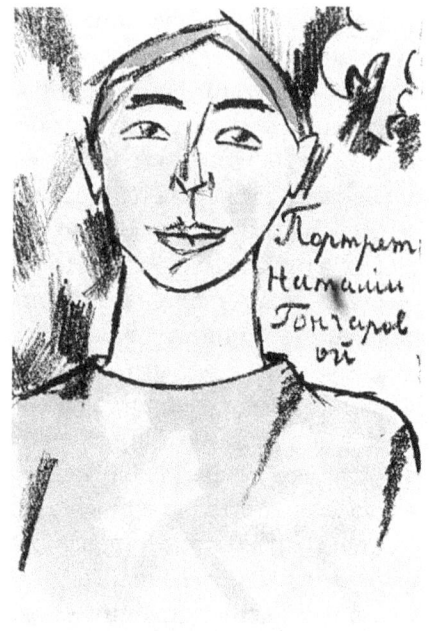

Рис. 11. Михаил Ларионов. Портрет Н. С. Гончаровой, 1913 год. Литография, 14 × 9,4 см, Русский музей, Санкт-Петербург. © 2022, Государственный Русский музей, Санкт-Петербург. © 2013 Artists Rights Society (ARS), Нью-Йорк / ADAGP, Париж

главу. Одновременно детский и палеолитический, этот рисунок привлекает внимание к универсальным чертам изобразительных средств примитивизма, сводя их к минимуму. Поскольку в результате получаются универсально считываемые композиция и нарратив — несмотря на минималистскую простоту их отражения, — это означает, что Ларионов преуспел в редукции зрительной коммуникации к самым базовым линиям. Посредством примитивистского упрощения он сводит композицию к минимальным «изобразительным примитивам», используя терминологию, которую Джон Уиллатс применяет в отношении детских рисунков [Willats 1997: 98]. Таким образом, упрощение, избранное лучистами и примитивистами, движется к абстрактной универсальности, стремясь к примитивистскому идеалу первоначального визуального языка, предшествующего цивилизации. В этом случае даже идея инфантильности, как и само художественное произведение, становится предельно упрощенной и абстрактной.

Многие более поздние рисунки Ларионова, такие как «Портрет Натальи Гончаровой» (1913) (рис. 11) или тем более «Собственный портрет Ларионова» (1912), здесь не приведенный, сохраняют элементы инфантильной эстетики, которую художник развивал в неопримитивистский период. Контурно изображая фигуру человека, как на многочисленных рисунках — «Голова восточной женщины с толстой шеей» (около 1928 года), (рис. 13) или на упомянутых портретах, — Ларионов демонстрирует смелые, но нечеткие линии и атмосферу небрежной спонтанности, чем-то напоминающие руку ребенка, что проявляется и в его неопримитивистских работах. В следующие несколько лет этот подход в духе минимализма и неопримитивизма находит продолжение в совместной с авангардными поэтами и писателями работе над созданием книг. Упрощенные формы и схематически выполненные детали таких рисунков напоминают о детском творчестве, как и тщательное воспроизведение рисунков и надписей, которые выстраиваются в единую и сбалансированную композицию. К инфантильным чертам, вероятно, можно отнести и толстые, заметные штрихи, которые усиливают контуры, и таксономические детали, отсылающие к референту посредством самых базовых форм.

Выполненная строго в жанре лучизма работа «Лучистый портрет женщины в шляпе» («Помада», 1913) (рис. 12), с другой стороны, может рассматриваться как достижение логического конца этого пути. Сведенное под влиянием примитивизма к истинно минималистскому использованию линии, произведение искусства также начинает напоминать о произвольности и однородности преувеличенно инфантильного творения, в котором противопоставлены описательное название и фактически беспредметное изображение. С другой стороны, его угловатость и прерывистость настолько контрастируют с плавностью и непринужденностью детских каракулей, что больше напоминают первые почти произвольные следы, которые младенец оставляет на бумаге еще до того, как установит какой-либо контроль над моторикой. С позиции примитивизма и в силу объединения доисторического, примитивного и инфантильного искусства на одном небольшом холсте миниатюрной вселенной, это равносильно сознательному возвращению к истокам и абсолютной основе младенчества искусства, даже будучи искусственно сконструированным и конституированным. Ибо в самом деле, будучи сведенным до минимальных проявлений, искусство здесь становится необычайно трудоемким процессом в отношении как восприятия, так и интерпретации. Через инфантильный примитивизм Ларионов пришел к развитию выразительного стиля и символического языка, более близкого к каракулям и линиям первых детских рисунков, кажущихся произвольными, чем к реалистическому отображению, которое ранее считалось высшим достижением западного искусства. Таким образом, инфантильный примитивизм представляет собой стратегический анахронизм, используемый для того, чтобы обратить художественную историю и темпоральность вспять и совершить регрессию к истокам искусства. Практически единственным репрезентативным аспектом произведения, как это часто бывает в детских рисунках, остается его название, которое скорее приглашает или ставит задачу зрителю расшифровать стоящий за ним образ и художественный замысел. Такой вызов с присущим ему поддразниванием или даже антагонизмом по отношению к зрителю и интерпретации очень в духе авангарда и современного искусства в целом. Обращаясь к языку лингвистики, можно сказать, что означающее и означаемое отдаляются все дальше друг от друга, по мере того как искусство движется в сторону возрастания абстракции через упрощение формы, сведение к минимальным элементам и почти апокалиптическое самоуничтожение в искусственно воспроизводимом возвращении к младенчеству искусства.

Таким образом, мы видим, что развитие Ларионова как художника и рисовальщика в период с 1909 по 1913 год шло через инфантильный примитивизм и связанное с ним упрощение формы в направлении к большей символической абстракции, проявившейся в лучизме и достигшей своего пика в беспредметном

Рис. 12. Михаил
Ларионов. Лучистый
портрет женщины
в шляпе (иллюстрация
к «Помаде» А. Кручёных),
1913 год.
Исследовательский
институт Гетти, Лос-
Анджелес (88-B26240).
© 2022 Artists Rights
Society (ARS), Нью-Йорк /
ADAGP, Париж

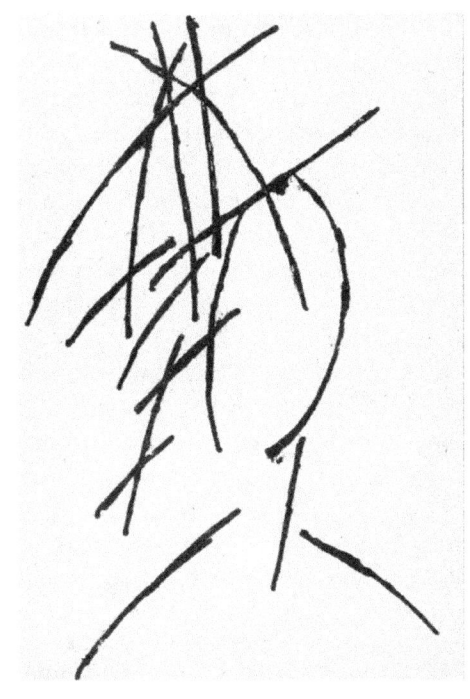

и абстрактном искусстве. Лучистские работы, такие как «Лучистый портрет» (1913) и «Лучистый портрет женщины в шляпе» (1913), а также многочисленные иллюстрации к художественным книгам Кручёных и поэтов-кубофутуристов продолжили это движение в направлении упрощения, так же как выделение наиболее существенных элементов искусства и базовой механики восприятия и отображения. Ларионов, в соответствии с духом примитивизма, отвергает традиционное художественное движение к большему реализму в искусстве; вместо этого он стремится обратить течение времени вспять и вернуться к истокам искусства, чтобы заново открыть основы искусства и восприятия. При этом его движение происходит в направлении большей простоты и по пути к художественной абстракции в стремлении воссоздать идеализированный и ностальгический опыт младенческого глаза.

В 1916 году Михаил Ларионов и Наталья Гончарова переехали в Париж, где и прожили до конца жизни. В эмиграции они избежали угроз, с которыми впоследствии столкнулись многие художники-авангардисты. Однако они утратили благоприятную развивающую среду, которая окружала их в России, включая авангардный контекст инфантильного примитивизма и инфантилистской эстетики, которая из него развилась. И все же некоторые из идей они сохранили и в эмиграции. Например, выставки, включающие работы детей-художников, которые проводились в сотрудничестве с английским критиком Роджером Фраем, свидетельствуют о неизменной важности детского творчества для Ларионова и о том, что его интерес к детскому искусству сохранился и после неопримитивистского периода его творчества. Рассказы тех, кто его знал, также говорят о неизменности его серьезного внимания к детскому искусству в этот более поздний период его карьеры. Партон цитирует современника, дающего именно такой портрет художника-эмигранта:

> Михаил Андреенко вспоминал, что «Ларионов много раз бывал в отдаленном от Бют-Шомона месте, где располагалась [его] мастерская. Он зарисовывал некоторые рисунки, нацарапанные на стенах озорными детьми. Они привлекали его живостью исполнения, естественностью и несоблюдением общепринятых правил». Воспоминания Андреенко о реакции Ларионова на детские граффити и заметка Парнака о его интересе к квадратам «классиков» также свидетельствуют о том, что Ларионов всю жизнь интересовался наивным творчеством детей [Parton 1993: 93].

Художественный взгляд Ларионова оставался, таким образом, прикован к каракулям и следам, оставленным детьми на городских просторах как современные петроглифы, отставленные диким ребенком и «примитивом XX века», которых он воспевал в молодости. Этот случай показывает, насколько инфантильная эстетика сохранила для Ларионова неизменную ценность. Возможно, его преданность ей отчасти является реакцией эмигранта на пережитое перемещение, и он стремится воссоздать дни творческой славы своей юности в другой стране.

В эмиграции Ларионов, вся художественная практика которого предполагала войну со временем, в какой-то мере казался пойманным в ловушку вечного повторения своих юношеских подвигов и практики инфантильного примитивизма. Он с одержимостью воссоздавал свои ранние примитивистские произведения, такие как «Голова восточной женщины с толстой шеей» (около 1928 года) (см. рис. 13), и беззастенчиво ставил более ранние или более поздние даты, создавая множество загадок для историков искусства[38]. Для художника, в свой ранний период увлечения авангардом одержимого экспериментами с темпоральностью, это указывает, что симультанность неизбывного настоящего, которую он искал в инфантильном примитивизме, никогда до конца не отпускала его. В конце концов, художники, работавшие в русле инфантильного примитивизма, стремились не только представить «младенца/ребенка» как подлинного примитива XX века, но и сами занять эту позицию и тем самым обеспечить себе место в искусстве будущего.

В этом отношении Ларионов оказывается лишь одним из многих художников своего времени, как в русле неопримитивизма, так и вне его, кто конструировал «младенца/ребенка» как идеальный объект для исследования, демонстрации и подражания на поверхностном и на более глубоких уровнях. Наряду с другими художниками-неопримитивистами Ларионов стал первопроходцем для авангардистов-новаторов, которые пошли по его стопам в увлечении инфантильным примитивизмом и инфантилистской эстетикой. Тем не менее его отношение к младенцу как к Другому, как и у остальных, было ограниченным и искусственно сконструированным. Он видел в «младенце/ребенке» именно то, что хотел обнаружить, поскольку для него как представителя регрессивного направления примитив был частью собственной эстетической программы.

---

[38] Установление точной датировки картин и периодов развития этого художника, известного тем, что он датировал свои работы более ранним временем, было одной из главных целей монографии Энтони Партона о Михаиле Ларионове и задачей, которую он превосходно выполнил в своей книге, согласно Марии Гоф [Gough 1998].

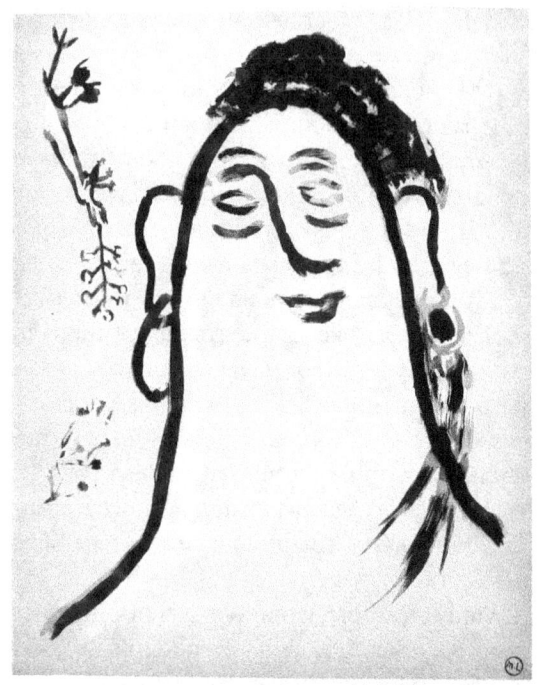

Рис. 13. Михаил Ларионов. Голова восточной женщины с толстой шеей (Женская голова и птичка с веткой в клюве. Из альбома «Путешествие в Турцию», около 1928 года). Бумага серая, гуашь, 33 × 26,8 см, Русский музей, Санкт-Петербург. © 2022, Государственный Русский музей, Санкт-Петербург. © 2022 Artists Rights Society (ARS), Нью-Йорк / ADAGP, Париж

В самом деле, неопримитивисты также передают в наследство тем, кто пошел за ними путем инфантильного примитивизма и инфантилисткой эстетики, свой собственный фундаментальный недостаток, неизбежное слепое пятно инфантильного примитивизма — его зависимость от примитивистского подхода, который фальсифицирует младенца как Другого ради эстетических целей взрослого. Использование ими младенца/ребенка в качестве приема может отличаться от использования неопримитивистами младенца/ребенка как стратегического анахронизма, чтобы повернуть вспять линейное время, или даже от использования младенца/ребенка кубофутуристами в качестве пропуска в будущее. И все же сама фундаментальная предпосылка в равной степени ошибочна. Время необратимо, и восстановить первоначальное восприятие нереально, точно так же, как ребенок не примитив, и взрослый, в силу невозможности отношений ребенка и взрослого, никогда не сможет по-настоящему получить доступ к внутреннему опыту ребенка. Сколь бы смелым ни был эксперимент, надуманная репрезентация лучей света никаким образом не может напоминать или воспроизводить восприятие младенца. Эта чисто теоретическая идея о зрении младенца лишь объясняет новый оригинальный художественный эксперимент, сводящий изображение к минимальным угловатым линиям. Неопримитивизм на всех этапах своего развития использует младенчество в своих целях и в рамках примитивистского подхода, предопределяющих «находки» примитивиста в так называемом примитиве.

В среде русского авангарда бурная художественная деятельность Ларионова и его соратников вызвала большой интерес к детскому творчеству, быстро вышедший за рамки неопримитивизма. К 1916 году увлечение детским творчеством достигло такого уровня, что Федор Беренштам отмечал: «Творчество детей, на которое в былое время обращали слишком мало, а сейчас, может быть, слишком много внимания, имеет, несомненно, громадное значение» [Беренштам 1916]. Мнение Якова Тугенхольда по поводу этого явления было более доброжелательным: «Интерес к детским рисункам — продукт нашего времени; я бы сказал — одно из значительных *открытий* нашего времени» [Тугендхольд 1916]. Даже Александр Бенуа, выдающийся художник, редактор и организатор движения «Мир искусства», высказался по поводу практики инфантильного примитивизма, что в его время интерес «к детям и ко всему детскому получил огромную силу» и теперь внимание самых разных людей было приковано к детям и всему детскому. «А один культ примитивов — это ли не культ детства?» [Бенуа 1916: 2]. К этому моменту инфантильный примитивизм настолько преуспел в определении ребенка — и себя через него — как идеального примитива XX века, что Бенуа провозглашает примитивизм и культ детства синонимами, новой высшей точкой инфантильного примитивизма.

Поэты и писатели — авангардисты по примеру своих близких соратников Ларионова, Гончаровой и Шевченко активно интересовались детским языком и связанными с ним поэтическими экспериментами. Камилла Грэй в книге «The Russian Experiment in Art, 1863–1922» («Русский эксперимент в искусстве, 1863–1922») высказывает мнение, что эксперименты Ларионова и неопримитивистов в изобразительном искусстве вдохновили новаторов в других сферах авангарда. Она усматривает их влияние в поэтических экспериментах кубофутуристов, рассматриваемых в следующей главе этой книги, приводя в качестве примеров «подражание детскому творчеству» [Gray 2000: 107] и использование «детского языка» [Ibid.: 108]. Связи между инфантильным примитивизмом Ларионова и неопримитивистов и инфантильным примитивизмом Кручёных и кубофутуристов многочисленны, как силу их тесного сотрудничества, так и в силу общности эстетических интересов и примитивистской деятельности. Как отмечает Грэй: «Хотя слава первопроходца в России принадлежала живописи, живопись и поэзия были прочно связаны, и почти все первые публикации поэтов-футуристов сопровождались иллюстрациями Ларионова, Гончаровой и других участников их групп» [Ibid.: 108–109]. В следующей главе будут показаны более глубокие взаимосвязи между этими группами через практику инфантильного примитивизма. В этом смысле авангардисты-новаторы в области поэзии и прозы подхватили знамя инфантильного примитивизма, установленного Михаилом Ларионовым и его соратниками по неопримитивизму.

Глава вторая

Детское слово: Алексей Кручёных, детский язык и поэтика кубофутуризма

Поступить так, как Кронос — оскопить собственного отца и пожрать своих детей, чтобы одолеть предначертания судьбы и стать единственным претендентом на существование в будущем, — значит бросить вызов хронологическому времени. Однако кровавые действа, приписываемые в греческой мифологии этому титану, в равной степени применимы к поступкам русских футуристов, которые бросают вызов своим предшественникам и традициям прошлого, чтобы заявить о своих правах на будущее поэзии. Поедание детей, или «педофагия», если использовать неологизм А. Лавджоя и Дж. Боаса из книги «Primitivism and Related Ideas in Antiquity» («Примитивизм и связанные с ним идеи в античности», 1935) [Lovejoy, Boas 1997: 73], оказывается подходящей метафорой для инфантильного примитивизма русских футуристов, которые, с их фиксацией на силе и потенциале инфантильного, превратили «младенца/ребенка» в объект потребления. Удачной иллюстрацией этому является работа, которая украшает сборник поэта-кубофутуриста Алексея Кручёных «Чорт и речетворцы» (1913). Дизайн обложки, созданный коллегой и близкой соратницей Кручёных, художницей-авангардисткой Ольгой Розановой, выполнен в примитивистском стиле и изображает сцену неминуемой педофагии, напоминающую поступок Кроноса (рис. 14). Зубастая фигура, явно напоминаю-

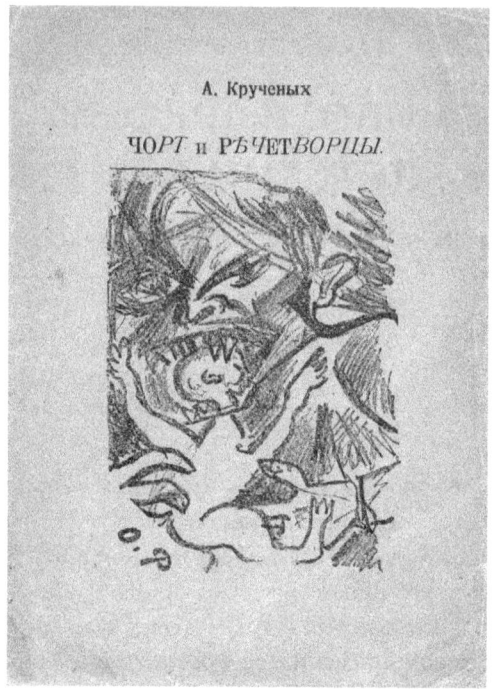

Рис. 14. Ольга Розанова. Чорт и речетоворцы. Обложка для книги Алексея Кручёных, 1913 год. Исследовательский институт Гетти, Лос-Анджелес (88-B26223)

щая Кручёных, кажется, вот-вот проглотит сопротивляющегося младенца. Если он в этой сцене — воплощение черта, то младенец — «речетворец».

Действительно, поэты-футуристы последовали примеру Кручёных в конструировании «младенца/ребенка» в рамках инфантильного примитивизма как «речетворца» *par excellence*. Футуристы рассматривали пограничную фигуру «младенца/ребенка» как средство доступа к языку будущего и, таким образом, достойный подражания пример того, как создавать поэзию будущего. Однако примитивистская точка зрения предполагает определенную амбивалентность, как показывает провокационное изображение Розановой дикости и каннибализма. Примитивизм конструирует Другого неизбежно ограниченными способами, выдвигая его в качестве примера для подражания или превращая в объект потребления путем показа в галереях, введения в художественный оборот и делая его частью публичного дискурса. Зловещая изнанка фиксации футуристов на конструировании ребенка становится очевидной в примерах, прославляющих жестокость в отношении ребенка или педофагию, как у В. В. Маяковского, который в поэме «Я» (1913) пишет: «Я люблю смотреть, как умирают дети» [Маяковский 1965: 53][1]. Очевидное проявление жестокости и желание произвести драматический эффект намеренно идут вразрез с преобладающими силами, нацеленными на прославление и воспевание ребенка. Декларация Маяковского привлекает внимание именно к центральному положению ребенка как поля битвы и жертвы современных культурных конструкций, а также и попыток авангарда выстроить себя в акте противостояния всем предшествующим движениям.

Все это говорит нам, что для футуристов ребенок не является ни запеленатым младенцем прошлого, ни ребенком деревенской пасторали эпохи романтизма; если в начале XX века и для неопримитивистов ребенок — это благородный дикарь, то для футуристов акцент приходится на дикаря. Ребенок для футуристов — это *enfant terrible*, как наглядно показывает пример Кручёных, чьи достижения как футуриста и радикальная поэзия открывают, что он сознательно выстраивал себя и свою работу подобным образом, даже притом, что в своей примитивистской практике он превозносил детское, как уже делалось до него. Кручёных осознавал, что ребенок-дикарь, выстроенный в духе инфантильного примитивизма, содержит в себе невероятную подрывную силу, бросая революционный вызов традиционным понятиям вроде хронологического времени. В то же время, подобно ребенку, превратившемуся в поросенка в руках Алисы в Стране чудес, этот ребенок издает пронзительный визг; возможно, это вовсе и не ребенок.

---

[1] Одна из теорий, выдвинутая В. О. Перцовым, состоит в том, что Маяковский здесь полемизирует со стихотворением Франсиса Жамма, вышедшим в том же году в переводе Ильи Эренбурга [Перцов 1976, 1: 193–196; Жамм 1913: 38].

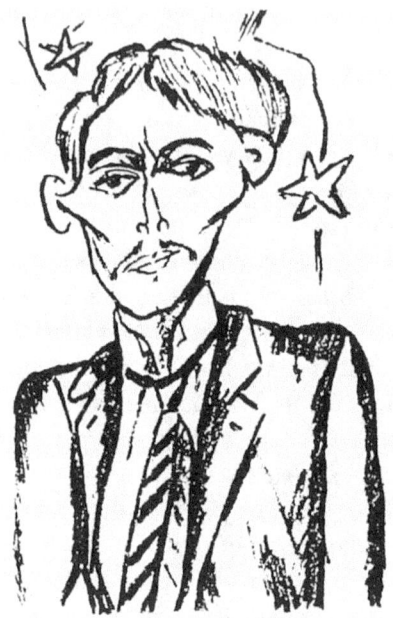

Рис. 15. Михаил Ларионов. Портрет А. Кручёных, 1912 год. 14,2 × 9,5 см, Русский музей, Санкт-Петербург. Copyright © 2022, Государственный Русский музей, Санкт-Петербург. Copyright © 2022 Artists Rights Society (ARS), Нью-Йорк / ADAGP, Париж

Fig. 38. Mikhail Larionov, *Aleksei Kruchenykh*, 1912

Поэт-кубофутурист Алексей Кручёных олицетворял инфантильный примитивизм раннего авангарда в своей личности, практике и поэтике (рис. 15). Хотя он известен как автор пресловутого стихотворения «Дыр бул щыл», где в радикальной манере излагается учение о преобладании звука над смыслом, роли его примитивистского интереса к детскому языку в развитии радикальной поэтики уделено недостаточно внимания[2]. Начиная с 1913 года и в течение следующего десятилетия Кру-

---

[2] Заслуживающим внимания исключением является Джеральд Янечек, который в своем превосходном исследовании источников заумного языка посвятил несколько страниц теме «Детский лепет, изучение языков и фольклор» [Janecek 1996: 21–26]. Другие исследователи авангарда упоминают эту тему вскользь, например Владимир Марков, который иногда говорит об инфантильном примитивизме в ходе своего исследования футуризма [Markov 1968].

чёных принимал участие в различных издательских проектах с намерением привлечь внимание к детскому языку, позиционируя себя как собирателя, партнера и соавтора детей. Кручёных проявлял неизменный глубокий интерес к детскому языку в самый напряженный период своей карьеры, когда вырабатывал радикально новый подход к языку и поэзии. Он прилагал усилия для признания ценности этого языка под знаменем футуризма и как части футуристского проекта. Кручёных, стоявший в авангарде экспериментов футуристов, конструировал «младенца/ребенка» как идеальный источник языкового и поэтического обновления.

В этой главе я показываю, как конструкт «младенец/ребенок», созданный футуристами и наиболее заметный в увлечении «лепетом» и детским языком, значительно повлиял на развитие радикальной футуристической поэтики. Я утверждаю, что детский язык, или, вернее, понятие детского языка, построенное в рамках инфантильного примитивизма, в рамках которого действовал Кручёных и другие поэты-футуристы, послужило моделью того, как поэзия футуристов должна была осуществить освобождение от конвенционального смысла и достичь языкового обновления, которое и являлось целью футуристов. Развивая заумный язык и поэзию, Кручёных использовал детский язык в качестве возможного примера того, как бросить вызов смыслу и открыть таким образом новую дискурсивную территорию для авангарда. В таком понимании развитие поэзии кубофутуристов движется в направлении заумного языка параллельно движению к абстракции у художников-неопримитивистов, рассмотренному в предыдущей главе.

Эту главу я начинаю с представления Алексея Кручёных через автобиографические тексты и рассказы его современников, затем перехожу к раннему сотрудничеству с Велимиром Хлебниковым, которое подготовило почву для независимых литературных экспериментов Кручёных. Далее в основной части главы анализируется инфантильный примитивизм кубофутуристов. Исследуется глубина и широта интереса футуристов к детскому языку, его влияние на языковые новации поэзии футуристов и на развитие заумной поэтики Кручёных. Анализ также предполагает рассмотрение реакции ряда литераторов, лингвистов, специалистов-теоретиков как свидетельство того, что многие критики того времени обратили внимание на инфантильный примитивизм кубофутуристов. И действительно, многие современники очевидно разделяли схожие взгляды на «младенца/ребенка». Наконец, глава завершается разъяснением более поздних работ Кручёных и его самых ярых последователей, которые отражают инфантильный примитивизм футуристов в период его расцвета. Ретроспективная позиция дает нужную дистанцию, необходимую для того, чтобы более явно раскрыть важность определенных конструктов для этих писателей.

Широко распространенный интерес кубофутуристов к детским произведениям проистекает из глубокого интереса к языковому творчеству детей. Наряду с современными им лингвистами и другими учеными, футуристы проявляли особый интерес к идее детского лепета и способам выражения «младенца/ребенка», стоящего на пороге овладения языком. Л. С. Выготский, известный как в России, так и за рубежом своими работами о детском мышлении и психологии, исследовал детский язык путями, сходными с теми, которые развились из идей и допущений, преобладавших в период футуризма [Выготский 1934]. В «Мышлении и речи» (1934) Выготский отмечает, что «доинтеллектуальные корни речи в развитии ребенка были установлены очень давно» [Там же: 88], и постулирует доинтеллектуальную и доречевую стадии в развитии детского языка и мышления, которые могут дать информацию для исследования использования авангардом детского языка и логики [Там же: 83]. Он замечает, что первые слова ребенка еще «абсолютно неотделимы от "интенциональной направленности" речи на известный смысл: то и другое еще слито в нерасчлененном единстве» [Там же: 73]. Выготский утверждает, что «многие экспериментальные исследования и наблюдения прямо указывают на то, что схватывание отношения между знаком и значением, функциональное употребление знака появляется у ребенка [до двух лет] значительно позже и оказывается совершенно недоступным ребенку этого возраста» [Там же: 69]. Он цитирует другие исследования, включая исследования глухонемых детей, которые показывают:

> Развитие употребления знака и переход к знаковым операциям (сигнификативным функциям) никогда — как показали систематические экспериментальные исследования — не являются простым результатом однократного открытия или изобретения ребенка, никогда не совершаются сразу, в один прием; ребенок не открывает значение речи сразу на всю жизнь [Там же].

Только позднее ребенок узнает то, что Вильям Штерн в своем исследовании по психологии раннего детства называет «величайшим открытием всей своей жизни» — «каждому предмету соответствует постоянно символизирующий его, служащий для обозначения и сообщения звуковой комплекс, то есть всякая вещь имеет свое имя» [Там же: 68][3]. В этот момент кажется, что произошло «открытие символической функции слов» [Там же]. Концепции Выготского о доречевом и доинтеллектуальном языке, основанные на критических дебатах начала XX века, могут быть применены ретроспективно, чтобы пролить свет на идеи представителей авангарда о детском языке и отношениях между означаемым и означающим.

В последующие годы XX века литературные критики сосредоточили свое внимание на состоянии до речи с психоаналитической точки зрения; в этот ряд можно включить и Юлию Кристеву, которая опирается на работы Зигмунда Фрейда и Жака Лакана, чтобы развить идеи «довербального» состояния, предшествующего языку[4]. Понятие «семиотической хоры», введенное Кристевой, также выражает психоаналитическую концепцию языкового единства до разделения означающего и означаемого, сформули-

---

[3] Выготский цитирует [Stern 1914: 108]. Русский перевод см. [Штерн 1915]. См. также [Stern, Stern 1928].

[4] См. [Kristeva 1984]. Соответствующее обсуждение Кристевой применительно к русскому авангарду см. в [Cavanaugh 1993].

рованных структурными лингвистами. Это понятие относится к «периоду неразличения между "самим собой" и "другим", младенцем и матерью, так же как между "субъектом" и "объектом", пока пространство еще не очерчено (это произойдет одновременно и позднее зеркальной стадии — рождение знака)» [Kristeva 1980: 284]. Попав в ловушку процесса присвоения значения, «тюрьму языка»[5], критики также идеализировали время до начала этого процесса, где все сосуществовало в едином виде. Легенды о золотом веке языкового единства, включая Книгу Бытия и историю о Вавилонской башне, до порожденного дарованием имен, границами и языком разделения, выдают ту же ностальгию и тревогу по поводу разобщения, которое знаменует собой появление языка. В основе исторической одержимости детским «лепетом», таким образом, лежит таинственность доречевого существования.

«Оксфордский словарь английского языка» неразрывно связывает «лепет» ('babble') и «ребенка»; одно определение гласит: «To talk childishly, to prattle; to talk incoherently or foolishly; to utter meaningless words» («Говорить как ребенок, болтать; говорить бессвязно или необдуманно; произносить бессмыслицу»). Интересно, что этимологические предположения относительно происхождения слова «лепет» включают обращение к звукоподражательным истокам слова у детей: «Probably formed (with frequentative suffix -le; cf. prattle) on the repeated syllabic ba, ba, one of the earliest articulate sounds made by infants, fitly used to express childish prattle» («Предположительно образовано (с использованием суффикса многократности действия -le; ср. prattle) от повторяющегося слога ba, ba, одного из ранних звуков, произносимых младенцем, удачно использованного для обозначения детского лопотания»). Так, предполагаемая этимология воспроизводит тот же поворот к языку детей, который формировал поэтику и практику футуристов. Предводительствуемые в этом отношении

---

[5] Это выражение из «Веселой науки» Фридриха Ницше используется Джеймисоном для его исследования критического мышления того периода [Jameson 1972].

Кручёных, футуристы обратились к детскому лепету и заинтересовались семантически свободной словесной формой, отмечающей вхождение ребенка в мир речи. «Словарь современного русского литературного языка» определяет «лепет» в русском языке как звукоподражательный термин через его связь с детской речью — «Непонятная, несвязная речь (ребенка)» — и через литературные цитаты, изобилующие самыми ранними высказываниями «младенца/ребенка» [БАС 1957, 6: 161]. Будучи первыми, кто проявил активный интерес к поэтическим высказываниям ребенка, футуристы извлекли голос «младенца/ребенка» из царства безмолвия и фактически возвели доречевой лепет на уровень высокого искусства, превознеся лингвистический инфантилизм[6].

Интерес авангарда к детскому творчеству проистекает и из превращения игры ради игры — «le jeu pour le jeu» — в эстетический принцип. Движимые стремлением к лингвистическому эксперименту, футуристы проявляли интерес к детской языковой игре в любой форме — лепета, неологизмов или игры слов. Они искали истоки языка, с тем чтобы совершить обновление языка и слова, или «словоновшество», которое было единственным конструктивным устремлением в их манифесте 1912 года[7]. Обратившись в поисках обновления языка к конструкту «младенец/ребенок», поэты-футуристы, так же как критики вроде К. И. Чуковского, Р. О. Якобсона и В. Б. Шкловского, которые тоже рассматриваются в этом исследовании, находились под влиянием лингвиста И. А. Бодуэна де Куртенэ, который, как известно, предположил, что детские языковые новшества предсказывают

---

[6] Мое обращение к терминам «инфантилизм» и «инфантильность» применительно к языку русских футуристов имеет некоторые прецеденты в российской науке, начиная с Живы Бенчич, которая обсуждает инфантильность как эстетическую категорию в творчестве поэтессы Елены Гуро. См. [Бенчич 1996]. Валерий Гречко также обращается к концепции инфантилизма в своей весьма актуальной статье [Гречко 2000].

[7] См. [Бурлюк, Кручёных и др. 1912]. Кручёных и Хлебников подписали манифест как Александр и Виктор соответственно, а не теми именами, благодаря которым они станут наиболее известны.

будущее состояние языка[8]. Неологизмы, словесные игры и другие игры со звуками и значениями представляют собой лишь несколько типов лингвистических экспериментов, которые поэты и критики того времени отмечали как общие черты поэзии футуристов и детского языка.

Основываясь на инфантильном подходе к языку, построенном на первом столкновении с языком ребенка, футуристы подчеркивали материальность языка. Поступая таким образом, они отдавали должное металитературному осознанию языковой формы. Детское творчество, так же как и практика авангарда в целом, выдвигает на первый план эстетическое восприятие, свойственное игре, которое само по себе всегда содержит метакоммуникативное сообщение «это игра» [Бейтсон 2005]. Металингвистическое понимание языковой формы и, следовательно, материальности языка также отмечено в игривом языке детей[9]. В самом деле, такая игривость формы и изначально присущие авангардной стилистике неустойчивость и стремление к подрыву основ позже превратили его в угрозу советским властям, которые порицали эти особенности, выдвигая обвинение в «формализме».

Если игра и эксперимент открыли новые художественные возможности, то взгляд авангарда на ребенка как на примитивного Другого обеспечил новые пути рассмотрения и формирования себя самого. Современная критическая теория показывает, как посредством акта конструирования примитивного Другого наблюдатель на самом деле проецирует образ самого себя, скрывая при этом Другого из поля зрения. Действительно, для авангарда «младенец/ребенок» служил вымышленным Другим, кото-

---

[8] «Бодуэн полагал, что по детским инновациям можно предсказать будущее состояние языка» [Цейтлин 2000: 160].

[9] Лингвист Ева Кларк отмечает особое металингвистическое понимание, которое дети проявляют, когда осваивают язык. «Они играют с языком, звуками и последовательностями звуков; что-то исправляют, сообщают о достижениях. Создается впечатление, что они сосредотачиваются на языке и его элементах не только в его повседневном употреблении, но и в растущем диапазоне металингвистических размышлений о языке». См. [Clark 2003: 124].

рый, даже будучи представленным как идеальный образец, создавался таким образом, чтобы отражать собственные эстетические принципы авангарда и продвигать его программу. В этом смысле примитивистский взгляд подобен взгляду колонизирующему; открытие и освоение новой территории, казалось, предлагало новый старт, свободный от литературного прошлого, отвергнутого футуристами, которые провозгласили: «Бросить Пушкина, Достоевского, Толстого и проч. и проч. с Парохода современности» [Бурлюк, Кручёных и др. 1912: 3]. Заняв место «младенца/ребенка», «неговорящая» природа которого не могла сопротивляться такой оккупации — ибо он есть «не имеющий права говорить»[10], — авангард вновь завладел территорией ребенка. Однако в силу того, что ребенок представлял собой и героя, и врага — пример для подражания, а также законного обитателя и препятствие на пути к обретению желанной территории — базовый парадокс и двойственность по-прежнему сохранялись. Этот парадокс может объяснить иногда бурную антипатию к детям, которая возникает одновременно с идеализацией и подражанием, свойственными инфантилизму как в кубофутуризме, так и в абсурдистских произведениях Даниила Хармса и ОБЭРИУ, как мы увидим далее.

Человек многих эпитетов

В автобиографических сочинениях Алексея Кручёных обнаруживается конструкция личности, типичная для футуристов, которые, как и многие до них, отринули разделение жизни и искусства, чтобы окунуться в «жизнетворчество». Таким образом, автобиографическую прозу Кручёных следует читать как

---

[10] В метафорическом смысле ребенка называли *infans*, чтобы показать отсутствие у него права говорить. Аналогично, сходным образом образованное праславянское слово «отрок» этимологически указывает на значение «не имеющий права говорить». Сравните: «Праслав. *ot(")rokъ "не имеющий права говорить". Из *от* и *реку́*, *рок* (см. Гуйер, LF 40, 304; Mi. EW 274); Мейе (ét. 233) толковал как кальку лат. infans» [Фасмер 1986–1987, 3: 172–173].

художественный текст, образы и цели которого программно отражают его взгляды в свете других его произведений. В этих текстах Кручёных с удовольствием конструирует и характеризует себя как *enfant terrible*. С примитивистским восторгом он изображает себя как ребенка-дикаря, выбирая для своих воспоминаний название «Биография дичайшего» (1928). Английский перевод («Autobiography of a Wild Man») не передает значения превосходной степени слова «дикий», заключенной в русском названии, и не сохраняет звуковых ассоциаций ни с глаголом «дичать», ни с существительным «дичь», которое соотносится как с «дикостью», так и с разговорным «чушь». Тем не менее все эти ассоциации иллюстрируют тот тип образа, который Кручёных желает отразить в своем «жизнетворчестве».

Родившийся в 1886 году в Херсонской губернии Алексей Кручёных возник не *ex nihilo*, как, по его мнению, можно было бы подумать о футуристе, отрицающем ценность прошлого. В «Автобиографии дичайшего» он пишет: «Во-первых, как это ни странно, у меня были родители» [Кручёных 1928: 57]. Эта уступка биологии указывает на то, что даже у радикального футуриста есть родители, принадлежащие к прошлому поколению, точно так же, как у любой новой поэтической школы есть предшественники, которых она может по-детски отрицать. По его собственному описанию, Кручёных был диким и необузданным ребенком, вольно гулявшим по степям [Кручёных 2006: 47][11]. Стесненный школьными правилами, он начал получать свои первые эпитеты. Он стал «первым шалуном, дерзилой и драчуном», и его учитель говорил, что его «недаром зовут "Кручёных"» [Там же]. Разворачивая историю своих школьных лет подобным образом, Кручёных дает миниатюрную модель отношения общества к таким «прирожденным футуристам», как он сам. Наконец, дополняя череду заслуженных им эпитетов, сам Кручёных ухватывается за слово «дикарь», чтобы описать себя в детстве: «Вдобавок ко всем шалостям я был крайне свободолюбив, не терпел стеснений, был наивно правдив — настоящий дикарь. Да, вот слово найдено!»

---

[11] См. «Детство и юность будетлян» в [Кручёных 2006: 45–63].

[Там же]. Охарактеризовав себя в детстве как подлинного дикаря, Кручёных в своем повествовании находит момент поразмышлять о художественном примитивизме своего времени [Там же: 45–47]. То, что он в этом контексте сравнивает редуктивизм супрематизма с первобытным искусством, не только демонстрирует его самоидентификацию как «примитива», но также иллюстрирует стремление футуристов к лингвистическим крайностям и истокам языка. Невозможно переоценить взаимосвязанность вербальных и визуальных экспериментов того времени, еще и потому, что, как отмечает Кручёных, большинство футуристов получили художественное образование [Там же: 50], а ведущие представители неопримитивизма и кубофутуризма неизменно сотрудничали[12].

В своем рассказе о «Детстве и юности будетлян» (1932) Кручёных антропоморфизирует футуристское движение как единое целое и описывает каждого из своих современников-футуристов в некотором роде как детей. Инфантилизируя своих коллег и изображая себя ребенком-дикарем, Кручёных конструирует себя и футуристов как полноправных заместителей детской позиции. Таким образом, он присваивает себе инфантильность и обращает примитивизирующий взор на себя и своих коллег. Конструкция личности, за которую Кручёных заслужил титул «enfant terrible»[13], помимо дикого поведения и постоянного неповиновения условностям, обязательно включает в себя свежий взгляд на вещи и нестандартный подход. По сравнению с другими маргинальными фигурами, такими как юродивый[14], *enfant*

---

[12] Одним из таких примеров является личное и профессиональное партнерство поэта Алексея Кручёных и художницы Ольги Розановой.

[13] Чеботаревская назвала Кручёных «*enfant terrible* русского футуризма». Цит. по: [Красицкий 2001: 5].

[14] Подобно религиозному феномену глоссолалии, или дару говорения на языках, бессмысленная и бессвязная речь юродивого сигнализирует о его непринадлежности к общепринятому дискурсу, даже если она вызывает смешанные чувства у его слушателей. Таким образом, сравнение ребенка и юродивого помогает раскрыть потенциал маргинальной фигуры, способной бросить вызов господствующей системе. Исследование положения юродивого по отношению к обществу см. в [Murav 1992].

terrible оказывается в идеальной позиции для выражения социальной критики. Если юродивый несет в себе подобный критический потенциал, оказываясь предохранительным клапаном для сброса напряжения и, используя выражение С. А. Иванова, «безмолвным упреком миру» [Иванов 2005: 64], то русский авангард схожим образом чревовещает через неговорящего ребенка, оказываясь безмолвным упреком современному обществу.

Порой вызывая неодобрение общества своими возмутительными поступками и сочинениями, а иногда успешно привлекая его внимание своим клоунским поведением, Кручёных накопил за свою поэтическую карьеру множество эпитетов. Современник Кручёных футурист С. М. Третьяков в ретроспективной статье, названной в соответствии с другим его титулом «Бука русской литературы» (1922), рассматривает реакции, которые вызывал Кручёных. Само слово «бука», провокационно близкое к словам «буква» и «азбука», здесь относится к ставшей притчей во языцех репутации Кручёных. Третьяков подводит эффектный итог реакции, порождаемой Кручёных, следующими словами: «Пожалуй, ни на одного из поэтов футуристов не сыпалось столько издевательств, обвинений, насмешек, дешевых острот, как на Алексея Кручёных» [Третьяков 1923: 3]. Третьяков разъясняет эту реакцию, описывая потрясение публики от ранних футуристстких публикаций:

> Вспомнить его первые дебюты в 1912–1913 годах со странными книжками, где среди кувыркающихся букв и слогов, часто вовсе не произносимых, вдруг обозначалось
>
> Дыр бул щыл
> Убещур
> Скум!
> Вы со бу
> Р л эз [Там же].

Однако Третьяков считает, что гений Кручёных должен быть признан. Он пытается сформулировать уникальное поэтическое достижение Кручёных и сравнивает его с химиком, вооруженным фонемами.

Разработка фонетики — в этом основное оправдание работы Кручёных. <...> Беря речезвуки и сопрягая их в неслыханные еще узлы, стараясь уловить игру налипших на эти звуки, в силу употребления их в речи, ассоциаций и чувствований, — Кручёных действовал с восторженным упорством химика-лаборанта, подделывающего тысячи химических соединений и анализов [Там же: 5].

Таким образом, Третьяков признает значительный вклад Кручёных в деконструкцию и переизобретение языка, к которому стремились футуристы.

Стихи, посвященные ему его коллегами-футуристами, рисуют другой портрет Кручёных, одновременно более интимный, игривый и острый. Они дают не только красноречивые описания, но и тонкие комментарии к наследию Кручёных. Достойно отдельного упоминания участие Бориса Пастернака 5 января 1928 года в «Турнире поэтов» (1928), где он предложил состязающимся найти рифму к фамилии «Кручёных». Предлагая надуманные рифмы вроде «прикрученных» и «неприрученных» и прочие образцы игры словами, он подтрунивает над простотой задачи [Пастернак 1928].

> <...> Кручёных!
> Да и к чему? Негибкое и ломкое
> Всему сибирское прозванье помхою.
> Допустим, я с десяток «чёнков» скомкаю,
> Пущу «барчёнка», приплету «девчёнок»... <...>
> Нет, тут (а каковы-то были бронхии!)
> Задохся б сам бессмертный «арапчёнок».
> Притом не хитрость, мир зверей затронувши
> Ручных, равно как и неприручённых,
> Пройтись с тобой по линии детёнышей
> [Пастернак 1989: 535].

Пастернак высмеивает задание на рифму, используя ряд неточных рифм, оканчивающихся на -ёнок, суффикс, применяемый для обозначения детенышей животных и младших. Принимая во внимание постоянную озабоченность детьми со стороны Кручёных, отсылка к «девчёнке» кажется нацеленной на инфантильный примитивизм[15]. Еще более полемичен комментарий Пастернака к стихотворению, где он набрасывается на ассонансную рифму.

> Ответ на предложение участвовать в конкурсе рифм на имя Кручёных, выставленное самим его обладателем. Если считать рифмою ассонанс, то *все решительно животные* в молодости с ним рифмуются (волчонок, верблюжонок, собачонок и т. д.) и только в зрелости утрачивают эту способность. Таким образом, эти рифмы, вероятно, исчисляются сотнями и не представляют никакого труда. В приведенном наблюдении нет намека и не заключено никакой обиды: еще большее множество глупостей рифмуется с моим именем, воплощенно смешным и в отдельности, безо всякой рифмовки [Там же: 656].

Отметив, что все «животные в молодости» рифмуются с Кручёных, Пастернак намекает на одержимость Кручёных детским языком, который, по общепринятому мнению, полон, как и детская литература, избыточными диминутивами. Замечание Пастернака о простоте задания на рифму оказывается едва завуалированной критикой одержимости Кручёных экспериментами и технической стороной, а резкость в отношении неточной рифмы отражает его собственное поэтическое развитие в отрыве от ассонанса, присущего его поэзии в ранний период. Тем не менее своим саркастическим обращением к расхожей фразе насчет утраты способности в зрелости Пастернак полемизирует с принятым в обществе приданием ценности детским способностям. Хотя Пастернак отрицает любой намек на намерение оскорбить и заканчивает на шутливой ноте и некотором самоуничижении, в этом веселом стихотворении есть скрытые слои.

---

[15] Игра с уменьшительной формой слова «дитя» — «детеныш», — которая обычно относится к потомству животных, а здесь применяется ко всякого рода инфантилизированным формам, кажется игрой с такими условностями. Можно сравнить с перестановкой форм в «Книге джунглей» Редьярда Киплинга, например «ребенок животного» и «человеческий детеныш» или «Слоненок» в его «Сказках просто так».

Подобные же скрытые намеки и завуалированная критика появляются и в стихотворениях, посвященных Кручёных его коллегой, соратником и давним соперником Велимиром Хлебниковым. Стихотворение с фамильярным названием «Алеше Кручёных» (1920) начинается с игривой строки «Игра в аду и труд в раю» [Хлебников 2001, 1: 270], отсылающей к их раннему сотрудничеству над поэмой «Игра в аду» (1912). Позже в том же году Хлебников своеобразно датировал стихотворение «Кто-то дикий, кто-то шалый...» строками «25 декабря 1920 / 10-летний праздник лжи» [Там же: 271]. В комментарии к этому стихотворению С. М. Сухопаров дает объяснение, что Хлебников считал это десятилетие литературной деятельности Кручёных праздником лжи[16].

Горечь этих следующих друг за другом стихотворений Хлебникова достигает высшей точки в тексте «Кручёных» (1921) [Там же: 362]. В первых строках Кручёных назван «Мальчишка в 30 лет», что метко указывает на его инфантильность. Хлебников продолжает ряд резких и колючих обвинений: «Ловко ты ловишь мысли чужие / Чтоб довести до конца, до самоубийства» [Там же]. Хлебников подвергает сомнению честность и оригинальность Кручёных, а затем завершает поток своей критики двусмысленным сравнением «Но девичьи глаза порою нежности полны» и сомнительным комплиментом: «Вы очаровательный писатель — / Бурлюка отрицательный двойник» [Там же]. Яд и враждебность, выраженные в этих строках, могут быть результатом соперничества между двумя людьми, одержимыми одним стремлением обновить язык, но избравшими разные пути. Кручёных придерживается движения в направлении лепета и уходит все дальше от смысла, а Хлебников выводит свои неологизмы из морфем, погружаясь в глубинную языковую структуру. Важно, однако, что на Хлебникова повлиял и инфантильный язык, такой как детские вздорные стишки [Vroon 1983:

---

16 «По свидетельству Кручёных, в тот день праздновался десятилетний юбилей его литературной деятельности. Хлебников воспринимал это торжество как "праздник лжи"» [Сухопаров 1994: 237].

188] и лепетный язык [Перцова 1995: 62–63]. Отсюда потребность Хлебникова в агрессивной аффектации, чтобы и его не приняли за двойника Кручёных, или наоборот. Эта последовательность все более язвительных стихов дает нам понять, что в период зарождения кубофутуризма существовала бурная история конфликтов между Кручёных и Хлебниковым. Революционная необходимость для футуристов носила особенно острый характер; в их яростных спорах и поиске новых образцов на карту было поставлено не что иное, как будущее языка.

Сотрудничество Кручёных и Хлебникова

Сотрудничество Алексея Кручёных и Велимира Хлебникова начинается с их первой встречи, свидетельство о которой относятся к февралю 1912 года[17]. Как вспоминает Кручёных, в ходе их первой встречи Хлебников неожиданно стал делать дополнения к черновику стихотворения «Игра в аду». Как пишет Кручёных: «Так неожиданно и непроизвольно мы стали соавторами» [Кручёных 2006: 74]. Кручёных обычно характеризует их сотрудничество как трудное и редко, кажется, готов отдать должное вкладу Хлебникова. Он полностью признает, например, авторство неологизма «мирсконца», который одним словом выражает противоположное хронологическому, или регрессивное, течение, присущее пониманию инфантильного примитивизма.

> Такой же спор возник у нас из-за названия его пьесы «Оля и Поля».
> — Это «задушевное слово», а не футуризм! — возмущался я и предложил ему более меткое и соответствующее пьеске, — «Мирсконца», которым был озаглавлен еще наш сборник 1912 г. Хлебников согласился, заулыбался и тут же начал склонять:
> — Мирсконца, мирсконцой, мирсконцом [Там же: 77].

---

17 См. «Знакомство с Бурлюками, Маяковским и Хлебниковым» в [Кручёных 2006: 63–85].

Может возникнуть впечатление, что Кручёных с неохотой отдает должное Хлебникову, но тот факт, что он приписывает Хлебникову ключевые поэтические строки о «внимании детям» в «Чорте и речетворцах», равнозначен настоящему признанию.

> Мою брошюру «Чорт и речетворцы» мы обсуждали вместе. Просматривали с ним уже написанное мною, исправляли, дополняли. <...> Многие вставленные им строчки блещут остротой издевки, словесным изобретательством. Так, мое нефтевание болот сологубовщины Хлебников подкрепил четверостишием о недотыкомке:
>
> Я вам внимаю, мои дети,
> воссев на отческий престол [Там же].

Действительно, кажется, что Кручёных многим обязан Хлебникову в отношении первоначального импульса «внимания детям» и других новых подходов к языковым новшествам, которым футуризм обязан своим положением.

Например, переписка 1912 года, сопровождавшая публикацию «Садка судей II»[18], свидетельствует, что Хлебников уже в этот ранний период решил, что поэтический голос ребенка должен быть услышан. Мнение Хлебникова по вопросу о 13-летней поэтессе Милице сохранилось в письмах к М. В. Матюшину от 5 октября 1912 года и декабря — января 1913 года. Первое из писем начинается так: «Умоляю! Заклинаю всем хорошо поместить эти два стихотворения. <...> Может быть, эти вещи детского сердца позволяют разгадывать молодость 1917–1919 годов» [Хлебников 2001, 3: 335–336]. Так Хлебников показывает, что он расценивает вещий голос ребенка как временной проход к еще неопределенному, но уже существующему будущему. Второе письмо демонстрирует примечательную настойчивость и приверженность желанию опубликовать стихотворения Милицы. Хлебников предлагает: «Ведь место для него Вы всегда можете

---

[18] О стихотворении «Хочу умереть», которое было подписано «Малороссиянка Милица 13 лет» и представлено как «Детское творчество», см. в [Садок судей II].

найти, исключив одно или два моих мелких стихотворения. <...> Всего страницу, без всякого детского отдела, с надписью "Милица, 13 лет. Москва"» [Там же 336]. Кручёных ссылается на этот необычный эпизод в «Знакомстве с Бурлюками, Маяковским и Хлебниковым». Хотя он и выражает неодобрение, Кручёных показывает, что ему была известна позиция Хлебникова относительно включения детского поэтического голоса в издание футуристов, до того как он сам попытался сделать это. Таким образом, эти письма свидетельствуют о том, что интерес Хлебникова к детскому поэтическому голосу мог появиться раньше увлечения Кручёных детским языком, но, как мы увидим, Кручёных доводит этот интерес дальше, «до конца, до самоубийства». Действительно, его эксперименты уходят настолько далеко за пределы языка и поэзии, что приближаются к самому их уничтожению.

К следующему, 1913 году Кручёных, который «ловко ловил мысли чужие» [Хлебников 1994: 61], создал книгу совместно в еще более юным автором Зиной В.[19] 11 лет. Хотя изначальный толчок к изучению детского творчества исходил, возможно, от Хлебникова, который боролся за публикацию стихов 13-летней девочки, Кручёных в инфантильном примитивизме пошел дальше. Кручёных превзошел Хлебникова с его мимолетным интересом к почти взрослым сочинениям Милицы. Радикал без страха и упрека, он собирал произведения детей все более раннего возраста, которым были присущи необычные или экспериментальные черты, пока не приблизился к первым звукам и лепету, предшествующим речи. Более того, его серьезное отношение к детям как к поэтическим субъектам привело к выпуску книг в соавторстве с детьми

---

[19] Личность «Зины В.» оказалась предметом некоторого спора. Например, Л. Ф. Кацис, конструируя интерпретацию «Поросят», включающую Василия Розанова и Зинаиду Гиппиус, предполагает, что Зина — это вымышленная личность; но при этом он не учитывает того факта, что другие публикации Кручёных с участием детей демонстрируют повышенный интерес к детскому творчеству, который следует рассматривать вместе с этим утверждением. Он также не затрагивает тот факт, что Зина В. фигурирует и на страницах сборника сочинений и рисунков Кручёных 1914 года, причем некоторые из них были подписаны. См. [Кацис 2001: 683–701].

и совместной работе над отдельными стихами. В этом отношении Кручёных вывел инфантильный примитивизм далеко за пределы экспериментов других футуристов.

Первые футуристы

Кручёных и Хлебников были не единственными поэтами-футуристами, увлекавшимися детским поэтическим творчеством. В. В. Каменский коллекционировал детское творчество, как отмечает Марков [Markov 1968: 199], а в 1914 году включил в сборник «Танго с коровами» (1914) стихотворение, которое, как он утверждает, было им написано в 11 лет [Каменский 1914]. Стихотворение «Босиком по крапиве» содержит пометку: «...этот стих написан / в перми на пристани / когда было мне 11 лет» [Там же] (рис. 16). К детским чертам стихотворения относятся бросающееся в глаза отсутствие заглавных букв, опечатки в духе Ларионова («детсво» вместо «детство»), обыгрывание фамилии и деталей его детства, что встречается также и в его автобиографических произведениях[20]. В этом и в других произведениях Каменский культивировал детский образ, о чем свидетельствуют сохранившиеся письма «Васи» к фигуре отца Николаю Кульбину. Детскими каракулями, используя прописные буквы произвольно и эмоционально, Каменский пишет: «...и пока наЙду наверно умру ПОТЕРЯЛСЯ как ребёнок и не знаю где устроится»[21]. Пример Каменского показывает, как много поэтов этого периода конструировали себя как детей, особенно в контексте свойственного футуризму культа юности.

Некоторые критики футуристов в этот период также проявили интерес к детскому языку, который они естественным образом связали с футуристскими экспериментами в области зауми. Будущий лингвист Р. О. Якобсон включил образцы детского языка

---

[20] В своей автобиографии Каменский пишет: «11-ти лет писал стихи о сиротской доле, о горестях человеческих» [Каменский 1927: 5].

[21] Василий Каменский. Письма Каменских Василия и Фанни Н. И. Кульбину. ОР ГРМ. Ф. 134. Ед. хр. 34. Л. 1.

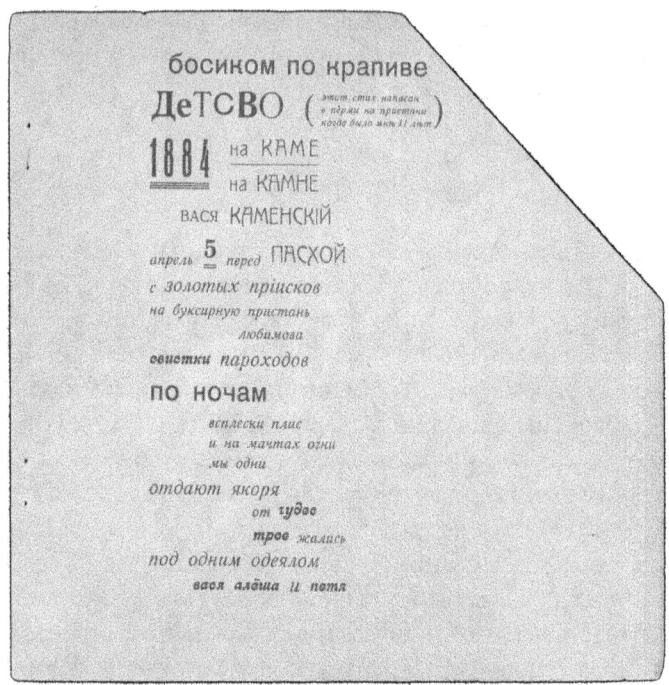

Рис. 16. Босиком на крапиве. Визуальное стихотворение из сборника «Танго с коровами» Василия Каменского, 1914 год.
Исследовательский институт Гетти, Лос-Анджелес (2567–605)

и заговоров в число источников зауми, которые он привез с собой в первый приезд на квартиру Хлебникова в декабре 1913 года[22], и продолжал посылать новые материалы для сравнения в ходе переписки[23]. В ранней статье «Футуристы» (1914) К. И. Чуковский цитирует ряд видных фигур, уделявших в это время внимание детским творениям; помимо Хлебникова и Кручёных он пере-

---

[22] Якобсон составил собрание соответствующих выписок, включая «детские считалки и присказки» [Якобсон 1992: 19].

[23] Примерно весной 1914 года Якобсон писал Кручёных: «Самое интересное детское, из всего имеющегося у меня, а именно "сочинения на всех языках одного мальчика", у меня взяли, на днях вышлю вам» [Якобсон 1999: 60].

числяет кубистов, Бурлюка, «Синий Всадник», Кульбина и Северянина[24]. Как поясняет Чуковский: «Нынешняя жажда первобытного привела современных людей к детям» [Чуковский 1969: 210]. Критическое внимание, которое в то время уделялось поэтическим произведениям детей со стороны различных художников, писателей и критиков, следует рассматривать наряду со стремлением футуристов к обновлению языка.

Кстати, реакция многих критиков работ футуристов состояла в том, что первыми заумниками-футуристами были не Кручёных или Хлебников, а дети. Характерно, что, как полагает С. З. Гайсарьян, «первый русский футурист-заумник появился в России задолго до Кручёных». Возможно, им был четырехлетний брат барона Дельвига, который прочел Пушкину свое двустишие: «Индияди, Индияди, Индия! / Индияди, Индияди, Индия!» [Сухопаров 1994: 11]. Якобсон тоже относился к ребенку как к футуристу и прислал Кручёных аннотированную копию сочинения «семилетнего мальца» под названием «Футуист» [sic!]. Начинается оно с рифм и игры слов: «был мальчик кодовик. Он шутил и курил. Он пел фотурист, фотурист, четалист... а другие пофторяют, четалист... футурист»[25]. Другие считали детей лучшими интерпретаторами футуристского или авангардного творчества. Чуковский сделал такое наблюдение в 1914 году, когда критика и публика еще не понимали, как к ним относиться. В «Футуристах» (1914) он комментирует их прием.

> Лишь один не испугался — Юра Б. Он и сам такой же футурист. <...> Этому эгофутуристу в минувшем июле исполнилось уже четыре года, и я уверен, что... он незаменимый

[24] «Художники, особливо кубисты, изучают детские рисунки, пробуют им подражать; поэты благочестиво печатают образчики детских стихов. (<....>) В "Пощечине общественному вкусу" Д. Бурлюк восхищается детскими рисунками, а в "Синем рыцаре" детские рисунки печатаются в виде образцов и т. д.). Николай Кульбин в своих лекциях о грядущем искусстве читает стихи семилеток. Игорь Северянин тоже льнет и влечется к малюткам, но опять-таки как-то по-своему» [Чуковский 1969: 210].

[25] Полный текст включен в третье письмо Якобсона Кручёных [Якобсон 1999: 60–61].

собеседник. Пусть только поэт поторопится, пока Юре не исполнилось пять; тогда в нем словотворчество иссякнет [Чуковский 1969: 216].

Он также приводит примеры Юриной речи, полной неологизмов, чтобы подкрепить свое мнение. Чуковский подчеркивает кратковременность, указывая на возраст пяти лет как окончание самого творческого периода языкового развития ребенка. Примечательно, что Чуковский, который позже напишет по этой теме целую книгу[26], проявил интерес к языку детей уже в статье 1911 года, которая включала раздел «О детском языке»[27].

И. Г. Терентьев также обращается к примеру детей, чтобы пристыдить взрослых, которые плохо понимают футуризм. Он утверждает, что детям рефлекторно нравятся «клееные бумажки» Кручёных, и они не боятся их, «придя на выставку картин футуристов» [Терентьев 1919: 10]. «Родители их полны ужаса», полагает он, только потому, что не узнают себя или будущее в новом искусстве. Суть в том, что взрослые должны стать «маленькими детьми», принять неизведанное и неузнаваемое, подходить к художественному творчеству через игру. Взрослые должны смириться с насильственной инфантилизацией своей аудитории, совершаемой абстрактным искусством и заумным языком, кото-

---

[26] Первое издание исследования Чуковским детской речи вышло в свет под названием «Маленькие дети» в 1928 году (см. [Чуковский 1928]). Третье, переработанное издание вышло в 1933 году под более известным названием «От двух до пяти», и под этим названием выходило в ряде последующих редакций. 21-е издание, напечатанное посмертно, в 1970 году, было последним, которое подготовил к печати сам Чуковский. См. «От двух до пяти» в [Чуковский 2001, 2: 5–388].

[27] В разделе «О детском языке», например, Чуковский пишет: «...мы, взрослые, только ремесленники родного языка, а дети в нем творцы и художники. Для нас все слова уже готовы, скроены и сшиты. <...> А у детей — это мастерская: ничего готового, — все мерится, шьется, все творится — каждую минуту заново, каждую минуту сначала, все — вдохновение и творчество». См. «Матерям о детских журналах» в [Там же: 592]. Чуковский, вторя Толстому, заключает: «...детский язык мы должны изучать. ...а язык наших детей — самых творческих элементов человечества. <...> Нужно прислушаться к нему, нужно у него поучиться [Там же: 594].

рые бросают вызов интерпретации. Эти комментарии показывают, что Терентьев конструирует детей как идеальную аудиторию для восприятия авангардных экспериментов, отчасти потому, что он признает, что произведения футуристов вдохновлены присущей детям способностью к творчеству и обязаны ей. Таким образом, Терентьев применяет идею «мирасконца» как основы футуризма. Время обращено вспять, и принципы нашего мира перевернуты с ног на голову; взрослые должны учиться у детей тому, как воспринимать произведения футуристов или как получать удовольствие от игры ради самой игры, точно так же, как футуристы учились у детей. Хлебников поэтически воплотил такую перемену ролей взрослого и ребенка в пьесе «Мирсконца» (1912), где переворачивает линейное течение времени и превращает пожилую пару в младенцев, которые молчаливо проезжают в колясках [Хлебников 2001, 2: 245].

Начало

1913 год знаменует быстрое выдвижение Кручёных как теоретика зауми, и в то же самое время он начинает проявлять свою примитивистскую одержимость «собственным языком». Именно этот интерес к «собственному языку» привел его в мир примитива и детского языка. Присущая этому термину двойственность относится к субъективному языку примитивного эмоционального «я» или другого человека. Примитивизм, собственнический инстинкт и утверждение права голоса теми, кого не слышат или не признают — все это составляет значение данного термина. Сходным образом, он перекликается с идеей «индивидуального языка», особенно применительно к попыткам восстановить язык безмолвного Другого.

Поиски качественно иного языка породили формулировки вступления к основополагающему триптиху заумных стихов, появившемуся в «Помаде» (1913) (рис. 17 и 18). К ним относится стихотворение «Дыр бул щыл», ставшее поэтическим манифестом движения зауми. Написанные от руки во вступлении, испе-

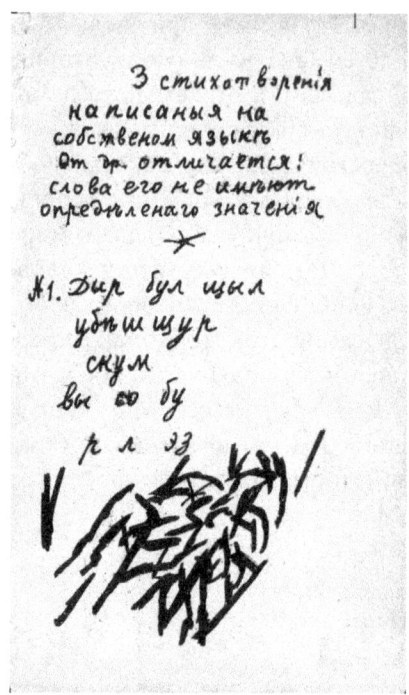

Рис. 17. Страница из книги «Помада». Текст Алексея Кручёных, иллюстрации Михаила Ларионова, 1913 год. Исследовательский институт Гетти, Лос-Анджелес (88-B26240). Copyright © 2022 Artists Rights Society (ARS), Нью-Йорк / ADAGP, Париж

щренные орфографическими ошибками, «3 стихотворенія / написаныя на собственом языкѣ / От др. отличается: / слова его не имѣют / опредѣленаго значенія» [Кручёных 1913: 12]. Здесь Кручёных использует модификатор «собственный», придавая ему новое значение, опирающееся отчасти на его противопоставленность языку Другого и связанное с признаками, которыми он определяется. Поэтический язык, вскоре получивший название «заумь» [Кручёных 2001: 412–413], развивался здесь как такой, в котором «слова не имеют / определенного значения», иначе говоря, означающее не закреплено за определенным означаемым. Этот тип разделения означающего и означаемого имеет прецедент в маргинализованных формах дискурса, например в детском. Примитивистский аспект поисков собственного языка Кручёных наиболее отчетливо проявляется во втором из трех его стихотворений. Наименее заумное из всех, оно содержит строки «чёрный

Рис. 18. Страница из книги «Помада». Текст Алексея Кручёных, иллюстрации Михаила Ларионова, 1913 год. Исследовательский институт Гетти, Лос-Анджелес (88-B26240). Copyright © 2022 Artists Rights Society (ARS), Нью-Йорк / ADAGP, Париж

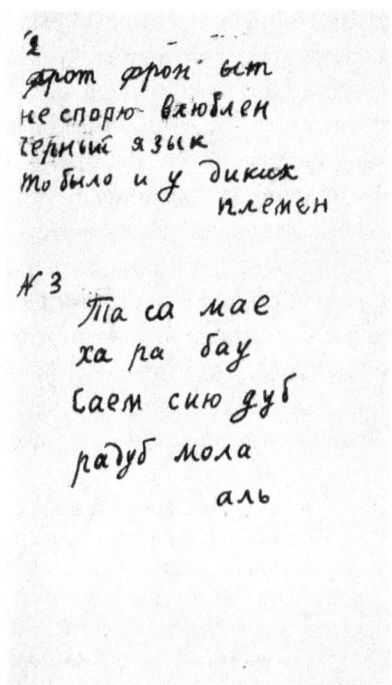

язык / то было и у диких племён», которые намекают на поиск неведомого и непонятного языка среди диких племен примитивных народов. В последующий период Кручёных будет развивать свой примитивистский интерес «собственному языку детей».

Как отмечает Джеральд Янечек в своем тщательном исследовании «Zaum: The Transrational Poetry of Russian Futurism» («Заумь: Трансрациональная поэзия русского футуризма»), в конце XIX века лингвисты и психологи уделяли серьезное внимание детскому языку[28]. Был опубликован ряд российских исследований; интеллектуалы в России знали западные работы по этому вопросу.

---

[28] Янечек пишет: «Изучение овладения языком в детском возрасте становится очень активным в последней четверти XIX века и включает ряд исследований и докладов, сделанных российскими учеными (Симонович 1889; Александров 1883; Благовещенский 1886)» [Janecek 1996: 21].

И Виктор Шкловский, и Роман Якобсон, как отмечает Янечек, цитируют психологический труд Джеймса Сёлли «Studies of Childhood» (1896) («Очерки психологии детства», 1901) в критических статьях, привлекающих внимание к инфантильному языку футуристов. Действительно, пространные рассуждения о «маленьком языковеде» [Сёлли 1903: 156–216] раскрывают множество понятий, присутствующих также в ви́дении футуристами языка детей; например, поиски истоков языка в детской речи[29] и понятие чисто эмотивной природы «первоначального лепета», основанного на чистом удовольствии[30]. Сёлли завершает свои рассуждения о «первоначальном лепете» рядом ассоциаций и предположений, также обнаруживаемых в том, как футуристы понимали лепет. Он пишет:

> В этом детском лепете мы, в сущности, видим скорее зачаток пения и музыки, чем начало членораздельной речи. Грубая вокальная музыка дикарей состоит из такого же ритмического повторения бессмысленных звуков, в которых, как и в этом детском пении, отражается всякая перемена чувствований. Мы можем поэтому лучше всего определить датский лепет, как игру голосом, как неумелое, самопроизвольное пение, выражающее известное настроение, — пение, которому дитя предается ради собственного удовольствия и которое, благодаря целесообразному порядку в природе, служит подготовительным упражнением к произнесению членораздельных звуков или к речи [Там же: 161–162].

---

[29] «Придерживаясь биологического принципа, по которому в развитии индивидуума повторяется в главных чертах ход развития расы, мы можем ожидать, что при изучении детского употребления языка найдем указания на то, как наша раса приобрела этот неоценимый дар» [Сёлли 1903: 157].

[30] «Этот первоначальный лепет удивительно богат и разнообразен. <...> Единственное значение, какое могут иметь эти первоначальные звуки, заключается только в том, что они выражают известное душевное состояние. <...> В дальнейшем ходе развития это импульсивное произнесение звуков осложняется ясно выраженным элементом преднамеренности. <...> С этого времени оно начинает лепетать уже ради того удовольствия, которое лепет ему доставляет. Зародыш такого лепета, цель которого — доставлять удовольствие, мы видим в многократном повторении одного и того же звука» [Там же: 159–161].

Таким образом, труд Сёлли можно рассматривать как потенциальный источник связей между лепетом, детством, дикостью и звуковой игрой, практикуемой футуристами и футуристскими критиками. В известном смысле он относит происхождение поэзии к младенчеству и детскому лепету.

1913 год, значимый не только для поэтического творчества Кручёных и развития зауми, ознаменовался беспрецедентным поэтическим сотрудничеством детей и взрослых в сборнике «Поросята» (рис. 19)[31]. Этот сборник, равноправными авторами которого указаны «Зина В. и А. Кручёных», демонстрирует глубину увлечения Кручёных детским языком. Сборник открывается коротким четверостишием, приветствующим читателя в «позоре бессмыслия» «цветами поросят»: «...в позоре бессмыслия / жизнь мудреца / дороги голове лысой / цветы поросят». Первые пять страниц отданы сочинениям, приписываемым «Зине В. (11 лет)». Одиннадцатилетняя писательница создала три абсурдистских прозаических произведения[32]. В одном из них рассказывается о философе, который вошел в «клозет», но не заперся, потому что подумал, что, если он умрет, то никто не сможет воспользоваться туалетом[33]. Другой текст будто невзначай представляет рассказчика, у которого четыре поросенка в кармане. Их крики озадачивают прохожих, пока она не поясняет: «свиньи... отвечаю я». Абсурдность и бессвязная логика прозаических произведений Зины В. опрокидывает нарративные ожидания в силу своей обрывистости, отсутствия развития сюжета и краткости. Работы, приписываемые Зине В., независимо от того, действительно ли они созданы ребенком, показывают, что

---

[31] Детская библиотека Котцена. Отдел редких книг и специальных коллекций библиотеки Принстонского университета. Принстон, Нью-Джерси.

[32] В переиздание следующего года включено четыре прозаических произведения. См.: Зина В. и А. Кручёных. Поросята. СПб.: ЕУЫ, 1914.

[33] Соединение мудрости, философии и детского напоминает о произведении Л. Н. Толстого — собрании диалогов с говорящим названием «Детская мудрость», опубликованном после его смерти в 1911 году. Может даже возникнуть вопрос: не передразнивает ли здесь философ Толстого? [Толстой 1928–1964, 37: 311–347, 386–391].

футуристы приравнивали свои собственные работы к детскому фольклору и сочинениям. Они культивировали детские сочинения и инфантильный стиль, предоставляя тем самым новые нарративные пути писателям-авангардистам. Эти короткие произведения побуждают к сравнению не только с произведениями Кручёных из этого же сборника, но и с прозаическими экспериментами более поздних представителей авангарда, как и детские рисунки на выставках авангардного искусства.

Кручёных написал для «Поросят» совершенно заумное звукоподражательное стихотворение «Весна гусиная». Неравномерно расположенный на странице текст стихотворения, лишенный всякой пунктуации и заглавных букв гласит:

те ге не

рю ри
ле лю
бе
тьлк
тьлко
хо мо ло
ре к рюкпль
крьд крюд
нтпр
иркью
би пу
[Кручёных 1913а: 11]

От легких в произнесении открытых слогов со смычными и плавными согласными, за которыми следуют гласные верхнего подъема, стихотворение переходит ко все более непроизносимым сочетаниям согласных, таких как «нтпр», пока не заканчивается простыми группами с губными звуками «би» и «пу». Здесь «язык» птиц дает Кручёных свободу для его заумных художественных экспериментов, сравнимую с той, что мы видим у Хлебникова в сверхповести «Зангези» (1922), открывающейся заумными птичьими криками. Такого рода поиски альтернативного экспрессивного регистра, лишенного смысла, проливают свет на интерес

Рис. 19. Обложка сборника «Поросята» Зины В. и А. Кручёных с иллюстрациями Казимира Малевича, 1913 год. Детская библиотека Котцена. Отдел редких книг и специальных коллекций. Библиотека Принстонского университета. Принстон, Нью-Джерси

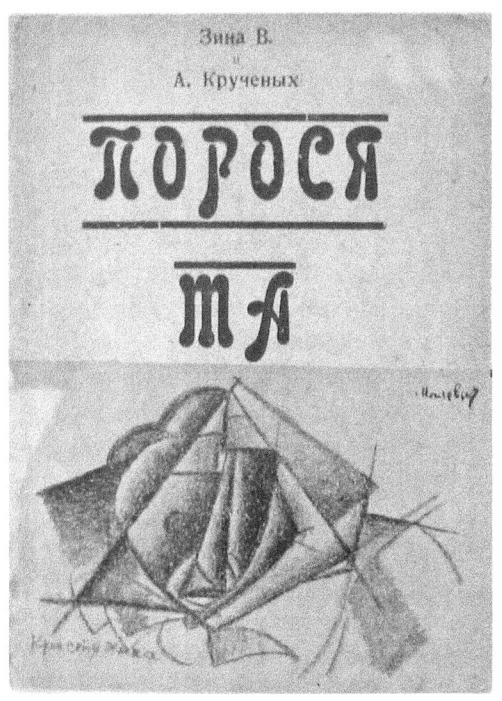

футуристов к менее семантически связанному детскому языку, — сравнение, которое также приводит Чуковский в главе «Экикики» в «Маленьких детях» (1928) [Чуковский 1928]. Во второе издание «Поросят», вышедшее в 1914 году, включено еще одно прозаическое произведение «Зины В.» и еще одно стихотворение под названием «Я жрец я разленился» как предпоследнее произведение[34]. Это стихотворение, авторство которого в равной степени приписывается «Зине В.» и «А. Кручёных», показывает, что интерес Кручёных к детскому языку вышел за пределы желания работать совместно с ребенком над сборником стихов и дошел до желания

---

[34] Стихотворение впервые появилось также в «Союзе молодежи» в марте 1913 года. Кручёных А. Я жрец я разленился // Союз молодежи. При участии поэтов «Гилея». № 3. СПб., 1913. С. 69–70.

работать над отдельным стихотворением. Или, по крайней мере, до публичного объявления о таком желании. Тем самым содержание сборника «Поросята» свидетельствует о глубине интереса Кручёных к сущности и процессу детского поэтического творчества, а также о его стремлении пропагандировать инфантильный примитивизм футуристов.

Таким образом, развитие заумного языка в этот год оказывается неразрывно связанным с интересом футуристов к детскому языку, точно так же, как инфантилизм в живописи помог художникам-неопримитивистам двигаться к возрастающей абстракции. Например, последние страницы раздела «Разное» в «Поросятах» в стиле манифеста превозносят новшества зауми, представленные в этой книге и у будетлян в целом: «Мы, московские баячи будетлян... впервые дали миру стихи на заумном, вселенском и свободном языках. Мы поразили вселенную...» [Там же]. Таким образом, Кручёных использует написанный в соавторстве с 11-летней девочкой сборник как репрезентативный пример футуризма, а также как платформу выражения набирающей силу эстетики футуризма. Литературному сотрудничеству поэта и ребенка предшествовал знаменитый манифест «Слово как таковое» (1913), подписанный А. Кручёных и В. Хлебниковым, в котором излагаются учение зауми и концепция «заумного языка» [Кручёных Хлебников 1913]. В этом манифесте они возвращаются к идее обновления языка и добавляют к «будетлянам» — первоначальному русскому названию футуристов — определение «речетворцы». Это понятие, подкрепленное названием книги «Чорт и речетворцы» (1913), прославляет языковое творчество, присущее детям и ценимое Кручёных и Хлебниковым, а также поэтику футуризма в целом. Название поэмы Кручёных и Хлебникова 1912 года «Игра в аду» сходным образом сополагает дьяволическую образность ада и творческую силу игры, семантически связанной с детьми.

Декларация, опубликованная в конце «Поросят», раскрывает некоторые показательные аспекты поисков зауми, помогающие пояснить ее происхождение. Устанавливая связь зауми с универсальностью и свободой — «на заумном, вселенском и свободном языке» — в этих ключевых понятиях комментарий к книге соединяет ее опыты с детским языком[35]. Поиски универсального, вселенского языка, сформулированные здесь и в других комментариях, также объясняют мотивы второй части стихотворения Кручёных «Мир кончился...», напечатанной в сборнике «Дохлая Луна» (1913). За заглавием «Высоты», напоминающем о Вавилонской башне, следует пояснение в скобках «(вселенский язык)» и текст, состоящий исключительно из гласных: «е у ю / и а о / о а / о а е е и е я / о а / е у и е и / и е е / и и ы и е и и ы» [Кручёных 1913в: 17]. Действительно, как установила лингвистика, основные гласные звуки по сути представляют собой базовые элементы всех языков. И все же такое высказывание предшествует языку, так как оно не выходит за пределы физических возможностей младенца, способного только к плачу.

Поиск универсальной основы языка через его базовые строительные блоки также служит истоком многих поэтических экспериментов Велимира Хлебникова, таких как «Зангези» (1922), где принципы заумы продуктивно применяются в более широком контексте «сверхповести». Он исследует возможности цифр и букв, фонем и морфем означать в различных «плоскостях». Стремление к «вселенскому» языку, которое приводит поэтов-футуристов к пределам и истокам языка, также побуждает их изучать вербальные способности детей. Это сопоставимо с тем, как лингвисты, такие как Р. О. Якобсон, в последующие десятилетия обращаются к овладению языком детьми, чтобы получить представление о структуре и развитии языка в целом[36]. В статье «Звуковые законы детского языка и их место в общей фонологии» Якобсон представляет свидетельства универсальной лингвистической структуры из области овладения языком. Он пишет:

---

[35] См. также заявление в конце книги «Возропщем» (1913), которое гласит: «В следующей книге будет указано что... "московские футуристы" — Бурлюки, Хлебников, Кручёных, Маяковский — впервые дали миру стихи на свободном языке, заумном и вселенском» [Кручёных 1913б: 10].

[36] В 1941 году Якобсон опубликовал монографию под названием «Kindersprache, Aphasie und allgemeine Lautgesetze», которая включала исследование детского языка. См. также [Якобсон 1985].

> Прослеживая шаг за шагом образование фонологической системы у детей, мы замечаем строгую правильность в последовательном усвоении фонем, которые большей частью образуют строгие и константные сцепления на оси времени. <...> ...всюду тщательное лингвистическое описание с удивительным постоянством подтверждает тот факт, что относительная хронология определенных новшеств везде и всюду остается одной и той же [Якобсон 1985: 107].

Далее он утверждает, что модель усвоения языка у ребенка соответствует всеобщим законам «необратимой взаимосвязи, которые управляют синхронией во всех языках мира» [Там же: 108]. Таким образом, детский язык представляется лингвисту своего рода универсальным субстратом внутри всех языков мира. Русские поэты-футуристы также подходят к детскому языку как к универсальному языку и общему лингвистическому опыту, используя этот конструкт ребенка с целью вернуться к истокам языка и поэзии. Они стремятся исследовать пространственные и временны́е пределы языка, чтобы найти источник его обновления на периферии семиотической сферы.

Устойчивый интерес (1914–1923)

Длительность и увеличение спектра увлечения Кручёных собственным языком детей отражает широту его интереса. В сборник 1914 года «Собственные рассказы и рисунки детей» (рис. 20)[37] вошла еще одна импровизация «Зины В.», а также работы детей младшего возраста. Интересно, что собрание 1914 года уже движется к включению более младших по возрасту детей, чем 13-летняя Милица, за которую вступился Хлебников, или 11-летняя «Зина В.», предполагаемый соавтор Кручёных в «Поросятах». Стихотворение семилетней девочки («Кот — Катя — 7 лет») под названием «КАШЕВАРКА ВСЕВО» следует

---

37 Детская библиотека Котцена. Отдел особых коллекций библиотеки Принстонского университета. Принстон, Нью-Джерси.

Рис. 20. Обложка сборника «Собственные рассказы детей» под редакцией Алексея Кручёных, 1914 год. Детская библиотека Котцена. Отдел особых коллекций библиотеки Принстонского университета. Принстон, Нью-Джерси

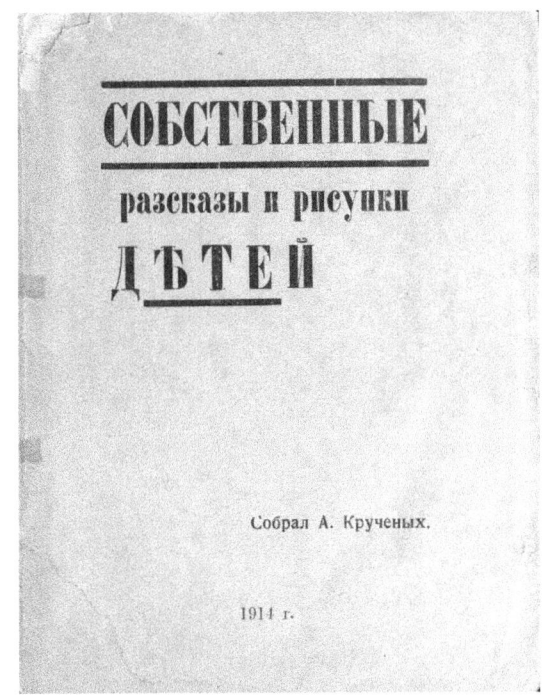

первым в разделе «Стихи рассказы, сказки» и содержит многие черты, присущие поэзии Кручёных и других представителей заумной поэзии [Кручёных 1914: 33].

Эти сравнения обнажают инфантильный примитивизм, присущий многим словесным экспериментам футуристов. Например, использование прописных букв в названии детского стихотворения «КАШЕВАРКА ВСЕВО» [Там же] напоминает этот же прием, используемый Кручёных в текстах, опубликованных в сборнике «Взорваль» (1913). Так, одно из стихотворений начинается словами «ЗАБЫЛ ПОВЕСИТЬСЯ...» [Кручёных 1913г]. Подобное употребление прописных букв встречается во многих стихотворениях Кручёных, опубликованных в «Заумной гниге» (1915), например в еретическом «ЕВГЕН. ОНЕГИН В 2 СТРОЧ», где шедевр русской литературы редуцируется до пяти простых фраг-

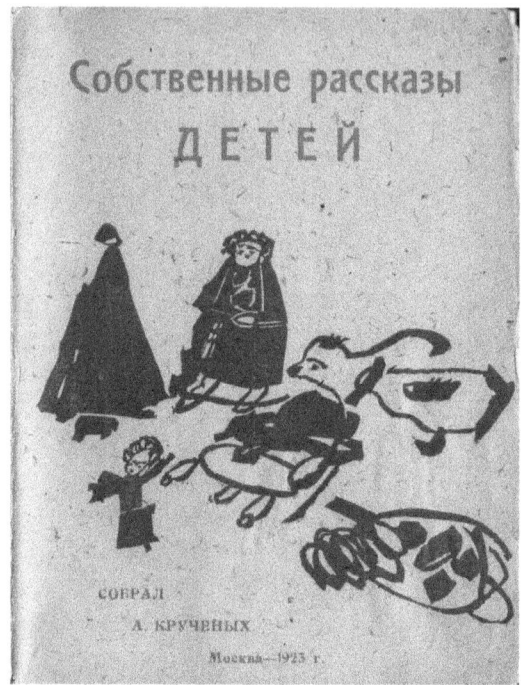

Рис. 21. Обложка сборника «Собственные рассказы, стихи и песни детей» под редакцией Алексея Кручёных, 1923 год. Предоставлено Российской государственной библиотекой, Санкт-Петербург, Россия

ментов слов, переданных как будто младенческим лепетом или детской считалочкой: «ЕНИ ВОНИ / СЕ И ТСЯ» [Кручёных, Розанова 1915]. Не соответствующее правилам детское фонетическое письмо напоминает об орфографических вольностях, допущенных в некоторых рукописных книгах футуристов. Подобные вольности Кручёных допускает в «Чорте и речетворцах», когда высмеивает маститых деятелей русской литературы, таких как Федор Сологуб. Фамилия автора написана с ошибкой — возможно, намеренной — как Салогуб, что может означать «сало губ»; он представлен строками, воспроизводящими лепетный шепот, с детскими рифмами, как будто порожденными названиями первых букв церковно-славянского алфавита: «аз», «буки», «веди»: «чур чур чурашки буки букашки веди таракашки шептал Салогуб и потом гнусаво запел о смерти» [Кручёных 1913д: 13].

Некоторые из наиболее радикальных поэтических экспериментов футуристов имеют аналоги в инфантильном языке, представленном в этом сборнике. Строки ребенка «В лька илекаилькамилька уаика / икачик чик чика / укаика мик а ик» [Кручёных 1914: 33] демонстрируют типичный для заумной поэзии Кручёных тип повторения и рекомбинации звуков, как например в «Весне гусиной» (1913), или рекомбинации абсурда в «Зангези» Хлебникова (1922). Строка «йиукунгшщорпип аспи эхщюбджльо» [Там же] в своей смелой символической и звуковой условности заслуживает сравнения с заумной поэмой Якобсона, которая начинается словами «мзглыбжвуо йихъяньдрью чтлэщк хн фя съп скыполза» (1915) [Кручёных, Розанова 1915: б/п]. Сходным образом более поздние графические эксперименты Кручёных во время его пребывания в Тифлисе, развивавшиеся по мере того, как он продвигался к минималистской заумной поэзии, напоминают каракули маленького ребенка или упражнения по письму. Среди примеров — обложка книги «Клез сан ба» (1918) с беспорядочным расположением букв и строк на странице и сборник «Учитесь худоги» (1917), который включает страницу, напоминающую рабочую тетрадь со списком аккуратно выписанных пар слов: «боро чоро / два / один / гам / шам / га гиш»[38].

Такое поразительное сходство, безусловно, вызывает вопросы относительно степени участия или воздействия Кручёных при составлении и передаче этих «детских» текстов, а также о том, возможны ли среди них откровенные подделки, как утверждают некоторые. Сами сборники указывают на присутствие руки редактора, что также справедливо и в отношении более ранней публикации Толстым сочинений крестьянских детей в «Кому у кого учиться писать...», где ребенок выражает протест вопросом: «Кто писать будет?»[39] В случаях, когда Кручёных включает заме-

---

[38] См. [Кручёных 1918; Кручёных 1917]. Страница, о которой идет речь, также воспроизводится в [Кручёных 2002: 25].

[39] Описания процесса совместного письма являют свидетельства вмешательства Толстого в текст, хотя это явно противоречит его утверждениям о том, что все сочинения принадлежат детям, и его обеспокоенности по поводу того, что подобное вмешательство все портит. К деталям, откровенно ука-

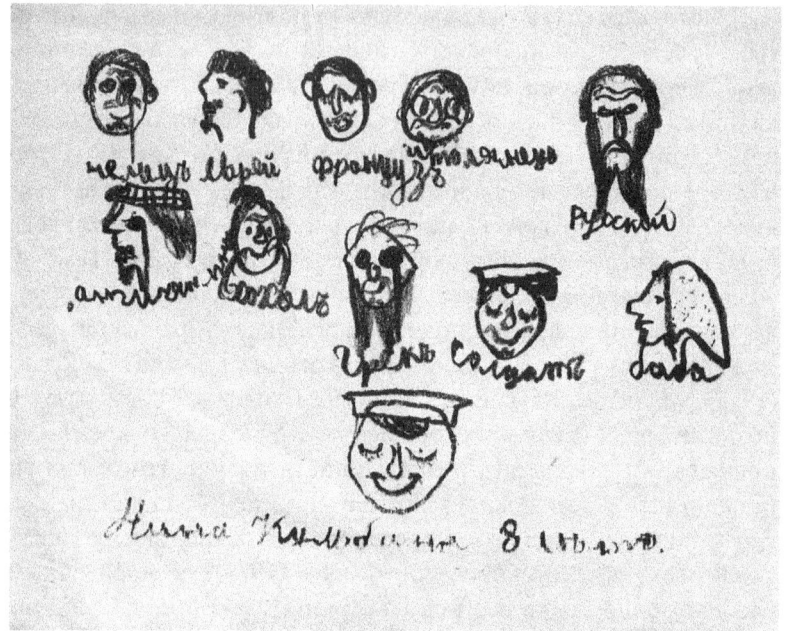

Рис. 22. Рисунки лиц, выполненные Ниной Кульбиной, из сборника Алексея Кручёных «Собственные рассказы и рисунки детей», 1914 год. Детская библиотека Котцена. Отдел редких книг и особых коллекций библиотеки Принстонского университета. Принстон, Нью-Джерси

чания об исходной форме, некоторые из них указывают на точность передачи устного рассказа ребенка, например «записано под диктовку» [Кручёных 1914: 34, 44] или же «по рукописи» [Там же: 40, 48]. Более сомнительна в этом отношении одна работа, содержащая указание «записано по памяти» [Там же: 41]. Действительно, здесь следует предполагать значительное влияние

зывающим на его влияние, относятся: управление изменениями, основанное на ложной памяти, предложения Толстого, вмешательство в структуру текста и извинения за собственный неудачный вклад [Толстой 1928–1964, 8: 307–308]. В одном случае он даже фиксирует протест ребенка против его властного присутствия — ученик Федька хочет уйти от влияния учителя и требует: «Уж знаю, знаю! Кто здесь пишет?» [Там же: 308].

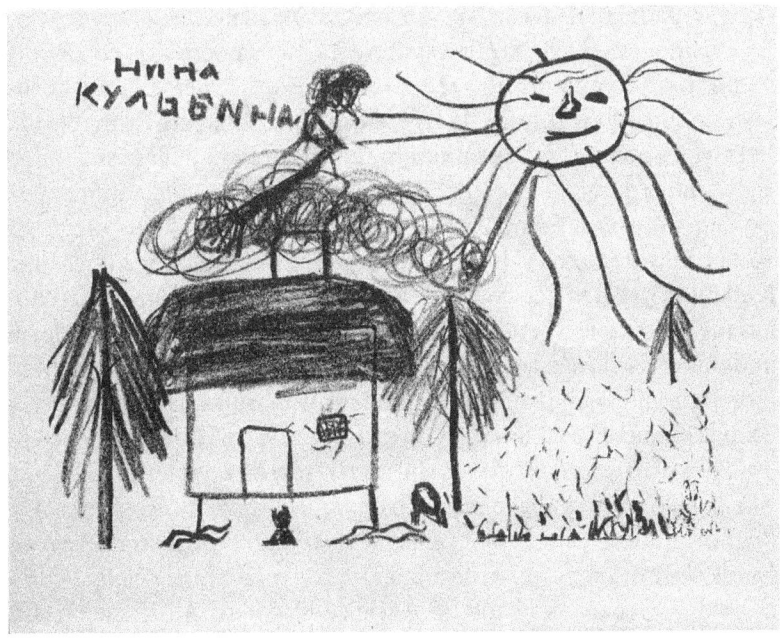

Рис. 23. Рисунок дома, выполненный Ниной Кульбиной, из сборника Алексея Кручёных «Собственные рассказы и рисунки детей», 1914 год. Детская библиотека Котцена. Отдел редких книг и особых коллекций библиотека Принстонского университета. Принстон, Нью-Джерси

редактора; даже собственные сочинения детей нельзя считать не затронутыми воздействием. В самом деле, практика примитивизма не достигла своей цели показать «неиспорченные» образцы первобытного существования ни в одной их сфер. Демонстрация искусства примитивистов раскрывает стремление коллекционера или общества определенным образом представить себя через «примитив». Ибо, говоря по правде, сам процесс отбора в примитивистских коллекциях давал возможность продвигать программу футуристов. Явное желание Кручёных заявить во всеуслышание о схожести между детскими сочинениями и современными заумными стихами говорит о том, что он ставит знак равенства между футуризмом и своим собственном конструктом «младенца/ребенка» как «речетворца». Хотя исследователи — от Владимира Маркова до Джона Боулта — ставили под сомнение подлинность личности детей, с которыми Кручёных предположительно сотрудничал[40], изучение оригинальной подборки 1914 года обнаруживает ряд подписей, прикрепленных к явно настоящим детским рисункам, изображающим головы, лица, дом, дерево, лошадь и так далее. На этих и многих других рисунках тома стоит подпись «Нина Кульбина 8 лет» (рис. 22 и 23)[41]. Нина Кульбина была дочерью Н. И. Кульбина, врача, художника, входившего в объединение «Мир искусства», и критика, который публично высказывал свои похвалы искусству детей, о чем говорилось в предыдущей главе. В воспоминаниях Нины об отце, сохранившихся в архивах Русского музея, есть упоминания о его дружбе с Кручёных, который был частым гостем в их доме, и о том, что оба разделяли интерес к детскому творчеству[42]. Воспоминания свидетельствуют о том, что Нине действительно было восемь лет примерно в 1914 году. Л. Н. Вышеславский в статье «Несколько слов об Алексее Кручёных» подтверждает авторство Нины Кульбиной[43]. Сын Нины Кульбиной, художник Георгий Ковенчук, в своем интервью вспоминает о ее встречах с футуристами, например с Маяковским. По словам Ковенчука, Николай Кульбин особенно любил Нину за ее художественные таланты; ему нравилось задавать ей вопросы. Согласно одной из таких историй, однажды он спросил ее: «Что такое точка зрения?» Она немедленно ответила: «Я смотрю на стенку, вижу точку, это

---

[40] Один документ, хранящийся в РГАЛИ, рукописная карточка А. А. Прокофьева с позднейшей датой 2 сентября 1946 года, свидетельствует о том, что эти собрания являются подделками. К сожалению, поскольку эта запись сделана много позже и Прокофьев не указывает надежного источника для своего заявления, доверять ей можно не больше, чем личному мнению. Прокофьев А. А. Отзыв о книге Кручёных А. Е. «Собственные рассказы детей». РГАЛИ. Ф. 1334. Оп. 1. Д. 266.

[41] Детская библиотека Котцена. Отдел редких книг и особых коллекций библиотеки Принстонского университета. Принстон, Нью-Джерси.

[42] Кульбина Н. Н. «Воспоминания об отце Н. И. Кульбине» [б/д]. ОР ГРМ. Ф. 134. Ед. хр. 95.

[43] См. в [Сухопаров 1994: 115–116].

моя точка зрения», и тут Кульбин рассмеялся[44]. Эта история точно иллюстрирует новую и остраняющую перспективу, которую дети дали футуристам и критикам, готовым серьезно отнестись к детским голосам и взглядам того времени.

В числе других обозначенных авторов сборника Кручёных 1914 года фигурируют мальчик П. Бахарев и «М. Э.» Хотя имя мальчика осталось неизвестным, личность М. Э. удалось установить[45] — это Марианна Эрлих, юная племянница поэтессы-футуриста Елены Гуро, которая также украсила иллюстрацией посмертный сборник Гуро «Небесные верблюжата» (1914) [Гуро 1914] (рис. 24 и 25)[46]. Для обложек других книг в этот период также используются детские рисунки; в их число входит анонимный детский рисунок, оттиск которого выполнила Н. Нагорская, для обложки сборника Кручёных «Собственные рассказы детей» (1923) (рис. 21). Очевидно, участие в его создании принимали по крайней мере несколько детей.

В рецензии, изданной в Тифлисе в 1917 году, книга Кручёных 1914 года рассматривается как собрание подлинных образцов детского творчества. Она начинается словами: «Искание новых приемов, эта постоянная забота каждого художника... обратила особое внимание русских футуристов на произведения детей. <...> В книжке напечатаны произведения 10 детей... сколько авторов, столько и лиц»[47]. Такие свидетельства развеивают сомнения

---

[44] См.: Ковенчук Г. Что такое формализм в живописи, и как с ним боролась советская власть // 812 Online. Санкт-Петербург. URL: https://gorod-812.ru/chto-takoe-formalizm-v-zhivopisi-i-kak-s-nim-borolas-sovetskaya-vlast/ (дата обращения: 07.06.2022).

[45] Эту атрибуцию сделал Юрий Молок: «Возможно, что последняя есть Марианна Эрлих, дочь Екатерины Низен (Гуро), старшей сестры Елены Гуро» [Molok 1998: 61]. Более четко это указано в каталоге, сопровождавшем выставку в Музее современного искусства в Нью-Йорке в 2002 году; см. [Rowell, Wye 2002].

[46] Детская библиотека Котцена. Отдел редких книг и особых коллекций, Библиотека Принстонского университета. Принстон, Нью-Джерси.

[47] В комментариях к статье Вышеславского С. М. Сухопаров цитирует рецензию Ю. Дегена, появившуюся 29 октября 1917 года в тифлисской газете «Кавказское слово» [Сухопаров 1994: 273].

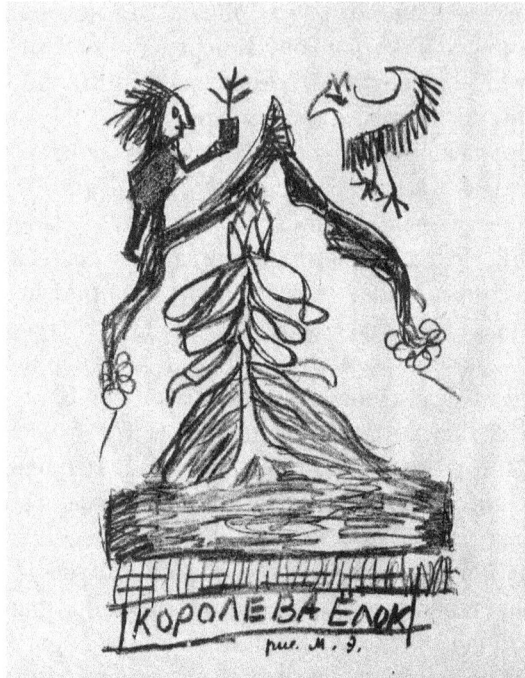

Рис. 24. Рисунок М. Э. [Марианны Эрлих] из сборника Алексея Кручёных «Собственные рассказы и рисунки детей», 1914 год. Детская библиотека Котцена. Отдел редких книг и особых коллекций библиотеки Принстонского университета. Принстон, Нью-Джерси

в подлинности детских работ. В самом деле, в то время, когда получившие развитие языкознание и фольклор рассматривали детский язык и сочинения как достойный предмет для изучения, а представители высокой культуры и критики серьезно относились к детскому творчеству, нет никаких оснований сомневаться в том, что Кручёных стремился публиковать «настоящие» работы детей. С другой стороны, следует предполагать наличие существенного воздействия на различных этапах сбора, отбора, записи и представления. Естественно, Кручёных публикует только те работы, которые продвигают программу футуристов; например детские сочинения, которые кажутся традиционными, подражательными или вторичными, явно исключались. Были отобраны детские работы, которые поддерживают футуристский конструкт «ребенка/младенца» как принципиально авангардный.

Рис. 25. Обложка сборника «Небесные верблюжата», разработанный Марианной Эрлих для книги Елены Гуро, 1914 год. Детская библиотека Котцена. Отдел редких книг и особых коллекций библиотеки Принстонского университета. Принстон, Нью-Джерси

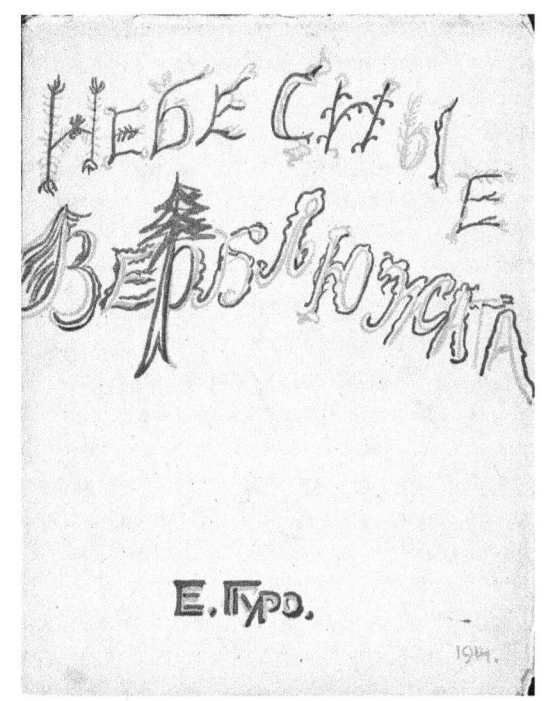

Кручёных ставит вопросы подобия и взаимного влияния еще более эксплицитно в сборнике «Собственные рассказы, стихи и песни детей» (1923)[48]. В этом сборнике Кручёных публикует исключительно детские письменные сочинения, демонстрируя свой неизменный интерес к детской языковой изобретательности. Два стихотворения, расположенные ближе к концу, привлекают внимание в плане сравнения работ футуристов и детей в силу добавленных в скобках помет «подражание футуристам» и «подражание В. Хлебникову» [Кручёных 1923: 8–9]. Стихотворение десятилетней Елены в самом деле является подражанием Хлеб-

---

[48] См. [Кручёных 1923]. «Собственные рассказы, стихи и песни детей. Собрал А. Кручёных в 1921–1922 г.». Вторая половина книги перепечатана из издания «Собственные рассказы и рисунки детей» 1914 года.

никову, а еще в нем не менее четырех раз жирным шрифтом встречаются вариации на тему фамилии Кручёных[49]. Этим оно также напоминает графическое стихотворение Якобсона, опубликованное под псевдонимом Алягров в «Заумниках» (1922), где фамилия Кручёных жирным шрифтом читается диагонально в двух коротких строках, расположенных в центре: «Кружится / Кон Ч. еных»[50].

Редакторские пометки Кручёных также делают очевидной предвзятость его поэтического интереса к детским сочинениям. Впервые появившееся в собрании 1923 года стихотворение двухлетней девочки («Лиля-Елена — М., 2-х лет») под названием «Ии» проблематизирует само свое воспроизведение [Там же: 1]. Его запись настолько близка к собственному языку ребенка, что это привлекает внимание к различию между смыслом, который хотел передать ребенок, и непосредственно высказыванием. Более того, первая транскрипция оказывается дискредитированной, поскольку Кручёных дает в примечании альтернативный вариант записи. Редакторские пометки здесь или когда он обращает внимание читателя на неологизмы, придуманные детьми, к примеру, мало что дают для прояснения смысла, но привлекают внимание к свободе творчества, принятой в сочинениях детей[51]. Действительно, во многих произведениях, отобранных для сборника, звук, как кажется, ставится выше смысла, в них проявляется импульс зауми, ярко демонстрирующий общность

---

[49] «Жил на свете Кручик-Кручень, / Гадкой критикой замучен, // Но не очень, очень, очень / Круча этим озабочен! // Всегда весел, ловок Крых, / Потом что — много дрых!..»

[50] Первоначально стихотворение «кт. весть мгл зл ль...» было процитировано в [Кручёных и др. 1922: 16]. Также опубликовано в [Якобсон 1992; Janecek 1984: 180]. Больше информации о Якобсоне как поэте и другие стихи, «мзглыбжвую...» (1915) и «рассеянность» (1915), напечатанные в [Кручёных, Розанова 1915], см. в [Красицкий 2001a: 326–327].

[51] К стихотворению «Никиты Ф. (7 лет)» Кручёных добавляет примечание «Примечание: пчи-пчи — очевидно, придумано самым мальчиком»; в примечании к стихотворению «Тани Гур... (11 лет)» он отмечает: «Примечание: во 2-м стихотворении слово "мепанской", очевидно, выдумано самой Таней» [Кручёных 1923: 2, 9].

детского поэтического творчества с разделением означающего и означаемого, представляющим ценность для поэтики зауми. Это, видимо, и было целью Кручёных.

В сборнике 1923 года представлены как проза, так и поэзия, причем они расположены по возрасту, примерно от самого младшего к самому старшему. Значимо, что сборник охватывает весь спектр владения языком — от лепета, неологизмов и самых ранних творений двухлетнего ребенка до высокоразвитых и более конвенциональных нарративных порождений ребенка 12 лет. Структура сборника, избранная его редактором, ненавязчиво создает нарративную дугу, которая подразумевает, что язык берет начало из комбинации поэтического и прозаического в лепете двухлетнего ребенка, затем проходит через раннюю поэзию и раннюю прозу, достигая стадии продвинутой экспериментальной поэзии. Такая иерархия развития находится в полном соответствии с литературной программой футуристов. Инфантильный примитивизм здесь словно бы прошел зеркальный зал насквозь: поэты-футуристы публикуют детские стихи, подражающие стихам футуристов, которые сами подражают детям, изображая инфантильное. Перед нами как будто ряд неизбежных отражений Другого.

Роман Якобсон как критик-футурист

Помимо личного общения и переписки с Кручёных и Хлебниковым, описанных ранее, Р. О. Якобсон также способствовал признанию инфантильного примитивизма как критик. Он потратил немало исследовательской энергии на сравнение работ футуристов и языковых экспериментов детей. Рассуждая о поэтике Хлебникова в небольшом сборнике «Новейшая русская поэзия» (1919), Якобсон выявляет возможных предшественников заумных экспериментов футуристов [Якобсон 1919]. Он отмечает в своем исследовании, что поэтика обновления языка футуристов зависела от открытия «необычных слов». Поэтому Якобсон исследует образцы детского словесного творчества и включает множество примеров детского языка и фольклора как часть описания развития заумной поэзии. Так, он использует детскую считалочку «сохрун, мохрун» как пример образования новых суффиксов [Там же: 41] и предлагает ряд лингвистических примеров из «детского фольклора», собранного Шейном:

> Потягунушки потягунушки. Поперек толстюнушки, а в ножки ходунушки, а в ручки хватунушки. Постригули помигули. Пиврошка другошка.
> Первенчики другенчики. Превелики другелики. Первенчики другелики. Первенчики другинчики убили голубинчики [Там же: 42].

Якобсон обращает внимание на детскую частушку «Коля колистый»: «Коля колистый. Хи-ха-хи, хи-ха-хи / сюда идут *ебачи*, / Ха-хи, ха-хи, ха-хи, ха-хи, / Сюда идут *разъебаки*» [Там же], которая имеет общие черты с примерами порождающей силы смеха в произведениях Хлебникова[52]. Он сравнивает парные слова, в том числе детскую считалочку про «Ваню-баню» [Там же: 56], со стихами Елены Гуро: «хорьки-борки, котенок-лодочка»[53]. На протяжении всей статьи Якобсон указывает на связь детской речи с языковой игрой и подчеркивает, что дети играют с языком из чистого удовольствия — «часто без всякого даже повода ради одной только словесной забавы» [Там же: 55]. Его идеи перекликаются с идеями Сёлли о лепете, когда он определяет бесцельную и чисто эстетическую игру как общий элемент детского языка и поэтики футуристов. В сущности, в детском лепете и языковой игре он видит истоки словесного искусства.

В заключительном разделе статьи Якобсона подробно описывается полное освобождение поэтического слова от смысла. Здесь он приводит детскую «бессюжетную» частушку как контраст общепринятой поэзии: «Мамка, Мамка, вздуй оГоНь, / Я попал

---

[52] См. стихотворение Хлебникова «Заклинание смехом» (1909) [Хлебников 2001, 1: 115–116].

[53] Действительно, как справедливо отмечает Н. А. Гурьянова, «творческая душа ребенка вдохновила бо́льшую часть творчества Елены Гуро» [Gurianova 2012: 54].

в ГовНо НоГой» [Там же: 65]. Связанный с телесным низом юмор, на котором основывается этот пример, ассоциируется с ранней стадией развития ребенка и характерен для детей; он обнаруживается в более позднем творчестве Кручёных[54]. Якобсон отмечает, что подобные детские стишки следует считать предшественниками бессюжетных экспериментов и нового подхода к смыслу, практикуемых футуристами. В один ряд с этими примерами можно поставить стихотворения и бессюжетные рассказы детей, созданные в соавторстве, собранные и опубликованные Кручёных. Далее Якобсон отмечает, что от таких образцов самоценной эвфонии «один шаг до языка произвольного» [Там же: 66]. Как показывают приведенные Якобсоном примеры, футуристы и современные им критики рассматривали детский язык как поэтическую и научную модель языковой революции[55].

В своем желании избегать истории литературы и неотвратимой линейности времени ради создания новой дороги в будущее в искусстве и совершения эстетической революции поэты-футуристы смотрели на детский язык как идеальный источник языкового обновления. К 1919 году Кручёных записал: «У меня полный живот слов — сказано ребенком!»[56] Очевидно, что Кру-

---

[54] См.: Кручёных А. Малохолия в капоте [Кручёных 1918a; Markov 1973: 257–277]. Харша Рам комментирует скатологический юмор и анальную эротику в «одной из публикаций Кручёных, "Малохолия в капоте: История КАК анальная эротика" (1918). Здесь Кручёных находит (и наслаждается ими) наличие копрологических образов, в частности вариантов слова *кака*, приводя бесчисленные примеры из русской литературы, от гоголевского героя *Акакия Акакиевича* до простейших русских союзов *как*. <...> Если мистическое и инфантильное долгое время считалось аналогом авангардной языковой практики, то теперь к ним присоединились эротическое и непристойное» [Ram 2004: 374]. Можно также добавить, что игра слов здесь, независимо от того, интерпретируется ли она как «история КАКИ» или «история КАК», сводится к детскому туалетному юмору, так же как фонетические орфографические ошибки в сборнике имеют инфантильный эффект.

[55] В этом смысле с футуризмом сопоставим дадаизм, который также стремился к универсальному языку и содержит в самом своем названии удвоенное слово из младенческого языка.

[56] Кручёных А. Е. Рукопись поэмы «Миллиорк» (1919). ОР ГРМ. Ф. 177. Ед. хр. 156. Л. 3.

чёных интересовался детским языком как теоретик зауми и радикальный новатор языка. В ранних высказываниях, стихах и рассказах детей он искал новые модели для языковых экспериментов авангарда. В 1921 году Кручёных написал манифест «Декларация заумного языка», в котором кристаллизуются его теории зауми и где он приводит детский лепет как основообразующую форму заумного языка [Кручёных 1921]. Таким образом, он открыто признает, что детский лепет стал важным образцом для поэтических экспериментов этого поэта-футуриста и собирателя детского языка. В рамках инфантильного примитивизма русских футуристов языковая игра детей, находящихся в процессе постижения и овладения языком, служит образцом заумного обновления языка.

В этом Кручёных был лишь самым радикальным из многих поэтов-футуристов, смотревших на детский язык как на пример словесного творчества и радостного экспериментаторства, к которому они стремились как составляющей своей авангардной практики. Наряду с поэтами-кубофутуристами — Велимиром Хлебниковым, Василием Каменским, Еленой Гуро и Романом Якобсоном, — а также более поздними представителями футуристического лагеря, такими как Сергей Третьяков, Илья Зданевич и Игорь Терентьев, многие современные футуристам критики обращали внимание на близость футуристической поэтики и детского языка. Эти проницательные критики либо разделяли их цели в теории и на практике, как Якобсон и Шкловский, либо, в случае Чуковского, имели общие в основе своей интересы, что, очевидно, не было редкостью в период расцвета инфантильного примитивизма.

Осмысление и второе открытие наследия футуристов

В 1922 году С. М. Третьяков написал заметки, которые дают нам концептуальный взгляд на важность теории зауми Кручёных, а также на влияние его радикальных идей [Третьяков 1923: 3–17]. В статье «Бука русской литературы» Третьяков перечисляет «целую плеяду заумников» [Там же: 8]. Он перечисляет Малевича, Розанову, Терентьева, Алягрова (Якобсона) и Зданевича. Тем самым он включает художников-авангардистов — Казимира Малевича и Ольгу Розанову, — также писавших стихи, в ряды заумников, вновь подчеркивая взаимное обогащение визуального искусства и поэзии того времени. Действительно, Малевич, например, художественно оформил один из самых значительных трактатов инфантильного примитивизма — «Поросят» (1913) [Кручёных 1913а]. Третьяков цитирует отрывок из стихотворения Ильи Зданевича «Янко круль Албанскай» (1916), чтобы проиллюстрировать принципы зауми Кручёных. В качестве примера детской речи, полной эвфонии, он приводит слова испуганного Янко, который вначале коверкает термины, обозначающие родство, — «папася мамася», — а затем переходит к невнятным неологизмам: «Янко (испуганный): / папася мамася / банька какуйка визийка / будютитька Васька мамудя / уюля авайка зыбититюшка». В своем комментарии к стихотворению Третьяков использует слова «лепет», «детский лепет» и «ребячий язык» для описания языка, к которому прибегает Зданевич:

> В этом, смешным говором переданном, лепете действительно много подмечено из детского лепета и фонетически вполне передан быстрый испуганный рассказ ребёнка на его ребячьем языке (обычно всегда заумном и выразительном в смысле соответствия звучаний тем эмоциям, которые вызывают у ребенка тот или другой предмет) [Третьяков 1923: 16].

Здесь Третьяков прямо приводит пример детского лепета как образец трансрационального языка[57].

---

[57] Янечек отмечает, что Б. Е. Гусман посвящает Кручёных несколько страниц [Гусман 1923: 141–143]. Он указывает, что Гусман цитирует стихотворение Кручёных «Котеро / Перо / Бясо / Муро / Коро / Поро / Ндоро / Ро» в качестве примера «детской простоты и непосредственности, соединенной с детской силой и выразительностью», и сравнивает ее с цитатой из «Детских игр» Е. А. Покровского, использованной Шкловским в статье «О поэзии и заумном языке» [Janecek 1996: 339]. Этот пример показывает, что читатели и критики того времени признавали родство заумной поэзии и детского языка.

В то же время он восхищается выразительностью и непосредственной эмоциональной реакцией ребенка, что характерно для теорий заумного языка позднего периода в этой работе и в «Декларации заумного языка» 1921 года. Ведь действительно в рамках инфантильного примитивизма авангард конструирует ребенка как «примитива», таким образом придавая ценность непосредственному доступу примитивного субъекта к первичному миру эмоций. Он также идеализирует свободу первобытного субъекта, живущего как бы до цивилизации и не скованного условностями, ограничивающими самовыражение. Сходным образом футуристы считали стилистически простой и «примитивный» язык более выразительным. Татьяна Толстая-Вечорка в статье «Слюни черного гения» (1923) обращает внимание на замечание Кручёных в «Сдвигологии русского стиха» (1922) о том, что «Мы еще дети в технике речи»[58]. Отметим указание на нарушение в наступлении зрелости, скрытое в употреблении «еще», что намекает на отставание, задержку в развитии и инфантилизм. Для поэтов-кубофутуристов, этих *enfants terribles* передовой радикальной эстетики, подражание «ребенку/младенцу», каким он виделся и конструировался в рамках инфантильного примитивизма, давало возможность освободиться от ограничивающих условностей, к которым относится и линейное время, шедшее вразрез со сломом границ и новаторскими посылами авангарда.

В 1928 году ретроспективный взгляд на расцвет русского футуризма дает нам исчерпывающее представление о центральной роли «инфантильного» в ранних экспериментах. Значимое место отводится и практике инфантилизма. Тем не менее, хотя сторонники футуристского проекта стремятся защитить, воскресить и переосмыслить его для будущего, Кручёных и учение зауми, которого он придерживается «до конца, до самоубийства», оказываются под угрозой устаревания или, что хуже всего для радикального деятеля авангарда, забвения и утраты актуальности.

---

[58] См. [Кручёных 1923]. На это наблюдение обращает внимание одна из последователей Кручёных [Толстая-Вечорка 1923: 25].

Благодаря практике инфантилизма и мятежу против времени неизменный и нестареющий *enfant terrible* русского футуризма рискует стать атавизмом, анахронизмом, пойманным в круговорот вечного самоповтора. Чтобы предотвратить смерть авангарда, футуристы пытались заново осмыслить и переформулировать свое наследие, столкнувшись при этом с необходимостью приспособить свою авангардную практику к риторике нового времени. Провокатор теперь должен идти «На борьбу с хулиганством в литературе» (1926) (рис. 26).

Пожалуй, наиболее выразительным примером переоценки «инфантильного» является опровержение критики заумного языка, выдвинутой А. Малаховым, со стороны И. Г. Терентьева. В статье, опубликованной в сборнике Кручёных «15 лет русского футуризма» (1928) (рис. 27), Терентьев цитирует обращенную на футуризм критику Малахова: «...ясно одно, что никакого богатства в язык они внести не могут и что сводить наш богатейший своими понятиями язык до детского лепета может только человек с психикой, окончательно разложившейся» [Терентьев 1928: 65]. Этими оскорбительными выпадами и оскорбительными сравнениями Малахов критикует футуристскую идею приближения языка к лепету. В своем опровержении Терентьев переворачивает нападки с ног на голову. Он одобряет связи, призванные оскорбить футуристов, и тем самым раскрывает всю силу инфантилистского примитивизма футуристов: «Просто дико звучит это в наше время, когда к "детскому лепету" перестают относиться презрительно, когда начинают изучать значительный и сильный в своей кажущейся примитивности мир "детских" эмоций» [Там же]. Футуристы не отказываются от ассоциаций с детьми или другими маргинализованными «примитивами», поскольку видят большую силу и эмоциональность в присущей им словесной выразительности. Отвечая на обвинение Малахова в том, что «язык заумников — это язык всякого примитивного мира, язык дикаря, язык ребенка» [Там же], Терентьев занимает противоположную позицию и упивается характеристикой: «А вот здоровую простоту дикаря, ребен-

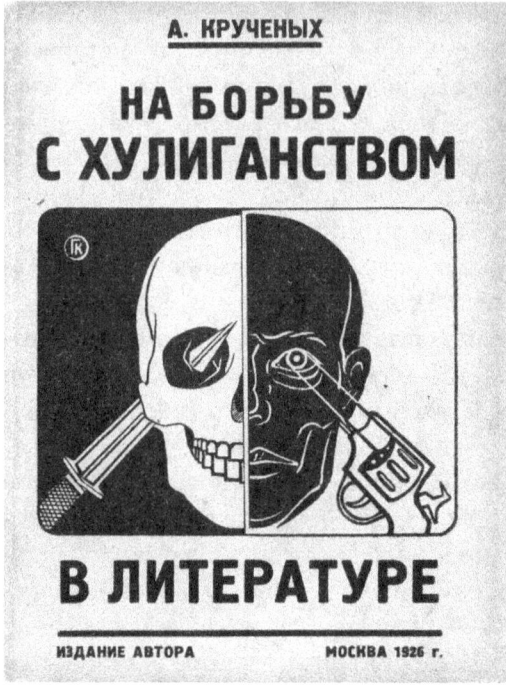

Рис. 26. Обложка книги А. Кручёных «На борьбу с хулиганством в литературе». Дизайн Густава Клуциса, 1926 год. Исследовательский институт Гетти, Лос-Анджелес (88-B26423)

ка и пролетария[59] мы охотно вводим в свою литературную работу» [Там же: 65–66]. На этой поздней стадии обмен мнениями между критиком и защитником новаторства зауми высвечивает переоценку инфантильного, которую осуществляют футуристы, с тем чтобы пересмотреть уничижительные выпады в их сторону. Однако к этому времени главенствующий дискурс изменился; футуристы уже не могли отвергать общество во имя абстрактной революции, поскольку революция обрела конкретные черты,

---

[59] В 1928 году Терентьев включает «пролетариат» в список маргинализированных и обездоленных лиц, которые подлежат переоценке, показывая, что футуристским героям, дикарям и детям, должно быть предоставлено такое же признание и права, какие революция предоставила пролетариату. Таким образом, он использует риторику пролетарского критика Малахова, чтобы оправдать новаторство футуристов.

Рис. 27. Обложка книги Алексея Кручёных «15 лет русского футуризма». Дизайн Густава Клуциса, 1928 год. Исследовательский институт Гетти, Лос-Анджелес (88-B26496)

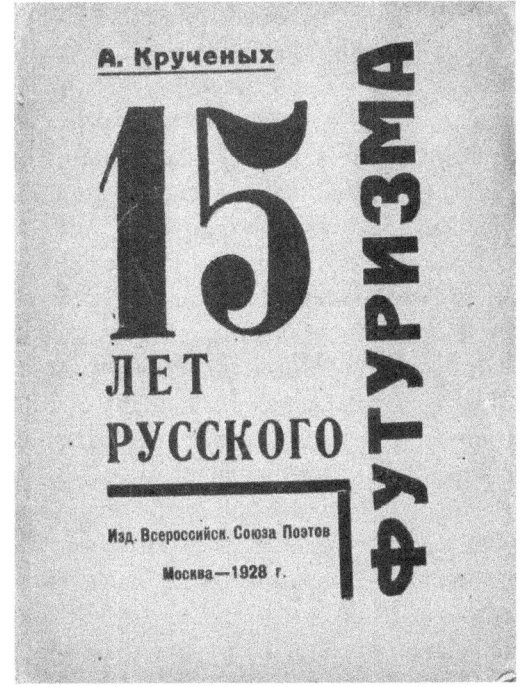

была осуществлена и стала частью прошлого. Теперь футуристы изо всех сил старались не терять актуальности, используя риторику современной им политики, чтобы задать новый контекст и переформулировать конструкт «ребенка» в терминах освобождения угнетенных[60]. Такое утверждение непосредственно и по-новому привязывает примитивизм к политике, но некоторые неявные связи присутствовали еще раньше[61].

---

[60] Откровенно политический сдвиг в подходе можно сравнить с траекторией, обозначенной Б. Гройсом в [Гройс 1992].

[61] Подход к ребенку как к угнетенному субъекту уже отмечался в дореволюционных движениях, более близких духу авангарда, таких как группы анархистов, которые считали «педизм» или освобождение угнетенного класса детей одной из своих главных целей по созданию более справедливого нового мира [Avrich 1967: 177].

В 1928 году в рамках сборника «Говорящее кино: 1-я книга стихов о кино» Кручёных составил поэтический «сценарий-эскиз» на тему «Жизнь и смерть Лефа». «Говорящее кино» — подходящее завершение проекта футуристов, нацеленного на раскрытие возможностей довербального состояния, поскольку Кручёных сравнивает эволюцию кино и языковое развитие ребенка. Во введении он говорит о немом кино как о безъязыком, который вот-вот овладеет языком. «Великий немой очень близок к тому, чтобы заговорить. Более того, он уже начинает понемножку разговаривать, пока еще, правда, звукоподражательным лепетом; больше всего удаются музыкальные чисто-звуковые номера» [Кручёных 1928а: 3]. «Звукоподражательный лепет», о котором говорит Кручёных, служит метафорой появления звукового оформления, знаменующего первый этап речевого развития «великого немого». Прибегая к подобной метафоре, он сравнивает кино как коллективную категорию с отдельным младенцем, некоторым образом предвосхищая персонификацию коллективного ЛЕФа в единичном представителе в стихотворном «сценарии-эскизе», которым завершается сборник.

Необычная работа «Жизнь и смерть Лефа» представляет собой ретроспективный взгляд на взлет и падение футуризма как направления авангарда. Герой, которого Кручёных назвал Леф (омофон имени Лев), олицетворяет совокупность членов ЛЕФа, Левого фронта искусства, воплощенных в одном индивиде. В число персонажей, окружающих Лефа, входят главные фигуры из сообщества представителей авангарда. От «Рождения Лефа», датируемого 1909–1913 годом, до его финального «Апофеоза» Кручёных персонифицирует авангардное движение как младенца/ребенка, причем как норовистого и трудного ребенка. Преобладающая символика рождения, включающая понятия «мертворожденный» и «новорожденный», помогает создать этот первоначальный эффект [Там же: 51][62]. С этого момента символизм

---

[62] Действительно, Кручёных часто использует в своей поэзии образы, связанные с рождением. В частности, в более кровавых аспектах это может быть связано с революцией.

воплощается последовательно до той точки, когда ребенок-футуризм больше не нуждается в пеленках и пеленании: «Надпись: "Леф уже вышел из пелёнок"» [Там же: 53].

Третий раздел части первой «Жизни и смерти Лефа» дополняет метафору футуризма как ребенка. В нем демонстрируется коллективная идентичность, приписываемая этому символическому «ребенку/младенцу». Одетый в знаменитую желтую кофту Маяковского с надписью «футуризм», маленький ребенок произносит знакомые слова: «Четырехлетний ребёнок в желтой кофте с надписью "Футуризм" отбарахтывается, улыбается, растет на глазах изумленной толпы. Пищит (надпись): "Бо-бэ-оби". Потом рычит (надпись): "Дыр-бул-щыл"» [Там же: 52]. Так, согласно повествованию Кручёных, маленький ребенок, являющийся символическим воплощением футуризма, производит свой первый лепет цитатами из двух заумных стихотворений, стихотворения Хлебникова «Бобэоби пелись губы...» (1908–1909) и «Дыр бул щыл» — первое чисто заумное стихотворение Кручёных. Оглядываясь на это поэтическое течение, уже достигшее зрелости, Кручёных вспоминает футуризм как лепечущего ребенка, на устах которого новая поэзия «зауми».

Актуализация этой метафоры, отождествляющей эксперименты футуристов с лепетом ребенка, в полной мере выявляет признаки, определяющие понятие лепечущего «младенца/ребенка» как конструкта. Поскольку не всякое детское творчество носит игровой, радикальный и экспериментальный характер, несмотря на попытки Кручёных выдвинуть на первый план именно эти черты в отобранных и опубликованных им работах, «собственный язык детей» не напоминает заумную какофонию наиболее радикальной поэзии Кручёных. Лепечущий младенец не произносит звуков «дыр бул щыл», так как эти звукосочетания требуют необычных артикуляционных усилий. На самом деле эти строки зауми не похожи на повторяющиеся эвфонические и легкие для произнесения звуки, которые реально отмечают стадию лепета в речевом развитии ребенка. В этом смысле Хлебников ближе подходит к младенческому лепету и детской речи, чем Кручёных, предлагая звуки типа «бобэоби», а также менее радикальные и более морфологически оправданные неологизмы, восходящие к русским корням.

Как только ребенок-футуризм начинает говорить, он оказывается явлен внешнему миру. Три гордые родительские фигуры поднимают младенца, как бы торжествующе демонстрируя его и символически заявляя о своем отцовстве; «Маяковский, Бурлюк и Хлебников высоко над толпой поднимают младенца» [Там же]. Толпа грозит младенцу-футуризму, но его защитники оберегают его со словами: «Он родился и будет жить» [Там же]. «Ребенок-футуризм» [Там же] вступает в мир, где толпа представляет угрозу существованию *enfant terrible*. Футуризм без колебаний выступает против любой, даже конструктивной критики и без колебаний готов укусить руку, кормящую его, включая Чуковского. Перечень фигур футуристов добавляет жизни истории роста ребенка-футуризма. Появление Кручёных в сценарии обставлено драматически — в сопровождении цитаты о нем самом: «Чуковский разворачивает надпись: "Кручёных — вся наша эпоха. Он грандиозен и грозен". Фигура Кручёных с дубиной и трубой, из которой вылетают заумные слова: "Уа-мэ-гон-э-бью"» [Там же: 53]. Кручёных не стесняясь использует эту цитату, чтобы провозгласить себя символом эпохи. Сценарий-эскиз «Жизнь и смерть Лефа» можно рассматривать как выражение ретроспективного взгляда Кручёных на младенчество и детство футуризма.

В этом обращенном в прошлое рассказе, изображающем его героем, царем и основоположником, Кручёных отводит большое место умершему на тот момент Хлебникову. Когда происходит революция и Маяковский, Бурлюк и Третьяков изгоняют старых поэтов, толпа восстает против одного из них, но в этот момент на сцену врывается армия неразумных детей, возглавляемая Хлебниковым. «Из под ног, с крыши, отовсюду выскакивают маленькие, пестрые, веселые ребятки. За ними в отдалении — монументальная фигура Хлебникова. Надпись: "Смеюнчики"... Смеюнчики окружают футуристов. Хоровод» [Там же]. Толпа детей-«смеюнчиков» отсылает к стихотворению Хлебникова «Заклинание смехом» (1908–1909), в котором сопрягается мно-

жество слов, — в том числе крохотные «смеюнчики» — образо-
ванных от одного корня *смех*-, что напоминает лингвистическое
упражнение или словесную игру ребенка. Толпа объявляет
о смерти Хлебникова, но счастливые дети непокорно распевают,
что он жив. Таким образом, катастрофа предотвращена, и футуризм возрождается вновь во «Втором рождении Лефа», которое
знаменует собой собрание представителей футуризма и выход
первого номера журнала «Леф» в 1922 году. Однако когда в публикации поначалу отказывают, Хлебников в ужасе умирает, но
вокруг него появляются движущиеся сами собой буквы, склады-
вающиеся в высокий титул, который он хотел видеть в свой
эпитафии: «Председатель земного шара» [Там же: 56], что акцентирует империалистические устремления футуризма. Надпись
подчеркивает бессмертную силу слова: «Он умер, но слово его
живет», вызывая ассоциации с Иисусом Христом или, в соответствии с моментом, с мыслью о том, что, хотя Ленин и умер, его
«дело» живет [Там же]. Действительно, к 1928 году Кручёных
стремился увековечить наследие футуризма, доводя эти идеи до
конца, до самоубийства.

Пусть смерть Хлебникова знаменует собой одну из смертей
Лефа, но все же этот выносливый ребенок возрождается трижды,
вплоть до «Третьего рождения Лефа», пока не одерживает вооб-
ражаемую победу в «Победе Лефа». В третьей части сценария
«Революция в жизни и слове. 1917–1922» Маяковский превращается в учителя, которого с большим вниманием слушают дети
[Там же: 55]. Как указано в надписи, «футуризм побеждает»,
поскольку этот момент перехода к более молодому поколению
означает победу футуризма, как и в «Заратустре» Ницше. В «Апо-
феозе» плодотворность футуризма подчеркивается сходным
образом, поскольку «молодые лефовцы» толпятся вокруг лефов-
ских брошюр, журналов и изданий, и к ним присоединяется
множество революционной молодежи [Там же: 52–62]. Ставшие
к тому моменту анахронизмом группы авангардистов пытались
найти себе место среди нового устройства групп революционного искусства и ЛЕФа. Таким образом, обращенное в прошлое
повествование «Жизнь и смерть Лефа», согласно Кручёных, да-

рует футуристам бессмертие и ощущение преемственности, ставшее воплощением его собственных желаний.

К 1920-м годам отчаянная борьба за свое место и наследие характеризовала ситуацию среди сформировавшихся ранее групп авангарда, таких как футуризм. В действительности вся история «Жизни и смерти Лефа» оказывается грустной фантазией Кручёных, который становится свидетелем смерти «ребенка-футуризма» и сам уходит в небытие, как забытый и утративший смысл анахронизм, который пережил свое время. Будучи обращена в прошлое, «Жизнь и смерть Лефа» показывает неизменную веру Кручёных в ценность авангардных идей, выдвинутых футуристами. В сценарии наиболее ярко воплощается метафора футуризма как ребенка — яростного *enfant terrible*, который кусает руку, которая его кормит. Таким образом, ретроспективный взгляд Кручёных открывает, что конструкт «младенца/ребенка» как дикаря играет роль на всем протяжении развития футуризма и служит объединению авангардного культа молодости и идей футуристов об обновлении языка, словотворчестве и сведении поэзии к младенческому лепету. Через искусство Кручёных показывает, до какой степени ребенок был образцом для футуризма как поэтического движения на протяжении всей его истории. Это последнее проявление инфантильного примитивизма также убедительно подчеркивает парадоксальный характер поисков понимания того, что есть инфантильный примитивизм. Ведь хотя футуризм занял подчиненную позицию «младенца/ребенка», для того чтобы сформулировать собственное мнение о языке и будущем искусства, а также поразмышлять о жизни и смерти своего движения, собственно ребенка восстановить или узнать по этому изображению футуристов невозможно. Он остается пожранным челюстями каннибала Кроноса.

Хотя конец поэтического влияния Кручёных мог означать конец стадии инфантильного примитивизма, которая обрела формы неопримитивизма и кубофутуризма, он также означал самые ранние проявления «инфантилистской» эстетики русского авангарда. От примитивистского интереса к ребенку как к объективированному Другому, которого необходимо исследовать, собирать его творения, изучать и эксплуатировать, авангард перешел к защите «младенца/ребенка», что являлось частью вновь обретенного внимания к угнетенным субъектам в этот более поздний период. Красноречивая защита ценности инфантильного и других маргинализованных подходов, присущая поздним футуристам — апологетам инфантильного примитивизма, выдвигает на первый план произошедшее переосмысление. С антропологической дистанции, с которой взрослый взгляд оценивает «младенца/ребенка» как объект и примитивного Другого, средство создания новой идентичности и будущего, инфантильный примитивизм футуристов начинает развивать переоценку «младенца/ребенка», постепенно признавая его существование как творческого субъекта. Уничижительный аспект примитивистского взгляда на «инфантильный» объект, таким образом, начинает преображаться в сознательно «инфантилистскую» перспективу, которая ведет к усилению ребенка как субъекта.

Часть II

ИНФАНТИЛИСТСКАЯ ЭСТЕТИКА

Глава третья

Детский взгляд: Виктор Шкловский, наивная перспектива и теория формализма

...слово «enfant» (так же, как и древнерусское — «отрок») в подстрочном переводе значит «неговорящий».

[Шкловский 1990: 36]

В своей первой значительной опубликованной работе «Воскрешение слова» (1914) начинающий критик-формалист В. Б. Шкловский возвращает утраченную поэзию слова, скрытую в его морфологии, обращаясь к примеру, который кажется особенно привлекательным в контексте моего исследования инфантильной эстетики русского авангарда. Как мыслители начиная с Блаженного Августина и до нашего времени, Шкловский обращается к этимологии *infans qui non farer* («младенец, который не может произнести слова» [Августин 2013: 11]), если пользоваться выражением Августина, или «неумеющий говорить» — словами Жан-Жака Руссо[1]. Шкловский добавляет

---

[1] В «Эмиле» Руссо подчеркивает присущую ребенку слабость и рассуждает о состоянии «неговорения» в философском смысле. Он привлекает внимание к нагруженной этимологи слова infant/infans/enfant, описывая переход от бессловесности к языку: «За младенчеством следует второй период жизни, на котором, собственно, кончается детство, ибо слова *infant, puer* не являют-

к латинским формам *infans* ближайший русский эквивалент
«отрок», который образован аналогичным образом: с помощью
отрицательной приставки *от-* и корня со значением 'речь' (*рок-/
рек-/реч-*)[2]. Хотя сейчас русское слово «отрок» имеет значение
«подросток» или «юноша», а еще раньше могло употребляться
по отношению к тем, кто не имел права голоса или избиратель-
ного права, например работникам или слугам[3], исторически оно
связано с состоянием детства[4]. Так, Г. Р. Державин в оде «На
рождение в Севере порфирородного отрока» (1798) использует
и слово «отрок», и более архаичную форму «отроча», говоря
о новорожденном младенце, будущем Александре I[5], а Екатерина II в 1784 году определяет сменяющие друг друга стадии детства

ся синонимами. Первое из них вытекает из второго и означает "неумеющий
говорить", происходит от *puerum infantem* — выражения, которое мы находим
у Валерия Максима [Руссо 1981, 1: 74]. Здесь, как и в «Опыте о происхождении языков» (1781), Руссо признает философское значение «состояния без
слов», до языка, мысли или разума [Руссо 1961, 1].

[2] С позиции этимологии, образовано с помощью отрицательной приставки
от- и корня со значением 'речь' (*рок-/рек-/реч-*). В «Материалах для словаря
древнерусского языка по письменным памятникам» *отрок* определяется как
«дитя, подросток, юноша», а статья заканчивается указанием: «ср. Lat. Infans»
[Срезневский 1893–1912, 2: 764–765].

[3] Сходным образом может применяться к солдатам: исторически пехота, то
есть инфантерия, восходит к *infante* (*исп.*).

[4] В метафорическом смысле ребенка называли *infans,* или «отрок», обозначая
таким образом отсутствие способности говорить. Этимология русского
слова включает праславянское значение «не имеющий права говорить».
Фасмер пишет: «Праслав. **ot(ъ)-rokъ* "не имеющий права говорить". Из *от*
и реку́, *рок* (см. Гуйер, LF 40, 304; Mi. EW 274); Мейе (ét. 233) толковал как
кальку лат. Infans» [Фасмер 1986–1987, 3: 172–173.] Указание на латинское
infans — «(ср. лат. infans)» — присутствует и в «Этимологическом словаре
русского языка» А. Преображенского, где также предлагается толкование
«не говорящий», но добавляется «безсловесный» [Преображенский 1910–
1914: 669].

[5] На церковнославянском «отроча» означает «дитя, младенец» [Дьяченко
1900, 1: 398]. В древнерусском имеет такое же значение, но может употребляться и в отношении мальчика или юноши [Словарь древнерусского
языка 1988, Т. 6].

следующим образом: «Дитя до семи лет есть младенец, после семи лет отрок, после 15 лет юноша»[6]. Шкловский подчеркивает, что в России принято определять младенца, ребенка или юношу, а также того, кто находится в подобном неправоспособном положении, по их фактической или символической немоте. Шкловский со страстью лингвиста и ценителя формы выявляет поэзию, скрытую в строении слова «не-говорящий». Подобная «лингвистическая эмбриология» помогает проиллюстрировать его мысль, что «только что рожденное слово было живо, образно» [Шкловский 1990: 36] — и здесь он снова использует язык младенчества, чтобы отразить свою идею о символическом потенциале состояния не-говорения в контексте собственной примитивистской идеализации первоначального периода существования языка. В этой главе я обращаюсь к тому, каким образом Шкловский использует младенчество как прием в контексте будущей теории русского формализма, а также в многочисленных собственных литературных начинаниях. Я утверждаю, что Шкловский использует младенчество как часть стратегии, нацеленной на совершение смещения смыслов, или сдвига, который разрушает конвенциональные установки, меняет перспективу и переносит находящееся на периферии в центр внимания. Из кубофутуристского понятия сдвига, или результата смещения, Шкловский выводит целую «теорию сдвига».

Я прослеживаю, как Шкловский использует младенчество в качестве приема — от первых проявлений лингвистического и теоретического интереса к предельным состояниям языка, выражением которых является состояние неговорения и столкновения с языком, проявляющееся в младенческом лепете и детской языковой игре, — и вплоть до внимания к младенческой позиции объекта, которая заметна в его восхищении наивной перспективой в более поздних теоретических и художественных работах. Я считаю, что Шкловский использует младенчество как

---

[6] Это утверждение появляется среди других высказываний Екатерины II, лично собранных ею в 1784 году в назидание внуку, будущему императору Александру I [Екатерина II 2004: 13].

прием, помогающий ему осуществить стратегический сдвиг, который является целью его авангардных теорий[7]. Направление движения этого материала и теоретический интерес Шкловского, таким образом, повторяют не только путь, проделываемый младенцем от неговорения к речи и от объектности к субъектности, но также общий для авангарда курс от простоты инфантильного примитивизма к изощренности инфантилистской эстетики.

Использование Шкловским младенчества как приема и его выбор в пользу теории наивной перспективы отмечают рождение инфантилистской эстетики русского авангарда, поскольку, в контексте моего исследования свойственного авангарду инфантилизма, эта идея отмечает значимое смещение, или сдвиг, от примитивистского взгляда на ребенка как объект к рассмотрению его как субъекта и носителя уникального взгляда на мир. Михаил Ларионов в рамках неопримитивизма и Алексей Кручёных в рамках кубофутуризма собирали и публиковали детское творчество, а также подражали ему, как и детскому языку, по-прежнему рассматривая ребенка как объект. С использованием инфантильного в том виде, как его понимали Виктор Шкловский в контексте теории формализма и позднее Даниил Хармс в рамках абсурдизма ОБЭРИУ, авангард впервые допустил вероятность субъектной позиции — или точки зрения — ребенка, а затем пришел к признанию его в качестве самостоятельного субъекта. Эта более поздняя стадия авангардного инфантилизма может быть названа инфантилистской (по образцу «феминистской»), поскольку она утверждает независимую ценность ребенка как самостоятельного субъекта. В то же время сохраняются ограничения, определяющие построение ребенка как странного Другого, поскольку ребенок конструируется взрослым наблюдателем определенным образом, с тем чтобы достичь определенных целей. На этой ранней стадии инфантилистской эстетики «младенец/ребенок» остается безгласным субъектом, чья субъектная

---

[7] Н. Гурьянова также рассматривает Шкловского и его теорию остранения в контексте авангарда [Gurianova 2012: 258–265].

позиция используется другими для продвижения собственных критических взглядов.

Понятие «наивный» имеет долгую историю семантической близости к «младенцу/ребенку». Согласно Оксфордскому словарю английского языка, «наивный» изначально означало «natural, artless, or innocent» («естественный, бесхитростный или невинный»), а затем обрело смысл «lacking in experience, judgment, or wisdom» («тот, кому недостает опыта, рассудительности или мудрости»). Соответственно, в «Большом академическом словаре русского языка» мы находим: «Простодушно-доверчивый, по-детски непосредственный; не имеющий жизненного опыта» [БАС 2008: 161]. В контексте изучения искусства это слово может быть отнесено к тому, кому недостает формального образования или чьи произведения выполнены в непосредственной, простодушной манере, без применения сложных техник. Этимологически слово «наивный» происходит от старофранцузского «naif», что означает наивный, естественный или только что родившийся, и происходит, в свою очередь, от латинского «nativus», буквально «рожденный, врожденный или естественный». Все эти смыслы, включая «невинный» и «неопытный», связаны с «невинным взглядом» и, таким образом, относятся к естественному, безыскусному состоянию новорожденного. Если инфантильный примитивизм конструирует «младенца/ребенка» как идеализированного представителя наивного состояния «изначальности», то инфантилистская эстетика придает ценность наивной перспективе в надежде вернуть себе невинный взгляд и свежесть мировосприятия.

Первоначально использование инфантильности как приема в ранних теоретических работах Шкловского продолжалось в том же русле, что и в инфантильном примитивизме авангарда. Его великие цели напоминают цели практиков авангарда, чье творчество он подвергает анализу. Он стремится создать новый язык критики и целостную концепцию искусства и литературы, которые выражают достижения авангардного искусства. Вспомним замечания Ю. М. Лотмана о семиотике авангарда:

Авангард пережил период «бунтующей периферии», стал центральным явлением, диктующим свои законы эпохе и стремящимся окрасить всю семиосферу в свой цвет, и, фактически застыв, сделался объектом усиленных теоретизирований на метакультурном уровне [Лотман 1996: 179].

Так и авангардная практика инфантильного примитивизма, поначалу, возможно, казавшаяся периферийным художественным феноменом, постепенно развилась в инфантилистскую эстетику, которая получила более глубокое теоретическое осмысление в теории формализма и была применена Шкловским к искусству в целом. Таким образом, Шкловский создает новый критический язык и целостную концепцию искусства и литературы, которые эффективно объясняют достижения авангарда, включая инфантильный примитивизм, хотя и подчиняют при этом всю историю искусства модели авангарда. И в этом случае получается, что теория формализма оказывается авангардной и империалистической в своих амбициях.

Художественное ви́дение Шкловского

Заметки Шкловского к его первому публичному выступлению, когда он, тогда еще юный студент, намеревался зарекомендовать себя в качестве критика-авангардиста, показывают революционный порыв низвергнуть принятые способы смотреть на вещи. Выбранный им язык и его устремления подразумевают метафорическую установку «перевернуть картину, чтобы видеть краски, видеть, как художник видит форму, а не рассказ»[8]. Присущая ему идеализация восприятия формы художником — «видеть краски, видеть, как художник видит форму, а не рассказ» — заимствована из предшествующей художественной концепции невинного глаза. Джон Рёскин (1819–1900), художественный критик, придумал выражение «невинный глаз», чтобы выразить потребность

---

[8] См. комментарий Ф. Ю. Галушкина в [Шкловский 1990: 487].

художника в восстановлении детского состояния, в котором все
как бы видится в первый раз.

> Вся техническая мощь живописи зависит от нашего восста-
> новления того, что могло бы получить название «невинность
> глаза»; то есть от детского восприятия плоских цветовых
> пятен, какими они и являются по сути, без осознания того,
> что они означают — как увидел бы их слепец, если бы вне-
> запно к нему вернулся дар зрения [Ruskin 1991: 18].

Рёскин заявляет, что «совершенный художник всегда сводит
себя, насколько возможно, к этому состоянию детского зрения»
[Ibid.: 19]. Для Рёскина невинный глаз служит метафорой ви́дения
художника — способности воспринимать вещи такими, какие
они есть, без осознания того, что они означают.

Шкловский в своем подходе к авангарду в качестве критика
обращается к схожей идее художественного ви́дения и отдает
предпочтение концепции невинного взгляда, который воспринимает вещь «как в первый раз виденную» [Шкловский 1990: 64].
Если Рёскин отмечает, что «мы всегда предполагаем, будто видим
только то, что нам известно», а на самом деле «нас едва ли посе-
щает осознание реального аспекта знаков, которые мы научились
интерпретировать» [Ruskin 1991: 19], то Шкловский полагает, что
«мы не видим его [привычное], а узнаём»[9] и слова служат для нас
простыми «алгебраическими знаками», поскольку они «стали
привычными, и их внутренняя (образная) и внешняя (звуковая)
формы перестали переживаться»[10]. Позже Шкловский скажет,
что цель художественного образа не в том, чтобы передавать
смысл, а в том, чтобы заставить зрителя воспринять его как бы
впервые[11]. Неважно, называется он «невинным глазом» или наивной перспективой, этот тип подхода к искусству отдает пред-

---

[9]   Здесь Шкловский вводит узнаваемое бергсоновское различие между восприятием и узнаванием, точно обозначенное в «Материи и памяти» (1896)
[Бергсон 1911: 10].

[10]   См. «Воскрешение слова» в [Шкловский 1990: 36].

[11]   См. «Искусство как прием» в [Там же: 68].

почтение перцептивной восприимчивости «примитивного» неофита или ребенка, который воспринимает нечто впервые.

Используя метафору перевернутой картины, Шкловский идеализирует способность видеть и воспринимать с позиции новой перспективы. Описанный здесь простой механизм фактически меняет местами полушария мозга, используемые при перцептивной обработке изображения. Этот альтернативный взгляд на объект, как ни парадоксально, отчетливее выявляет его составные части, цвета, форму, как бы сдвигая литературный анализ в пространстве, а не во времени. В русском контексте и в контексте православия идея Шкловского перевернуть картину вверх ногами также может быть связана с концепциями «обратной перспективы» в иконологии. Термин «обратная перспектива», введенный Оскаром Вульфом в 1907 году, применяется к наивному или примитивному искусству, где одно из основных правил реалистической перспективы при передаче относительного размера или формы перевернуто[12].

Богослов и философ П. А. Флоренский, влиятельный историк искусства и преподаватель ВХУТЕМАСа во времена Шкловского, в своем исследовании «Обратная перспектива» (1919) проанализировал систему изображения, присущую формам искусства, которые считаются «примитивными» или «наивными». Она появилась позднее нескольких ранних работ ОПОЯЗа (Общества изучения поэтического языка), в котором состоял Шкловский, но раньше других, более поздних работ этой группы. Флоренский выступает против тех, кто усматривает привлекательность иконы в «наивности и примитивности искусства, еще детски-беззаботного по части художественной грамотности», и кто предлагает «объявить иконы милым детским лепетом» [Флоренский 1985, 1: 119]. Сравнивая изображение на иконах с рисунками детей, в которых перспектива либо не используется вообще, либо используется обратная перспектива, он приходит к выводу, что они применяют сходный «метод изобразительности, вытекающий из характера воспринимательного синтеза мира» [Там же: 139].

---

[12] См. [Wulff 1907].

Статья завершается решительным пассажем в защиту детского взгляда:

> Так как детское мышление — это не слабое мышление, а особый тип мышления, и притом могущий иметь какие угодно степени совершенства, включительно до гениальности, и даже преимущественно сродный гениальности, то следует признать, что и обратная перспектива в изображении мира... есть именно своеобразный охват мира [Там же].

Таким образом, его взгляд на инфантильное мышление включает признание и придает ценность субъективному опыту ребенка, тем самым демонстрируя другие подходы к инфантильному и художественному восприятию в тот же период, когда действовал ОПОЯЗ. В последующие годы Флоренский еще раз сформулировал свои художественные взгляды на творчество и инфантильность в письме дочери в 1937 году[13].

> Секрет творчества — в сохранении юности. Секрет гениальности — в сохранении детства, детской конституции на всю жизнь. Эта-то конституция и дает гению объективное восприятие мира, не центростремительное, своего рода обратную перспективу мира, и потому оно целостно и реально[14].

Такие утверждения, перекликающиеся со строками Бодлера, что «талант и есть вновь обретенное детство» [Бодлер 1986], служат иллюстрацией того, насколько постижение инфантильного продолжает занимать идеализированную позицию в определениях творцов и критиков даже в этот сравнительно поздний период.

Этот сознательный разрыв с традициями и визуальной и когнитивной обработкой, как и с идеей Шкловского о перевернутой картине, также можно сравнить с основными механизмами зрительного восприятия, которые предполагают перевернутую

---

[13] Это письмо цитирует Николетта Мизлер в [Misler 1996: 119].

[14] Цитата из письма Флоренского 1937 года к дочери Ольге [Флоренский 1992: 439].

или обратную проекцию изображения на сетчатку, интересовавшую Ларионова в процессе лучистского воссоздания лучей света, падающих на сетчатку. И действительно, мы видим в искусстве авангарда, его языке и теории, как примитивистский взгляд на ребенка как на объект, субъект и субъективность дает деятелям авангарда средства переосмысления процесса восприятия с иных точек зрения, к которым относится наивная перспектива, свойственная для «примитива» или ребенка.

Терминология художника преобладает не только в метафорах Шкловского, но и в метафорическом употреблении «формы и ви́дения». Символическая важность «ви́дения» проявляется в многочисленных повторениях слова и его производных, а также, к примеру, в выделении глагола «видеть» курсивом. Используя курсив, Шкловский часто пытается восстановить значения слов и подчеркнуть символическое значение понятий — поворачивание картины вверх ногами, акт ви́дения, идея формы. Действительно, постоянное внимание Шкловского к ви́дению, форме, перспективе и восприятию, вероятно, идет от его опыта практикующего художника[15]. В своих мемуарах Шкловский размышляет и своем художественном обучении: «Я не сделался скульптором, но понял очень много» [Шкловский 1926: 45]. Он отмечает, что именно во время обучения лепке он понял, «что такое форма», и научился «искать общую форму» [Там же]. В основе теоретического подхода Шкловского действительно лежит художественное ви́дение формы.

Шкловский как критик авангарда

Для позднейших литературных теорий Шкловского чрезвычайно важно, что пора его зрелости совпала с периодом расцвета авангарда и он, будучи очень близок с его представителями,

---

[15] На самом деле обучение рисованию может включать даже переворачивание изображения вверх ногами, чтобы побудить менее доминантное полушарие мозга обратиться к более точному перцептивному анализу изображения. См. [Edwards 1979].

с благосклонностью относился к поэтическим и художественным экспериментам. В 1913 году, начиная свою деятельность теоретика, Шкловский полностью отождествлял себя с футуристами: «Я был в то время футуристом» [Шкловский 1973, 3: 47]. Увлечение Шкловского поэзией футуризма простиралось вплоть до сочинения собственных стихов[16]. То же можно сказать и о критике Р. О. Якобсоне, который на протяжении всей жизни гордился своей принадлежностью к авангарду и чья футуристическая поэзия была примечательно экспериментальной и, как уже обсуждалось выше, напоминала стихи Кручёных и опубликованные им детские стихи. Как и Шкловский, Якобсон также отмечал инфантильный примитивизм футуристов, в том числе в статье «Новейшая русская поэзия» (1919), в которой, как указывалось ранее, приведено множество примеров детского языка и детских высказываний в качестве возможных предшественников заумных экспериментов футуристов [Якобсон 1919]. Как это было и у Якобсона, поэтический взгляд на язык остается характерным как для критических, так и для художественных произведений Шкловского. Этот поэтический подход, подкрепленный лингвистической подготовкой и академическим интересом к детскому языку и фольклору, помог Шкловскому осознать связь поэзии футуристов с детским словотворчеством. Таким образом, изучение футуризма, включая, как я считаю, инфантильный примитивизм, оказалось полезным для формализма.

В одном из своих рассказов Шкловский выставляет себя единственным человеком, способным понять значение загадочной детали в одном из ранних изданий футуристов. Отметив, что в книге Кручёных 1912 года в заключительной строке стоит дата 1917 («Некто 1917») [Шкловский 1966: 102], Шкловский стал одержим этой заведомо неточной и непонятной датой. Он понял, что присущее футуристам неприятие прошлого и страсть к будущему превратили анахронизм в поэтический прием. Встретив

---

16 В 1915 году Шкловский опубликовал два стихотворения в сборнике «Взял: Барабан футуристов» [Сажин 1999: 324–325].

на спектакле тихого Хлебникова, молодой Шкловский отважился предложить свое толкование:

> — Даты в книге, — сказал я, — это годы разрушений великих государств. Вы считаете, что наша империя будет разрушена в тысяча девятьсот семнадцатом году? («Пощечина» была напечатана в 1912 году.) Хлебников ответил мне, почти не пошевелив губами:
> — Поняли меня первым [Там же: 102–103].

Реакция Хлебникова в пересказе Шкловского указывает на то, что он первым понял замысел Хлебникова. Как пишет Шкловский, Хлебников «хотел понять ритм истории» [Там же: 107], и, как показывает изложение Шкловским этого предполагаемого случая, это удалось, так как история высвечивает его фиксацию на 1917-м, годе революции[17]. Если Хлебников выступает здесь как футурист — пророк будущего, то Шкловский выступает как единственный человек, который мог постичь смысл предсказания непонятого пророка. И в этом случае рассказ делает его идеальным критиком и проводником идей авангардистов будущего.

Три года, которые Шкловский провел, изучая языки и литературу на историко-филологическом факультете Петербургского университета и посещая лекции одного из ведущих языковедов того времени И. А. Бодуэна де Куртенэ, существенно повлияли как на его собственный критический подход к языку, так и на подход многих его коллег. Лингвистическая подготовка, которую эти молодые ученые приобрели в ходе учебы, определила их точку зрения на речевые высказывания детей, что становится очевидным в статьях близкого коллеги Шкловского Л. П. Якубинского 1919 и 1921 годов. Хотя эти статьи написаны позднее

---

[17] Дети представляли для Хлебникова своего рода провидческий доступ к будущему. Достаточно вспомнить его письмо в защиту публикации двух стихотворений 13-летней девочки, где в качестве аргумента приводится, что это способ понять молодежь будущего [Хлебников, 3: 335–336]. Таким образом, дети служат в качестве своего рода машины времени, переносящей в будущее, а также в привольное и незнакомое прошлое, каким оно виделось футуристам и неопримитивистам.

некоторых работ, созданных начинающими теоретиками, они отображают ряд фундаментальных лингвистических подходов и взглядов на детский язык, приобретенных в ходе учебы и привлекших их внимание параллельно с другими исследованиями.

Как пишет Шкловский в своих воспоминаниях, Бодуэн де Куртенэ, которого он глубоко ценил, «интересовался сегодняшним языком во всех его проявлениях, современной литературой — в том числе футуристами» [Там же: 95]. В этом Шкловский следует примеру своего учителя-лингвиста, задаваясь целью осмыслить проект футуристов[18], но молодой ученый подходит к предмету с большей проницательностью, чем его наставник, отвергающий все новаторство зауми[19]. Известный лингвист показывает, что идет не в ногу с современными движениями, хотя его комментарии относительно экспериментов футуристов кажутся уместными, пусть и не всегда верно адресованными, когда он высказывает свои возражения, что «дети и вообще неграмотные могут и воспринимать, и даже сочинять поэтические произведения» [Бодуэн де Куртенэ 1963, 2: 244]. Таким образом он показывает полное понимание языковых способностей детей и их творческого потенциала, хотя и неспособен опознать инфантильный примитивизм футуристов или понять его значение.

Научное наследие Бодуэна де Куртенэ, в том числе исследование словесного творчества детей в ранней статье о наблюдении за детским языком[20], свидетельствует о неизменном интересе

---

[18] Бодуэн де Куртенэ в 1914 году пишет две статьи, где сатирически критикует проект заумного языка и последовательно противостоит идее «слова как такового» и «буквы как таковой» См. «Слово и "слово"» [Бодуэн де Куртенэ 1963, 2: 240–242]; «К теории "слова как такового" и "буквы как таковой"» [Там же: 242–245].

[19] Например, он отвергает возможность синестезии, документально подтвержденного феномена, модного среди символистов того времени, и вспоминает известный анекдот о картине, нарисованной хвостом осла, не упоминая группу «Ослиный хвост», которая играет с этой идеей [Там же: 244].

[20] См. статью: Baudouin de Courtenay J. Einige Beobachtungen an Kindern // Beiträge zur vergleichenden Sprachforschung. Berlin, 1868. Bd. VI. S. 215–222. Цит. по: [Baudouin de Courtenay 1974].

к этой теме. В другой ранней статье, «Из патологии и эмбриологии языка», Бодуэн де Куртенэ отмечает: «Язык детей составляет предмет особого исследования, которое можно было бы назвать *языковой эмбриологией*» [Бодуэн де Куртенэ 1963, 1: 143]. Идея «языковой эмбриологии» указывает на онтогенетические основы его интереса к детскому языку. Та же мысль повторяется во вступительной лекции к курсу сравнительной грамматики индоевропейских языков, который он прочитал в Санкт-Петербурге в 1870 году:

> Индивидуальное развитие проливает свет на начало и первобытное образование языка, так как из естественных наук известно, что индивидуум повторяет в сокращении все видоизменения породы, вида и рода. Это будет преимущественно наблюдение над младенцем, переходящим в возраст ребенка, начинающим лепетать (с самых ранних пор, с самых первых попыток, как задатков будущего языка) [Бодуэн де Куртенэ 2017: 33].

Лингвист использует идею повторения онтогенеза в процессе филогенеза, чтобы доказать, что изучение детской речи имеет ценность и несет пользу для изучения языка в целом.

Сходным образом, Бодуэн де Куртенэ считает, что языковые изобретения детей отражают будущее языка. Он утверждает, что «самые радикальные изменения совершаются во всякое время в языке детей» [Бодуэн де Куртенэ 1963, 1: 335] и об «альтернациях» детского языка в противовес «дивергенций» языка взрослых: «По мере приближения детского языка к языку взрослого окружения ребенок делает шаг назад в области альтернаций, утрачивая варианты (модификации), зашедшие слишком далеко вперед» [Там же: 338][21]. Эти убеждения излагаются также в краткой словарной статье «Некоторые из общих положений, к которым довели Бодуэна его наблюдения», где он пишет: «Ребенок… захватывает в будущее, предсказывая особенностями своей речи будущее состояние племенного языка.

---

[21] «Опыт теории фонологических альтернаций».

<...> Толчки к существенным изменениям племенного языка даются главным образом в языке детей» [Там же: 349–350]. Эти положения, высказанные ведущим ученым-языковедом, демонстрируют, какова была современная основа уверенности авангардистов, разделяемой также футуристами и формалистами, что детский язык не только рассказывает о происхождении и природе языка и поэзии, но также оказывается источником языковых новшеств и, следовательно, будущего данного языка. Дети, таким образом, представляют собой авангард языка.

Лингвистическая теория и научный подход к языку, искусству и восприятию обеспечили базовый инструментарий и структурную рамку формализма в момент их исследования. От пионера структурной лингвистики Бодуэна де Куртенэ Шкловский и его соратники взяли не только фундаментальное понимание звуков, слов и языка в целом, но и значение потенциала наглядности маргинальных форм и детского языка. В своих мемуарах Шкловский вспоминает учение Бодуэна де Куртенэ о маргинальных формах искусства, таких как глоссолалия[22], или практика говорения на разных языках [Шкловский 1966: 96]. Близко восприняв мнение своего учителя, он отмечает: «Это явление патологическое, но обостренно показывающее некоторые черты обычного [языка]» [Там же]. Понятие глоссолалии, которая, как и детский лепет, ставит звук выше смысла и означающее выше означаемого, оказало на Шкловского настолько

---

[22] Ярким свидетельством этого модернистского интереса к лепету и глоссолалии является поэма писателя-символиста Андрея Белого под названием «Глоссолония» [sic], опубликованная в 1922 году, но написанная пятью годами раньше, в 1917 году. Эта «поэма о звуке» начинается с заявления: «Глубокие тайны лежат в языке» [Белый 2002: 5]. Ясно, что другие модернистские течения, и в особенности символист Белый, двигались параллельно с деятелями авангарда в отношении понимания языка, лепета и ребенка. Хотя эта книга посвящена четырем тесно связанным авангардистским фигурам и группам, которые они представляют, это не означает, что другие писатели не занимались подобной работой. Можно написать отдельный трактат об инфантильном в произведениях Белого, особенно о «Котике Летаеве», кратко рассматриваемом далее в этой книге [Белый 1922].

сильное влияние, что нашло выражение в его самых ранних статьях о футуризме[23].

Другие современные теоретики, близко связанные со Шкловским, также проявляли интерес к детскому языку и глоссолалии, о чем свидетельствуют статьи Л. П. Якубинского 1919 и 1921 годов. Любимый ученик Бодуэна де Куртенэ и коллега Шкловского по ОПОЯЗу, Якубинский предложил очень точный анализ детских произведений в работе «Скопление одинаковых плавных в практическом и поэтическом языках» (1919) [Якубинский 1986: 176–182]. Цитируя примеры из детского языка в качестве основных, он пишет: «…скопление плавных встречается в словах детского языка, что вполне понятно, так как в детском языке волевое усилие играет значительную роль и автоматизм речи еще не установился» [Там же: 181]. Якубинский приводит множество примеров таких «детских» форм, включая «ласкательные имена вроде "лёля", "люля"», которые «образованы в соответствии с тенденциями детского языка» [Там же].

Неизбежно напрашивается сопоставление обращения Якубинского к «автоматизму» с понятиями привычки и автоматизации восприятия у Шкловского. Якубинский демонстрирует уверенность, что инфантильный язык предшествует такому автоматизму и, следовательно, ближе подходит к формалистскому идеалу, чем язык взрослых. В конце концов, описание формалистами литературного и поэтического языка существует в оппозиции к привычности и автоматизму «обычного языка».

Якубинский заканчивает свою статью «Откуда берутся стихи» (1921) ответом на наивный вопрос, который он выносит в заглавие. Когда он утверждает, что стихи «происходят из детского лепета», он вторит взглядам, высказанным Сёлли [Там же: 194–196][24]. Как и Шкловский, чью предыдущую работу он цитирует наряду со своей собственной, Якубинский упоминает

---

[23] См. [Шкловский 1990: 36–42]. Янечек помещает этот интерес к глоссолалии в интеллектуальный контекст [Janecek 1996: 25–31].

[24] Впервые опубликовано в альманахе «Красный угол. Критика-библиография. Хроника» за 1921 год, № 7. С. 21–25.

экстатические крики религиозных сект, а именно глоссолалию, поскольку он изучает лингвистические ситуации, в которых звук преобладает над смыслом [Там же: 195]. Якубинский также приводит слова Фрейда о важности инфантильного в своих рассуждениях о детской речи, лепете и детских речевых впечатлениях, а также о «всяких детских ("инфантильных") впечатлениях» [Там же]. Якубинский выстраивает зависимость между всеми перечисленными им формами раскрепощенного самовыражения, то есть сновидениями, душевными болезнями и глоссолалией, и возвращением инфантильных переживаний. Он считает, что именно возвращение к детской речи в сочетании с сознательным языком «создает новые виды речевых проявлений» [Там же]. Именно по этой причине, уверен он, «между стихами и детской речью гораздо больше совпадений, чем между нею же и речью при экстазе, сне, душевной болезни» [Там же]. Среди общих черт он называет «ритмичность детских монологов при лепете», звуковую ассоциацию, эмоциональное значение, сложные комбинации звуков и удовольствие от самого процесса лепета: «...самоценность для ребенка его лепета: он лепечет для того, чтобы лепетать; лепетание доставляет ему наслаждение, причем здесь играет роль как произнесение, так и слышание» [Там же]. Якубинский под влиянием Фрейда заключает, что инфантильные детские впечатления вновь возникают в исключительных состояниях сознания и соединяются с обычным языком, чтобы наделить новое «речевое тело» своими особенностями, порождая тем самым поэзию [Там же: 196]. Другими словами: «Сознательная работа при стихотворном творчестве заключается в согласовании инфантильного материала с обычным» [Там же].

Шкловский и другие формалисты, в силу лингвистического образования и симпатии к футуризму, оказались в состоянии не только понять значение проекта футуристов, но и убедить других в его важности и ценности. Например, рецензия Д. В. Философова на первый сборник ОПОЯЗа 1916 года («Поэтика: сборник по теории поэтического языка») отдает Шкловскому должное за то, что он помог автору начать «"методически" понимать задачи футуризма»[25]. Философов пишет: «...прочтя статью Шкловского о заумном языке, я, по крайней мере, начинаю "методически" понимать задачи футуризма. Могу судить и оценивать его не со стороны, а с точки зрения самой задачи, поставленной футуристической поэзией» [Шкловский 1990: 488]. Критическая статья Шкловского способствовала перелому в восприятии футуризма современниками, поскольку серьезное отношение и понимание теоретиков-формалистов позволило скандализированной публике иначе взглянуть на радикальные эксперименты футуристов. Лингвистическое и теоретическое понимание формалистами уникальной ценности маргинальных форм языка продемонстрировало глубину футуристической поэзии.

На тот момент, когда Шкловский присоединился к сообществу молодых художников и поэтов, совершивших революцию в живописи и литературе, ему едва исполнилось 20 лет. В его собственных и чужих рассказах преобладает риторика юности, столь распространенная, по наблюдению Н. Гурьяновой, по отношению к авангарду вообще[26]. Хотя этот упор на юность не всегда сосредоточен именно на младенце или ребенке, он все же принадлежит к тому же континууму, который мотивировал авангардный поворот к ребенку. В. Пяст отмечал, каким юным выглядел Шкловский: «...казался именно румяным как яблочко мальчиком, выпрыгнувшим в футуризм прямо из детской» [Пяст 1997: 183]. Примерно так же отзывается о начале своей карьеры и сам Шкловский. Впервые столкнувшись с поведением футуристов, он был озадачен и восхищен. Он вспоминал: «Мне хотелось все объяснить, так как я был молод» [Шкловский 1966: 99]. Заинтри-

---

[25] Цит. по: Галушкин А. Ю. Комментарии в [Шкловский 1990: 488]. Первоначально рецензия Д. В. Философова «Магия слова» была опубликована в газете «Речь» от 26 сентября 1916 года.

[26] Н. Гурьянова отмечает постоянное упоминание молодости ранними авангардными группами, начиная с молодых художников Союза молодежи, и приводит, в частности, более поздние примеры у Хлебникова [Gurianova 2012: 67]. Она проводит сравнение с ролью молодости в манифестах Маринетти [Ibid.: 299].

гованный, молодой студент-филолог принялся постигать значение авангардных экспериментов и «объяснять приемы молодого искусства», с которыми он себя отождествлял[27]. Этот интерес сделал возможными дебют Шкловского-критика и его первую публикацию, послужившую толчком для основания теоретического кружка.

Молодой филолог Шкловский отреагировал на новую поэзию футуристов стремлением понять ее. Этот первый порыв критика нашел свое отражение в публичном выступлении, текст которого впоследствии стал первой его серьезной публикацией — «Воскрешение слова» (1914). Согласно рукописной версии воспоминаний Шкловского, несколько экземпляров были украшены рисунками футуристов Ольги Розановой[28] и Алексея Кручёных[29]. Эта деталь показывает, насколько тесно переплетены между собой ветви авангарда, у которого границы между творчеством и его теоретическим осмыслением отсутствуют, а оформление в виде рисунков и стилизованной орфографии придают смысловое обновление графическому слову. Таким образом, первая значительная работа Шкловского получила символическое благословение от ведущих представителей авангардной живописи и литературы; таким образом, эстафета перешла от художника-неопримитивиста и поэта-кубофутуриста к молодому критику и будущему основателю школы русского формализма.

В своих мемуарах Шкловский так вспоминает свою статью «Воскрешение слова»:

> Написал книгу «Воскрешение слова» — крохотную брошюрку, набранную корпусом. Она приводила случай глоссолалии — слова, восклицания, звуковые жесты, не получающие смысл, иногда как бы предваряющие слово. Этим увлекались тогда кубофутуристы, которые выдвигали «слово, как таковое», самоцельное слово. В брошюрке было подобрано много

---

[27] См. комментарии Галушкина в [Шкловский 1990: 486].

[28] А. Эфрос как-то написал: «Розанова родилась футуристкой» [Эфрос 1919: 4].

[29] См. комментарии Галушкина в [Шкловский 1990: 487].

высказываний поэтов, примеров звуковых игр детей, примеры из пословиц и применение бессмысленных звучаний у религиозных сектантов [Там же: 99–100].

Анализируя дискурс футуристов, молодой ученый сопоставляет его с другими маргинальными речевыми явлениями, которые он объединяет понятием «глоссолалия». Он исследует границы языка на примерах тех явлений, которые «предшествуют слову» или относятся к ситуации безречия. Шкловский вспоминает, что наполнил свою работу примерами «бессмысленных звуков», включая звуковые игры детей. Его собственный рассказ, таким образом, подчеркивает немедленное выявление сходства поэзии футуристов с детским языком и другими маргинальными формами дискурса. Отметим, что именно в этой ранней публикации он акцентирует внимание на поэтическом потенциале слова «enfant», или «отрок», как обозначения «неговорящего» [Шкловский 1990: 36]. Это восстановление этимологии с направлением внимания к неговорящему состоянию младенца до овладения речью не только демонстрирует чувствительность Шкловского к поэтическому потенциалу инфантильного, но также ставит его в позицию идеального выразителя невыраженного.

Сохранившийся план дебютной лекции Шкловского 1913 года «Место футуризма в истории языка» содержит краткие формулировки теоретических идей, получивших последующее развитие.

> Отношение критики к новому течению. Слово как элементарная форма поэзии. Слово-образ и его окаменение. Эпитет как средство подновления слова. <...> Судьба произведений старых художников слова такова же, как и судьба самого слова: они совершают путь от поэзии к прозе, покрываются стеклянной броней привычности. «Рыночное искусство» как доказательство смерти старого искусства. Смерть вещей. Странность как средство борьбы с привычностью. Теория сдвига. Задача футуризма — воскрешение вещей, возвращение человеку переживания мира. <...> Связь приемов футуристов с приемами общего языкового мышления. Полупонятный язык древней поэзии. Язык футуристов [Парнис, Тименчик 1985: 221].

Здесь смерть связана с привыканием, а воскрешение — с идеей возвращения человеку опыта переживания мира. Примечательно, что термин «возвращение» подразумевает, что человек когда-то был способен по-настоящему переживать мир — в детстве или до привыкания — и это раскрывает ностальгический аспект взгляда Шкловского на идеализированное наивное переживание вещей. Избавление от темных сил смерти и привыкания предстает здесь у Шкловского в зачаточном виде, когда он указывает на «теорию сдвига», которую выводит из концепции сдвига авангарда [Кручёных 1922]. По сути, идея сдвига эффективно отражает нацеленность Шкловского на восприятие и концептуализирует идею приема как такового. Как я покажу далее, Шкловский, как и другие авангардисты, о которых идет речь в этой книге, использует инфантильное как подобный прием осуществления сдвига — временно́го, концептуального или логического.

Симбиотические отношения между футуризмом и формализмом; между непонятым движением и связанными с ним критиками, которые проясняют его миссию и строят теории на его произведениях; между инфантильным примитивизмом и инфантилистской эстетикой — проявляются и в другой ранней критической статье Шкловского: «О заумном языке» (1913). Она открывается словами: «Посвящаю первому исследователю этого вопроса поэту Алексею Кручёных. Камень, отвергнутый строителями, ляжет во главу угла»[30]. В своем подходе к заумному языку Шкловский рассматривает футуристские новации Кручёных в поэзии, включая его обращение к крайним проявлениям языка, таким как детский лепет, которые раскрывают более глубокие истины о языке. Метафора, которую мы видим в посвящении, восходит к Ветхому Завету и описывает переворот, совершающийся тогда, когда нечто прежде отвергаемое приобретает ключевое значение и незаменимое положение в структуре[31].

---

[30] См. комментарии Галушкина в [Шкловский 1990: 488].

[31] Эта мысль из Псалтири (Псалом 117: 22) также неоднократно повторяется в Новом Завете, например в Евангелии от Матфея 21: 42, от Марка 12: 10, от Луки 20: 17 и в Деяниях 4:11, где эта метафора относится к Иисусу.

С позиции семиотики это показывает, как находящееся на периферии может неожиданно сдвинуться в центр и начать играть существенную роль. Такой сдвиг связан с практической пользой Другого, находящегося вне границ преобладающего дискурса. Таким образом, эта цитата точно характеризует радикальный авангард в его стремлении занять центральное место в искусстве будущего, а также проясняет, почему он использует «младенца/ребенка» в качестве странного Другого и образца для подражания. Применительно к формализму Шкловский исходит из теорий, рассматривающих «младенца/ребенка» в рамках художественного творчества и восприятия, которые осуществляют теоретический сдвиг и переоценку авангарда и предлагают новый взгляд на искусство. Этот маневр смещает практику и теорию авангарда, а также его взгляд на «младенца/ребенка» с периферии в центр нового критического дискурса.

Примечательно, что последствием странности маргинальной позиции часто оказывается ее свобода в критике того, что является мейнстримом. Эту динамическую модель можно сравнить с символической метафорой, пришедшей из шахмат — «ходом коня», — которую использует Шкловский в предисловии и названии к своему сборнику 1923 года [Шкловский 1923] (рис. 28 и 29). В предисловии он поясняет:

> Книга называется ход коня. Конь ходит боком, вот так. Много причин странности хода коня и главная из них — условность искусства... Я пишу об условности искусства. Вторая причина в том, что конь не свободен — он ходит в бок потому, что прямая дорога ему запрещена [Там же: 9–10].

Здесь Шкловский выявляет символические связи между метафорой «хода коня» и эмиграцией, перспективой изгнания и маневрами уклонения как реакцией на цензуру[32]. Выбор слов, таких

---

[32] Идея хода конем привлекала и В. В. Набокова, который, как и Шкловский, жил в это время в эмиграции в Берлине. Набоков, составитель шахматных задач, также ценил ход конем как прием.

Рис. 28. Обложка
сборника В. Шкловского
«Ход коня», 1923 год.
(Шкловский В. Б. Ход
коня: Сборник статей.
М.; Берлин: Геликон,
1923).
Используется
с разрешения семьи
Шкловских

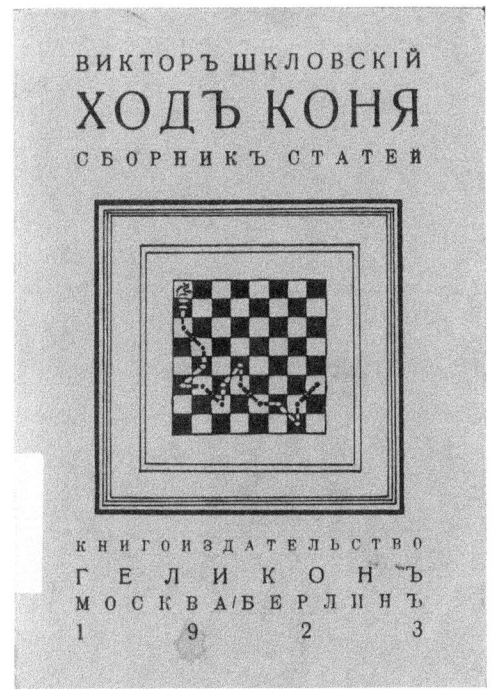

как «странность» и «условность», соотносится с его теоретическими воззрениями, где остранение и искусственность искусства выступают как средство борьбы с привычным. Для Шкловского странность хода коня означает сдвиг, который порождает новую перспективу и превращает отвергнутый камень в краеугольный[33]. Я бы сказала, что использование «младенца/ребенка» в качестве странного Другого или младенчества как приема дает Шкловскому и русскому формализму средства сделать этот ход конем.

---

[33] Интересно, что Выготский также применяет эту библейскую цитату к месту детства и ребячливости в своей области психологии: «Но задача психологии как раз заключается в том, чтобы раскрыть не вечно-детское, а исторически-детское, или, пользуясь поэтическим словом Гёте, преходяще-детское. Камень, который презрели строители, должен стать во главу угла» [Выготский 1934: 66].

Рис. 29. Страница
сборника В. Шкловского
«Ход коня», 1923 год.
(Шкловский В. Б. Ход
коня: Сборник статей.
М.; Берлин: Геликон,
1923).
Используется
с разрешения семьи
Шкловских

ХОДЪ КОНЯ

Первое Предисловіе

Книга называется ходъ коня. Конь ходитъ
бокомъ, вотъ такъ:

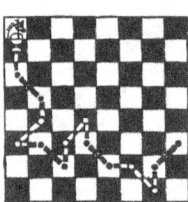

Много причинъ странности хода коня и
главная изъ нихъ — условность искусства...
Я пишу объ условности искусства.

В более поздних работах, например «Искусство как прием», теоретические рамки, заданные Шкловским, расширяются за пределы идей маргинальности и потенциала наивности как условия сдвига в понимании. По мере развития теории формализма Шкловский начинает осознавать семантическое изменение восприятия, которое дает «ход конем». «Целью параллелизма, как и вообще целью образности, является перенесение предмета из его обычного восприятия в сферу нового восприятия, то есть своеобразное семантическое изменение»[34]. Наивная перспектива создает такой сдвиг, перенося объект из старой сферы привычного в новую сферу, где он кажется странным. Когда Шкловский формулирует понятие семантической перемены путем перехода

---

[34] См. статью «Искусство как прием» в [Шкловский 1990: 70].

между сферами, его идеи частично опережают теорию семиотической школы, хотя семиотическая школа будет базироваться на принципах знаков и значения *всех* культурных явлений.

Излишне говорить, что это придание ценности наивной точке зрения и инфантильной позиции субъекта опирается на идеализированное представление о наивности; оно не учитывает того факта, что оценка и понимание — даже если речь идет о понимании авангарда теоретическими движениями, как в случае Шкловского — часто зависят от привыкания к новому, незнакомому и странному. Эта чрезмерно упрощенная модель наивности, таким образом, опирается на идеализированное и ностальгическое отношение к простоте и чистоте опыта, привлекательным для разочарованного взрослого, который столкнулся с тревогами нового столетия. Собственно говоря, такого опыта в детстве не существовало, точно так же, как ни один ребенок не получает удовольствия от собственной наивности. Этот пример ставит вопрос о том, в какой степени представления о детстве отображают ностальгическую фантазию о нем и воображаемый и искусственный идеал взрослого. По этому поводу можно вспомнить комментарий Бодрийяра о детстве:

> Если, вопреки всем допущениям, вы придерживаетесь утопической идеи, что детства не существует и что ребенок, может быть, единственный, кто знает это, это обрушивает вашу картину мира. <...> Женщины, дети, животные — не надо бояться уподоблений — обладают не только субъектным сознанием, у них есть объективное ироническое предчувствие того, что той категории, в которую они помещены, не существует [Baudrillard 1993: 112].

Рождение инфантилистской эстетики

Если проблему художественного упадка Шкловский отождествляет с феноменом окаменения, то решение проблемы искусства лежит в отношениях между привычным и странным. Весьма проницательная наивная перспектива, с точки зрения Шкловского, исполняет восстановительную функцию и помогает в понимании нового, только что рожденного и чужеродно необычного в старом, мертвом и обыденном. В свойственной авангарду манере, отрицательная привлекательность соотносится у него с преобладающими старыми словами, тогда как революционная переоценка наполняет более молодые и маргинальные слова позитивной привлекательностью и новым достоинством. Когда в «Воскрешении слова» Шкловский пишет: «...только что рожденное слово было живо, образно» [Шкловский 1990: 36], он прибегает к органической метафоре, словно слово живое и принадлежит к настоящему. Новорожденное слово более образно и обладает большим изобразительным потенциалом. Согласно Шкловскому, инфантильная форма искусства обладает красотой, поэтичностью и силой первоначальной *формы*. Для поэта, создающего неологизм, или ребенка, «разламывающего» язык, слово сохраняет полноту формы. В самом деле, Шкловский утверждает, что художественное ви́дение и сама поэзия зависят от способности воспринимать форму только что рожденного слова с наивной точки зрения — невинным взглядом.

«Воскрешение слова» открывается демонстрацией этих находящихся в оппозиции понятий, от древнейшего поэтического творчества человечества к стертой образности мертвых слов и кладбищу языка, и наконец к только что рожденному слову, которое полно жизни и сохраняет форму. Избавление от мрачной участи окаменения видится в священном младенчестве слова. Действительно, религиозная модель проявляется в метафорах священного младенца и отвергнутого камня, имеющих библейское происхождение и относящихся к ребенку. Это означает, что будущее и надежды поэзии связаны с новорожденным словом и возвращением к истокам. Шкловский утверждает, что «всякое слово в основе — троп» [Там же], и, следовательно, открывает поэзию в морфологии, буквально «учении о форме». Как упоминалось ранее, Шкловский предлагает в качестве примера скрытой поэзии, содержащейся в словах, этимологии слов «enfant» и «отрок», что «в подстрочном переводе значит "неговорящий"» [Там же]. Проникнувшись символическим потенциалом этой этимологии, он переходит к поэтическому изложению: «...когда добираешься до теперь уже потерянного, стертого образа, положенного некогда в основу слова, то поражаешься красотой его — красотой, которая была и которой уже нет» [Там же]. Поэтический подход Шкловского к морфологии выражает присущую футуристам и формалистам идеализацию только что рожденного слова и поэтического языка в пору его младенчества. Эта чувствительность и восторг по отношению к неговорящему младенцу, находящемуся в довербальной стадии, это восстановление этимологии выдает интерес Шкловского к инфантильному. Он также позиционирует себя как идеальный выразитель невыраженного и состояния неговорения.

Влияние на Шкловского экспериментов футуристов с языком и их практики инфантильного примитивизма, заметное уже в его ранних черновиках и опубликованных статьях, наиболее полно проявляется в статье 1916 года «О поэзии и заумном языке» [Там же: 45–58]. Эта статья не только способствовала восприятию футуристов и литературного авангарда, но и оказалась ключевой для развития инфантилистской эстетики, которую Шкловский выводит из инфантильного примитивизма. Статья начинается с исследования способов выражения невыразимого. В этом отношении она напоминает о проявленном Шкловским интересе к маргинальным языковым формам и поэтической и символически насыщенной этимологии слов «enfant», или «отрок», которая так увлекла его в начале «Воскрешения слова». На первых страницах статьи и далее Шкловский цитирует поэтические отрывки, иллюстрирующие эту большую тему и показывающие пределы языка. Статья начинается с утверждения: «Какие-то мысли без слов томятся в душе поэта и не могут высветлиться ни в образ, ни в понятие» [Там же: 45]. Далее Шкловский приводит поэтические строки, показывающие, как и многие другие в основной части статьи, несостоятельность слов, а затем приступает к обсуждению вопросов звука и смысла, связанных с поэзией и заумным языком. Шкловский, которого увлекают пределы и ограничения языка, избирает лингвистический и семиотический подходы к установлению значения явления периферии.

Обращение Шкловского к этой теме берет начало в «Воскрешении слова» — статье, которая свидетельствует о его интересе к «полупонятным» формам языка. Говоря о языке футуристов как о непонятном, трудном, невозможном для чтения, он развивает дальше «этот новый язык»: «Он не похож даже на русский, но мы слишком привыкли ставить понятность непременным требованием поэтическому языку. История искусства показывает нам, что (по крайней мере, часто) язык поэзии — это не язык понятный, а язык полупонятный» [Там же: 41]. Шкловский переходит к объяснению выявленного им феномена. Он пишет: «Объяснение этих фактов в том, что такой полупонятный язык кажется читателю, в силу своей непривычности, более образным» [Там же]. В некотором смысле это восхищение едва ли понятным или полупонятным выглядит логичным заключением этимологического пассажа о статусе младенца как неговорящего. Согласно представлениям Шкловского о восприятии, доречевое состояние, предшествующее языку, и состояние непонимания, предшествующее узнаванию и пониманию, являются выигрышными с точки зрения восприятия. Они помещают «младенца/ребенка» в идеальную для художественного восприятия позицию. Точно так же роль искусства, по мнению Шкловского, состоит в том, чтобы искусственно воссоздать это состояние, помещая своего зрителя в инфантильную позицию, как это делает авангард. Привилегированная позиция «младенца/ребенка» в эстетике, получившей развитие в работах Шкловского, становится очевидной в основной части статьи «О поэзии и заумном языке», где Шкловский приводит многочисленные примеры инфантилизма. Подкрепляя свой тезис о растущем преобладании звука над смыслом в заумной поэзии, он приводит многочисленные цитаты из русских классиков, поэзии футуристов, детской речи и фольклора. Он начинает с цитат из манифеста Кручёных «Декларация слова как такового» (1913), в том числе с его ключевых положений, оказавших влияние на мышление Шкловского: «МЫСЛЬ И РЕЧЬ НЕ УСПЕВАЮТ ЗА ПЕ-

РЕЖИВАНИЕМ ВДОХНОВЕННОГО...» [Там же: 45]. Цитируя это высказывание, Шкловский связывает собственный теоретический акцент на важности «переживания» языка с поэтикой Кручёных (которому он посвятил первую версию этой статьи). Он также цитирует лозунг футуристов: «СЛОВА УМИРАЮТ, МИР ВЕЧНО ЮН», который вбирает в себя общее стремление воскресить умирающие язык и искусство с помощью духа юности и обновления [Там же]. Таким образом, Шкловский находит вдохновение в инфантильном примитивизме футуристов, а также в приверженности риторике молодости, которая ценит «вечно юное».

Первые цитаты из поэзии футуристов, которые приводит Шкловский в статье, принадлежат Кручёных («Дыр бул щыл», 1913) и Елене Гуро («Трое», 1913). Отрывок из стихотворения Гуро включает в себя следующие эвфонические строки: «Лулла, лолла, лалла-лу, / Лиза, лолла, лулла-ли. / <...> / Тере-дере-дере... Ху!» [Там же: 46]. Такие примеры заумной поэзии футуристов также обнаруживают инфантильные черты в своем сходстве с лепетом и в предпочтении звука смыслу и означающего означаемому. Шкловский замечает: «Сами звуки речи, как таковые, обладают особенной силой» [Там же: 45]. Эти примеры выводят на первый план процесс означивания или говорения ради говорения, вместо того чтобы поддерживать конвенциональный упор на смысл.

Шкловский продолжает эту тему и обращается к примерам инфантильного языка футуристов на протяжении всей статьи, начиная с вопроса неологизмов и заново придуманных слов. Сначала он говорит о необходимости существования слов без смысла, утверждая, что «людям нужны слова и вне смысла» [Там же: 49], а затем приводит многочисленные литературные примеры. Он цитирует пьесу «На дне» Максима Горького (1902), где Сатину «надоели все человеческие слова» и тот привязывается к выдуманному слову «сикамбр» [Там же], а также часть его автобиографической трилогии «В людях» (1916), где слово «умбракул» и «странные слова» выдумываются и постоянно повторяются, как будто в ожидании, что, «может быть, в звуках откроется смысл» [Там же: 50]. Шкловский обращается и к другим примерам того, что он называет «бессмыслицей», заканчивая отрывком из романа норвежского писателя Кнута Гамсуна «Голод» («Sult», 1890), который служит своего рода манифестом заумного языка и утверждением победы означающего над означаемым.

> В «Голоде» Кнута Гамсуна автор в состоянии бреда изобретает слово «кубоа» и любуется тем, что оно текучее, не имеющее определенного значения. «Я сам изобрел, — говорит он, — это слово, и я имею полное право придавать ему то значение, которое мне заблагорассудится. Я еще сам не знаю, что оно значит» [Там же].

Примечательно, что для описания текучести и неопределенности этого слова Шкловский употребляет словосочетание «определенное значение», то есть пользуется теми же словами, что и Кручёных в триптихе «Дыр бул щыл» (1913); он писал: «...слова не имеют определенного значения» [Кручёных 1913].

Хотя Шкловский не формулирует это прямо, понятно, что поэтическим идеалом для него выступает более индивидуальный язык, где «слово как таковое» рождается вновь и становится доступно восприятию. Этим он обосновывает необходимость слов «вне смысла» и самой бессмыслицы. Восхищение Шкловского этими лишенными значения неологизмами, удовольствие от которых состоит в их бессмысленности, сопоставимо с творческой свободой, присущей ему как писателю и теоретику. Ведь он сам изобретал новые слова, такие как «остранение», пытаясь достичь теоретической ясности и обновления языка и восприятия[35].

---

[35] Мне могут возразить, что собственные теоретические неологизмы Шкловского не столь радикальны, как те, которыми он восхищается, анализируя поэзию детей и футуристов. У них больше общего с неологизмами Хлебникова, так как их целью является докопаться до глубинных значений корней слов. Подобно Хлебникову, Шкловский стремится раскрыть эту скрытую поэзию слова, где звук не лишен смысла. С другой стороны, в своих теоретических сочинениях он высоко ценит присущее детям преобладание звука над смыслом.

Действительно, придумывание на ходу подходящих неологизмов, столь типичное для ребенка, когда он не может подобрать слова или ему не хватает словарного запаса, является общей чертой и для футуризма, и для формализма. Как отмечает лингвист Ева Кларк[36]:

> Маленькие дети начинают с очень маленького словарного запаса, поэтому им нужно заполнить много пробелов. Один из вариантов — создавать новые слова, используя знакомые корни и аффиксы в производных и сложных словах. В самом деле, как показывает детское словотворчество, если дети не знают общепринятого слова для обозначения чего-либо, они часто придумывают его [Clark 2003: 283].

Таким образом, неологизмы оказываются неотъемлемой составляющей детского языка; они являются характерной реакцией на моменты безречия, которые возникают, когда ребенок сталкивается с лакунами во время овладения языком в раннем возрасте. Однако, как показывают наблюдения Чуковского за детской речью[37], эти неологизмы выполняют не только чисто инструментальную функцию.

От анализа неологизмов Шкловский переходит к другим литературным примерам преобладания звука над смыслом. Он приводит множество ситуаций, когда ограниченно понятные или полупонятные слова приводили к неким эффектам, которые он рассматривает как положительные. Примечательно, что примеры, которые он подобрал, отражают реальное детское восприятие, позднее описанное известными авторами.

---

[36] См. обсуждение того, как дети подходят к «построению слов», в [Clark 2003: 273–300]. Тем не менее, несмотря на утилитарную функцию языка, дети также играют с языком, как упоминалось ранее и как отмечает сама Кларк [Ibid.: 124].

[37] Способность детей порождать новые слова проявляется в многочисленных примерах из детской речи, собранных и опубликованных К. И. Чуковским в «Маленьких детях» (1928), а затем в книге «От двух до пяти», опубликованной в последующие десятилетия. См. [Чуковский 1928; Чуковский 2001, 2: 5–388].

Таким образом Шкловский показывает, что ограниченность понимания, присущая наивной точке зрения, оказывается выигрышной с позиции переживания и восприятия превосходства звука над чувствами. В качестве первого примера он приводит воспоминание князя П. А. Вяземского о том, что в детстве тот любил читать каталог винных погребов, так как ему нравились звучные названия. Согласно пересказу Шкловского, «особенно нравилось ему название одного сорта вина Lacryma-Christi; эти звуки ласкали его поэтическую душу»[38] [Шкловский 1990: 50]. Шкловский пишет, что это один из многих примеров: «И вообще от многих прежних поэтов узнаем об их отзывчивости на звуковой состав слов, вызывающий в них известное настроение и даже известное понимание этих слов независимо от их объективного значения» [Там же]. Шкловский цитирует произведение Бодуэна де Куртенэ и добавляет, что такое новаторское отношение к слову «не является привилегией одних поэтов. Упиваться звуками вне смысла и даже пьянеть от них может и не-поэт» [Там же: 50–51].

Не-поэты, которых Шкловский упоминает как еще один пример обладателей привилегии переживать звук вне значения, — это дети, которые не вполне понимают то, что они слышат. Таким образом, его логика объединяет поэтов и детей; именно дети являются не-поэтами, способными к поэтическому восприятию. Их неопытность, невежество или наивность вступает во взаимодействие со способностью творить, порождать многочисленные ассоциации и с озорным желанием додумать все остальное. В качестве иллюстрации Шкловский приводит характеристику власти, которую «гипнотизирующее слово» оказывает на школьников вообще и на школьного учителя в особенности во время урока немецкого языка, описанного В. Г. Короленко [Там же: 51].

---

[38] Эта реакция являет собой образец наивной точки зрения, по крайней мере в известном смысле, так как удовольствие ребенка от эвфонического звучания иностранного слова, ставящего означающее выше означаемого, предполагает незнание его более мрачных коннотаций, связанных со «слезами Христа».

Шкловский и здесь видит типичное, а не исключительное явление и подкрепляет свое утверждение наблюдениями Ф. Ф. Зелинского [Зелинский 1995] над латинскими стихами, используемыми для обучения:

> Я сам ими пользовался, когда был преподавателем в первом классе: помню, как вычурные сочетания мудреных слов и потешные рифмы вызывали здоровый детский смех моих учеников, особенно когда я заставлял их, к концу урока, хором повторять рифмованные правила; а так как я признавал здоровый юмор очень полезным «вегикулом» (как говорят врачи) при преподавании в младших классах, то эти финалы уроков обращались в своего рода веселую игру [Шкловский 1990: 51–52].

Ситуация, когда дети сталкиваются с чем-то полупонятным для них, составляет еще один яркий пример превосходства звука над смыслом, который Шкловский рассматривает в своей статье о поэзии и заумном языке. «Потешные рифмы» и «вычурные сочетания мудреных звуков» помогали превратить встречу с незнакомым языком в «здоровый детский смех» и «веселую игру». Таким образом дети знакомятся с чужим и присваивают его, превращая его в свою собственную культуру смеха, юмора и игр.

После анализа примеров детского языкового творчества Шкловский обращается к собственно детской культуре. Развивая тезис о том, что заумный язык уже существует, он обращает внимание на «много интересных примеров "заумных речей у детей"» [Там же: 52]. Он ссылается на московское издание «Очерков психологии детства» Дж. Сёлли 1901 года («Studies of Childhood», 1896 год) [Сёлли 1903]. Шкловский также отсылает читателя к четырем примерам из книги Е. А. Покровского «Детские игры, преимущественно русские» (1887) [Покровский 1895][39], например к стишку, записанному в Вятской губернии:

---

[39] См. современный репринт второго издания, вышедшего в Петербурге в 1895 году [Покровский 1994].

«Перо / Неро / Уго / Теро / Пиато / Сото / Иво / Сиво / Дуб / Крест»[40] [Шкловский 1990: 52]. В своем исследовании заумного языка Янечек также указывает на сделанное Шкловским сравнение языка зауми с детским фольклором, который он называет «областью, очень важной для футуризма и зауми» [Janecek 1996: 23], и отмечает «ссылки на глоссолалию, народные заклинания и особенно детские считалки» [Ibid.: 95]. Действительно, Шкловский справедливо подчеркивает значение детского языка как важного источника вдохновения для инфантильного примитивизма футуристов. В то же время в своих критических целях Шкловский использует эти примеры для обоснования утверждения о том, что «заумный язык существует» [Шкловский 1990: 53]. Тем самым он признает долг футуристов перед детским творчеством, хотя и проявляет собственный интерес к тому, как дети относятся к языку и детскому фольклору как передаваемому изустно феномену [Там же: 52]. Он заявляет, что образцы детского творчества «представляют собою полную аналогию с литературными произведениями» [Там же], тем самым утверждая литературность собственных словесных произведений детей. За иллюстрацией Шкловский обращается к отрывку из автобиографического романа М. Горького «Детство» (1913), где прослеживается формирование понимания стихотворения в памяти у детей. Согласно описанию Шкловского, там показано, «как в памяти мальчика стихотворение существовало одновременно в двух видах; в виде слов и в виде того, что я бы назвал звуковыми пятнами» [Там же: 53]. Шкловский приводит искаженное воспроизведение стихотворения мальчиком, напоминающее бессмысленный ряд слов: «Дорога, двурога, творог, недотрога, / Копыта, попы-то, корыто...» [Там же], что напоминает присказки, которые он цитировал выше. Он комментирует: «При этом мальчику очень нравилось, когда заколдованные стихи лишались всякого смысла»

---

[40] Дж. Янечек предлагает перевод «onesie» для «перо» (ср. «первый») и «fivesie» для «пиато» (ср. «пять») [Janecek 1996: 95]. К ним можно добавить «forsie» вместо «теро» (ср. «четыре») [Ibid.].

[Там же]. Шкловский обращается к этому примеру детского бессмысленного стишка в момент его зарождения, чтобы показать, как возникает заумный язык, и тем самым подчеркнуть его инфантильный характер.

Анализируя тему глоссолалии, Шкловский сопоставляет ее как феномен, характерный для религиозных сект, и как наблюдаемый в детских песнях. Он отмечает: «Этот пример глоссолалии интересен тем, что он доказывает близкое родство детских песенок с образцами языкоговорения сектантов» [Там же: 56]. Шкловский указывает, что «начинается он детской песней и кончается "заумным распевцем"» [Там же]. Детская песенка «Тень, тень, потетень», в которой много повторений звуков, имеет два разных продолжения, иллюстрирующих преобладание звука над смыслом. В продолжении, представляющем языкоговорение религиозных сектантов, встречаются бессмысленные слова: «Савиршаи само / Капиласта гандря / Дараната шантра / Сункара пуруша», а в детском мы видим редупликацию заумных слов «Зюзюка, зюзюка» [Там же]. Так Шкловский, пытаясь объяснить и придать легитимность заумной поэзии футуристов, устанавливает ее предшественников в формах глоссолалии, куда он с почетом включает детский фольклор и словотворчество. Отмечу для сравнения, что Б. М. Эйхенбаум, подводя своего рода итоги в статье «Теория "формального метода"» (1925), также указывает на «тенденции футуристов к "заумному языку" как к предельному обнажению "самоценности", частично наблюдаемому в детском языке» [Эйхенбаум 1987: 381].

Шкловский обнаруживает большие теоретические амбиции и ощущает, что его выступление в защиту футуристов и устремления авангарда к обновлению искусства и языка могут иметь более широкое применение. Анализируя лингвистические эксперименты футуристов на почерпнутых из литературных источников примерах детского восприятия, фольклора и глоссолалии, Шкловский в своих притязаниях выходит за рамки простого признания инфантильного примитивизма футуристов или даже утверждения инфантилистской эстетики авангарда. Он утверждает, что примеры созданных детьми неологизмов, рифм и присказок, а также инфантильный опыт языка как такового раскрывают само определение поэзии и искусства. Столь серьезное отношение к детскому языку преобладало в этот период среди восприимчивых критиков, о чем свидетельствуют такие фигуры, как Р. О. Якобсон, Б. М. Эйхенбаум, Л. П. Якубинский и К. И. Чуковский. С точки зрения формализма Шкловского поэзия, как и собственный язык детей, утверждает превосходство звука над смыслом. Таким образом, он демонстрирует свою убежденность, что инфантильная позиция оказывается привилегированной с точки зрения создания и восприятия, не говоря уже об анализе, поскольку дает возможность проникновенного понимания наивной перспективы в пограничных сферах и поддерживает усилия по осознанию, вызванные полупонятным языком. В то же время можно отметить очевидные противоречия и несоответствия в акте восприятия, который Шкловский конструирует как невинный и аналитический, наивный и прозорливый, маргинальный и привилегированный[41].

Толстой и теория странного Шкловского

Усиливающееся внимание Шкловского к инфантильной перспективе достигает своего пика и принимает наиболее отточенные формы в самой известной его статье — «Искусство как прием» (1917). В плодотворном окружении единомышленников по ОПОЯЗу, опираясь на предыдущие исследования футуристов и инфантильного примитивизма, Шкловский преобразует инфантилизм раннего авангарда в теоретический конструкт, который служит важнейшим вкладом в теорию авангарда и изучение искусства и эстетики. «Искусство как прием» знаменует крупный сдвиг в теоретическом мышлении Шкловского, поскольку именно в этой статье он начинает разрабатывать всеобъемлющий критический подход к искусству и литературе, который расширяется за пределы современного ему авангарда и адаптирует

---

[41] Этим наблюдением, как и многими другими, я обязана Мэри Николас.

литературную и философскую историю для своих собственных целей.

Критическое измерение акта остранения становится особенно понятным, если рассматривать его в контексте творчества Л. Н. Толстого, самого значительного литературного источника Шкловского. Толстой с его изначальным вопросом «кому у кого учиться», подспудно присутствующим в инфантилизме авангарда, получает новое звучание в теории остранения Шкловского. В своей педагогической статье и в трактате «Что такое искусство?» (1897) он неоднократно обращается к крестьянам и к детям как к лакмусовой бумаге и к народному и детскому искусству — как к образцам для подражания [Толстой 1928–1964, 30: 27–204]. Он противопоставляет «прежнее наше искусство», где вся «та огромная область народного детского искусства: шутки, пословицы, загадки, песни, пляски, детские забавы, подражания, не признавалась достойным предметом искусства» [Там же: 183], тому, где «художник будущего будет понимать, что сочинить сказочку, песенку, которая тронет, прибаутку, загадку, которая забавит, шутку, которая насмешит, нарисовать картинку, которая будет радовать десятки поколений или миллионы детей и взрослых, — несравненно важнее и плодотворнее» [Там же]. Наиболее важна для Толстого заразительная сила искусства — способность «кратко, просто и ясно передать без всего лишнего то чувство, которое испытал и хочет передать художник» [Там же: 184]. Таким образом, его художественный идеал предстает как нечто такое, что заражает аудиторию непосредственными эмоциями, сравнимыми с врожденным детским опытом. Идеализация ребенка и примитива становится особенно очевидной, когда Толстой обсуждает представление, изображающее охоту на оленей у племени вогулов.

> То, что я говорю, будет принято как безумный парадокс... что все эти люди, за самыми малыми исключениями: и художники, и публика, и критики, никогда, кроме как в самом первом детстве и юности, когда они еще не слыхали никаких рассуждений про искусство, не испытали того простого и знакомого самому простому человеку и даже ребенку

чувства заражения чувствами другого, которое заставляет радоваться чужой радости, горевать чужому горю, сливаться душою с другим человеком и составляет сущность искусства [Там же: 147].

Связь между примитивизмом и аутентичностью, народным и детским повторяется здесь в трактовке Толстым действий вогулов. Таким образом, обращаясь к народному и детскому искусству и рассматривая его как образец для подражания, Толстой предвосхищает инфантильный примитивизм авангарда. Он также считает самого простого человека и ребенка идеальной публикой для настоящего искусства. Непосредственное воздействие искусства, ценное как часть взглядов Толстого на его заразительную природу, прочно связано с теорией и эстетикой авангарда, которая также помещает в центр внимания воздействие и непосредственность и связывает их множеством способов с «младенцем/ребенком»[42]. Н. Гурьянова в «Эстетике анархии» также связывает «Что такое искусство?» Толстого с эстетикой авангарда [Gurianova 2012: 44–55]. Она указывает, что новый подход Толстого «предлагает новую интерпретацию народного, детского и наивного искусства» [Ibid.: 45], и утверждает, что «наиболее радикальной и плодотворной особенностью толстовского трактата была оценка детского рисунка, народного и наивного искусства... на равных правах с любым предметом классического или современного европейского искусства» [Ibid.: 52]. По ее наблюдению, «вызов, брошенный Толстым эстетике, подтолкнул футуристов и неопримитивистов к "всеобщности", новой методологии художественных практик под влиянием открытия авангардом детского рисунка и народного искусства» [Ibid.: 54]. К этому можно добавить переоценку детских сочинений, начатую Толстым в педагогической статье «Кому у кого учиться писать...», упомянутой ранее.

---

[42] Н. Гурьянова, указывая на некоторые из тех же направлений, что я подробно рассматриваю в своем исследовании, также кратко упоминает о включении Ларионовым детских рисунков в свои выставки и о публикации Кручёных в 1914 году рассказов и рисунков детей [Gurianova 2012: 52, 54].

Хотя первые теоретические вопрошания Шкловского восходят к практике авангарда, его теоретические ответы на более глубокие вопросы о природе искусства и «литературности» проистекают прежде всего из его исследования литературного стиля Толстого. Художественное решение проблемы привыкания к обыденной жизни, которое дает Шкловский, — это идея сделать привычное странным, или остранение, как квинтэссенция искусства, — присутствует в теории странного, которая пронизывает его творчество: от первого появления до самых отдаленных творческих произведений. В статье «Искусство как прием» Шкловский конструирует Толстого как мастера остранения, чьи стремления к предельности постепенно остраняют его собственного читателя. Он замечает, что для Толстого «способ видеть вещи выведенными из их контекста» превратился во «что-то странное, чудовищное» [Шкловский 1990: 67–68]. Шкловский подверг прозу Толстого тщательнейшему исследованию в поисках эффекта остранения и сформулировал свои начальные идеи о взгляде незнакомца на основе многочисленных примеров[43].

Проблема окаменения, которую Шкловский поставил в своих ранних теоретических работах, постепенно обретает более общий художественный смысл — как привыкание к обыденности жизни. Эта идея изначально развивается из произведений Толстого[44]. Сначала Шкловский цитирует его дневниковые записи о том, как забываются бессознательные ежедневные действия, затем формулирует эту мысль иначе, повторяя слова Толстого: «Так пропа-

---

[43] Примечательно, что самые радикальные стилистические примеры встречаются в произведениях Толстого для взрослых, а не для детей — или совместных с детьми, — которые, независимо от любых его утверждений относительно их литературных достоинств, оказываются вполне традиционными по стилю. Как и в случае с неопримитивизмом и кубофутуризмом, поиск радикальных примеров среди художественного творчества детей и созданного для них часто приводит к обратному эффекту, подчеркивая традиционность и вторичность детского творчества, с неизбежностью подверженного влиянию взрослых «покровителей», которые заказывают, выбирают и выставляют его образцы на всеобщее обозрение в соответствии со своими особыми целями.

[44] Запись в дневнике от 1 марта 1897 года [Толстой 1928–1964, 53: 141].

дает, в ничто вменяясь, жизнь. Автоматизация съедает вещи, платье, мебель, жену и страх войны. "Если целая сложная жизнь многих людей проходит бессознательно, то эта жизнь как бы не была"» [Там же: 63]. Шкловский, вдохновившись этой идеей, принимает позу критика и выдвигает предположение, что решением проблемы автоматизации жизни, процесса привыкания и, как следствие, окаменения, является остранение:

> И вот для того, чтобы вернуть ощущение жизни, почувствовать вещи, для того, чтобы делать камень каменным, существует то, что называется искусством. Целью искусства является дать ощущение вещи как ви́дение, а не как узнавание; приемом искусства является прием «остранения» вещей и приемы затрудненной формы, увеличивающий трудность и долготу восприятия, так как воспринимательный процесс в искусстве самоцелен и должен быть продлен; *искусство есть способ пережить деланье вещи, а сделанное в искусстве не важно* [Там же].

Концепция остранения, оказавшая большое влияние, является кульминационной точкой развития теории странного и возвращает нас к важности «переживания» искусства, с тем чтобы снова восстановить роль процесса означивания, а не означаемого, и восприятия формы, а не осознания содержания. В связи с этим Шкловский выдвигает понятие «затрудненной формы», которая замедляет и осложняет восприятие. Затрудненная форма внушает наблюдателю мысль, что он наивен, и заставляет принять наивную перспективу, которая восстанавливает полноту искусства, заложенного в воспринимаемый объект. В этом смысле, по мнению Шкловского, искусство может инфантилизировать свою аудиторию. Таким образом, Шкловский уточняет свой идеал: осознанное переживание жизни и острое восприятие вещей такими, какие они есть. Шкловский использует ряд аналогий, чтобы показать, какие типы восприятия более предпочтительны по сравнению с теми, что притуплены привыканием, и это подчеркивает важность наивной перспективы. Он описывает наивную перспективу и «невинный глаз», когда раз за разом противопоставляет затертое привычкой восприятие яркому переживанию первого опыта. Обратившись к опыту экспериментальной психологии, он пишет:

> Если мы станем разбираться в общих законах восприятия, то увидим, что, становясь привычными, действия делаются автоматическими. Так уходят, например, в среду бессознательно-автоматического все наши навыки; если кто вспомнит ощущение, которое он имел, держа в первый раз перо в руках или говоря в первый раз на чужом языке, и сравнит это ощущение с тем, которое он испытывает, проделывая это в десятитысячный раз, то согласится с нами [Там же: 62].

Шкловский выше ценит острое переживание начальных впечатлений, которые сопровождают первое столкновение с языком, будь то устная речь или письмо. Новизна опыта позволяет языку сохранять странность как краеугольную черту, благодаря чему он в полной мере воспринимается таким, какой есть. Разумеется, данное Шкловским описание применимо к любому новому опыту взрослого или ребенка. Но в то же время переживание вещей как в первый раз преобладает в младенчестве и детстве, становясь все более редким во взрослом возрасте. Таким образом, упор формалистов на остраненное восприятие и переживание как таковое делает предпочтительной позицию «младенца/ребенка», который сохраняет наивный взгляд на все.

В качестве основной иллюстрации концепции остранения Шкловский использует повесть Толстого «Холстомер: История лошади» (1885) [Толстой 1928–1964, 26: 3–37]. В рамках необычной нарративной ситуации в повести описывается жизнь мерина Холстомера с его собственной точки зрения. Этот необычный подход дает Толстому идеальную точку зрения, с которой он может разоблачать странности самых привычных элементов человеческого общества. Старый конь Холстомер собственным голосом рассказывает свою историю, начиная с описания первых впечатлений новорожденного жеребенка: «Я родился, должно быть, ночью, к утру я, уже облизанный матерью стоял на ногах. Помню, что мне все чего-то хотелось и все мне казалось чрезвычайно удивительно и вместе чрезвычайно просто» [Там же: 14]. Новорожденный жеребенок демонстрирует наивное удивление, присущее инфантильной точке зрения, поскольку мир видится ему удивительным и простым. Действительно, именно его «невинный глаз» и взгляд лошади на человеческое поведение, за которым он наблюдает, позволяют передать присущее этой повести тонкое понимание и мудрость; автор здесь заставляет читателей подвергнуть сомнению установки, к которым они привыкли. Толстой похожим образом использует детскую точку зрения по отношению к установкам взрослых в опубликованной посмертно «Детской мудрости» (1909), с многочисленными примерами того, как толстовский невинный ребенок наивно изрекает великие истины «устами младенца» [Толстой 1928–1964, 37: 311–347, 385–390, 461–464]. В статье «Искусство как прием» Шкловский комментирует использование Толстым остранения в «Холстомере»: «Методом остранения пользовался Толстой постоянно: в одном из случаев (“Холстомер”) рассказ ведется от лица лошади, и вещи остранены не нашим, а лошадиным их восприятием» [Шкловский 1990: 64]. По сути, Шкловский включает в статью пространную цитату от лица Холстомера как самый продолжительный литературный пример, иллюстрирующий остранение как прием.

В этой истории излагается критика концепции собственности глазами лошади. Наивная точка зрения лошади приводит к непониманию: Холстомер не может уловить смысл слов, означающих владение или институт собственности: «Тогда же я никак не мог понять, что такое значило то, что *меня* называли собственностью человека. Слова: моя лошадь, относимые ко мне, живой лошади, казались мне так же странны, как слова: моя земля, мой воздух, моя вода» [Толстой 1928–1964, 26: 19]. Лишь позже Холстомер находит объяснение «этим странным словам», и его затрудненное объяснение знакомого понятия остраняет эти человеческие институты [Там же]. Точно так же, как Толстой использует воспоминания о себе самом, туго спеленутом, чтобы высказаться о свободе[45], он использует рассказ об увиденном глазами лошади для многоплановой социальной критики, не

---

[45] См. «Моя жизнь» в [Толстой 1928–1964, 23: 269–470].

только задаваясь вопросом по поводу обращения с животными, но и по поводу того, что люди владеют другими людьми как рабами или крепостными, а также по поводу других проявлений человеческого лицемерия. В этом отношении мы видим сходство с трактовкой странной идеи о собственности с позиции наивной перспективы маленького ребенка в «Детских годах Багрова-внука» (1858) С. Т. Аксакова, другом воспитательном изображении детства в русской традиции.

Прием отчуждения, который Толстой использует при передаче нарратива через наивную оптику лошади и который Шкловский называет остранением, действительно делает вещи странными. Действительно, мерин Холстомер часто воспринимает и описывает как «странные» те явления, которых не понимает. Майкл О’Тул отмечает, как Толстой разоблачает иллюзии и обман культуры и традиции с помощью «невинного глаза — и, конечно, невинного языка — ребенка или необразованного человека» [O’Toole 1998: 41]. Здесь можно вспомнить о «немом упреке цивилизации», как в примере с юродивым Гришей, который тесно связан с ребенком-протагонистом Толстого в повести «Детство» [Толстой 1928–1964, 1: 3–97]. Соответственно, и в этом отношении Толстой создает прецедент для будущего авангарда и совершает полный круг авангардистских теорий. Невинный взгляд или наивная перспектива обнажают странность общества, а инфантильный или наивный язык делает знакомое незнакомым. Пример, использованный в «Холстомере», заимствован из эпохи Просвещения, где он применялся для критики социальных условностей, или из басен, задачей которых было донести альтернативный взгляд до наивной публики. Он также связан со свойственной романтизму традицией разоблачения, производимого невинным глазом, как в сказке Х. К. Андерсена «Новое платье короля». Но если Толстой разделяет традиции Просвещения и романтизма, то прием остранения, получивший воплощение в XX веке, не призывает к полемике и не несет острой социальной критики. Остранение становится исключительно вопросом формы, или приема, авангарда, точно так же, как авангард перенимает примитивистскую технику и революционные выводы Толстого, но не принимает во внимание моральное содержание его текстов. В центре внимания авангарда находится эстетическая революция, а «младенец/ребенок» представляет собой средство для достижения этой цели.

Толстой использует наивную перспективу социального Другого, такого как лошадь или ребенок, как прием для разоблачения странности общества и критики его условностей. Шкловский резюмирует свою теорию остранения на примерах подобной нарочитой странности и применяет ее к другим произведениям, более тонко воссоздающим эффект наивной перспективы.

> Прием остранения у Л. Толстого состоит в том, что он не называет вещь ее именем, а описывает *ее как в первый раз виденную*, а случай — *как в первый раз происшедший*, причем он употребляет в описании вещи не те названия ее частей, которые приняты, а называет их так, как называются соответственные части в других вещах [Шкловский 1990: 64] (курсив мой — *С. В.*).

Избегая традиционных образов и языковых средств, остраняющее описание воспроизводит младенческое переживание событий — и языка. Выстраивая наивную перспективу и используя невинный глаз как прием осознания, этот язык растягивает процесс означивания, чтобы усилить осознание означаемого и таким образом поместить читателя в некое подобие инфантильной позиции по отношению к искусству, языку и смыслу. Таким образом, понятие остранения возвышает инфантильную точку зрения, наивную перспективу и, в некотором смысле, субъектную позицию ребенка. В то же время искусственное воспроизведение инфантильного эффекта и присвоение инфантильного субъекта подрывает саму идею подлинной «наивности». Это подчеркивает парадоксальный характер авангардного воспевания инфантильного и конструирования младенца/ребенка; перед нами воспроизводство инфантильного переживания взрослыми.

После смерти Холстомера Толстой и Шкловский продолжают использовать непривычную лошадиную перспективу, трансформируя неуклюжего старого коня в критический прием, напоминающий «ход коня», еще более прямолинейно связанный с образом лошади. Инфантильная часть этого «лошадиного треугольника» включает обращение Шкловского в его воспоминаниях к цитате Маяковского о картонном троянском коне, чье устройство проясняет ребенок: «Детей (молодые литературные школы также) всегда интересует, что внутри картонной лошади. После работы формалистов ясны внутренности бумажных коней и слонов» [Шкловский 1966: 102]. Если Шкловский обнажает приемы Толстого, то в его воспоминаниях видно желание видеть сквозь *форму* вещей благодаря подходу формалистов, даже если наивное переживание и «врожденная» тайна нового могут быть разоблачены обнажением их конструкций. Младенчество также превратилось в прием, независимо от его первоначальных мотивов.

Если Шкловский развивает некоторые из своих основных теоретических открытий, в том числе имевшее большое влияние понятие остранения, опираясь на основные и второстепенные произведения Толстого, то теория авангарда не только отвечает на инфантильный примитивизм предшественников, таких как футуристы-заумники, но и возвращается к истокам, которые породили этот поворот к инфантильному. Ведь Толстой был в некотором смысле первым, кто использовал ребенка как критический прием и перевернул иерархические отношения между взрослым и ребенком, когда задался вопросом, «Кому у кого учиться писать, крестьянским ребятам у нас или нам у крестьянских ребят», или говорил о «чистой, первобытной душе крестьянского ребенка» [Толстой 1928–1964, 8: 307], показывая тем самым, что не различает крестьянина и ребенка как идеализированного примитивного Другого. Хотя в действительности Толстой выбирал наивный стиль сказок и басен, когда писал с детьми и для детей, заметно, что его аристократическое детское «я» в дебютной повести «Детство» полно самосознания, манипуляций и искусственности. В самом деле, Шкловский, как и многие деятели авангарда, которых затронула толстовская переоценка детства и эстетики, просто эксплуатирует и присваивает части этого механизма для совсем иных и по-другому эстетически ориентированных целей авангарда. Шкловский использует младенчество как прием для осуществления странного сдвига, который выдвигает авангард — и ребенка — на передний план и в центр эстетики и будущего искусства и языка.

Хотя Шкловский основывает свои более поздние теоретические выводы прежде всего на писательской деятельности Толстого, он утверждает, что «прием остранения не специально толстовский» [Шкловский 1990: 68]. По сути, он обосновывает свое теоретическое исследование Толстого и истории Холстомера более глубокой концепцией наивной перспективы, которая описывает вещь «как в первый раз виденную», то есть искусственной реконструкцией того, что видит глаз младенца по определению. В конце концов, теория странного у Шкловского органически вырастает из его исследования присущих авангарду искажений языка, где он впервые заявляет проблему окаменения и говорит о превосходстве младенчества слов, инфантильном переживании языка и невинном глазе. Таким образом, Шкловский прослеживает историю инфантильного примитивизма в обратном направлении: от его реализации в авангардной практике до самых ранних истоков в творчестве Толстого. При этом он применяет принципы инфантильного примитивизма к искусству в целом, достигая экспоненциального расширения масштабов инфантилистской эстетики, которая оформилась под влиянием формальной теории и его идей. Хотя Шкловский скромно говорит о попытке «приблизительно определить границы... применения» приема остранения, он уверен, что границ для инфантилистской теории, охватывающей удивительные и странные следствия приложения наивной перспективы, нет: «Я лично считаю, что остранение есть почти везде, где есть образ» [Там же]. Таким образом, империализм детского взгляда, по мнению Шкловского, имеет далеко идущие последствия.

Форма и детский взгляд

По мере развития теории Шкловского идея формы становится все более заметной в его творчестве. Теоретическое представление Шкловского о форме разрабатывается наряду с теоретическим развитием инфантилистской эстетики, хотя присутствует на разных этапах его творчества, от ранних построений до нарастающего акцента на связанных с формой чертах искусства. Детский взгляд, связанный с наивной перспективой и имеющий в формальной теории высокую значимость, также включает большую чувствительность к восприятию формы. Согласно модели означающего и означаемого, используемой структурной лингвистикой, наивное переживание языка предполагает интенсивное переживание означающего, поскольку неопытный наблюдатель не может сразу воспринять представленное этим означающим означаемое. Наивная перспектива предполагает, что наблюдатель полноценно воспринимает форму означающего в попытке истолковать «полупонятный» знак. Понимание авангарда принимает именно такую «затрудненную форму», поскольку его цель состоит в том, чтобы восприятие звука преобладало над смыслом, означающее над означаемым, форма над содержанием. Эстетика авангарда, с ее попытками шокировать и обнулить восприятие, таким образом воссоздает эффект невинного глаза. Свидетельство особого внимания Шкловского к оценке детьми формальных аспектов искусства и языка позже появляется также в статье «Искусство как прием», где он отмечает любопытное восприятие ребенком языка и формы. Данные лингвистического изучения процессов овладения языком за предшествующие десятилетия, которые, по-видимому, были хорошо известны Шкловскому, продемонстрировали основные открытия относительно расширения ограниченного словарного запаса ребенка с целью охвата объектов, сходных по форме. В статье «Искусство как прием» он приводит именно такой пример,

> ...когда девочка называет круглый шар арбузиком (*Д. Овся-нико-Куликовский. Язык и искусство. СПб. 1895. С. 16–17*). <...> ...арбузик вместо круглого абажура или арбузик вместо головы есть только отвлечение от предмета одного из его качеств и ничем не отличается от голова = шару, арбуз = шару [Там же: 61].

Шкловский использует этот пример с другой целью, как иллюстрацию различия между поэтической и прозаической речью, но анализ процесса словообразования у ребенка раскрывает ход его размышлений, а также его оценки особенностей детской речи и того, что они говорят о когнитивных процессах. Он подтверждает, что именно сходство формы объясняет расширение ограниченного словарного запаса ребенка или первые попытки построения художественной метафоры.

Шкловский обнаруживает здесь свой интеллектуальный долг перед Овсянико-Куликовским, из исследования которого он заимствует многочисленные примеры детского языка, в том числе, я полагаю, этимологию «enfant/infans/отрок» [Овсянико-Куликовский 1895: 24]. Шкловский также использует иллюстративный пример детской речи, приведенный в его книге и заимствованный, в свою очередь, у Потебни, анализируя который Овсянико-Куликовский ставит знак равенства между ребенком и Шекспиром [Там же: 17–20]. Разбор отношения ребенка к языку, новым словам и форме в этой книге также мог оказать влияние на мысль Шкловского. Как Платон приводит пример формы стола в своем рассуждении о формах, так и Овсянико-Куликовский говорит о детском понятии «стола» и о том, как, увидев затем другие, «ребенок вспоминает образ первого стола» [Там же: 15]. Здесь уместно сравнение с идеей Шопенгауэра о том, что маленький ребенок сталкивается с родовыми понятиями в частных проявлениях, так что переживание первой встречи ребенка с формой предмета позволяет ему извлечь сущность формы как таковой [Шопенгауэр 2016, 6].

Понятие внутренней формы слова у Шкловского также пересекается с тем, что известно об этимологических построениях детей из лингвистического анализа и изучения детского фольклора. В России в это же время критик и писатель К. И. Чуковский собирал и публиковал примеры детского странного употребления языка, начиная с заметки «О детском языке» (1911)[46]. По поводу

---

[46] Заметка «О детском языке» вошла в статью «Матерям о детских журналах» (1911). См. [Чуковский 2001, 2: 543–600].

детского языка Чуковский, почти повторяя толстовскую формулировку, писал: «...нужно прислушаться к нему, нужно у него поучиться» [Чуковский 2001, 2: 594]. Отдавая должное творческому началу и логике, стоящей за ошибками детей, Чуковский подробно описывает эти ошибки, возникающие из совершенно логичных этимологических построений, такие как «людь» — форма единственного числа от слова «люди» вместо «человек» [Там же: 595]. Он также приводит множество примеров необычного, но лингвистически обоснованного расширенного использования утраченных этимологических моделей, таких как «обутки» (обувь), «одетки» (одежда) [Там же: 595–596] или грамматически неверных «жгить» (жечь), «всехный» (общий) и «лошада» (лошадь) [Там же: 591]. Исследования детского языка, осуществленные Чуковским, а также современные исследования лингвистов показывают, что дети действительно очень восприимчивы к форме и предполагаемой этимологии слов, независимо от того, сталкиваются ли они с ними впервые и пытаются их понять, или же понимают, что их словарный запас недостаточен, и изобретают неологизмы, чтобы справиться с новой ситуацией[47]. В этом смысле детские неологизмы и языковые отклонения, эту поистине *кривую* форму речи, можно рассматривать, с одной стороны, как творческую реакцию на фрустрацию, вызванную безречием, которое само по себе отражено в этимологии слова «infans». Эта борьба за речь вызывает языковой сдвиг. Но в то же время, как показывают Шкловский, Чуковский и Якобсон, детское словотворчество — подчас чисто эстетическое занятие ради удовольствия, детское проявление того же эстетического импульса, из которого рождается все искусство.

В заключение статьи «Искусство как прием» Шкловский признает, что он в долгу перед литературными экспериментами авангарда. Заявляя, что, «наконец, появилась сильная тенденция к созданию

---

[47] Детские неологизмы содержат свидетельства аналитических процессов, посредством которых ребенок в ходе усвоения расщепляет слова, образуя впоследствии элементарные единицы, вновь собирающиеся в инфантильные неологизмы. См. [Ушакова 1970]. О современных российских исследованиях в области овладения языком см. в [Цейтлин 2000]. См. также [Clark 2003].

нового, специально поэтического языка» [Шкловский 1990: 72], он утверждает поэтическую и теоретическую ценность экспериментов футуристов с языком. Этот язык определяется как «кривая речь»: «Таким образом, мы приходим к определению поэзии, как речи *заторможенной, кривой. Поэтическая речь — речь-построение*» [Там же]. Как и детская речь, «кривая» речь предполагает острое внимание к элементам формы в языке и, следовательно, представляет язык в наиболее поэтическом и исполненном осознания художественности состоянии. Точно так же «младенец/ребенок», который видит вещи впервые, по определению постигает мир в поэтическом и художественном модусе. В более широком смысле любой, кто с помощью наивной перспективы достигает инфантильного восприятия, достигает также бо́льшего осознания формы, которая определяет художественное ви́дение. Говоря шире, любому, кому благодаря наивной перспективе доступно наивное восприятие, также доступно более острое осознание формы, которая определяет художественное ви́дение.

Согласно точке зрения формалистов, «младенец/ребенок», определяемый отсутствием языка и опыта, заявляет право на художественное постижение мира как данное ему при рождении. Отношение, установленное между детским взглядом или младенческим восприятием мира и осознанием формы, основанным на детской невинности, неопытности или невежестве, проливает, таким образом, новый свет на внимание к форме, очевидное в радикальных экспериментах авангарда, воплощенных в практике инфантильного примитивизма: ведь эти произведения искусства демонстрируют уникальное внимание в форме. Они обнажают процесс своего создания, воспроизводят момент творчества и эстетическое восприятие точно таким образом, который обрел высокую ценность в формальной теории Шкловского и ОПОЯЗа.

Андрей Белый и символистский ребенок

Шкловский неустанно исследовал прозу, что говорит о его пристальном внимании в наивной перспективе в работах западных писателей-классиков. Эти статьи, опубликованные в сборнике Шкловского «О теории прозы» (1929) наряду со статьей «Искусство как прием», представляют собой его наиболее значительные исследования прозы[48]. Несколько важнейших произведений, анализу которых посвящены статьи «Как сделан Дон Кихот» [Шкловский 1929: 91–124], «Пародийный роман» [Там же: 177–204], «Орнаментальная проза» [Там же: 205–225] — «Дон Кихот» Сервантеса, «Тристрам Шенди» Стерна[49] и «Котик Летаев» Белого соответственно, — в некотором смысле являются образчиками художественного использования наивной перспективы, но наиболее новаторским из них оказывается «Котик Летаев» Андрея Белого (1917–1918).

В своей статье «Орнаментальная проза» Шкловский обсуждает «Котика Летаева» Белого как роман, использующий задержку времени для создания экспериментального по форме нарратива. Эта необычная книга, написанная с точки зрения ребенка, искусственно наделяет голосом младенческую перспективу в текучем и изменчивом состоянии развития, поскольку в ней прослеживается внутренний опыт главного героя в мире от его зачатия и вступления в жизнь через младенчество до раннего детства. Как пишет Шкловский, «Котик Летаев — это повесть о мальчике; начинается она еще до его рождения, хотя и ведется от первого лица» [Там же: 212]. Согласно Шкловскому, экспериментально-орнаментальная проза Белого порождена творческой попыткой воссоздать детское сознание: «...“рой и строй” — мир и сознание — связаны языковыми средствами и мотивированы детским сознанием» [Там же: 207]. Итогом хаотического роя, представляющего

---

[48] См. [Шкловский 1929]. Репринтное издание опубликовано в 1977 году издательством Zentralakvariiat der Deutschen Demokratischen Republik в Лейпциге.

[49] Обращают на себя внимание детский интерес и изумление благородного идальго Дон Кихота Ламанчского («El Ingenioso Hidalgo Don Quixote de la Mancha», 1605) перед привычным обыденным миром, которые заставляют окружающих посмотреть на происходящее другими глазами, или своеобразное использование перспективы в романе Стерна, поскольку он в итоге не может представить «Жизнь и мнения Тристрама Шенди, джентльмена» (1759–1767) и вместо этого постоянно отвлекается, рассказывая о зачатии, рождении и крещении героя, и полностью ограничивается историей его раннего детства.

детское сознание, становится появление орнаментальности прозы [Там же: 216]. В самом деле, Шкловский справедливо определяет главный поэтический прием романа Белого как экскурс в детское сознание. В этом смысле Белый непосредственно участвует в инфантилистской эстетике русского авангарда, хотя и принадлежит к модернизму — более широкому и разнородному в своей природе направлению. Если рассматривать континуум, составляющий предмет этого исследования, его крайними точками окажутся инфантильный примитивизм и инфантилистская эстетика; тогда Белого можно расположить ближе к инфантилистской эстетике, в той мере, в какой его роман полностью углубляется в субъектность и субъективность «младенца/ребенка», когда он экспериментально присваивает и воссоздает инфантильное сознание изнутри. Самая орнаментальность прозы Белого, которую выделяет Шкловский, демонстрирует невозможность этой задачи и искусственность ее выполнения. Несмотря на то что присущая взрослому искушенность, орнаментальность и поэтичность Белого совершают невозможное, даруя речь безречию и обращая довербальное сознание в поэзию, парадокс неразрешим. Ведь получается химера, сочетающая инфантильное сознание и взрослую речь таким образом, что перед нами предстает не нечто неиспорченное, но странный и пугающий, хотя и красивый, результат скрещивания. Здесь мы снова видим текст с двойной кодировкой, вызывающий мысли о парадоксальной дуальности, той же «двойственности» [Там же: 101], которую выявляет Шкловский в одновременном использовании наивной и обыденной перспективы в «Дон Кихоте».

В соответствии с формулировками Юлии Кристевой и психоаналитическими воззрениями на язык, невозможность их объединить задана самим языком и значением. Например, в начале повести Белого «Котик Летаев» взрослый рассказчик скользит вниз по «крутосекущей черте» [Белый 1922: 9, 12] навстречу своему младенческому «я». В тот момент, когда взрослый писатель и псевдоавтобиограф[50] сталкивается с «самосознанием, как

---

[50] Этот термин основан на понятии псевдоавтобиографии, введенном Эндрю Вахтелем в [Wachtel 1990].

младенцем» в себе [Шкловский 1929: 13], он обнимает это «первое сознание детства» и дружески приветствует его, остраняя при этом чуждого Другого: «Здравствуй ты, странное» [Там же: 14]. В этой цитате мы видим теплое признание младенческого «я» и одновременно дистанцирование от него как странного и нейтрального Другого в силу обозначенного языковыми средствами разделения «я/ты». Эта фраза одновременно притягивает и отталкивает инфантильного Другого и, таким образом, коротко и ясно дает понять, как Андрей Белый использует инфантильное как прием в «Котике Летаеве» и связанных с ним символистских произведениях. Белый одновременно приближается и дистанцируется от младенца/ребенка как субъекта и как объекта, даже когда он открывает новые пути в создании химерического младенческого/взрослого «я», которое дает доступ к самому раннему сознанию ребенка, но выражает себя изощренным взрослым языком.

Тем не менее приветствие взрослого пресвдоавтобиографа своему младенческому «я» неминуемо остается укорененным в языке и тем самым закрепляет дискурс взрослого, который делит «я» на неизбежные категории, определяемые различием. Таким образом, возникает вопрос, представляет ли созданная Белым химера младенческого/взрослого, если заимствовать термины Мартина Бубера, отношения «Я-Ты» (Ich-Du) или «Я-Оно» (Ich-Es) [Бубер 1995]. Рассматривается ли инфантильное «я» как истинный субъект, как равный и собеседник, или же оно является простым объектом и рассматривается как предмет? Или же, выражаясь иначе, это карнавальное опрокидывание иерархии, задающей отношения детей и взрослых, дарующее голос не обретшим еще речи младенцам и литературную власть непознаваемому детскому сознанию, просто переворачивает термины по одной оси, как утверждает Кэрил Эмерсон в своей бахтинской критике толстовского вопроса «кому у кого учиться»? Приближается ли химерическое творение Белого к подлинному диалогу между субъектами, который бросил бы вызов монологическому дискурсу взрослых и установил бы диалогические отношения между ними? Или же мы остаемся в ловушке в тюрьме языка, который определяет и разделяет «я» и «ты», себя и другого? Ибо, в конце концов, даже укорененное в языке приветствие взрослого псевдоавтобиографа своему младенческому «я» остается в ловушке языковых категорий взрослого, которые определяют младенца/ребенка как «странного».

Использование инфантильного в «Котике Летаеве» у Белого не только вдохновлено существенной предшествующей художественной, литературной, философской и научной традицией[51],

---

[51] Интерес Андрея Белого к ребенку также проистекает из интеллектуальных влияний, где философия (и иногда наука) сталкивалась с искусством в мире детского. Наиболее значимо, что в то время, когда он писал «Котика Летаева» (впервые опубликованного в 1917–1918 годах), он был преданным сторонником Рудольфа Штайнера и его антропософской общины в швейцарском Дорнахе. Антропософские идеи Штайнера открывают многие фундаментальные предпосылки, лежащие в основе философского эксперимента, каким можно считать «Котика Летаева». Обращение Белого к ребенку может быть рассмотрено в одном ряду со взглядами Штайнера, выраженными в «Die Erziehung des Kindes, vom Gesichtspunkte der Geisteswissenschaft» («Воспитание ребенка с точки зрения духовной науки», 1907), согласно которым человек, как еще не распустившееся растение, хранит будущее состояние в своей глубине: «Жизнь подобна растению, которое содержит в себе ведь не только то, что можно рассмотреть глазами; в его глубине заключено его потенциальное будущее. <...> Точно так же и человеческая жизнь содержит в себе задатки своего будущего» [Штайнер 1993]. Отражая интерес к эмбрионам и эволюции, основополагающие идеи Геккеля и Гегеля также оказывают формирующее воздействие на роль младенчества в «Котике Летаеве», как указывает Андрей Белый, прямо называя их в своем предисловии к роману 1928 года. Он пишет: «Геккель, перенесенный в душу, и Гегель, или история становления культурных фаз мысли, освещенный в свете Геккеля, — вот примысл к "Котику"» [Белый 1970: 71]. Приложение биогенетического закона к душе, осуществленное Белым, также подчеркивает, насколько значительным и несущим открытия может быть более пристальный взгляд на эмбриональное развитие личности, предлагая ответы на вопросы о происхождении жизни, разума, сознания, языка, жизни и души. Влияние на Белого гегельянского подхода к эволюции мысли также сближает биологические принципы с идеями и дает надежду на синтез, казалось бы, непримиримых частей и разделенного «я». В этом предисловии, как и в самом романе, Белый также цитирует Гераклита, который рассматривал мир как находящийся в вечном движении, а душу как находящуюся в состоянии бытия и небытия одновременно, и Аристотеля, чья физика включает первое засвидетельствованное использование понятия «маленького космоса», которое содержит

но и концептуально перекликается как с ранними, так и с поздними произведениями символистов, также повлиявших на представление о «младенце/ребенке» у Шкловского и авангардистов. Как видно из этих работ, изначальный подход Белого и других символистов к ребенку глубоко мотивирован символизмом. В статье 1909 года «Магия слов» Белый связывает язык и акт творчества как на понятийном уровне, так и буквально в ходе обсуждения создания языка и неологизмов [Белый 1910]. Этот символистский взгляд на язык ведет его к ребенку, которого символисты также помещают в привилегированную позицию с точки зрения языка. Например, в «Магии слов» Белый утверждает, что «игра словами — признак молодости», и приходит к выводу, что «наши дети выкуют из светящихся слов новый символ веры» [Там же: 448]. Это свидетельствует о праве свободно распоряжаться языком и освобождении от условностей, которые, как кажется, дают модернистам языковая игра и инфантильный подход к языку. И в самом деле, «Котик Летаев» изобилует экспериментальными построениями, пунктуацией (например, тире) и неологизмами[52]. В этом он напоминает сочинения Марины Цветаевой, которая в своей прозе и поэзии также тяготела к языковой инфантильности[53].

Тяготение к детскому в этой статье Белого также напрашивается на сравнение с подходом к инфантильному, который мы видим в докладе Александра Блока «О современном состоянии русского символизма», опубликованном в следующем, 1910 году [Блок 1960–1965, 5: 425–436]. Блок сравнивает новую школу символизма с «первой юностью»: «...это первая юность, детская новизна первых открытий» [Там же: 426–427]. Блок также

ядро античной идеи о том, что некий микрокосмический аспект реальности, такой как сам человек, отражает космос [Аристотель 1981: 226]. Все эти взаимосвязанные идеи обращают наше внимание на микрокосм раннего детства и «я» эмбриона как на источник ответов на большие вопросы, которые задавал Белый в это время.

[52] Об использовании Белым неологизмов см. в [Hindley 1966].

[53] См., например, [Pankenier 2004].

поддерживает неоромантическое или даже примитивистское представление о неиспорченном внутреннем ребенке как источнике обновления. Он пишет: «...но есть неистребимое в душе — там, где она младенец» [Там же: 435]. Таким образом, делает он вывод, «должно учиться вновь у мира и у того младенца, который живет еще в сожженной душе» [Там же: 436]. Структура этого призыва дает еще одно отдаленное эхо толстовского вопроса «кому у кого учиться». Вывод Блока однозначен: символисты должны стремиться к внутреннему ребенку. Однако ни один писатель не идет к внутреннему младенцу/ребенку дальше, чем Андрей Белый в «Котике Летаеве», и не исследует так глубоко парадоксальную невозможность инфантилистской эстетики.

Многословное заглавие поздней работы Белого «Почему я стал символистом и почему я не перестал им быть во всех фазах моего идейного и художественного развития» (1928) [Белый 1982] перекликается с чувством, высказанным ранее в докладе Блока: «Символистом можно только родиться» [Блок 1960–1965, 5: 432]. Белый отмечает:

> На вопросы о том, КАК я стал символистом и когда стал, по совести отвечаю: НИКАК НЕ СТАЛ, НИКОГДА не становился, но всегда БЫЛ символистом (до встречи со словами «СИМВОЛ», «СИМВОЛИСТ»); в играх четырехлетнего ребенка позднейше осознанный символизм восприятий был внутреннейшей данностью детского сознания [Белый 1982: 7].

Если — в чем согласны Белый и Блок, — символистом можно только родиться, или если, по их мнению, каждый ребенок является символистом — то ребенок занимает в теории символизма привилегированное положение. Например, Белый в последних строках проводит параллель между «позднейше осознанным» взрослым восприятием символизма и «внутреннейшей данностью детского сознания», которая приходит к ребенку сама собой в ходе игры. Действительно, эта связь между творчеством и детской игрой связана с давней художественной и философской традицией, которая также способствует модернистскому повороту к ребенку[54].

Точно так же в «Котике Летаеве» рассказчик трактует детство как идейное и символическое состояние. Он описывает, как «возвращается детство. Только этот возврат — по-иному» [Белый 1922: 149]. Предпосылка о внутренней связи между инфантильным сознанием и символизмом появляется снова, когда Белый дает описание «темы символизма так, как она пела в [его] душе с раннего детства» [Белый 1982: 7]. Формулируя кратко, Белый и Блок не просто конструируют ребенка как идеального символиста, но также делают генерализованное обобщение, что все дети — символисты и, следовательно, каждый был когда-то символистом, не важно, помнит он об этом или нет[55]. Таким

---

[54] Творческий потенциал игры, особенно детской, на протяжении длительного времени плодотворно использовался художниками, писателями и теоретиками. Риторический анализ различных теорий игры, раскрывающий тесную связь между ребенком, игрой и теориями игры, см. в [Sutton-Smith 2001].

[55] Поворот к инфантильному сознанию представляет собой не только бунт против необратимости времени (и взросления), но также акт неповиновения психологическому феномену отсутствия памяти о нашем младенчестве, которое препятствует нам получить доступ к нашим собственным самым ранним воспоминаниям. Теоретик автобиографии Филипп Лежён говорит о разобщающем вызове цельности «я» и его репрезентации, вызванном пробелами в памяти о раннем детстве: «Пример, который я привел, дает нам некоторое представление о поднятых проблемах: действительно ли это один и тот же человек, младенец, рожденный в такой-то и такой-то клинике, в эпоху, о которой я вообще не помню — и я?» [Lejeune 1989: 9]. Автобиографы сталкиваются с ограничениями памяти о раннем детстве и определяют литературные условности, регулирующие ее репрезентацию, но Белый здесь выходит за их рамки. Белый объединяет разобщенное автобиографическое «я», постулируемое Лежёном, и наделяет свое довербальное и предсознательное «я» сознанием, мышлением, памятью и взрослыми языковыми способностями, необходимыми для его выражения. Восстановление младенческого «я», его памяти и осознания также открыло доступ к далекому прошлому, если верить, как Рудольф Штайнер и антропософы, в понятие метемпсихоза, или переселения душ. Интерес Белого к этой идее выражается в выборе эпиграфа к предисловию, где он несколько видоизменяет слова Наташи из «Войны и мира»: «Знаешь, я думаю, — сказала Наташа шепотом... — что когда так вспоминаешь, вспоминаешь, все вспоминаешь, до

образом, взрослый символист — это тот, кто может вернуться и восстановить это младенческое отношение к языку и символу. «Котик Летаев» оказывается ответом Белого на этот призыв символистов и эту миссию — приблизиться к ребенку, чтобы достичь символического единства в инфантильном сознании.

В позднейшем возврате к этим темам и вариациям Белый напрямую связывает это самоопределение символизма со своими устремлениями в «Котике Летаеве». Основа этой книги и этого поворота к ребенку, который также определяется антропософскими воззрениями на ребенка и метемпсихозом, биогенетическим законом и теорией микрокосма, становится очевидной, когда Белый пишет в своей статье «Как я стал символистом...»: «Так переживался мною конкретно период древнейших культур в становлении самосознающего "Я"» [Там же: 9]. Микрокосм младенца служит здесь как идеальное символическое место для повторного переживания всей истории благодаря восстановлению утерянной памяти. Он пишет: «...об этом точнейше я передал в "Котике Летаеве"» [Там же] и указывает, как эта книга «РИСУЕТ ощущение трехлетнего» [Там же]. Далее он приравнивает собственную детскую игру к «ИГРЕ — в символизации» [Там же]. Подобный взгляд на игру возвращает нас к внутренней связи между символизмом и ребенком. Важно замечание Белого: «Четырех лет я играл в символы; но в игры эти не мог посвятить я ни взрослых, ни детей» [Там же: 10]. Эта фраза конструирует ребенка как посвященного или носителя мудрости и тайны, принципиально не постижимой другими. Акцент, который Белый делает на недоступности инфантильного сознания, показывает, что она одновременно завораживала и вдохновляла его на собственный символистский эксперимент — творческое освоение неподвластной познанию, но неповторимо захватывающей символист-

---

того довоспоминаешься, что помнишь то, чтó было еще прежде, чем я была на свете...» [Толстой 1928–1964, 10: 279]. В подобном антропософском свете младенчество представляет собой переходное состояние и образует своего рода мост к прошлым нарративам, к которым антропософ или тот, кто верит в метемпсихоз, хотел бы получить доступ. Об инфантильной амнезии у Белого см. в [Janecek 1999: XIX].

ской территории. «Котик Летаев» — это попытка приобщения к такому в высшей степени символистскому инфантильному сознанию.

По мере развития нарратива в начале первой главы «Котика Летаева» «Бредовый лабиринт», взрослое и младенческое «я» становятся единым целым. Когда разделенные «я» по обе стороны зеркала встречаются и обнимаются, они сливаются в химерическое младенческое/взрослое «я», наделенное тонкими переживаниями одного и искусным голосом другого[56]. Здесь Белый совершает инверсию лакановской стадии зеркала: взрослый смотрит в зеркало и преодолевает пространство отражений между взрослым и детским «я», как бы проходя сквозь стекло и воссоединяясь с детским «я» в состоянии, предшествующем разделению, вынужденность которого диктуется языком. Если «я» и «ты» действительно встретятся, то субъект и объект сольются, а взрослый язык и детское сознание соединятся в этой зеркальной Стране чудес. Однако остаются важнейший парадокс и невозможность даровать голос состоянию безречия. Он дважды закодирован как инфантильный по своей сути и взрослый в своей репрезентации. В этом отношении Белый отличается от авангардистов, обсуждению которых посвящена эта книга, поскольку он ориентируется на инфантильное сознание или содержание, а не на инфантильную эстетику или форму.

Проблемный аспект псевдоавтобиографического парадокса Белого становится очевиден с первыми словами главы «Бредовый лабиринт», библейски звучным старославянским «Ты — еси» [Белый 1922: 15], что перекликается с более ранним объяснением этого зеркального момента: «Ты, как я: ты — еси; мы друг в друге — узнаём друг друга: все, что было, что есть и что будет, оно — между нами: самосознание — в объятьях наших...» [Там же: 13]. Можно сопоставить тон этой декларации с утверждением, что язык — это орудие творчества, которое Белый

---

[56] Это можно сравнить с теоретическими подходами к автобиографии раннего детства, но в случае младенчества этот шаг гораздо более радикален и проблематичен из-за дисбаланса голоса и власти.

сделал ранее в «Магии слова». Действительно, в библейском смысле там, где Логос предшествует Творению («В начале было Слово...» (Ин. 1: 1)), означающее порождает означаемое. И все же божественная творческая сила, провозглашающая здесь «ты — еси», — это голос взрослого псевдоавтобиографа, который звучит еще в предисловии романа. Таким образом, сущностная разделенность «я» и «ты», взрослого и младенца, «я» и Другого остается, хотя субъектная позиция сдвинулась, что заметно по первой строке: «Первое ты — еси схватывает меня безобразными бредами» [Там же: 15]. Заявление о существовании субъекта сделано другим, и «меня» — это дополнение при глаголе, которое сковывает его и прикрепляет к слову и, следовательно, к существованию. Таким образом, язык конструирует младенца/ребенка, который был присвоен взрослым рассказчиком, как объект действия, голос, который заявляет о его существовании. В этом случае, однако, божественная творческая сила, способная вызвать существо к жизни с помощью слова, — это взрослый автор и автобиограф, чье господство над языком и бытием поистине богоподобно. Является ли младенец/ребенок подлинным субъектом или же просто подчинен языку и присвоен взрослым, который узурпирует его голос? Возможны ли в принципе диалогические отношения при таком фундаментальном неравенстве по обе стороны зеркала? Ведь одна сторона обладает авторитетом, властью автора и голосом, а другая имеет потенциал безречия, но бессильна сопротивляться захвату со стороны говорящего Другого. Эта загадка остается во всей инфантильной эстетике.

Парадокс дарования голоса «неизреченности» [Там же] младенческого сознания повторяется на протяжении всего «Котика Летаева», например, когда не по годам развитый ребенок, чей богатый внутренний мир дает материал для целого романа, изо всех сил силится говорить. При самом раннем появлении этой темы состояние безречия передается яркими красками: «Так сказал бы младенец, если бы мог он сказать, если б мог он понять; и — сказать он не мог; и — понять он не мог; и — младенец кричал: отчего — не понимали, не поняли» [Там же: 17]. Изображение трагической неспособности младенца к коммуникации у Белого сопоставимо с тем, что изображает Толстой в своих автобиографических фрагментах, таких как «Моя жизнь» [Толстой 1928–1964, 23: 469–470]. Таким образом, даже писатели-модернисты, такие как Андрей Белый, обращаясь к инфантильности, следуют по стопам толстовского признания затруднительного положения неговорящего ребенка и попытки Толстого дать новую оценку составляющим этой иерархии.

Намерение Белого попытаться перевернуть иерархию, которая задает отношения взрослого и ребенка, становится очевидным ближе к концу повести, когда взрослые оказываются не в состоянии достичь богатого содержимого сознания Котика. Про не по годам развитого Котика взрослые говорят, что он «глуп», «дурачок», «все молчит», «не имеет суждений своих», когда принуждают «сказать что-нибудь» и спрашивают: «Отчего ты молчишь?» [Белый 1922: 276]. В каком-то смысле Белый в повести «Котик Летаев» дает остроумный ответ на невежество взрослых относительно недоступного внутреннего мира ребенка. Он и в самом деле в небывалой прежде в мировой литературе манере озвучивает детское сознание и довербальное состояние.

И все же некоторая двойственность и непреодолимая разделенность присутствуют в этом подведении итогов загадки, которую являет собой инфантильное сознание. Даже если Белый, вторя идеям Иоганна Готлиба Фихте, стремится описать время, когда «не было разделения на "Я" и "не-Я", не было ни пространства, ни времени» [Там же: 16], эта разделенность остается, поскольку исходит из самой природы языка, связанного с пространством, временем и существованием, не говоря уже об автобиографической двойственности младенческого/взрослого химерического «я». Подобным же образом фраза вроде «В то далекое время я не был...» [Там же: 217] невозможна, поскольку существование субъекта утверждается языком, который его отрицает, как пишет сам Белый в «Магии слова». Расщепление и парадокс уже присутствуют в тюрьме языка, и противоборствующие силы, образующие крест, на котором будет распят Котик Летаев, — младенческое сознание и взрослая речь — роковым образом возобладают над ним и разделят его, как только он обретет речь взрослого.

Уместно вспомнить самоосознание факта рождения «на рубеже двух столетий» в одноименной книге Белого [Белый 1930]. Он видит *fin de siècle* не как взаимное проникновение или синтез двух эпох, а как столкновение противоборствующих сил. «Во многом непонятны мы, дети рубежа; мы ни "конец" века, ни "начало" нового, а — схватка столетий в душе; мы — ножницы меж столетиями» [Там же: 167]. Насильственный образ этих ножниц, соединяющих независимо движущиеся лезвия и способных резать, не разрешает противоречия, но отмечает их жестокое сосуществование. Создается впечатление, что Белый и сам сомневается, возможно ли примирение противостоящих друг другу в этом неизбежном конфликте сил. Сходным образом автобиографическое и псевдоавтобиографическое «я» претерпевают неотвратимое распятие другими силами, одной из которых оказывается язык и которые, в притче о Соломоновом решении (3 Цар. 3: 16–18), готовы разорвать младенца. Возможно ли на самом деле достичь подлинного диалога и взаимодействия между взрослым «я» и младенческим Другим, которые разделены вопросами власти и голоса? Способен ли язык по самой своей природе уловить неуловимый инфантильный субъект, не уничтожая его и не подменяя его сути? Согласно Белому, единственная надежда на достижение подобного символического синтеза и высот теории и практики символизма лежит в моментах поэтического ясновидения, когда взрослый может «другими средствами» восстановить младенческое сознание. Таким моментом является повесть «Котик Летаев», особенно ее начало, где изображено обращение течения времени вспять и дана предыстория распятия в символистском ключе, как его понимает Белый, требующегося для обретения речи. Это позволяет взрослому пройти сквозь зеркальную поверхность, чтобы приблизиться и обнять своего отстраненного младенческого Другого — или того, что на самом деле оказывается простым отражением или проекцией его собственного «я».

Интерес Шкловского к повести Белого иллюстрирует его внимание к инфантилистской практике авангарда в гораздо более широком контексте, чем непосредственно связанные с ним деятели, ставшие главными героями этой книги. Действительно, хотя его ранние увлечения были непосредственно связаны с искусством, лингвистикой, футуризмом и авангардом, теоретическое внимание зрелого Шкловского расширяется, охватывая гораздо более широкий спектр литературных исследований инфантильности — Сервантеса, Стерна, Белого, Толстого, Горького (перечислим лишь некоторых). Как показывает Шкловский в своих теоретических сочинениях и открытиях, инфантилистская эстетика не ограничивается авангардом, символизмом, метафизической поэзией, литературой XX века, Белым, Горьким или Толстым или же пантеоном русских писателей; сходный интерес к наивной перспективе и использованию ее остраняющих эффектов существует и у писателей западной — и не только западной — традиции.

Инфантилистская эстетика по самой своей природе является империалистической, поскольку, когда художники, писатели и теоретики прослеживают сущность вещей до самого их истока и устремляются к началам памяти, они в своей гордыне жаждут найти обобщающий универсальный опыт в уменьшенной вселенной и фундаментальных основаниях языка и искусства. Поиск истоков языка, искусства, осознания и новых перспектив, ведущих к возрождению и воскрешению языка и искусства — будь то авангард в его неустанном стремлении к радикально новому и небывалому прежде пространству или любое другое литературное или художественное движение — последовательно возвращается к универсальному и индивидуальному младенческому истоку человечества.

Инфантилизм в собственной прозе Шкловского

Роль некоторых литературных предшественников, особенно Стерна и Толстого, не ограничивается влиянием на теоретические построения Шкловского, поскольку они влияют и на стиль его художественных произведений. В его сочинениях имеются многочисленные параллели с беспорядочными отступлениями и вниманием к форме Стерна и отрезвляющей внезапностью толстовского остранения, хотя Шкловский также развивает свой собственный уникальный прозаический стиль, который характеризуется сегментированными конструкциями, резкими сдвигами и неожиданными переходами, как это хорошо заметно в «Ходе коня». Они вызывают у читателя чувство остранения и даже воспроизводят суть и эффект инфантильного, несмотря на тщательную выстроенность конструкций. Такими инфантильными моментами полна книга воспоминаний Шкловского «Третья фабрика» (1926) [Шкловский 1926], которая открывается «пусканием» в инфантильный мир детской игрушки [Там же: 13]; сюда же относится и его замечание, что для ребенка жизнь «ощутима вся» [Там же: 134] а также главка «Детство второе», изображающая переживание мира заново с инфантильной перспективы. В какой-то момент Шкловский в типичном для него стиле пересказывает: «Он засмеялся, когда в первый раз увидел лошадь, он думал, что это в шутку она сделала четыре ноги и длинную морду» [Там же: 13]. Ребенок реагирует смехом на незнакомую форму лошади; в отличие от привычного взрослого наблюдателя, он все еще *видит* четыре ноги и длинную морду лошади, которые кажутся ему странными и комичными. Подобно коню Холстомеру, который остраняет мир людей, ребенок остраняет саму лошадь. Таким образом, Шкловский даже в своих автобиографических произведениях проявляет тот интерес к детскому восприятию, который лежит в основе его теоретического интереса к наивной перспективе.

Любопытные образцы теоретических представлений Шкловского также встречаются среди его произведений для детей. По сути, эти поздние детские сочинения[57] служили для Шкловского альтернативным способом выразить свои теоретические идеи, когда в 1930 году он под давлением был вынужден отказаться от

---

[57] Увлечение Шкловского детской литературой оказалось продолжительным; в 1966 году он собрал статьи, написанные на протяжении нескольких десятилетий, в сборник [Шкловский 1966a].

своих формалистских взглядов[58]. В них необычность и удивление, присущие инфантильной точке зрения на мир, сливаются с идеями остранения и наивной точки зрения, носящими более теоретический характер. В детских рассказах Шкловского эти идеи находят свое воплощение в более простых метафорах, формирующих синекдоху по отношению к теоретическим понятиям, которые они представляют. Ключевые идеи Шкловского, связанные с инфантильным восприятием, наивной перспективой, отчуждением или остранением, находят новую жизнь в литературе для детей и иллюстрированных книгах для самых маленьких, например, когда писатель использует точку зрения страуса-изгнанника, говоря о Гражданской войне в «Нанду II» (1928) [Шкловский 1928], или полагается на инфантильное восприятие сбитого с толку щенка, экзистенциально подавленного миром и его явлениями, в «Сказке о тенях» [Шкловский 1931]. Примечательно, что короткая, рубленая проза Шкловского с ее резкими и неожиданными переходами хорошо вписывается в стилистику абсурдистских текстов и форму иллюстрированный книги; таким образом, стиль его прозы оказывается наивным и инфантильным по своей сути. При ближайшем рассмотрении детские книги Шкловского обнаруживают неожиданную теоретическую и философскую глубину, скрытую за эзоповым языком [Loseff 1984].

Рассказ Шкловского 1928 года «Страус» о страусе, который стал свидетелем Гражданской войны, например, можно рассматривать в контексте теоретического интереса Шкловского к наивной перспективе и инфантилистской эстетике в целом. После публикации в детском ежемесячном журнале «Еж» [Шкловский 1928а] рассказ в том же году вышел отдельным иллюстрированным изданием под названием «Нанду II» (рис. 30). Выбор страуса в качестве главного героя, главного приема в рассказе соотносит-

[58] К концу 1920-х годов усилившееся давление на искусство вынудило его отмежеваться от русской школы формализма, к основанию которой он имел непосредственное отношение, а к 1930 году обстоятельства даже вынудили его отречься от своих формалистских взглядов в статье, опубликованной в «Литературной газете». См.: Шкловский В. Памятник научной ошибке // Литературная газета. 1930. 27 янв.

ся с концепцией остранения и наивного. Если Шкловский передает здесь суть остранения в наивной и предельно доступной манере, то это отчасти результат цензуры, ограничивающей его простейшими формами выражения. Как и другие писатели, увлеченные инфантилизацией, захватившей постепенно русский авангард, который находил спасение от цензуры и политического давления в детской литературе, Шкловский прибегает к эзопову языку, скрывающему глубокие идеи под поверхностной наивностью, позволяя им остаться незамеченными и беспрепятственно пройти цензуру. Можно сказать, что Шкловский возвращается к методам некоторых ранних образцов остранения у Толстого, таким как басни в духе Просвещения и дидактические рассказы для детей. Играя роль страуса, засунувшего голову в песок, автор исследует невинное как средство трансляции, передавая некоторые свои теоретические идеи в иной форме.

Выбор страуса в качестве фокальной точки для беспристрастного рассказа о войне помещает локус перспективы наивного зрителя так, что остраняет объект. Вспомним, как в статье «Искусство как прием» Шкловский обращает внимание на странность войны, к которой люди, — что, возможно, еще более странно, — привыкают. Он пишет: «Автоматизация съедает... страх войны» [Шкловский 1990: 63]. Выбор Шкловским главного героя мотивирован потребностями ребенка-читателя, поскольку ограниченное понимание страусом обстоятельств вокруг него напоминает понимание войны ребенком или инфантильную точку зрения на мир в целом. Повествование строится на двойственности, созданной напряжением между тем, что страус знает и чего не знает. Страус, следовательно, действует как комический наивный герой, напоминающий детский вариант Дон Кихота, изображенного в виде животного. Очевидно, что решение Шкловского изложить рассказ о Гражданской войне с наивной точки зрения страуса восходит к написанной раньше повести Толстого «Холстомер», эффект остранения в которой стал предметом подробного анализа в статье «Искусство как прием».

Действие рассказа Шкловского происходит в степях под Мелитополем, на месте боев между белыми и красными во время

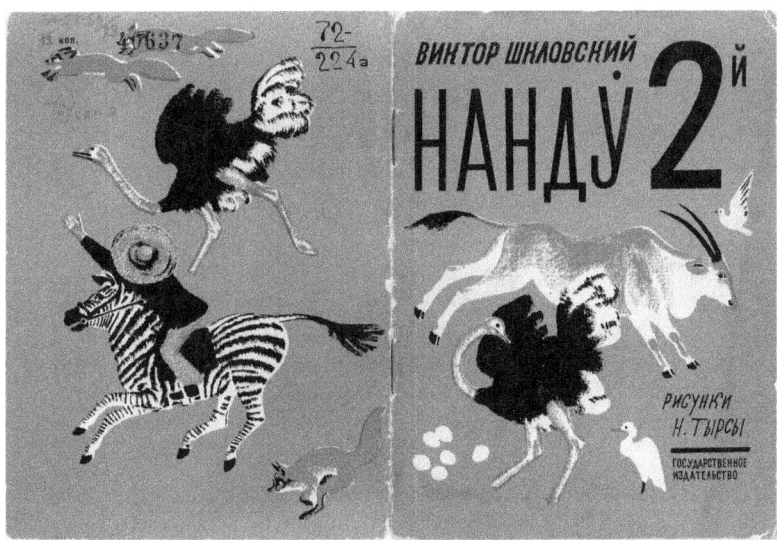

Рис. 30. Обложка Н. Тырсы для книги В. Шкловского «Нанду II», 1928 год. Российская государственная библиотека, Санкт-Петербург, Россия. Используется с разрешения семьи Шкловских

Гражданской войны. В начале повествования читатель погружается в новые обстоятельства одновременно с героем, недавно приехавшим из-за границы. «Когда страус приехал из Гамбурга в степь под Мелитополь, он удивился больше всего перелетным птицам: их было здесь несметное число. Если бы его сюда не привезли — по своей воле он никогда не прибежал бы» [Шкловский 1928: 3]. Такое начало, как и рассказы о путешествии, определяет главного героя как изгнанника. Подобно Шкловскому, который в 1922–1923 годах жил в эмиграции в Берлине[59], страус прибывает из Германии. Действительно, сопоставление изгнания и экзотического животного Шкловский уже сделал

---

[59] Во время своего пребывания в Берлине Шкловский опубликовал два своих наиболее удачных романа — «ZOO, или Письма не о любви» (1923) и «Сентиментальное путешествие» (1923), что находит отражение и в более поздних статьях, опубликованных в книгах «Ход коня» и «Гамбургский счет».

раньше, в эпистолярном романе «ZOO, или Письма не о любви» (1923), опубликованном в берлинской эмиграции[60]. В «Письме шестом» этого раннего произведения, представляющего собой символический рассказ об опыте эмиграции[61], не говоря уже о людях, находящихся в заключении, главный герой — эмигрант идентифицирует себя с обезьяной за прутьями клетки.

> В остальное время лазит обезьян по клетке, косясь на публику. Сомневаюсь, имеем ли мы право держать этого своего дальнего родственника без суда в тюрьме. И где его консул? Скучает небось обезьян без дела. Люди ему кажутся злыми духами. И целый день скучает этот бедный иностранец во внутреннем Zoo [Шкловский 1966: 191].

Так же, как главный герой метко озаглавленного «ZOO» идентифицирует себя с «этим бедным иностранцем», Шкловский предлагает читателю идентифицировать себя со страусом, который будет служить локусом точки зрения в «Нанду II». В дополнение к очевидной общности идей между его критическими произведениями и прозой, такое сходство также показывает, что взрослая и детская проза Шкловского составляют единое целое.

По мере того как страус начинает ощущать воздействие войны, нарратив отражает эти новые наблюдения с его непонимающей и остраненной точки зрения. К примеру, услышав звуки выстрелов, Нанду принимает их за природные явления — гром и молнию: «А в небе была гроза без молнии и дождя. Просто громыхало» [Шкловский 1928: 9]. В соответствии со своими наблюдениями в отношении Толстого, Шкловский называет вещи именами, традиционно используемыми для других вещей, чтобы остранить то, что описывает. Его псевдопримитивное построение

---

[60] См.: Шкловский В. ZOO, или Письма не о любви в [Шкловский 1966: 165–267].

[61] Темы, связанные с изгнанием, включают незнание следующего поколения о своих корнях, сравнение изгнания с пленом и такие мотивы, как постоянная скука, отчужденность от своего окружения, бюрократические вопросы и потребность в эмигрантских газетах.

остраняет стрельбу и военные действия в силу наивной фокусировки сознания, обращенной к аналогиям с природой, чтобы нечто противоестественное по своей сути снова стало выглядеть странным. К концу рассказа даже страус тем не менее привык к стрельбе — как и Толстой пишет о привыкании к войне: «Нанду II не боялся выстрелов. Привык», — а затем резким сдвигом меняет внутреннюю перспективу страуса на интонацию, несущую комический эффект: «И голова у него маленькая» [Там же: 18]. Однако наивные моменты, такие как проявления дикости со стороны страуса, являются комическими вершинами истории. Например, крушение жизни Нанду, вызванное последствиями Гражданской войны, ярче всего выражено тем, что он свободно бродит и, подобно ребенку, с ликованием нарушающему запреты тех, кто о нем заботится, ест столько камней и мусора, сколько ему угодно. «Нанду II гулял по двору и пользовался тем, что камешков и мусора на дорожках в парке стало больше. За ним никто не следил, и он глотал камешки в свое удовольствие» [Там же: 10]. Сопротивляясь окаменению, он уверенно испытывает на вкус каменистость камней. Страусу свойственна инфантильная реакция на свободу, вызванную разрушениями военного времени и революцией.

Комический финал рассказа и близкое столкновение Нанду с историей и реальными историческими фигурами также связаны с инфантильной темой проглатывания несъедобных предметов. Проглотив солдатские часы и важное донесение — и вмешавшись тем самым в историю, — страус проявляет невинную реакцию, не понимая, в чем состоит его проступок: «Страус стоял, мигая розовыми веками» [Там же: 18]. Погоня завершается сценой, описанной в свойственной Шкловскому манере остранения, но с применением скорее метатезы, чем сравнения; не атлет сравнивается со страусом, а страус с атлетом: «Страус бежал тихо, не слышно было его дыхания. Его глаза были спокойны. Он бежал вольным, гимнастическими шагом, как длинноногий англичанин-спортсмен в гимнастических туфлях. И тикали в нем часы» [Там же: 18–19]. Здесь страус встречается с героем войны Буденным, прославляемым в рассказе. Так наив-

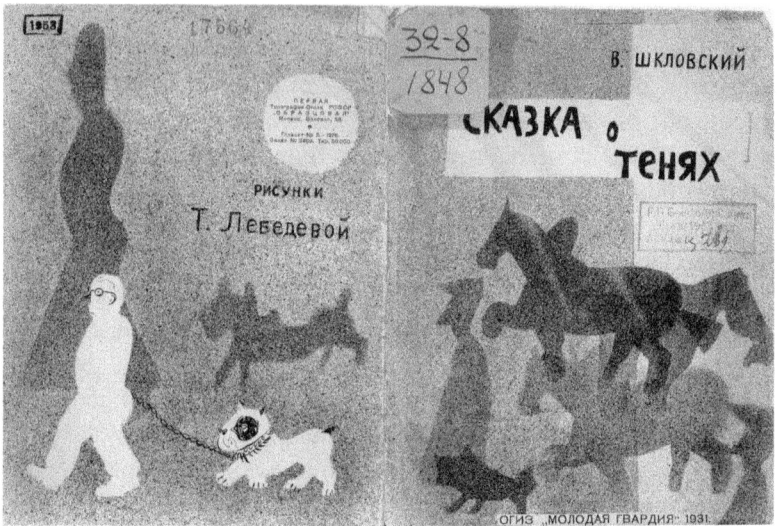

Рис. 31. Обложка «Сказки о тенях» В. Шкловского, оформление Т. Лебедевой, 1931 год. Российская государственная библиотека, Санкт-Петербург. Используется с разрешения семьи Шкловских

ная перспектива, лишенная полноты понимания, сталкивается с реальной историей и порождает свежую и непредвзятую точку зрения на события и их последствия. «Невинный глаз» страуса дает одновременно бестиарную, наивную и инфантильную перспективу. Подобно часам в брюхе крокодила — заклятого врага Капитана Крюка в «Питере Пэне» или часам Белого Кролика в «Приключениях Алисы в Стране чудес», время здесь представляет собой определяющий символ взрослой жизни. Хотя подчиненность взрослых времени часто высмеивается в детской литературе, часы выполняют функцию напоминания тем взрослым, кто, как Дж. Барри или В. Шкловский, ищет укрытия от времени, реальности или цензуры в конструировании детского или детской литературы, что возращение в страну Нетинебудет — это просто иллюзия. Часы продолжают тикать, политическая бомба замедленного действия остается на взводе, и история продолжает свое течение.

Если в рассказе о Гражданской войне и страусе Шкловский использует наивную перспективу, чтобы осветить что-то странное и незнакомое для аудитории школьников, то иллюстрированная книга, которую он написал несколькими годами позже, использует наивную точку зрения для обращения к детям более младшего возраста. Редкое издание «Сказки о тенях» (1931), прекрасно оформленное художницей Т. Лебедевой (рис. 31), раскрывает тему тени с точки зрения, доступной даже самым маленьким детям. И сама книга, и ее целевая аудитория ближе к младенческому переживанию мира. «В сказке о тенях» Шкловский снова помещает нарративную перспективу в наивное животное, хотя на этот раз она заключена в щенке — бестолковой молодой собаке, незнакомой с окружающим миром. Все, что он видит, он видит впервые, а потому интерпретирует буквально. Простота щенка придает большую глубину, поскольку символизм и философская значимость онтологических дилемм, с которыми сталкивается щенок, достигают экзистенциальных масштабов.

Главным героем иллюстрированного издания «Сказки о тенях» становится «совсем глупый щенок»[62], который не может даже запомнить фамилию своего хозяина (как можно заподозрить по сходству, — Шкловский). Интонация начала рассказа простая и отрывистая, что типично для авангардных произведений для детей того времени:

> Жил в Александровском переулке совсем глупый щенок.
> А его самого звали Рощиком.
> Хозяин Рощика писатель, у него жена и трое детей.
> Сосчитай.
> Фамилию хозяина Рощик не выучил.
> Рощику три месяца.
> Он совсем глупый щенок [Шкловский 1931: 1].

---

[62] Такого рода подтрунивание над персонажем можно сравнить с «Анегдотами из жизни Пушкина» Д. Хармса [Хармс 1997–2003, 2: 356–358], а сама идея уязвимого щенка загадочным образом отсылает к подписи Маяковского и к его большой любви к животным.

Вербальное и визуальное представление антуража и персонажей щенячьего мира, дополненное прямым требованием, обращенным к ребенку-читателю, пересчитать их, завершается повторением утверждения о том, что Рощик — совсем глупый щенок. Но на этот раз приводится объяснение глупости щенка: ему всего три месяца.

Таким образом оказывается, что щенок просто наивен или «совсем» не имеет жизненного опыта. Несмотря на недвусмысленное заявление о глупости персонажа, темой рассказа становится наивная и инфантильная перспектива, поскольку антропоморфизированный щенок представляет собой эквивалент «младенца/ребенка». В этом отношении книжка с картинками для маленьких детей прибегает к свойственной теоретической концепции остранения Шкловского наивной перспективе. Точно так же его сравнение «приема остранения» с описанием вещи, «как в первый раз виденной» [Шкловский 1990: 64], применимо к опыту «глупого» персонажа.

Будучи совершенно неопытным и не имея эмпирических знаний, он все видит впервые. Все обыденные события для него странны и незнакомы, и конфликты в рассказе возникают из-за его попыток постигнуть мир с этой наивной точки зрения. Таким образом, он дает Шкловскому нужную точку зрения, позволяющую остранить тему «теней» и поиграть с абсурдистскими и экзистенциальными интерпретациями эмпирических наблюдений щенка о тенях (рис. 32 и 33).

Поначалу глупость щенка представлена как невежество или парализующая неопределенность неведомого. Щенок изображается настолько невежественным, что не знает, с какой лапы ему следует встать утром. Он парализован слишком большим количеством возможностей (ведь лап у него четыре), так что он вообще не знает, как встать:

> Такой он глупый, что утром не знал, с какой лапы встать.
> С правой передней? Или с задней левой?
> А лап у него четыре.
> Так и лежал до 12 часов дня, шевеля лапами [Шкловский 1931: 2].

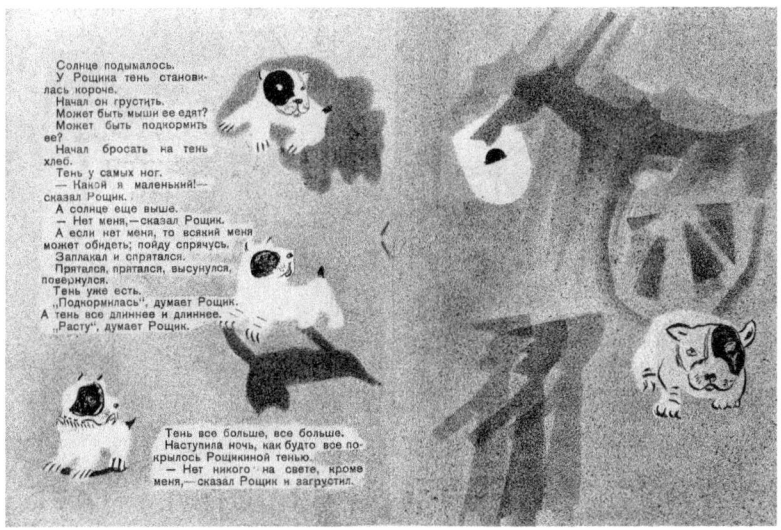

Рис. 32. Иллюстрации Т. Лебедевой к «Сказке о тенях». Российская государственная библиотека, Санкт-Петербург. Используется с разрешения семьи Шкловских

Несмотря на кажущуюся комическую простоту, под поверхностью скрываются философские глубины, поскольку эта абсурдная ситуация сводится к философской головоломке, родственной апориям Зенона, которые сами по себе являются логической задачей и классическим примером *reductio ad absurdum*. Его проблема состоит в том, что он живет умом, а не телом, и поэтому парализован нерешительностью. В этом отношении рассказ Шкловского напоминает произведения современных ему писателей-авангардистов, таких как обэриуты, о которых пойдет речь в следующей главе и которые рассматривали вопросы бытия через призму абсурда. В то же время когнитивная задача, которую он ставит, предполагает участие логики ребенка в совместном переживании истории и выстраивании ее смысла, вроде предложения пересчитать членов семьи писателя. Таким образом текст дает ребенку возможность почувствовать, что он знает больше, чем щенок, и опознать абсурд.

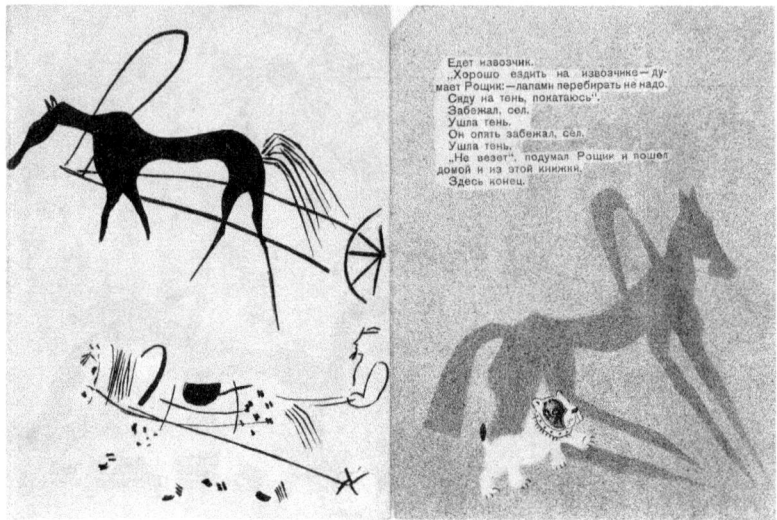

Рис. 33. Иллюстрации Т. Лебедевой к «Сказке о тенях». Российская
государственная библиотека, Санкт-Петербург. Используется
с разрешения семьи Шкловских

Хотя рассказ нацелен на раскрытие темы теней, время также
обретает в нем большую значимость. Любопытно, что гномоном
солнечных часов становится сам щенок.

> Лег Рощик спать и заснул.
> Проснулся он.
> У людей в городе было 4 часа.
> Смотрит Рощик, тень у него длинная-длинная, потому что
> солнце стоит низко.
> Рощик же этого не знал. / Он думал, что сам такой большой.
> — Какой я большой! — говорит.
> Прямо я не щенок, а медведь.
> И какой я красивый.
> Лег и смотрит на свою тень [Там же: 4].

Увидев тени «впервые», щенок Рощик толкует их буквально.
Он считает, что связь между тенью и предметом прямая. Впечат-
лительный щенок — с отсылкой к нарциссизму — восхищается

своей большой тенью. Не имея знаний, на которые можно опереться, он, словно в пещере Платона, основывает свои умозаключения непосредственно на своем инфантильном восприятии или на простых эмпирических наблюдениях за миром. Несмотря на то что с искушенной позиции его выводы абсурдны, они абсолютно логичны с наивной и ограниченной точки зрения невинности. Он просто не в состоянии провести различие между философскими понятиями феномена и ноумена. Благодаря наивной точке зрения щенка обыденные столкновения с предметом и его тенью и другими свидетельствами течения времени остраняются, будучи вырванными из привычного контекста, и обособляются для философского исследования. Озадачивающие явления вызывают простые вопросы сократовской природы, детскую форму удивления, которая ведет к философии. Напоминая в некоторых отношениях описание Кандинским детского взгляда на вещи, Шкловский здесь отображает введение в наивную точку зрения.

Буквальная интерпретация щенком явлений, которые он наблюдает, порой приводит к ужасающим в экзистенциальном отношении выводам. Рощик, сделав вывод, что он большой, так как его тень большая, затем должен столкнуться с ситуацией, когда его тень съеживается и исчезает.

> Солнце подымалось.
> У Рощика тень становилась короче...
> — Какой я маленький! — сказал Рощик.
> А солнце еще выше.
> — Нет меня, — сказал Рощик.
> А если нет меня, то всякий меня может обидеть; пойду спрячусь.
> Заплакал и спрятался.
> Прятался, прятался, высунулся, повернулся.
> Тень уже есть [Там же: 5].

С одной стороны, книга иллюстрирует, насколько пугающим кажется мир с инфантильной или наивной точки зрения, незнакомой с тем, с чем она сталкивается, и с тем, что угрожает ранее сделанным предположениям, при отсутствии эмпирически определенных ожиданий и базовой понятийной основы для работы с новой информацией. Таким образом, в столкновении инфантильного персонажа с неизвестным Шкловский открывает другие, более парадоксальные аспекты «невинного глаза», которые он не признает в своих теоретических работах. В конце концов, идеализированная невинность, неопытность и невежество детского глаза делают мир сбивающим с толку и ошеломляющим; странное и незнакомое вызывает не только удивление, но и экзистенциальный ужас. Подлинно наивный и инфантильный субъект ищет в столкновении со странным и незнакомым миром знаний, опыта и понимания, а не наслаждения невежеством и свежих впечатлений. Таким образом, эта книга предлагает критику идеализации Шкловским наивной перспективы.

Простота книги и легкие комические штрихи скрывают серьезные экзистенциальные темы. Утверждения вроде «нет меня» подразумевают тему самоуничтожения, которая все больше становится частью пути развития авангарда наряду с его принудительной инфантилизацией. Это также является отражением экзистенциальной угрозы и потери репутации, которую ощущал сам теоретик формализма, достигший большого авторитета и восхищавшийся своей огромной тенью. Именно в этот период на Шкловского оказывалось давление, с тем чтобы он дистанцировался от своих теоретических убеждений. Как и у многих других, его реакцией стал поиск прибежища в детской литературе. Этот пример показывает парадоксальную глубину, которая, как мы видим, находит выражение в таких простых формах. Это произведение, как и многие другие в то время, может быть прочитано как аллегория, содержащая тонкие градации смысла и глубины эзопова языка. Нарциссизм и отчаяние щенка могут отражать собственные переживания Шкловского в момент потери славы, когда он начал писать детскую литературу.

Несмотря на присутствие экзистенциальных моментов, подход к когнитивному развитию в «Сказке о тенях» по сравнению с другими произведениями Шкловского для детей непривычно абсурдистский и игровой. Этот менее серьезный тон можно объяснить духом детских журналов «Чиж» и «Еж» и влиянием писателей-авангардистов, которые были основными авторами этих журналов в данное время. На подобное влияние, например, указывает сходство с задачками на сообразительность и ребусами, регулярно появлявшимися на страницах этих журналов. Рассмотрим одну такую головоломку:

Едет извозчик.
«Хорошо ездить на извозчике — думает Рощик: — лапами перебирать не надо.
Сяду на тень, покатаюсь».
Забежал, сел.
Ушла тень.
Он опять забежал, сел.
Ушла тень.
«Не везет», подумал Рощик и пошел домой и из этой книжки.
Здесь конец [Там же: 10].

Здесь рассказчик мягко подтрунивает над щенком, который не различает объекты и их проекции и пытается проехать на тени, рассматривая ее, как и Питер Пэн, как нечто материальное. В то же время ребенку-читателю предлагается повести себя умнее. После краткого и отрывочного описания данного эпизода внезапный метапоэтический финал дает щенку возможность покинуть страницы книги материально и нематериально одновременно. Избыточное уведомление читателя, что он дочитал до конца — «Здесь конец», — также отражает стиль современников-авангардистов вроде Хармса, о которых пойдет речь в следующей главе. Однако, будучи спроецировано на собственные обстоятельства Шкловского, — его статус попутчика авангарда с его революционной эстетикой и неожиданный конец возможностей для него высказывать свои воззрения как теоретика формализма, — это уведомление приобретает более символический характер. Авангардистские устремления и формалистские амбиции Шкловского исчезли, как тень под его ногами.

В самом деле, когда в конце 1920-х годов начались гонения на формализм, Шкловский направил свою энергию на детскую литературу, как и многие другие писатели в подобных обстоятельствах. Таким образом, идеологическое давление и цензура маргинализировали и инфантилизировали теорию и практику авангарда. Несмотря на внимание ведущих фигур авангарда, таких как Шкловский, к субъектной позиции ребенка, сам авангард был радикально инфантилизирован. Загнанный в подполье авангард, как несвободный в движениях «конь», который «ходит в бок потому, что прямая дорога ему запрещена» [Шкловский 1923: 9–10], ищет прибежища среди детей. В результате «хода коня», или сдвига, детская литература становится последним бастионом инфантилистской эстетики русского авангарда, но, как я утверждаю на протяжении всей этой книги, авангард был инфантильным с самого начала.

К тому моменту, когда по-настоящему инфантильное столкнулось с инфантилистским, использование авангардом младенчества как приема получило неожиданные последствия. Тем не менее конфронтация между теоретическим конструктом ребенка и предполагаемым читателем этих иллюстрированных книг также высвечивает, насколько искусственными и оторванными от реальности были теоретические построения формалистов. Ведь младенец не получает удовольствия от состояния безречия, а ребенок не воспевает странность наивной перспективы; наоборот, ребенок ищет слова и знания мира, чтобы победить страх неизвестного. Это подчеркивает, как траектория движения инфантилизма, которая ищет способа обратить время вспять и вернуться в идеализированное состояние младенчества или детства, оказывается ностальгической и несбыточной. Конструирование ребенка в русском формализме не принимало во внимание собственно ребенка или собственные устремления и движения ребенка; скорее, как и примитивизм, оно просто проецирует отражения «я» в пространстве, где предположительно существует такой странный безмолвный Другой.

Но в то же время достижения инфантилистской эстетики реальны в том смысле, что из интереса к младенчеству как приему возникло признание инфантильного субъекта как такового. Выбор формалистами наивной точки зрения и сопутствующее ему желание занять позицию инфантильного субъекта, пусть само по себе и несбыточное и в определенной степени сомнительное в плане колонизации странного Другого, все же отмечают значительное продвижение в пределах континуума от инфантильного примитивизма к инфантилистской эстетике, поскольку постулирует возможность наличия инфантильного субъекта. Хотя «младенец/ребенок» не обретает речи и ему не дарована субъектность, поскольку искусственное воссоздание не может этого воплотить, инфантильная эстетика теории русского формализма серьезно продвигает авангардный конструкт «младенца/ребенка» вперед, от безречия к речи и от объектности к субъектности. Так типичная для авангарда инфантильная модель — в данном случае младенчество как прием стратегического сдвига и парадоксальная проницательность наивности детского взгляда — становится абсолютным и всеобъемлющим стандартом для всей художественной критики.

Глава четвертая

Детское сознание: Даниил Хармс, детский алогизм и литература абсурда ОБЭРИУ

> В инкубаторе я просидел четыре месяца. Помню только, что инкубатор был стеклянный, прозрачный и с градусником. Я сидел внутри инкубатора на вате. Больше я ничего не помню.
>
> *Д. Хармс. Инкубаторный период*
> [Хармс 1997–2002, 2: 84]

Если Анри Бергсон первым связывает смех и комизм с «оживающими чувствами детства» [Бергсон 1992: 48], то Зигмунд Фрейд доводит эту мысль до логического завершения, связывая комическое с инфантильным состоянием сознания. В работе «Остроумие и его отношение к бессознательному» (1905) Фрейд прослеживает развитие остроумия до «погружения в бессознательное», с тем чтобы «вновь завладеть детским источником удовольствия» [Фрейд 2006: 164], а в теоретическом обсуждении инфантильного и комического он определяет комизм как «пробуждение инфантильности» или «вновь приобретенный "утерянный детский смех"» [Там же: 218]. Нигде такая связь комического с инфантильностью, вопреки закону разума, не может быть так очевидна, как в абсурдистской литературе русского поэта и прозаика Даниила Хармса (1905–1942) (рис. 34). Произведения этого автора — представителя позднего авангарда — являют собой инфантильный вызов взрослому разуму, использующий детский алогизм ради комического эффекта[1]. Хармс сочиняет инфантильную бессмыслицу — независимо от того, пишет ли он для детей или для взрослых, — наполненную младенцами и детьми, пронизанную младенческими забавами и юмором, созданную под влиянием детской логики и фольклора. Давая право голоса ребенку под предлогом комизма и метатекстуальной игры, Хармс выводит инфантилизм авангарда на уровень «инфантилистской» эстетики. Его мрачная комическая проза не лишена экзистенциального и морального измерения; сочиняя инфантильное, Хармс дает право голоса неговорящему субъекту, который иначе остался бы бессловесным. Однако противоречие остается, поскольку, как утверждает Яковлевич, «младенческое состояние нельзя запомнить, только вообразить. В своей немоте оно предается языку. И как только оно обретает речь, оно не может высказать свою немоту» [Jakovljevic 2009: 161]. Как и Белый, Хармс остается в ловушке инфантилистского противоречия.

В приведенном выше прозаическом фрагменте из «Инкубаторного периода» (1935) Хармс делает нелепое утверждение, будто он помнит, что видел, будучи недоношенным младенцем, помещенным в инкубатор в течение первых четырех месяцев своей жизни[2]. Этот образцовый в своей абсурдности рассказ о необычайной памяти и раннем самосознании противоречит широко распространенному и хорошо задокументированному психологическому феномену инфантильной амнезии[3] и наделяет недо-

---

[1] Александров связывает алогизм Хармса с ребенком: «Этот алогизм именно детского и чудаковатого всегда комичен» [Александров 1991: 26]. Об алогизме у Алексея Кручёных см. в [Firtich 2004].

[2] Более подробное обсуждение темы инфантильной амнезии в автобиографических отрывках Хармса и Толстого см. в [Pankenier 2009].

[3] Отличный обзор предыдущих исследований по этому вопросу, в котором также предлагается объяснение инфантильной амнезии, см. в [Howe, Courage 1993]. Авторы постулируют, что автобиографическая организация информации в пространственно-временном контексте зависит от независимого самоощущения и личной системы отсчета.

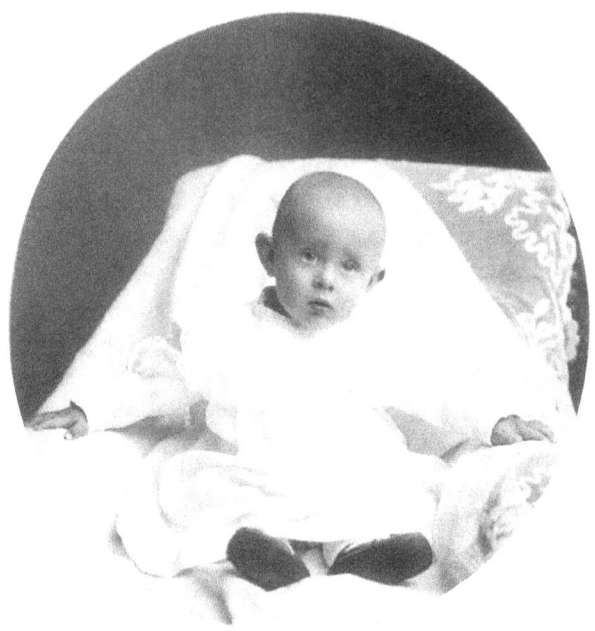

Рис. 34. Фотография Даниила Ювачева (Хармса), сделанная Левицким, 1906 год. Опубликовано в [Глоцер 2000]. Личный архив В. И. Глоцера, публикуется с любезного разрешения издателя

ношенного ребенка сознанием, мышлением и памятью. В результате он порождает образ наделенного самосознанием гомункула, запертого в инкубаторе, или взрослого сознания в теле младенца. В этом и в другом якобы автобиографическом рассказе (в указанном издании он следует перед рассмотренным) нарратив подменяет младенца взрослым, а взрослого младенцем. Читатель, понуждаемый нарративом ощутить эту явную подмену, видит комический разрыв, который возрождает «утерянный детский смех», если воспользоваться выражением Фрейда, написанным 30 годами ранее.

В этом смысле мы видим, что механизмы юмора у Хармса согласуются со взглядами на комическое и инфантильное, изложенными его современниками Анри Бергсоном и Зигмундом

Фрейдом. Эстетическая приверженность Хармса удовольствию и игре, когда речь идет о языке и логике, так же как и комическое повторение и инверсия, выглядят вполне в духе Бергсона[4], тогда как более темные черты юмора Хармса вызывают в памяти теории Фрейда. Фрейд проводит сходное различие, хотя и слишком упрощает Бергсона:

> Если мы еще продолжим попытку найти сущность комизма в подсознательном распознавании инфантильности, то должны будем сделать шаг вперед в сравнении с Бергсоном и признать, что сравнение, из которого вытекает комизм, должно пробудить не только прежнее детское удовольствие и детскую игру, но и затронуть детскую сущность вообще; быть может, даже детское страдание [Фрейд 2006: 218–219].

Действительно, мрачный юмор и жестокость комизма прозаических произведений Хармса вызывают мысли о страданиях ребенка. Смех, который они вызывают, граничит со злорадством или фарсом. В этом отношении они напоминают обыденную жестокость детского фольклора, который не подвергался цензуре, создан самими детьми и составляет контраст ребенку, каким его представлял Толстой[5]. Хармс часто использует наивно вульгарные или скатологические шутки, которые типичны для инфантильного юмора и нацелены на то, чтобы спровоцировать у ребенка смущение[6]. Комическое смущение, в котором, как

---

[4] Хилари Финк также говорит о комизме в понимании Бергсона по отношению к Хармсу, но сосредоточивается на его оппозиции к Канту. См. [Fink 1998].

[5] Элизабет Такер цитирует исследование Луизы Эймс [Ames 1996], в котором обнаруживается «действительно примечательная озабоченность насилием в возрасте от двух до пяти лет; по мере взросления форма насилия меняется от ударов до падения и, наконец, убийства или смерти» [Ibid.: 396]. См. также [Gainer 1980]. Более поздние работы на эту тему см. в [Tucker 1995]. См. также [Beresin 1996]. Южнославянские примеры см. в [Sikimic 1996].

[6] В статье 1995 года Сильвия Энн Грайдер с радостью отмечает тот факт, что «ученые также, наконец, исследуют ранее табуированные темы, такие как использование детьми непристойностей и скатологических материалов». См. [Grider 1995: 16].

утверждал Фрейд, «мы вновь находим беспомощность ребенка» [Там же: 219], оказывается центральным механизмом комедии у Хармса, сопряженной с бесправием ребенка. Четкие границы игры, маркирующие ее как несерьезную («это игра» [Бейтсон 2005]), помогают установить переделы эмоциональной реакции и выдерживать определенную дистанцию, содействуя комическому эффекту, поскольку, как сказал Бергсон, «у смеха нет более сильного врага, чем переживание» [Бергсон 1992: 11]. Однако если читатель допустит более глубокие смыслы смеха, то возникает еще один пласт значений и оказывается, что он имеет этический коррелят, и инфантильный субъект в сочинениях Хармса служит одним из устойчивых ключей к этим этическим измерениям. Инфантильное представляет собой не только источник смеха и комизма; «младенец/ребенок» также выступает в роли символической жертвы, способной раскрыть этические и экзистенциальные смыслы текста. На более глубоких уровнях текста преобладают вопросы власти, связанные с маргинальным положением «ребенка/младенца». В этой главе прослеживается, каким образом Хармс как автор пытался даровать речь и придать агентость младенцу/ребенку, погружаясь в игровое выстраивание детского мышления.

Многослойное послание

В абсурдистских произведениях Даниила Хармса первоначальное сопротивление интерпретации впоследствии уступает место богатству интерпретаций, которое требует вовлеченности и участия искушенного толкователя в построении смыслов. Подобная двойственность характеризует глубокую простоту, являющуюся достижением инфантилистской эстетики русского авангарда. Практика инфантильного примитивизма привела к упрощению средств, которое сначала проблематизирует отношения означающего и означаемого, а затем освобождает процесс означивания от необходимости окончательного смысла. Абсурдистский алогизм Хармса выходит на новый уровень, поскольку водораздел между означающим и означаемым пролегает теперь не в плоскости слова, но в плоскости развития сюжета или развития логических ожиданий и каузальности. Упрощенное в плане формы беспредметное художественное произведение представляет собой минималистичную поверхность, противоречащую глубине интерпретации и разрушительным революционным смыслам искусства, которое она несет. Благодаря обращению к эзопову языку как маневру уклонения[7] [Loseff 1984] эстетика авангарда теперь уходит в подполье. Поверхность может одурачить недалекого цензора и приглашает ребенка-читателя почувствовать удовольствие от текста, тогда как порождение смыслов на более глубоком уровне зависит от искушенности и активного вовлечения читателя-знатока, который может расшифровать «смысл в бессмыслице», используя выражение Фрейда [Фрейд 2006: 167].

Примечательно, что обращение к многозначному эзопову языку напоминает такое явление в исследованиях детской литературы, как «двойная адресация»[8]. Подобно цензуре, детская литература всегда должна быть обращена к двойной аудитории, состоящей как из детей, так и из взрослых, которых необходимо ублаготворить, чтобы получить доступ к детской аудитории. Такая ситуация и дисбаланс власти порождают оба типа стилистической двойственности. На одном уровне текст в силу необходимости обращается к обладающему властью и воздействием на цензуру большинству, тогда как другой уровень предназначен для немногих посвященных, читающих отчасти из-за заложенных в тексте подрывных смыслов. Если говорить о советской детской литературе, то таких уровней обращений может быть в два раза

---

[7] Однако эзопов язык применяется только в тех случаях, когда истории должны увидеть свет. Если что-то пишется «в ящик», эзопов язык не нужен, если только цензура не является внутренней.

[8] Фундаментальное исследование «амбивалентного статуса текстов» см. в [Shavit 1986]. Барбара Уолл расширила эти понятия и формы одинарного, двойственного и двойного обращения в [Wall 1991]. См. также вышедший позднее сборник научных подходов к этой теме [Beckett 1999], куда также включена статья Ларисы Кляйн-Тумановой «Writing for a Dual Audience in the Former Soviet Union» (см. [Ibid.: 129–148]).

больше. Оппозициональная природа, присущая этим уровням, также напоминает формулировки Фрейда, поскольку признает силу игры, бессмыслицы и абсурда в противостоянии цензурующим установкам критического мышления или логики. Столкнувшись с социальными репрессиями, Хармс пишет так, будто действительно демонстрирует идею Фрейда об употреблении бессмыслицы для воссоздания старых свобод [Там же: 120–121]. Для Хармса ребенок одновременно символизирует высшую степень уязвимости статуса жертвы, как показано в его произведениях для взрослых, и революционную и освобождающую силу игры, активной деятельности и голоса протеста, как показано в его произведениях для детей.

Таким образом, для Хармса «младенец/ребенок» является источником смеха, символической жертвой и освобожденной формой дискурса. Как мы увидим, «младенец/ребенок» также представляет собой странного Другого[9], и перспектива остранения идеальна для порождения бессмыслицы, зауми и абсурда. В самом деле, творчество Хармса предвосхищает более широкую традицию абсурда, что слишком редко признается западной критикой. Тем не менее существуют важные точки соприкосновения. Например, Мартин Эсслин в своем фундаментальном исследовании «Театр абсурда» [Эсслин 2000] в западном контексте связывает абсурд с традицией нелепиц, потешек и детского фольклора, что в равной степени применимо к изучению Хармса как более раннего автора. Эсслин пишет, что бессмыслица, «стремясь прорваться сквозь границы логики и языка... разрушает стены между людьми» [Там же: 349] и, как и Фрейд, говорит о «вожделенном освобождении от пут логики» [Там же: 348]. Однако в российском контексте этот протест оказывается не просто экзистенциальным вопросом, но и фактическим ответом на сильное давление, которому подвергались Хармс и другие

---

[9] Другие исследователи также выделяют такие конструкции младенческого Другого. Например, во второй главе исследования Мартина Колдера о французской и английской литературе обсуждается тема «Другой младенец: дети-маугли и дети в обществе» («The Infant Other: Feral Children and Civil Children»). См. [Calder 2003: 77–138].

писатели в период позднего авангарда. В 1930-е годы советская власть продолжала укрепляться, затрагивая все более широкие сферы, и добралась до литературы и искусства. Поскольку социалистический реализм был впервые сформулирован как доктрина в 1932 году, авангарду грозила все большая опасность — в эстетическом и физическом плане — по мере того как начались сталинские чистки, и интеллектуалов, писателей и художников начали запугивать, арестовывать и расстреливать. К этому времени представители авангарда уже знали, что его дни сочтены. Без ведома писателей ОГПУ, преемником которого позже стал КГБ, составило «Сборник контрреволюционных произведений нелегальной антисоветской группы писателей. Выпуск 1-й» [Jakovljevic 2009: 19]. Как признавало ОГПУ, подрывной потенциал абсурда служил голосом протеста для безгласных.

Прежние исследования установили близкие связи Хармса и его соратников по ОБЭРИУ (Объединение реального искусства) с предшествующими этапами авангарда [Жаккар 1995; Кобринский 2000] и стремились поместить Хармса в контекст абсурдизма, будь то в русской традиции [Müller 1978], с философской точки зрения [Carrick 1998] или в сравнении с западными работами[10]. Однако за одним заметным исключением, которое составляет обширная по объему и охвату монография Томаса Гроба на немецком языке «Daniil Charms' unkindliche Kindlichkeit» («Недетская детскость Даниила Хармса», 1994), инфантильному аспекту его творчества уделялось лишь спорадическое внимание[11], особенно в отношении того, как связаны его произведения для взрослых и произведения для детей, хотя, как отмечают многие, не существует принципиальной разницы между сочинениями Хармса для взрослых и детей, ра́вно как и между сочинениями

---

[10] См. сборник под редакцией Нила Корнелла и статью Жан-Филиппа Жаккара «Daniil Kharms in the Context of Russian and European Literature of the Absurd» в нем [Cornwell 1991: 49–70]. Недавнее исследование на эту тему см. [Токарев 2002].

[11] Кобринский отмечает «инфантильность» в работах Хармса [Кобринский 2000: 120].

для публики и для себя. Бранислав Яковлевич в своей книге «Daniil Kharms: Writing and the Event» («Даниил Хармс: создавая событие») посвящает несколько страниц теме младенчества/рождения и изучению Хармсом детской литературы и отмечает, что «присущее авангарду обновление словесного (и не только словесного) выражения ознаменовалось критическим движением, которое часто признавалось регрессом в сторону инфантилизма и примитивизма» [Jakovljevic 2009: 160]. Существенно то, что использование инфантильного у Хармса позволяет связать его произведения с более ранней практикой авангарда и тем самым сделать важные открытия относительно истоков его абсурдизма. Здесь я намерена опираться на труды тех исследователей, которые устанавливают статус Хармса по отношению к его предшественникам-авангардистам, доказывают, что его следует рассматривать в более широком контексте абсурда, и в первую очередь обращают внимание на инфантильную модальность[12]. Мое исследование направлено на более глубокое изучение проявлений и значения инфантильного у Хармса и утверждает его центральную роль как элемента синтетического понимания Хармса и в общемировом контексте, и в контексте авангарда.

Экзистенциальный аспект абсурда у Хармса вырастает до протеста против ограничений не только логики, но и постреволюционной советской цивилизации, которые смыкались вокруг последних проявлений революционного авангарда. Хармс обретает относительную свободу выражения в инфантильном и детском, не говоря уже о детской литературе. В рамках эстетики, основанной на детском и инфантильном, Хармс выражает протест, скрытый за маской комизма и легкомыслия, и выступает за бесправного. Подрывной элемент в произведениях Хармса отчасти проистекает из тональности устной культуры, включая детский фольклор и другие устные формы комедии, такие как «анегдоты» или «эпигармы» <sic!>, как пишет эти слова сам Хармс

---

[12] Раннее замечание на тему детской речи, языкового творчества и инфантильного слова в авангардной практике сделано Л. С. Флейшманом еще в 1977 году. См. [Флейшман 1975].

[Хармс 1997–2002, 2: 356–358]. Хотя постоянно растущее давление на авангард сужало его возможности и загоняло его все дальше в подполье, Хармс обнаруживает вольницу инфантильности в комизме. Однако это вовсе не означает, что он находит прибежище в инфантилизме как своей последней надежде. Как я утверждала на протяжении всего моего исследования развития инфантилистской эстетики, практика инфантилизма с самого начала была частью эстетики авангарда. Тем не менее на этой поздней стадии, когда авангард столкнулся с возрастающими гонениями, Хармс использует конструкт «младенец/ребенок» как странного Другого, с тем чтобы отразить ограничивающее давление языка и логики, критического разума и сил, которые подвергают цензуре полные игры эксперименты и свободу выражения авангарда. В силу абсурда, порожденного детским алогизмом, Хармс принимает участие в том, что Эсслин назвал «"антилитературным" движением нашего времени» [Эсслин 2000: 27]. Он подрывает язык, логику и построение смыслов в грандиозном финале эстетики русского авангарда[13].

Риторика, окружающая «ребенка»

Важная, хотя и отрицательная роль, которую дети играют в риторике Хармса, парадоксальным образом подчеркивает их значение в его эстетической вселенной. В провокационной манере, свойственной авангардистам того периода, Хармс говорит о неприязни или откровенной ненависти к детям — вопреки или именно благодаря тому, что был известен современникам преимущественно как детский писатель. Его риторика педофобии противостоит культу детства, который господствовал в русской литературе, искусстве и культуре, от произведений Толстого и Достоевского до инфантилизма русского авангарда, рассматри-

---

[13] Энтони Анемоне выразительно пишет об антимире Хармса. См. Anthony Anemone, «The Anti-World of Daniil Kharms: On the Significance of the Absurd» в [Cornwell 1991: 71–93].

ваемого в этом исследовании. В самом деле, наследие Толстого может служить полемическим контрапунктом для вызывающих заявлений Хармса, когда, например, он нападает на детей и стариков: «Я не люблю детей, стариков, старух и благоразумных пожилых», или заявляет: «Травить детей — это жестоко. Но что-нибудь ведь надо же с ними делать!» [Хармс 1997–2002, 2: 88][14]. Бранислав Яковлевич резюмирует и обобщает подобные высказывания Хармса следующим образом:

> В произведениях Хармса дети горят и летают по небу..., их следует бросать в выгребную яму и заливать негашеной известью; их нужно поливать скипидаром или уксусной эссенцией; их разрывают на части бешеные собаки; они ломают свои тоненькие ножки; их травят, обращают в камень и ставят ниже покойников; их считают отвратительными, когда они играют; они визжат и чешутся; у новорожденного циферблат вместо глаз; ребенок падает со скамейки и ломает обе челюсти, а другого бьют кадкой, а еще одного — лицом об кирпичную стену; маленький мальчик есть дрянь из плевательницы, а крыса считается полезным животным, поскольку кусает младенцев в колыбельках [Jakovljevic 2009: 156].

Эти проявления педофобии пронизаны черным юмором. С одной стороны, они представляют собой риторические провокации, направленные на противодействие массовому культу детства, но в то же время выдают фиксацию Хармса на ребенке, вне зависимости от его ценности или лежащей в основе симпатии или антипатии. Направление внимания на самые ранние истоки, скрытые в младенчестве, равносильно антиэкзистенциальному стремлению к регрессивной самоаннигиляции, как писал Хармс: «Склонность к детям почти то же, что склонность к зародышу, а склонность к зародышу почти то же, что склонность к испражнениям» [Хармс 1997–2002, 3: 23]. Если младенчество представляет собой самоаннигиляцию, тогда это объясняет и его непре-

---

[14] Первоначально опубликовано в [Кобринский, Устинов 1991: 503].

одолимое, хотя и непроизвольное, стремление к субъекту, и его антипатию.

Действительно, эти маргинальные по самому факту своего существования субъекты, которых он якобы ненавидит — дети, старики и старухи — образуют ряд самых типичных драматических сюжетов текстов Хармса[15]. Старческое, детское и инфантильное являются исходным материалом для жестокой комедии, но вместе с тем скрытое сочувствие к их неуместности, уязвимости и бесправию также предопределяет их позицию в его произведениях в качестве символических жертв. Как заметил Яковлевич, «животные, дети и пожилые отнесены на сторону слабых. Бесправные и безгласные, они обитают на границе пригодного для жизни мира. Разделенное "я" немо и беззащитно» [Jakovljevic 2009: 173]. Сходным образом, борьба Хармса с импотенцией, цензурой и писательским блоком являет собой символический контраст с плодовитостью, авторитетностью и богатым писательским багажом Толстого. Его безречие и отсутствие власти делают его ближе к ситуации «младенец/ребенок», чем Толстого, который провозгласил себя защитником слабых с сильной позиции. Будучи писателем, автором пространных эпических произведений, он в некотором смысле тоже представляет собой полную противоположность скупым комическим миниатюрам Хармса. Для нигилистического писателя антилитературы Толстой — антихармс, а Хармс — антитолстой.

Хармс, безусловно, восстает против педагогического дидактизма Толстого в области детской литературы. Его собственные произведения для детей отрицают моральное, дидактическое и назидательное и противостоят толстовской дидактической цели и моральному импульсу. Напротив, его антипедагогическая позиция напоминает о подрывной силе детского фольклора. В этом отношении Хармс, несмотря на его риторику ненависти к ребенку, поддерживает подрывные элементы собственно детской культуры, а не идеализированного конструкта ребенка,

---

[15] О насилии над женщинами и детьми в творчестве Хармса см. в [Токарев 2002a].

предложенного Толстым в XIX веке. Хармс, в отличие от Маяковского — еще одной яркой фигуры авангарда, создавшей поэтические строки о том, что ему нравится смотреть, как умирают дети, но также написавшей несколько детских книг[16], — сам напоминал ребенка-переростка, как отмечали многие из его современников[17]. Я. С. Друскин вспоминает, как Хармс отреагировал как-то на встречу с настоящими детьми.

> Когда мы с Хармсом гуляли в один солнечный день мимо греческой церкви, на паперти сидели два мальчика лет восьми–десяти; они были хорошо одеты, в бархатные курточки, и с очень серьезным видом прожигали дырки в своих куртках лупой. Хармса очень зацепила эта сцена, и он сказал: «Хотя я не люблю детей, я совершенно поражен этими мальчиками» [Druskin 1991: 29].

Этот эпизод показывает, что Хармс на самом деле испытывал определенное уважение к нарушающему общепринятые правила, неразумному и даже саморазрушительному поведению некоторых детей — озорных, если быть точными. Друскин дополняет свое мнение по этому поводу: «Когда он выступал с Введенским или с Олейниковым, он замечательно сходился с детьми. Едва ли он смог бы добиться этого, если бы ненавидел всех детей» [Ibid.: 29].

В силу этих причин декларируемую Хармсом ненависть к детям следует воспринимать как подстрекательскую риторику и наме-

---

16 См. [Маяковский 1925; Маяковский 1925a; Маяковский 1928]. Анализ редких детских книжек с картинками Маяковского см. в [Pankenier 2000].

17 Жена Хармса Марина Дурново отмечает: «...я вижу, что многое в этом дневнике выражено совсем по-детски. Да, в Дане было это детское, поэтому он и был такой» [Глоцер 2000: 55]. Похожие наблюдения делает его любовница Алиса Порет: «...я вспоминаю его таким, каким знала сама, — большим озорным ребенком, слова и шутки которого с улыбкой повторяют взрослые» [Порет 2003: 428]. Друскин также сравнивает Хармса с ребенком, в частности с мальчиком из «Нового платья короля» Андерсена. Он пишет: «Хармс в некоторых своих рассказах был андерсоновским мальчиком, который не побоялся сказать: "А король-то ведь гол"» [Друскин 1989: 110]. Позже Друскин говорит о «наивном, почти инфантильном цинизме» Хармса [Druskin 1991: 25].

ренную провокацию. Она также является негативной реакцией на господствовавший в тот период культ детства, который Хармс приписывал влиянию Толстого. Полемический контекст отказа Хармса от традиционных представлений о детстве становится особенно очевидным в прозаических миниатюрах и литературных анекдотах, где проявляется комическая конфронтация с наследием Толстого. В рассказе «Судьба жены профессора» (1936) Толстой является героине во сне в смешном виде, с ночным горшком, которым размахивает и кричит с детской гордостью «тут я кое-что наделал», стремясь продемонстрировать это всему миру [Хармс 1997–2002, 2: 104–105]. Хармс сводит наследие Толстого к тому, что является самым инфантильным актом упоенной гордости собой, и, в буквальном смысле, к экскрементам. После отсылки к Ж.-Ж. Руссо и его наследию Хармс затрагивает вопрос пеленания[18] — символ радикального лишения прав — который волновал Руссо и Толстого, а согласно возникшей позже так называемой психоистории якобы затронул всех жителей России [Mause 1974: 1–73]. Позиция Хармса еще более радикальна: «О детях я точно знаю, что их не надо вовсе пеленать, их надо уничтожать» [Хармс 1997–2002, 2: 134]. Для этой цели он

---

[18] Руссо писал: «...все наши обычаи — не что иное, как подчинение, стеснение, принуждение. Человек-гражданин родится, живет и умирает в рабстве: при рождении его затягивают в свивальник, по смерти заколачивают в гроб; а пока он сохраняет человеческий образ, он скован нашими учреждениями» [Руссо 1981, 1: 32]. Далее он развивает эту мысль: «...кто не видит, что слабость первого возраста так сковывает детей, что было бы жестоко к этому подчинению присоединять еще подчинение нашим капризам, отнимая у них без того ограниченную свободу, которой они так мало могут злоупотреблять и лишение которой столь бесполезно и для них, и для нас?» [Там же: 89]. Позиция Руссо до сих пор оказывает чрезмерное влияние, в том числе в исследованиях «психоистории», которые расширяют политическую его метафору. См. [Mause 1974]. В этом издании приводятся дискуссии относительно практики пеленания Ллойда Моза («The Evolution of Childhood», с. 37–38) и Патрика Данна («Childhood in Imperial Russia», с. 386–387). Важные наблюдения о практике пеленания в России также делает Эрик Эриксон [Erikson 1979: 388–392]. Тем не менее авторы недавних исследований отмечают успокаивающий физиологический эффект пеленания. См., например, [Lipton et al. 1965].

предлагает устроить центральную яму, в которую он бросал бы детей, а затем развивает мысль, как он покончит со всеми детьми сразу. Хармс здесь вступает в дискуссию о пеленании, привнесенную из Руссо в русский контекст Толстым, и, опрокидывая все ожидания, доводит ее до абсурда, резко повышая ставку: с вопроса права голоса и власти до вопроса о самом существовании. Каждое из этих прозаических произведений использует типичный для Хармса прием *reductio ad absurdum* для достижения комического эффекта, одновременно сокрушая почитаемого предшественника. Такое высмеивание инфантильных черт и страстных интересов Толстого противопоставляет Хармса традиции поклонения детям, восходящей к Толстому и культу ребенка, в котором авангард также был задействован.

Подобно полемической позиции Хармса и его комической пародии на Толстого, эта риторика, относящаяся к детям, как кажется, указывает и на то, что Хармс признает предшествовавшую традицию, отмечает искусственность представлений о «ребенке» и ведет подрывную борьбу с этими условностями. Более того, она предупреждает нас о том, что произведения Хармса бросают вызов принятому конструкту «младенца/ребенка», поскольку он изображает все — от педагогической преданности детям Толстого до педофобии Маяковского — что делает детей жертвами. Под прикрытием комического абсурда Хармс получает возможность поэтически исследовать конструкт «младенца/ребенка» и обсуждать амбивалентную позицию ребенка как бесправного объекта или действующего субъекта. Его интерес к ребенку также предполагает, что на кону более существенные ставки, вроде тех, что и у авангарда тех времен: небытие, смерть и уничтожение.

Предметность и познание

Несмотря на декларативную антипатию по отношению к детям, Хармс, его соратник А. И. Введенский и другие писатели авангардистской группы ОБЭРИУ, или Объединения реального искусства, стали очень популярными детскими писателями. Я берусь утверждать, что этот успех частично обусловлен нечаянным совпадением художественных принципов ОБЭРИУ с принципами, лежащими в основе детского фольклора, а также их сходством с детскими игровыми форматами познания и логики. ОБЭРИУ, основанное Хармсом и Введенским, с тем чтобы объединить художественный и литературный авангард Ленинграда, существовало с 1927 по 1930 год. После дебютного выступления «Три левых часа» в Доме печати и сборника «Ванна Архимеда», который был задуман в 1929 году, но так и не издан[19], многие участники ОБЭРИУ видели единственную для себя возможность публиковаться в детской литературе. Помимо Хармса и Введенского, принципы ОБЭРИУ в этой сфере применили Н. А. Заболоцкий, Н. М. Олейников и Ю. Д. Владимиров.

Обэриуты называли себя «поэтами нового мироощущения и нового искусства» и провозглашали: «Мы — творцы не только нового поэтического языка, но и созидатели нового ощущения жизни и ее предметов» [Александров 1991: 457]. Путь к этому новому языку и мироощущению они наметили через конкретный предмет и поэтому называли себя «людьми конкретного мира, предмета и слова» [Там же: 459]. Их заявления, отвечавшие реальным запросам времени, объясняют название, которое они выбрали для себя [Там же]. Эстетические принципы ОБЭРИУ, изложенные в манифестах и декларациях, противостоят усилиям их времени, направленным на создание постижимого искусства. «Декларация ОБЭРИУ» восстает против подобного прескриптивного подхода: «Требование общепонятного искусства, доступного по своей форме даже деревенскому школьнику, — мы приветствуем, но требование только такого искусства заводит в дебри самых страшных ошибок» [Там же: 456]. Здесь обэриуты видят в ребенке, деревенском школьнике, недалеко ушедшем от толстовского идеализированного ученика/учителя, меру общепонятного и доступного искусства, даже если он негодует по поводу любых ограничений собственных творческих способностей. Подобные требования противоречат

---

[19] Сборник был издан в 1991 году. См. [Александров 1991].

целям обэриутов, которые скрывают смысл глубже в звуках и символах и представляют конкретную реальность через абсурд. «В своем творчестве мы расширяем и углубляем смысл предмета и слова, но никак не разрушаем его» [Там же: 458]. Эти требования оказываются проклятием для эстетики группы, поскольку группа, как и авангард в целом, стремится бросить вызов интерпретации на другом, более глубоком когнитивном уровне.

Авторы декларации также спорят со сторонниками заумной поэзии и теми, кто связывает ее с ОБЭРИУ. Они пишут: «Нет школы более враждебной нам, чем заумь» [Там же], проявляя типичную озабоченность относительно влияний. Однако на самом деле лидеры ОБЭРИУ Хармс и Введенский оба входили в кружок поэтов-заумников во главе с А. В. Туфановым[20]. Похожим образом, бо́льшая часть их художественной практики, такая как примеры бессмысленного языка, вызов условностям и ожиданиям и сам алогизм, явно опирается на более ранние заумные эксперименты Кручёных и Хлебникова, но выводит их на новый уровень. Название детской поэмы Хармса «Заумная песенка», например, показывает, как авангардные начала входят в его творчество, даже когда он пишет для детей.

Эта полемика с предшественниками и враждебными силами, весьма характерная для ранних манифестов авангарда с их подрывной риторикой, помогает ОБЭРИУ прояснить и сформулировать свои собственные принципы, бросаясь на всякого, кто пытается проследить их происхождение. Недавно созданная левая группа прославляет конкретность:

> Конкретный предмет, очищенный от литературной и обиходной шелухи, делается достоянием искусства. В поэзии — столкновение словесных смыслов выражает этот предмет с точностью механики. Вы как будто начинаете возражать, что

---

[20] В архиве Хармса в Публичной библиотеке сохранился документ, свидетельствующий о его участии в «Вечере заумников» (октябрь 1926 года). См.: Туфанов А. В. Вечер заумников: Статья (17 октября 1926 года) // ОР РНБ. Собрание Я. С. Друскина. Ф. 1232. Ед. хр. 369.

это не тот предмет, который вы видите в жизни? Подойдите поближе и потрогайте его пальцами. Посмотрите на предмет голыми глазами, и вы увидите его впервые очищенным от ветхой литературной позолоты [Там же].

Понятия «голый глаз», «увидеть впервые», «очищенный от ветхой литературной позолоты» в известной степени демонстрируют близкую связь ОБЭРИУ с теориями формализма, «невинного глаза» и восстановления инфантильного восприятия. В конце концов, это утверждение нелогичного напоминает бунтарское восхваление свободы быть иррациональным у Достоевского. Для ОБЭРИУ это ведет к защите аномальной логики: «Может быть, вы будете утверждать, что наши сюжеты "не-реальны" и "не-логичны"? А кто сказал, что "житейская" логика обязательна для искусства? <...> У искусства своя логика, и она не разрушает предмет, но помогает его познать» [Там же]. Тем самым обэриуты утверждают независимость искусства и его внутренней логики. Эти писатели говорят, что может казаться, будто алогизм разрушает объект, на самом же деле он помогает его познанию.

Желание познать объект, а не просто узнать его, снова напоминает о принципах формализма Шкловского, так же как цель «расширить и углубить смысл», а не просто сделать искусство прозрачным и понятным, вполне согласуется с формалистским принципом «затруднения». Точно так же концепция очищения от «литературной и обиходной шелухи» напоминает борьбу с привыканием в формализме Шкловского, подобно тому как идеализация наивной перспективы проявляется в стремлении ОБЭРИУ увидеть предмет голыми глазами и как бы впервые. И все же эти представители позднего авангарда вырабатывают свою собственную версию авангардного пути, делая акцент на конкретности предметов[21]. В поисках основы в виде осязаемых свойств предме-

---

21 Тем не менее акцент на конкретности имеет некоторый прецедент в поэтике акмеизма, точно так же, как вера в более глубокие значения, придаваемые объектам и словам, имеет некоторое родство с символизмом. Сочинения акмеистов и символистов также идеализируют отношение ребенка к языку. Как упоминалось ранее, см. [Белый 1910] и особенно [Блок 1910].

та, постижимых при ощупывании его пальцами, обэриуты включают роль эмпирического наблюдения и физического переживания мира путем, подобным детскому опыту восприятия мира на тех или иных стадиях когнитивного развития.

«Декларация ОБЭРИУ» придерживается сознательного противопоставления противопоположных элементов через свои идеи о «столкновении словесных смыслов» и алогизм. Утверждение иной, менее обыденной логики и реальности, а также сопротивление ожиданиям также оказываются родственными западным литературным традициям бессмыслицы и алогизма, особенно Эдварду Лиру и Льюису Кэрроллу[22]. Такое нарушение привычных моделей и логики оказывается идеально подходящим для обэриутов при построении логических и литературных головоломок для детской аудитории, а также для кодирования многослойных значений в тексте. Как может продемонстрировать место бессмыслицы и алогизма в детской литературе, нарушение нарративных ожиданий вовлекает ребенка-читателя в игровой диалог с текстом, построенным в соответствии с уровнем развития детей младшего возраста, особенно в сфере логики и мышления.

Действительно, исследователи педагогической психологии и развития мышления, такие как Жан Пиаже и Л. С. Выготский, утверждают, что дети проходят через отдельные стадии развития как мышления, так и языка. Согласно Пиаже, переход от одной стадии к другой происходит, когда ребенок достигает интеллектуальной зрелости и переживает период неравновесия, когда прежние убеждения оспариваются и заменяются более сложной структурой понимания. Таким образом, период неравновесия знаменует собой переход от одной стадии к другой — например, от дооперационального периода маленького ребенка к стадии конкретных операций ребенка постарше [Пиаже 1969: 98]. Хотя подход Пиаже к развитию, определяемый жесткими структурами, подвергся критике, в том числе со стороны Выготского, способ-

---

[22] Льюис Кэрролл, математик и логик, является первейшим примером этой традиции и истории восприятия, а также он известен как один из любимых авторов Хармса.

ность и неспособность, связанные с ранними стадиями, такими как стадия конкретных операций, согласуются с акцентом на конкретные объекты, которого придерживались представители ОБЭРИУ. Идею Пиаже о неравновесии также можно сравнить с интеллектуальным вызовом, который порождается практикой алогизма в абсурдизме ОБЭРИУ.

Ранние работы Пиаже также касаются дологического мира ребенка. В 1923 году он планировал написать четыре книги, серию из двух частей, «Исследование детской логики». Первой частью должна была стать «Речь и мышление ребенка» («Le langage et la pensée chez l'enfant», 1923, русский перевод 1932), а второй — «Суждения и умозаключения у ребенка» («Le jugement et le raisonnement chez l'enfant», 1924). За ними должна была последовать работа, состоящая из двух частей, анализирующих причинность и функцию реальности в ребенке. Однако Пиаже обнаружил, что интерес у него вызывает скорее ребенок в дологичном периоде, чем детская логика, и, подобно многим авангардистам, о которых идет речь на этих страницах, продвинулся в поисках истоков еще дальше, к младенчеству [Piaget 1977: 63]. Только в 1930 году фокус его внимания обратился к детской логике, и он вступил в фазу более жестких структур, непосредственно выводя младенчество и детство из взрослого состояния в соответствии с научными законами. Таким образом, работа и интересы Пиаже выдают его восхищение ограниченными рамками логического понимания ребенка. Действительно, слаборазвитая логика маленького ребенка — или же ее отсутствие — напоминает о сознательном выборе обэриутов избегать принципов «обыденной логики». Абсурдный алогизм ОБЭРИУ оказывается протестом против детерминистских принципов философии, науки, истории и политики, скрытым за инфантильной логикой.

В предисловии к избранным коротким произведениям Хармса для детей и взрослых Шкловский отмечает особую логику детей и поэтов: «Дети и поэты любят задавать вопрос "почему?" Мир связан не только причинными связями — он связан привычными связями. Встречи, разно возникшие и оказавшиеся рядом, кажутся логичными. Но дети и поэты видят их иначе» [Шкловский 1967]. Таким образом, ставя в силу присущей им логики знак равенства между поэтами и детьми, Шкловский делает наблюдение, что алогизм Хармса и детский алогизм дают иной подход к миру — «новую модель восприятия мира» [Там же]. Соответственно, детский алогизм ведет к новому подходу к восприятию и познанию.

В то же время произведения обэриутов демонстрируют разительные отличия от модели когнитивного развития, описанной Пиаже. В своем рассуждении об инфантильной вселенной в книге «La construction du réel chez l'enfant» («Конструирование ребенком реальности», 1937) Пиаже прослеживает представления о мире, приобретаемые ребенком по мере когнитивного развития.

> Мир, состоящий из постоянных объектов, составляет... пространственную вселенную, подчиняющуюся принципу причинности... без постоянных разрушений или воскрешений. Следовательно, это вселенная одновременно стабильная и внешняя, относительно отделенная от внутреннего мира, в котором субъект помещает себя как отдельный элемент среди всех других элементов [Piaget 1977: 250].

Такая вселенная, связанная причинностью и пространством, диаметрально противоположна нестабильной реальности, воссозданной Хармсом в его абсурдистских произведениях, полных алогизма. Следовательно, можно говорить, что Хармс описывает инфантильный мир до того, как эти категории и законы — физические и каузальные — найдут универсальное применение. Хармс решительно отвергает структуру интеллектуального развития или риторику педагогического прогресса и воспевает дологическое познание, существующее вне политического расчета, и, по сути, нарушает его работу.

Исследования Пиаже были хорошо известны в России, о чем свидетельствует внимательный анализ и критика, изложенные в подготовленной Л. С. Выготским статье «Проблемы речи и мышления ребенка в учении Ж. Пиаже» [Выготский 1934: 16–17]. Выготский рассматривает развитие мышления в социальном контексте и говорит о сотрудничестве, которое эксперт предлагает ученику. Введенное им понятие «зоны ближайшего развития», обеспечивающей идеальную основу для совершения ребенком рывка в развитии мышления, напоминает структурированную игру и вызов, заложенные в эстетику обэриутов. Они представляют собой головоломку, требующую участия читателя-ребенка, которую можно сравнить с провокацией и задачей на интерпретацию, которую текст ставит перед взрослым читателем. Поощряя игру и разрушая причинно-следственные связи, обэриуты реализуют бунтарскую образовательную и воспитательную альтернативу государственной стратегии развития.

Важно отметить, что Выготский отстаивает важность игры и формулирует в 1933 году теорию «Игры и ее роли в психическом развитии ребенка», утверждая, что воображаемая ситуация способствует развитию ребенка через создание правил по отношению к предметам или действиям и их значению, а также служит средством развития абстрактного мышления [Выготский 1966]. Относительно недавно Эрик Эриксон сделал следующее наблюдение: «...“сюжетно-ролевая” игра в детстве обеспечивает инфантильную форму человеческой склонности к созданию ситуативных моделей, в которых аспекты прошлого переживаются заново, настоящее представляется и обновляется, а будущее предвосхищается» [Erikson 1977: 44]. Среди современных ученых-когнитивистов широко распространено убеждение, что ролевая игра лежит в основе способности человека использовать символы и, таким образом, помогает ребенку развить понимание и восприятие языка, искусства и других символических систем в процессе когнитивного развития[23]. Такая деятельность подчеркивает, что интеллектуальная игра и логические задачки ОБЭРИУ оказываются соответствующими уровню мышления ребенка, согласно представлениям о развитии детей как начала, так и конца XX века. Однако в авангардном контексте ОБЭРИУ использует такой детский алогизм для дальнейшего футуристского расшатывания означающего и означаемого, подвергая сомнению соответствующие отношения объекта или действия и их значения.

---

[23] См., например, [Lillard 2002].

Странное младенчество

Хармс в коротких прозаических произведениях, представляющих его вымышленную автобиографию, делает смехотворные заявления о своем младенчестве, например, когда в «Теперь я расскажу, как я родился, как я рос...» (1935) он заявляет, что родился трижды [Хармс 1997–2002, 2: 82–83], или в рассказе «Инкубаторный период» (1935) [Там же: 84] утверждает, что он родился недоношенным и первые четыре месяца провел в инкубаторе. Это комизм, как его определял Бергсон, полный очевидного абсурда, необоснованной жестокости и «живого, покрытого слоем механического» [Бергсон 1992: 31]. На самом деле, когда Хармс утверждает, что он помнит свои ощущения недоношенного ребенка, помещенного в инкубатор, это описание буквально изображает живое тело, заключенное в механическое устройство, но в то же время на более глубоком уровне он исследует конфликт живого и механического.

Сверхъестественная память и осознанность, выраженные сосредоточенным усилием речи, делают всю историю еще более абсурдной, пока она не заканчивается повторением и простыми фразами, которые подрывают абсурдность самого утверждения. Абсурдный автобиографический этюд Хармса и буквальное преувеличение «нелепого» метко выражают инфантилистскую эстетику, присваивая инфантильное сознание. Действительно, когда Хармс заявляет, что помнит, как в его бытность недоношенным младенцем выглядел инкубатор, он вступает в соперничество с Толстым, который помнит самого себя, туго запеленатого [Толстой 1928–1964, 23: 469–474]. Хотя эти якобы автобиографические нарративы различаются по замыслу — один комический, а другой полемический — оба конструируют младенца как наделенного самосознанием гомункула, преследующего определенную цель. В конечном счете каждый наделяет младенца сознанием, самосознанием и памятью, которые намного превосходят принятые в обществе представления. Несмотря на комизм, Хармс идет в самоидентификации с незрелым и досознательным дальше Толстого, он дарует память и голос доречевому и дологическому. Таким образом, Хармс постулирует существование у младенца ума, мышления и сознания, при этом пытается присвоить их.

Действительно, Хармс часто использует точку зрения довербальной субъектности, заключенной в ловушку бессильного объекта. В своем стремлении к абсурду он переворачивает позиции власти способом, схожим с «инверсией», которую описывал как характерную черту комической сцены Бергсон, приводя в качестве примера подсудимого, читающего нравоучение судье, и ребенка, пытающегося поучать своих родителей [Бергсон 1992: 62–63]. Описанные ситуации вскрывают лежащую в основе риторику власти, которой Хармс и абсурдизм противостоят, прибегая к комической инверсии. Для Хармса и обэриутов «младенец/ребенок» представляет собой высшее проявление бесправия и уязвимости, раннего сознания и наделенной самосознанием субъектности, заключенной в ловушку объектности. В качестве лишенного власти субъекта «младенец/ребенок» (как и несколько других типов, которые использует Хармс) здесь означает читателя-ребенка, разочарованного интеллектуала или сам авангард, которому грозит опасность.

В то же время манера Хармса легкая, комическая и очевидно несерьезная, поскольку тон в целом пронизан двойственностью и вариативностью толкования. Используя терминологию Бергсона, его можно назвать недоразумением, положением, в котором два разных смысла: один «только возможный, тот, который придают ему актеры, другой — действительный, который придает ему публика» [Там же: 64]. Действительно, с одной стороны, абсурдистское произведение кажется простым и нелепым анекдотом; с другой стороны, однако, более глубокое погружение в него часто обнажает скрытые философские, риторические и политические глубины. Тем не менее перед возможным цензором его можно выставить как простой абсурд. Это поистине *reductio ad absurdum*, поскольку выразительные возможности авангарда ограничены абсурдизмом и, как отвлекающий прием, абсурд маскирует мятежный порыв, соответствующий духу революционного устремления авангарда.

Как и многие другие представители авангарда, Хармс рассматривает свою жизнь, себя и само существование как творческий материал для произведения. Следовательно, абсурдность его собственного существования оказывается неотделимой от абсурдистского экзистенциализма его сочинений[24]. Точно так же его якобы «автобиографические» сочинения не имеют никакого отношения к реальным событиям, а служат комическими иллюстрациями творческих принципов и философии, которые он поддерживает в своих произведениях. Его приверженность инфантилистской эстетике проявляется и в этих якобы автобиографических фрагментах, особенно благодаря использованию странных и необычных ракурсов, таких как взгляд младенца.

Рассказ «Теперь я расскажу, как я родился, как я рос...» начинается в духе спонтанного устного повествования, как случайное изложение автобиографии, адресованное заинтересованному слушателю. Тем не менее Хармс немедленно подрывает это предназначение, нарушая конвенции автобиографии[25]. Он ломает все претензии на скромность, высокомерно заявляя о том, что автор расскажет, как в нем «обнаружились... первые признаки гения» [Хармс 1997–2002, 2: 82], таким образом насмехаясь над самовозвеличением как целью автобиографии. В этой точке, установив и тут же разрушив традиционный стиль автобиографии, нарратив быстро скатывается к абсурду: «Я родился дважды. Произошло это вот так...» [Там же]. Сравнение с черновой рукописью подчеркивает преднамеренность стилистических решений и преувеличений. Присутствовавшее в черновике обещание рассказчика поведать «свою биографию» приняло более разговорный тон, а более мягкое выражение «признаки

---

[24] Личные бумаги и дневниковые записи Хармса на удивление схожи с его творческой прозой по стилю, тематике и тональности. См.: Даниил Иванович Хармс. Дневниковые записки (5 января 1926 года — 10 апреля 1939 года). ОР РНБ. Ф. 123. Ед. хр. 50. Впервые опубликовано в [Кобринский, Устинов 1991].

[25] Ср. [Lejeune 1989: 3–30, 119–137].

таланта» было заменено более радикальным утверждением о «признаках гения»[26]. Такое редактирование показывает, что Хармс намеренно культивирует стиль, которому присущи гиперболы и провокации.

По мере продолжения странного повествования героем автобиографии оказывается не сам Хармс, а его отец. Бывший на самом деле трезвомыслящим и религиозным человеком, отец Хармса предстает в рассказе персонажем чрезвычайно инфантильным, ставящим предсказание, совпадение и шутку выше человеческого контакта или эмоции; от этой странной замены происходит комическое, как сказал бы Фрейд. После женитьбы на матери Хармса вымышленный отец становится одержим *idée fixe*, что его ребенок должен родиться в первый день Нового года. «Мой папа женился на моей маме в 1902 году, но меня мои родители произвели на свет только в конце 1905 года, потому что папа пожелал, чтобы его ребенок родился обязательно на новый год» [Там же]. Оттолкнувшись от желаемой даты рождения, отец отсчитывает назад, чтобы определить необходимую дату зачатия — 1 апреля. При переворачивании человеческих ценностей количественные факторы перевешивают качественные соображения. «Папа рассчитывал, что зачатие должно произойти 1-го апреля и только в этот день подъехал к маме с предложением зачать ребенка» [Там же]. Абсурдная шутка, с которой связано зачатие Хармса, находит продолжение, когда его отец, не в силах преодолеть свою страсть к смешному, теряет шанс зачать ребенка, притворившись перед истосковавшейся по любви матерью Хармса, что его сексуальное предложение было лишь первоапрельским розыгрышем. «Первый раз папа подъехал к моей маме 1-го апреля 1903 года. Мама давно ждала этого момента и страшно обрадовалась. Но папа, как видно, был в очень шутливом настроении и не удержался и сказал маме "с первым апрелем!"» [Там же: 82–83]. Его мать была настолько оскорблена, что не позволила отцу приблизиться к ней ни в том, ни в следующем

---

[26] Даниил Иванович Хармс. Автобиография (25 сентября 1935 года). ОР РНБ. Ф. 1232. Ед. хр. 69.

году. Таким образом, зачатие Хармса происходит только через два года: «И так мое зачатие произошло 1-го апреля 1905 года» [Там же: 83]. Так завершается ряд шуток о расчете и невозможности рассчитать, предшествующих зачатию героя, что является пародией на мотивы и шутки в «Тристраме Шенди» — романе, которым восхищался Шкловский и который сам принимает инфантильную точку зрения. Чудо зачатия здесь становится механическим, а бытие и небытие — произвольными.

Однако едва будучи зачат, рассказчик-зародыш начинает проявлять присущую его личности шутливость и демонстрировать право на свободу действий. Сын своего отца, он вмешивается в его планы, рождаясь преждевременно: «Однако все папины расчеты рухнули, потому что я оказался недоноском и родился на четыре месяца раньше срока» [Там же]. В то время как взгляды недоношенного героя и его воля оказываются вполне взрослыми, его отец показывает себя совершенно инфантильным — сначала из-за своей неспособности смириться с преждевременным рождением сына, а затем в ходе последующей попытки снова поместить новорожденного внутрь матери[27]. Помимо психологической незрелости, отец демонстрирует инфантильное понимание физиологии, а также сексуальности и деторождения. Он ведет себя как несведущее дитя, демонстрируя сосредоточенность личности на себе самом и реакции эгоцентричного ребенка, который, проявляя что-то вроде ревности между братьями и сестрами, хочет вернуть нового ребенка назад. После того как мать потребовала возвращения новорожденного и Хармс «вторично вышел на свет» [Там же], отец продолжает возмущаться. «Тут опять папа разбушевался, дескать, это, мол, еще нельзя назвать рождением, что это, мол, еще не человек, а скорее наполовину зародыш и что его следует либо опять обратно запихать, либо посадить в инкубатор» [Там же: 84]. Это умозаключение и просьба отца новорожденного была удовлетворена: «И вот посадили меня

---

[27] Юмор здесь в своих непристойных и копрологических аспектах также напоминает фольклор, в том числе детский.

в инкубатор» [Там же]. Битва, разразившаяся между взрослым и бесправным младенцем, заканчивается крушением желаний младенца и победой отца.

Идея зачатия по расчету противопоставляется в рассказе человеческим эмоциям матери, как и неожиданное рождение недоношенного ребенка противопоставляется отцовскому планированию дня его появления на свет на Новый год. Таким образом недоносок проявляет независимую волю и свободу действий, мешая тщательным расчетам отца. Пожалуй, свобода воли младенца и его осознанность образуют «первые признаки гения», о которых идет речь в первом предложении «автобиографии». В самом деле, символизм зачатия, гениальности и идеи, обретающей собственную волю, могут быть применены и к художественному процессу, подобно тому как творческий процесс можно сравнить с беременностью, внутриутробным развитием, рождением и младенчеством. Однако инфантильный эгоизм художника и искусства оказывается в неблагоприятной позиции. Младенец символизирует художественное вдохновение, отец — писателя, а материнское тело — материальное творение искусства. Таким образом, в этой полной символов истории и женская беременность, и мужское бессилие[28] означают творческий процесс, а эмбриональная фигура Хармса — художественный замысел, действующий по собственной воле. Речь здесь идет о личности и зарождении идентичности, но если отец и сын имеют противоположные взгляды, нарративная точка зрения принимает сторону новорожденного «я».

Литературный символизм этих тем распространяется на продолжение автобиографии зародыша в очень коротком тексте «Инкубаторный период». Понятие инкубаторного периода также может быть применено и по отношению к еще не до конца сформированной идее, и к состоянию зародыша, которое автор, по его утверждению, помнит. Таким образом, Хармс конструирует

---

[28] Дневниковые записи Хармса свидетельствуют о том, что он страдал импотенцией и испытывал творческий кризис, что может объяснить обилие связанных с этим мотивов в его творчестве. См. [Кобринский, Устинов 1991].

свою идентичность через череду неудачных попыток зачатия и определяет свою первую идентичность как зародыша, или произведения искусства, которое совершает преждевременный выход в странный и неожиданный мир, не желающий принять его; как перевернутый анахронизм. Необычайно подробно останавливаясь на обстоятельствах своего зачатия, преждевременных родов и выхаживания, Хармс создает для себя необыкновенно яркую новорожденную идентичность и сознание. Будучи недоноском, буквально «не доношенным до срока», он еще в утробе характеризует себя как нестандартного, эксцентричного и дерзкого. Он бросает вызов биологическому, отцовскому и материнскому сценариям; он сам является гениальным произведением искусства (пусть ход его естественного развития, как и у авангарда, оказался прерван).

В силу этого последние четыре месяца внутриутробного развития прошли в машине с градусником, а не в эмоциональном тепле и физической близости материнской утробы. Эта среда напоминает механистический подход к родам его отца, рассматривающего рождение как нечто измеримое и обратимое, в отличие от человеческих эмоций его матери, жаждущей любви и близости от своего мужа и требующей новорожденного ребенка, который был заново помещен внутрь ее: «Тут началась страшная суматоха. Родительница кричит: "Подавайте моего ребенка!"» [Там же: 83]. Глубоко человечная мать героя оказывается жертвой странных нарративных импульсов мужа, маленького сына и автора псевдоавтобиографического анекдота. Именно ее тело является точкой абсурдного обращения процесса рождения и неправильного размещения ребенка; ее тело — это место, где другие пишут и переписывают. Она требует ребенка, которого она родила, результат ее труда, но реальность ее опыта отрицается присутствующими. Возникает абсурдный диалог:

«Ваш, говорят, ребенок находится внутри вас». «Как! — кричит родительница. — Как ребенок внутри меня, когда я его только что родила!» «Но, — говорят родительнице, — может быть вы ошибаетесь?» «Как! — кричит родительница — ошибаюсь! Разве я могу ошибаться! Я сама видела, что ребенок только что вот тут лежал на простыне!» «Это верно, — говорят родительнице, — но, может быть, он куда-нибудь заполз» [Там же].

Таким образом, отец и мать спорят как о зачатии, так и о рождении, в то время как само существование и личность безмолвного фокусирующегося сознания висит на волоске. Перед нами конфликт одновременно экзистенциальный и онтологический, между земными реалиями материнского опыта и духовным отрицанием, вызванным чисто абстрактными лингвистическими и философскими спекуляциями. В некотором смысле это произведение является квинтэссенцией литературы абсурда.

Хармс также доводит до абсурда психологическое значение родовой травмы и первичной сепарации матери и ребенка, диктуемое необратимостью рождения. Он ставит под сомнение духовные и метафизические следствия рождения, представляя его как произвольный, обратимый и повторяемый переход из тела вовне, подобно тому как человеческая драма делается механической и комической, в терминологии Бергсона [Бергсон 1992]. Нежелание ребенка рождаться, травма родов и стремление вернуться в утробу высмеиваются, с тем чтобы расшатать все метафизические, психологические и духовные определения этого важнейшего в жизни человека перехода. Обращение акта рождения из бренного тела вызывает в памяти мифологический рассказ о Гее, матери-земле, и ее сыне и любовнике Уране, который хоронил своих детей в подземном мире ее тела после их рождения, пока Гея не вступила в сговор со своим сыном Кроносом, чтобы положить конец владычеству его отца над ее телом и своими детьми. Таким образом, Хармс, как и Кручёных, примеряет на себя мантию Кроноса, который управляет временем, свергает власть и следует собственным путем, бесконечно борясь с отцовскими фигурами, предшественниками и даже властью обыденности, логики и языка. В этом смысле созданный Хармсом миф о его происхождении, как и вообще все его произведения, напоминает карнавал в духе греческой Кронии, или сатурналий —

праздника перевоплощений в Древнем Риме, или же средневекового праздника дураков[29].

В отличие от обычного ребенка, который рождается один раз, эксцентричный Хармс заявляет, что родился дважды, и во втором автобиографическом произведении «Инкубаторный период», придумывая странные обстоятельства и манипулируя определениями, увеличивает число своих рождений до трех. Зародыш Хармс, таким образом, приобретает некий мистический статус, как трижды рожденный, трижды возникший. В конце концов, его окончательное рождение действительно происходит 1 января 1906 года, когда его извлекают из инкубатора. Это довольно близко к фактической дате рождения автора, Даниила Ивановича Ювачева — 30 декабря 1905 года[30]. «Через четыре месяца меня вынули из инкубатора. Это сделали как раз 1-го января 1906 года. Таким образом, я как бы родился в третий раз. Днем моего рождения стали считать именно 1-е января» [Хармс 1997–2002, 2: 84]. В конце концов, отец правильно предсказал третье и последнее механическое рождение сына, поэтому выясняется, что отец и сын обладают сверхъестественным пророческим или нарративным даром. Однако более важным, чем сценарий, написанный его отцом, который вычислил будущую дату рождения сына, является день зачатия. Будучи зародышем, автор проявляет свободу воли и собственное желание прежде времени покинуть материнскую утробу. В конечном итоге Хармс конструирует свою личность и младенческое «я» как первоапрельского дурака, который с самого зачатия оказывается шутом. И всю свою жизнь, в том числе творческую, он валяет дурака. Созданный Хармсом «младенец/ребенок» также всю жизнь играет роль шута — изменчивой и переменной фигуры, которая всегда остается ниспровергающей.

---

[29] «Кронии относятся к "сатурналиеподобным" праздникам, как часто утверждалось. Как и в случае с карнавалом или одним из его средневековых эквивалентов, "la fête des fous", социальные и иерархические роли меняются местами: дурак — король и правит по своей воле» [Versnel 1990].

[30] По старому стилю Хармс родился 17 декабря 1905 года.

Младенческие голоса

В рассмотренных псевдоавтобиографических произведениях Хармса мы видели, что он постоянно обращается к младенцам как литературным персонажам, чтобы использовать особые комические и метафорические возможности детской идентичности. За обманчиво легкомысленной комической поверхностью в этих сочинениях скрывается острая чувствительность к более глубокому значению младенца как символа бессилия и отсутствия власти. В этом отношении Хармса можно сравнить с его близким другом и соратником по ОБЭРИУ Александром Введенским. Используя в своих произведениях детские голоса, эти писатели отрицают уязвимость невинности или духовную святость «младенца», чтобы обратить страдания неговорящего субъекта в средство создания трагикомического драматического эффекта. Более того, для этой фракции авангарда «младенец/ребенок» служит идеальным рупором для выражения вынужденного безречия.

Хармс исследует безречие младенца в произведении, полностью написанном с точки зрения маленького субъекта и его внутреннего мира. «Был Володя на елке» — короткий рассказ, написанный в середине 1930-х годов [Хармс 1997–2002, 3: 239–240]. Центральное и внутреннее сознание в рассказе принадлежит еще не умеющему ходить и разговаривать младенцу. Нарратив дает читателю доступ к процессам мышления младенца, и, хотя литература редко предоставляет младенцам собственную субъектность, личность Володи, движимая сильными желаниями, проявляется отчетливо. Нарратив показывает осведомленность младенца Володи о том, какие забавы разрешены другим на рождественской елке; синтаксис подчеркивает их богатство и его лишения: «Был Володя на елке. Все дети плясали, а Володя был такой маленький, что еще даже и ходить-то не умел. Посадили Володю в креслице» [Там же: 239]. Не умея ни ходить, ни говорить, Володя остается скорее претерпевающим действие объектом, чем активным субъектом глагольного действия. За рамками языка он помещается вне социального круга в определенное пространство, которое его ограничивает.

Полностью верный точке зрения Володи, нарратив показывает парад желанных объектов, шествующих перед его глазами, представляющих мир желанных вещей, которые для него под запретом. Ружье, которое так привлекает Володю, служит мятежным символом его протеста против инфантильной роли, в которой он застрял. «Вот Володя увидел ружье: "Дай! Дай!" — кричит. А что "дай", сказать не может, потому что он такой маленький, что говорить-то еще не умеет» [Там же: 240]. Он чувствует некое острое желание, но не может выразить свое требование, потому что он остается ограниченным довербальной беспомощностью. Рассказ подчеркивает парадокс мышления до языка или языка до речи; фактически текст представляет соотношение между языком и желанием, представленное в теориях Кристевой [Kristeva 1980]. Трагедия заключается в изобилии желанных объектов в мире при неспособности младенца выразить свое сокровенное желание. «А Володе все хочется: аэроплана хочется, автомобиля хочется, зеленого крокодила хочется. Всего хочется!» [Хармс 1997–2002, 3: 240]. Хотя он может назвать свои желания, он не может выразить их, поскольку он неговорящий субъект, или *infans*.

Володя сидит на этом будоражащем празднике вне круга детей, отверженный в силу своего малого возраста, или буквально из-за своих размеров — «такой маленький». С того места, где он сидит, он видит то, что другие могут взять и, в силу невыразимости своего желания, начинает остро осознавать свою неспособность выразить себя. Для него ружье, которое ему так хочется, представляет собой высший символ власти бессильного младенца. Он также хочет самолет и автомобиль, символы взрослой цивилизации и мощные транспортные средства, которые жаждет заполучить неподвижный младенец, привязанный к детскому креслицу. Однако последний элемент в этой последовательности создает эффект сдвига, поскольку зеленый крокодил — с четко указанным цветом — очевидно является игрушкой, симулякром реальности[31]. В результате идентичность всех этих символических объектов дестабилизируется; они теперь кажутся то ли настоящими, то ли ненастоящими, взрослым символом власти или детской игрушкой.

Обычно устойчивые категории взрослого и инфантильного здесь становятся неопределенными, приводя к трагикомической или даже уродующей дестабилизации идентичностей, желаний и ролей, поскольку перед нами младенец со взрослыми желаниями или взрослое сознание в теле младенца. Действительно, эстетика ОБЭРИУ направлена на то, чтобы шокировать и соположить нелепое и нелогичное. Несмотря на страстное стремление Володи к этим символам взрослой силы, он получает лишь погремушку. Этот знак, обычный атрибут младенца, удерживает его в инфантильной роли. «Всего хочется! "Дай! Дай!" — кричит Володя. Дали Володе погремушку» [Там же]. В интеллектуальном контексте мы могли бы также сравнить это инфантильное состояние с тем, как П. Я. Чаадаев характеризует русских в своем «Первом философическом письме» (1829): «И если мы иногда волнуемся, то не в ожидании или не с пожеланием какого-нибудь общего блага, а в ребяческом легкомыслии младенца, когда он тянется и протягивает руки к погремушке, которую ему показывает кормилица» [Чаадаев 1991, 1: 325]. Таким образом, этюд о Володе и его погремушке восходит к первоначальному комментарию Чаадаева об инфантильности России по отношению к Западу. Следовательно, Володя становится воплощением России как «младенца Европы». Забавно, что уменьшительное «Володя» соотносится с именем «Владимир» (так, например, звали Ленина), которое восходит к церковнославянскому 'владь' / 'власть' и означает «великий в своей власти» [Фасмер 1986, 1: 326]. Этот бесправный и безгласный младенец вместо скипетра держит погремушку.

---

[31] Крокодил также является классическим персонажем сатиры и детских сказок, от аллегории Достоевского «Крокодил» (1865) в духе Гоголя до «Приключений Крокодила Крокодиловича» Чуковского (1917), а также юмористического журнала-долгожителя «Крокодил», который начал издаваться в 1922 году. См. [Достоевский 1865; Чуковский 1922; Крокодил 1983].

Пусть приобретение погремушки и не является великим достижением, но все же Володя смог преодолеть огромный коммуникативный порог. Его желание побудило его к высказыванию, которое привело к успешной трансляции этого желания. И теперь Володя доволен: «Взял Володя погремушку и успокоился. Все дети пляшут вокруг елки, а Володя сидит в креслице и погремушкой звенит. Очень Володе погремушка понравилась!» [Хармс 1997–2002, 3: 240]. Используя погремушку, Володя может участвовать в забавах и издавать звук, который заменяет его еще не развитую речь и его индивидуальный голос. То обстоятельство, что Володя «успокоился», подразумевает, что свое недовольство он выражал гневным криком — деталь, противоречащая тому факту, что нарратив снова выражает точку зрения и внутреннее сознание ребенка, используя конкретные слова, которых не хватает младенцу в довербальном состоянии. В этом случае, с точки зрения психоаналитических подходов к языку, желание предшествует языку. Получение погремушки представляет собой конкретизацию и прекращение его зарождающихся желаний. Язык заменяет бесконечное конечным, и Володя попадает в символический парад в лакановском смысле.

Коротко обобщая, трагикомический нарратив представляет Володю неподвижным субъектом, желающим двигаться и действовать, и мыслящим субъектом, неспособным выразить свои мысли. Таким образом, младенец воплощает физическое и философское состояние недееспособности, имеющее экзистенциальные последствия. Младенец Володя, находящийся на довербальной стадии, также воплощает состояние «ребенка», приговоренного к объектности в рамках инфантильного примитивизма. Однако благодаря экспериментам модернизма и авангарда внутренний мир «младенца/ребенка» начинает развиваться как альтернативная субъектность и эффективный инструмент подчеркивания отношений субъекта/объекта. Это признание и развитие внутренней субъектности ребенка отмечают поздние и заключительные стадии инфантилистской эстетики в силу того, что авангард стремился узурпировать субъектную позицию «младенца/ребенка».

Соратник и близкий друг Хармса Введенский также использует возможности инфантильного сюжета в абсурдистской пьесе «Елка у Ивановых» (1938) [Введенский 1991]. Эту пьесу предполагалось опубликовать вместе с псевдоавтобиографическими произведениями Хармса в сборнике «Ванна Архимеда», выпуск которого планировался в 1929 году[32]. Произведение Введенского, во многом сопоставимое с ранней пьесой Хармса «Елизавета Бам» (1927) [Хармс 1997–2002, 2: 238–262] о погоне за молодой женщиной в ее собственном доме, также представляет весьма необычную семейную драму. Подобно тому как юную Елизавету преследуют у нее дома и в конце концов уводят от родителей, которых она по-детски зовет «мамашей» и «папашей», пьеса Введенского привносит абсурдное убийство в семейные — по крайней мере по структуре — декорации. Эти писатели-обэриуты тем не менее используют конструкты идентичности младенца и ребенка неконвенциональным образом, с тем чтобы создать неожиданные соположения и конфликт смыслов внутри текста, а также в более широком политическом и социальном контексте, где преобладают весьма отличные конструкты «ребенка/младенца».

В «Елке у Ивановых» дети остались дома, когда родители ушли в театр. Они были оставлены на попечение бесчисленных нянек: «Няньки, няньки, няньки моют детей» [Введенский 1991: 389]. Ненормальность в структуре семьи возникает уже с момента знакомства со списком действующих лиц. Перед строчками «Пузырева — мать / Пузырев — отец» дается объединенный рубрикой «дети» список лиц:

Петя Перов — годовалый мальчик
Нина Серова — восьмилетняя девочка
Варя Петрова — семнадцатилетняя девочка
Володя Комаров — двадцатипятилетний мальчик
Соня Острова — тридцатидвухлетняя девочка
Миша Пестров — семидесятишестилетний мальчик
Дуня Шустрова — восьмидесятидвухлетняя девочка
[Там же]

---

[32] См. публикацию 1991 года [Александров 1991], которая представляет собой возможный вариант реализации планов обэриутов.

И уже за ними следуют якобы родители: «Пузырева — мать / Пузырев — отец». У всех детей разные, но отдаленно похожие рифмующиеся фамилии, ни одна из которых не совпадает с фамилией отца и матери. Все они включены в категорию «дети», но указание на возраст каждого «ребенка» ненормально, поскольку характеризующие определенный возраст слова — «дети», «девочка», «мальчик» — маркируют персонажей старше одного, восьми и 17 лет. Люди в возрасте 25, 32, 76 и 82 лет, безусловно, превышают привычные возрастные границы, подразумеваемые наименованиями «ребенок», «мальчик» или «девочка».

По сути, такая сосредоточенность на указании точного возраста очень необычна для взрослых, хотя и принята в отношении детей[33]. Столкнувшись с таким детализированным списком, невольно задаешься вопросом о возрасте родителей, имеющих детей от года до 82 лет, но их возраст не указан, будучи обычным — для взрослых людей. Доводя категорию «ребенка» и точные указания возраста до подобной степени абсурда, список действующих лиц ставит под сомнение другие категории, установленные социальными условностями, в силу их неверного использования и остранения. Механическая привязка возраста к имени «ребенка» обретает комический и абсурдный характер, когда используется в отношении более старших персонажей. Это также неожиданно подрывает устойчивость находящихся в оппозиции категорий «взрослый/ребенок», обычно основанных на возрасте, показывая, что в их основе лежит нечто иное — например, зависимость и власть.

После этого сдвига в значении и остранения конструкта «ребенка» можно было бы ожидать, что роль ребенка будет определяться поведением или каким-либо другим структурным соображением. И действительно, поведение «детей» в пьесе, безуслов-

---

[33] В подписях детских творческих работ часто указывают имя и возраст ребенка, как видно по собраниям детских рисунков и сочинений, представленных неопримитивистами и кубофутуристами, которые обсуждались в предыдущих главах. В этом смысле список действующих лиц у Введенского можно рассматривать как пародию на такое обращение с детьми, где возраст становится неким редуктивным означающим.

но, маркирует даже пожилых персонажей как незрелых, но один из них бросает вызов своей инфантильной роли. Примечательно, что самым мудрым и взрослым оказывается именно самый младший — годовалый младенец Петя Перов. Комическое снова воплощается в инфантильном и буквальном проявлении описанной Фрейдом и Бергсоном связи между инфантильным и комическим. Стоящий первым в списке действующих лиц, где его братья и сестры перечислены от младшего к старшему, Петя сразу выделяется, как и Володя на новогодней елке: «Все дети сидят в одной большой ванне, а Петя Перов, годовалый мальчик, купается в тазу, стоящем прямо против двери» [Там же]. Годовалому ребенку также отдана первая реплика пьесы, и он сразу же показывает, что он болезненный младенец-философ, созерцающий сущность вещей. Он задает первый вопрос: «Годовалый мальчик Петя Перов. Будет елка? Будет. А вдруг не будет? Вдруг я умру?» [Там же]. Он размышляет о возможности и невозможности, бытии и небытии, о смерти. Так он пророчески предсказывает убийство и смерть, которые произойдут в пьесе[34]. В философии младенца и размышлениях о смерти мы видим отголоски сочинения Зины В. из сборника «Поросята» А. Кручёных (1913), где философ размышлял о возможности внезапной смерти, как только он войдет в уборную. Как было отмечено выше, обыденное обращение к экзистенциальным темам и включение таких тем, как расчленение, смерть и убийство, часто появляются в детском фольклоре. Бесчувственный и кровавый тон пьесы Введенского, таким образом, имеет некоторое сходство с собственными детскими сочинениями, хотя и резко отличается от приемлемых с точки зрения взрослых стандартов детской литературы. Нет никаких свидетельств того, что эти произведения предназначались для детской аудитории, однако это иллю-

---

[34] Вахтель обсуждает и тщательно контекстуализирует пьесу Введенского в [Wachtel 2006]. Среди других взаимосвязей он справедливо называет пьесу «Хочу ребенка» С. М. Третьякова, написанную в 1926–1927 годах, как провокационный современный интертекст, который показывает, что «ребенок» имел первостепенное символическое значение и в политическом плане [Ibid.: 134].

стрирует, насколько инфантильный субъект был ценен для ОБЭРИУ, независимо от того, взрослые или дети составляли публику.

Парадокс говорящего младенца в «Елке у Ивановых» напоминает то, что мы видели в «Был Володя на елке» Хармса. Как и в рассказе Хармса, это противоречие выражено эксплицитно, у Введенского — в диалоге между нянькой и ребенком: «Нянька (*мрачная, как скунс*). Мойся, Петя Перов. Намыль себе уши и шею. Ведь ты еще не умеешь говорить» [Там же]. Поскольку комментарии няньки следуют за философскими высказываниями Пети, они служат для того, чтобы заставить младенца-философа замолчать и, как видно из текста Введенского, сделать его объектом, который следует помыть, а не мыслящим субъектом, которым он себя считает. При этом странно, что нянька обращается к младенцу по имени и фамилии (как и ко всем «детям» из списка персонажей), что весьма необычно для ребенка или младенца[35]. Петя выспренно отвечает: «Петя Перов. Я умею говорить мыслями. Я умею плакать. Я умею смеяться. Что ты хочешь?» [Там же: 390]. Мы видим, что младенец обладает сверхъестественным даром прорицателя, развитым философским мышлением и способностью «говорить мыслями». Вопрос в том, признают ли другие эти его способности. В этой точке нарратива остается неясным, могут ли другие слышать мудрые слова младенца, эту святую невинность. Сам он говорит о том, насколько он неизвестен: «Один я буду сидеть на руках у всех гостей по очереди с видом важным и глупым, будто бы ничего не понимая. Я и невидимый Бог» [Там же: 390–391]. Уподобляя себя божеству и вызывая в памяти иконографические изображения святого младенца, Петя Перов с уверенностью провозглашает собственное достоинство и мудрость, независимо от того, признают ли это другие и слышат ли его

---

[35] То, что Петина фамилия образована от слова «перо» (в том числе и в смысле инструмента для письма), представляется важным, поскольку мы видим череду конкретных «описательных» имен и фамилий: «камень» (Петр), «серый», «комар», «остров», «пестрый», «шустрый» и «пузырь».

слова другие персонажи. Зрители, однако, слышат каждое слово, произносимое младенцем, и тем самым проникают в его мысли.

В соответствии с примитивистским принципом авангарда — поворота мира вспять (мирсконца) — обращение возраста персонажей в этой пьесе представляет Петю Перова как пробуждающегося первым и в буквальном смысле, и в фигуральном — как первого, на кого снисходит просветление. Он замечает: «Я самый младший — я просыпаюсь раньше всех [Там же: 403]. Он рассуждает над такими вопросами, как начало памяти, и, будучи годовалым ребенком, абсурдно комментирует воспоминания за год до своего рождения: «Как сейчас помню, два года тому назад я еще ничего не помнил» [Там же]. Эта ремарка также наводит на мысль об антропософских или других духовных идеях о существовании до рождения, или метемпсихозе, вроде тех, что исследовал Андрей Белый в «Котике Летаеве». Примеряя на себя типаж старика, малыш восклицает: «Что может удивить меня в мои годы?» [Там же: 404]. В тот момент, когда годовалый малыш произносит ряд отдельных слов (термины родства, образованные повторами слогов), уместных для маленького ребенка: «Папа. Мама. Дядя. Тетя. Няня» [Там же], это повергает в ступор его собеседницу и публику, чьих ожиданий он не оправдал.

В этом лингвистическом бутылочном горлышке, во многом как и в «Котике Летаеве», существование младенца сужается по мере того, как язык накладывает ограничения на принципиальную конечность раннего сознания до освоения языка. Собака, его единственная собеседница, также бросает вызов общепринятым представлениям о его способностях, когда отвечает: «Что вы говорите? Опомнитесь» [Там же]. Петины дальнейшие слова кажутся исполненными глубины и символизма: «Мне теперь год. Не забывайте. Папа. Мама. Дядя. Тетя. Огонь. Облако. Яблоко. Камень. Не забывайте» [Там же]. В возрасте одного года он борется с беспамятством и крушением своего обширного сознания, существующего до слов. Память и забвение, таким образом, возникают наряду с существованием, небытием и смертью и ста-

новятся главными темами, интересующими годовалого филосо-
фа. Его разумные размышления создают чувство ожидания, которое затем наделяет даже самые простые слова глубиной.
Каждое слово закончено само по себе, и синтаксис, связывающий
их, ослабляет это законченное восприятие. Логические отношения стремятся восполнить утрату совершенного сознания неговорящего субъекта.

Петя Перов исполняет в пьесе роль пророка. Он предсказывает грядущее кровопролитие, и его мрачные предчувствия
в начале пьесы оправдываются. Незадолго до того, как в первой
картине Петину сестру Соню Острову убивает нянька, он замечает: «И ты почувствуешь на краткий миг, как разорвется твоя
кожа и как брызнет кровь. А что ты почувствуешь дальше, нам
неизвестно» [Там же: 390]. Он нарушает все принятые заранее
представления о своей инфантильной роли и превращается
в чудовище, давая отстраненное описание насилия, полное хо-
лодной философской глубины, которое в силу этого становится
еще более пугающим. В конце пьесы он предсказывает все
смерти по очереди, в том числе и свою собственную. В последней
сцене он пытается успокоить мать и произносит слова мудрого
старца: «Ничего, ничего мама. Жизнь пройдет быстро. Скоро
все умрем» [Там же: 409]. Однако слова младенца — не абстрактное утешение, а буквальное предсказание последующей смерти
каждого из членов семьи. В соответствии с обращением вспять
течения жизни и времени, типичного для художников и писателей — авангардистов, о которых идет речь на страницах этой
книги, пьеса заканчивается смертью двух самых младших членов
семьи, за которой следует смерть их родителей. В выборе философских тем и легкомысленной трактовке сексуальности, насилия, существования и смерти пьеса Введенского с веселым названием «Елка у Ивановых» оказывается мрачной трагедией,
предназначенной для взрослых. Инфантильное, таким образом,
представляет собой как комический, так и трагический эстетический модус, используемый стратегически и символически
с целью исследования пределов существования для взрослой
аудитории.

Инфантилизм в поэзии

Наделенные необычной мудростью персонажи-младенцы, которым абсурдистские произведения обэриутов даруют возможность говорить, служат истинным воплощением инфантилистской эстетики. У Хармса другие аспекты инфантилистской эстетики проявляются на тонких планах стиля и манеры уже в юношеских произведениях и в первых поэтических опытах, которые обнаруживают глубокие корни в его поэтике и устанавливают преемственность между ранней поэзией, четкими принципами ОБЭРИУ и его более поздними сочинениями для детей. Наследуя авангардистам-предшественникам и обогатившись в дальнейшем фольклором, в том числе детским, новаторство Хармса ведет инфантилистскую эстетику к ее логическому — или лишенному логики — завершению[36].

Самым ранним сохранившимся произведением Хармса является стихотворение «В июле как то в лето наше...» (1922) [Хармс 1997–2002, 1: 21], которое было подписано ранним псевдонимом «ДСН», представляющим собой латинские инициалы имени «Даниил Чармс»[37]. В этом комическом стихотворении представлены два ведущих беседу персонажа, названные уменьшительными именами Коля и Яша, которые оказываются братьями. Частый повтор их имен, с первого в начале «Шли два брата Коля с Яшей» до необычных вставок имен в качестве обращений, воспроизводит спонтанную беседу [Там же]. Разговорная лексика и структура рассказа также напоминают фольклор или детский фольклор. Построенная вокруг простого нарратива, первая строфа знакомит с персонажами и комической ситуацией: «И встретили свинью большую» [Там же].

---

36 Обсуждение поэзии Хармса в контексте детского фольклора см. в [Панкеньер 2010].

37 Среди других псевдонимов, помимо Даниила Хармса и подписей ДСН и Д. Х., были фамилии Чармс, Хормс, Хаармс, Шардам, Заточник, а также имена ДаНиил и Дандан. Последнее из них образовано с помощью редупликации, наподобие тех, которые придумывают очень маленькие дети.

Шуточное повествование продолжается, по мере того как братья сравнивают жирность свиньи и их отца, которого комично называют «папаша».

«Смотри свинья какая в поле
Идет» заметил Коля Яше
«Она пожалуй будет Коля
На вид толстей чем наш папаша».
[Там же]

Утверждение, что свинья толще их отца, провоцирует конфликт, и между двумя братьями завязывается спор. Однако, как ни странно, причиной спора становится не сыновняя почтительность, а спор о степени тучности и свинства их отца.

Но Коля молвил: «Полно, Яша,
К чему сболтнул ты эту фразу.
Таких свиней как наш папаша
Я еще не видывал ни разу».
[Там же]

Форма стихотворения в виде рассказа, а также аутентичное звучание диалога двух братьев, изобилующего разговорными выражениями, обращениями, орфографическими ошибками и не выделенными пунктуационно восклицаниями, производит впечатление пересказанной легкой шутки. Тем самым Хармс раскрывает преемственность по отношению к таким жанрам народного творчества, как детский фольклор с его загадками, юмором и неожиданными уловками. Нападение на взрослого и авторитетную фигуру отца также напоминает антииерархический и мятежный дух детского фольклора.

В других ранних стихотворениях Хармса обнаруживаются стилистические черты и особенности, которые по сути напоминают его поздние стихи для детей. Стихотворение «о том как иван иванович попросил и что из этого вышло» (1925) [Там же: 21–23] написано без заглавных букв, а использование пунктуации в нем еще более ограничено, чем в предыдущем. Его описательное и назидательное название также напоминает устную речь, поскольку оно объявляет о том, что будет сказано. Это подкрепляется троекратным повторением просьбы «расскажи» в начале: «иван иваныч расскажи / кику с кокой расскажи / на заборе расскажи» [Там же: 22]. Отсутствие синтаксической структуры, подкрепленное отсутствием уточняющей пунктуации, порождает двусмысленность в отношении предмета рассказа, объекта, к которому обращаются, и места действия соответствующих лиц. Как видно из первой строфы, форме стихотворения свойственна повторяемость и использование тавтологических рифм в конце каждой строки: «было звать его иван / и отца его иван / так и звать его иван» [Там же]. Наряду с этим бедным синтаксисом с бесконечными повторами, презрением к правилам орфографии, ярким разговорным языком, включая указание на пропущенное нецензурное слово («"В оригинале стоит непреличное слово" (примеч. авт.)») и неправильные грамматические формы, подходящие по звучанию («хочим» вместо «хотим», «протчим» вместо «прочем», «чтоже» вместо «что же»), вместе образуют эффект устного изложения ребенком [Там же: 22–23]. Становится явной и некая наивная перспектива, как в следующей строфе: «у него была жена / не мамаша, а жена / НЕ МАМАША А ЖЕНА» [Там же: 23]. Выделенное капителью восклицание подчеркивает свойственное ребенку неразличение матери и жены. Как и во многих примерах поэтики Хармса, наивный тон и стиль оспариваются взрослой тематикой или импликациями. Таким образом, использование точки зрения ребенка и других черт детского сознания и речи приводит к проявлению инфантильного, что увеличивает контраст и степень эпатажности не согласующихся между собой элементов, объединенных в пределах структуры одного литературного произведения. Эти черты помогают создать противопоставление и конфликт вербальных средств, которые известны как часть эстетики ОБЭРИУ.

В стихотворении «От бабушки до Esther» (1925) [Там же: 24–25] прослеживается биографический нарратив, ведущий от основательницы женской линии семьи до первой жены

Хармса, Эстер Русаковой. Стихотворение открывается звуками младенческой речи — «бабаля», которые напоминают лепет с преобладанием губно-губных звуков. Затем эти лепетные звуки соединятся с говорящим субъектом, находящимся в центре стихотворения, во фразе «бабаля мальчик», образуя первую строку [Там же: 24]. В момент сильного напряжения в стихотворении, отмеченный призывом «ПУСТЬ» капителью, появляется другая лепетная форма: «балабошит бабушка» [Там же: 25]. Здесь лепетные слоги перекомпонованы, шуточный неологизм «балабошит»[38] соединен с термином родства «бабушка», который может быть образован младенческим повторением слогов: «баба»[39]. В контексте названия «От бабушки до Esther» эта фраза связывает состоящее из губных согласных лепетное «бабаля» с образованными редупликацией детским «баба», то есть «бабушка», которая указана в названии в качестве родоначальницы. К концу детский лепетный язык превращается в заумные детские припевки: «маханьким персиком / вихрь табань / альдера шишечка / ми́ндера буль / улька и фанька / и ситец и я» [Там же]. Это стихотворение, включающее неоднократные упоминания самого автора («я» и «меня») в конце ритмически организованных последовательностей по большей части бессмысленных слов, напоминает детскую считалку [Там же]. Заканчиваясь объявлением «ВСЁ», это стихотворение является самым ранним, где Хармс использовал эту свою фирменную заключительную фигуру [Там же]. По-детски шаблонное и метатекстовое объявление «конца» произведения становится инфантилистской условностью, используемой

---

[38] Ср. «балаболит».

[39] В статье «Почему "мама" и "папа"?» Р. О. Якобсон затронул тему «детского языка» в рамках обсуждения широко распространенных терминов родства. Он указывает на универсальный приоритет некоторых редупликативных форм (например, «баба») в развитии речи младенцев и показывает, как эти термины детского языка влияют и входят в язык взрослых. «Некоторые из таких детских форм выходят за пределы детских, входят в общий обиход взрослого общества и образуют специфический инфантильный слой в стандартной лексике» [Jakobson 1971: 22].

во многих позднейших произведениях Хармса. Таким образом, стихотворение «От бабушки до Esther», по-видимому, во многом восходит к детскому языку и особенностям детского фольклора.

В этом отношении его можно сравнить с другими ранними стихами, например «Кика и Кока» (1925) [Там же: 33–34], «Ваньки встаньки [I]» и «Ваньки встаньки [II]» (1926) [Там же: 41–47] и «Половинки» (1926) [Там же: 47–50], названия которых наводят на мысли о детских примерах редупликации и считалках. Они также восходят к образцам заумного языка, напоминающим детскую речь, вроде тех, что были созданы Якобсоном и Шкловским. Сходным образом в стихотворении «Скупость» (1926) [Там же: 59] используется детский язык, поскольку оно обращается к теме сна, типичной для всех «детских» жанров, начиная с колыбельной. В начале в нем задействуется осложненная заумная редупликация «урлы-мурлы»[40], чтобы обозначить, как спят люди. «Люди спят / Урлы-мурлы / над людьми / парят орлы» [Там же]. Строчка «урлы-мурлы» (ср. с англ. «hurly-burly»[41]) внушает мысль о беспокойном сне и навеянных подсознанием сновидениях, даже притом, что синтаксический параллелизм противопоставляет «урлы-мурлы» возвышенному мотиву традиционной поэзии, такому как поэтическое клише XVIII века — «парят орлы».

Устный детский язык также играет роль в написанном по большей части на зауми стихотворении «Сек» (1925) [Там же: 36]. Оно начинается словами крошечного персонажа Мишеньки, которому, вероятно, только что надели штаны: «И говорит Мишенька / рот открыв даже / — шишиля кишиля / Я в штаны ряжен» [Там же]. После изображения одной сцены и произнесения одной осмыс-

---

[40] В исследовании заумной поэзии Якобсон предлагает многочисленные примеры парных слов у детей, чтобы показать, как игра и «одна только словесная забава» с детскими устными формами служат примерами, относящимися к новой поэзии футуристов. Он пишет: «Много примеров в прибаутках, которыми, по словам Шейна, шаловливые ребятишки потешаются часто без всякого даже повода ради одной только словесной забавы» [Якобсон 1979: 323].

[41] Hurly-burly (*англ.*) — шум, сутолока, сумятица. — *Примеч. пер.*

ленной фразы стихотворение почти полностью переходит к ритмизованной заумной речи.

Н ты эт его
финьть фаньть фуньть
б м пильнео
фуньть фаньть финьть
Иа Иа Иа
Н Н Н
Я полы мыла
Н Н Н
    дриб жриб бобу
    джинь джень баба
    хлесь хлясь — здóрово —
    раздай мама!
    Вот тебе шишелю!
    финьть фаньть фуньть
    накося кишелю!
      фуньть фаньть финьть.
        ВСЁ

[Там же]

Детская заумная речь в этом стихотворении также создает шутливо-провокационные отношения с читателем, поскольку стихотворение понуждает его выговаривать и толковать бессмысленные слова среди осмысленных, даже заигрывая с грубостью: «Вот тебе шишелю!» В то же время оно инфантилизирует аудиторию, поскольку непонимающий читатель ставится в положение, когда он наслаждается звучанием текста и переживает чистые звуки и материальность языка, тем самым имитируя опыт овладения языком.

Как будто бы подталкивая наше толкование в нужном направлении, Хармс заключает стихотворение «Полька затылки (срыв)» (1926) строками: «не осуди шерстяная публика / громкую кичку / Хармса — дитё» [Там же: 36–38]. Примечание Хармса направляет наше прочтение бессмысленного слова «кичка», поскольку он уточняет, что «"именно кичка а не кличка" (примеч. авт.)» [Там же: 38]. Тем самым он указывает читателю на сходство изобретенного им неологизма со словом «кличка», которое подходит семантически, но сам же не допускает такой интерпретации. Таким образом, он ослабляет значение четким указанием и отрицанием. Поскольку любая альтернативная интерпретация исключается, значение фактически становится таким: «Хармс — громкое прозвище дитё».

Во многих других стихотворениях используются юные персонажи, ситуация, в центре которой находится ребенок, или наивный тон. Показательно, что это описание подходит и к первому опубликованному произведению Хармса — стихотворению «Случай на железной дороге» (1926) [Там же: 56–57], которое вошло в сборник, изданный Ленинградским отделением Всероссийского союза поэтов[42]. Оно открывается показом повседневной реальности ребенка и включает фрагмент дидактического обращения.

> как-то бабушка махнула
> и сейчас же паровоз
> детям подал и сказал
> пейте кашу и сундук.
> утром дети шли назад.
> сели дети на забор
> и сказали...
> [Там же: 56]

По мере продолжения стихотворение остается верным детской точке зрения и переживанию событий, сохраняя бессвязный и свободный синтаксис.

Стихотворение «Пожар» (1927) [Там же: 71–72] тоже задает сцену с позиции простоты отстраненного и наивного взгляда на события:

> комната. комната горит.
> дитя торчит из колыбели
> съедает кашу. наверху

---

[42] См.: Собрание стихотворений : Сборник Ленинградского союза поэтов / Ленинградский союз поэтов. Л. : Л/О. В.С.П., 1926.

под самым потолком
заснула нянька кувырком.
горит стена...
[Там же: 71].

Простые фразы в телеграфном стиле вызывают чувство пани-
ки, хотя эмоциональный тон не поднимается выше уровня спо-
койных утверждений. Когда юному герою угрожает опасность,
отец и нянька выражают свои чувства к мальчику, словно
в детской фантазии о родительском возмездии/сожалении:

бежит отец. отец: «пожар!
вон мой мальчик мальчик Петя...
<...>
где б найти мне обезьяну
вместо сына?» <...>
Нянька бегает в испуге
ищет Петю и гамак.
«где ж ты Петя мальчик милый
что ж ты кашу не доел?»
[Там же]

Горестный финал иллюстрирует странное соположение инфантилистских элементов Хармса со взрослой трагедией, которая
традиционно не считается подходящей для детей, тем более что
в ней ребенок выступает в роли жертвы[43]. Таким образом, его
поэзия странным образом кодируется как одновременно инфантильная и взрослая.

Брандмайор: Твой Петя рядом
он лежит у цеппелина
Он сгорел и папа стонет:
жалко сына.
Нянька: Ох!
Он сгорел — и тихо стонет
тихо падает на мох.
[Там же: 72]

---

[43] С другой стороны, детский фольклор и назидательные рассказы, такие как
«Степка-Растрепка» («Der Struwwelpeter», 1845), не боятся подобных приемов.

Ранние стихи Хармса показывают, что использование инфантильных приемов — это его эстетический выбор, совершенно не зависящий от мысли об аудитории или публикации, которые возникнут позже. Для Хармса «младенец/ребенок» представляет собой поэтический конструкт, идеально соответствующий трагикомическому и абсурдистскому тону, которого он желает придерживаться.

Преобладание подобных черт и приемов в юношеской и ранней поэзии Хармса указывает, что инфантилистская эстетика для него была не результатом простой необходимости, но особенностью его стиля, а также поэтическим наследием, которое он получил как один из последних представителей авангарда. Его ранние стихи демонстрируют такие инфантильные черты, как использование детского лепета, звуковой игры и словотворчества, а также намеренных орфографических ошибок, упрощенного написания (например, отсутствие пунктуации и заглавных букв) и примитивного синтаксиса. Его стихи также играют с иллюзией устной речи, поддерживаемой разговорными выражениями, различными формами и изложением. На уровне нарратива поэтический инфантилизм влияет на выбор простых и конкретных тем, часто включающих юных персонажей или ситуации, в центре которых находится ребенок, использование наивной точки зрения или тона, а также сходство с устными и народными жанрами, такими как детский фольклор. Эти повторяющиеся характеристики, которые наглядно проявляются в самых ранних из сохранившихся стихов Хармса, оказываются преобладающими во всем его творчестве — как в детских стихах и прозе, так и во взрослых или написанных для себя.

Рассчитанная на взрослую аудиторию поэзия Хармса также демонстрирует многие из этих инфантилистских характеристик. В меньшей степени заумные, они часто гораздо более шутливы и комичны, и инфантилистские черты приобретают в тексте еще большую художественную роль. Возможно, будучи подвержены влиянию произведений Хармса для детей, подтолкнувших его в сторону более предметных и упрощенных текстов, эти стихи показывают, что инфантилистская эстетика Хармса претерпела полный цикл эволюции. В стихотворении «Человек устроен из трех частей» (1930) [Там же: 179–180] для высказывания залихватских идей об устройстве человека используется непринужденная детская манера. Стихотворение начинается как песня, где повторяется число три:

> Человек устроен из трех частей,
> Из трех частей,
> Из трех частей,
> Хэу ля ля
> Дрюм дрюм ту ту
> Из трех частей человек!..
> [Там же: 179].

Подобно детской песенке, стихотворение переходит к ритмичному заумному звучанию, напоминающему одновременно лепет, барабанный бой или звукоподражание. В то же время, однако, драматическая подача простого заявления требует более глубокого анализа. Число три, например, наполнено символическими смыслами, включая Святую Троицу. Однако с точки зрения человеческой сущности трехчастная концепция устройства человека традиционно предполагает тело, разум и душу. Тем не менее, что характерно для прозы Хармса, как только модель нарратива создает ожидания относительно логики своего развития, эта модель тут же отвергается и подвергается деконструкции. Таким образом, стихотворение об устройстве человека из трех частей скатывается к детским алогизмам и все возрастающей нелепости. Необходимыми частями человека являются не тело, ум и душа, как можно было бы ожидать, и даже не три основные части тела, такие как голова, туловище и конечности. Вместо этого перечислены борода, глаза и абсурдное количество рук.

> Борода и глаз и пятнадцать рук,
> И пятнадцать рук,
> И пятнадцать рук,
> Хеу ля ля
> Дрюм дрюм ту ту
> Пятнадцать рук и ребро
> [Там же]

После того, как манера песнопения и избыток рук вызывают в воображении могущественное индуистское божество, добавление к последовательности четвертого термина «ребро» восстанавливает библейскую интонацию и систему значений; это одно очень нагруженное символами слово сразу же отсылает нас к ребру Адама. Третья строфа в следующем витке повторов с опозданием отрицает 15 рук. Таким образом, самые курьезные черты добавляются и отрицаются, как будто поэт передумал, пока рассказывал. Использование многословия также можно увидеть в строфе из более раннего варианта стихотворения[44], которая искажает конструкцию смысла, лишая содержания то, что говорит поэт.

> А впрочем я не о том говорю,
> Не о том говорю,
> Не о том говорю
> Хеу ля ля
> Дрюм дрюм ту ту
> Не о том говорю...
> [Хармс 2000, 1: 180]

Выражение «не о том говорю» по-прежнему оставляет открытой вероятность, что имелось в виду что-то другое. Тем самым Хармс прибегает к детскому алогизму и шутливому отрицанию, чтобы систематически деконструировать смысл. Он создает логические ожидания только для того, чтобы разрушить их и не оставить читателю ни единой зацепки. Таким образом он создает игру и головоломку, конструируя и деконструируя текст и экспериментируя с властью языка и внешними границами нарративного воображения. Даже если смысл подорван, ожидания скомпрометированы, логика опрокинута и причинно-следственная связь нарушена, язык по-прежнему остается всевластным, как и голос, стоящий за историей.

Третье стихотворение этого периода «Фадеев, Калдеев и Пепермалдеев» (1930) [Хармс 1997–2002, 1: 162–163] также заимствует из устных высказываний и детского сказочного фольклорного нарратива. В нем представлены три персонажа, чьи

---

[44] См. примечания В. Н. Сажина в [Хармс 1997–2002, 1: 383].

последовательно сгруппированные и все более нелепые фамилии связаны женской рифмой (а[л]деев) и постоянными внутренними рифмами, возникающими при описании их действий, реакций и атрибутов, которые к ним относятся: «Фадеев в цилиндре Калдеев в перчатках / А Пепермалдеев с ключом на носу» [Там же: 162]. Стихотворение начинается с того, что персонажи помещаются в густой «дремучий» лес, классическую сказочную обстановку, полную возможностей: «Фадеев Калдеев и Пепермалдеев / однажды гуляли в дремучем лесу» [Там же]. Различные действия вокруг, кажется, пугают персонажей, и в стихотворении перечисляются реакции каждого. Непредсказуемые и не то чтобы откровенно смешные существительные наполняют единую грамматическую симметрию стихотворения, повторяющаяся структура которого имитирует жесткую структурную форму сказок, описанную В. Я. Проппом в «Морфологии сказки» (1928) [Пропп 1928]. Использование сказочной формы и ощущение устного рассказа становятся наиболее очевидными в четвертой строфе, где присутствует прямое обращение в полудидактическом интерактивном моменте. Грамматически не связанный с текстом риторический вопрос адресован также многочисленной аудитории: «Но стоит ли трусить подумайте сами» [Хармс 1997–2002, 1: 162]. Финал сообщает нам, что не стоило; трое персонажей разражаются почти что смехом заумников, когда напряжение получает карнавальную разрядку: «Фадеев Калдеев и Пепермалдеев / смеялись хаха, хохохо, хи-хи-хи!» [Там же: 163]. Таким образом, стихотворение использует конвенции детской литературы и культуры и переносит их во взрослую поэзию. В этом сравнительно позднем стихотворении Хармс может использовать кажущуюся безобидность конвенций форм детской литературы, чтобы сделать свои идеи приемлемыми, поскольку в более раннем варианте стихотворения, встретившем сопротивление цензоров[45], он высмеивал Фадеева, Калдеева и Пепер-

---

[45] Отвергнутый вариант звучит так: «Фадеев, Калдеев и Пепермалдеев / служили в издательстве Р. М. Н. С. / Фадеев — редактор / Калдеев сотрудник / а Пепермалдеев ходил просто так». См. примечания Сажина в [Хармс 1997–2002, 1: 378].

малдеева как сотрудников некоего издательства. Здесь воплощение инфантильного, хотя и глубоко укорененное в поэтической эстетике Хармса, становится стратегическим маневром. Такое межжанровое сходство указывает на то, что произведения Хармса, написанные для детей, взрослых или для себя, опираются на близкие элементы инфантилизма и абсурда для создания новых выразительных возможностей, усиления драматического контраста и опрокидывания ожиданий, подобно тому как принципы авангарда вроде зауми и смеха, описанные в «Заклятии смехом» Хлебникова, снова и снова проявляются в произведениях для детей.

Металитературная игра

Более поздние произведения Хармса для детей, которые появлялись в контексте авангардных детских журналов «Еж»[46] и «Чиж»[47], более отчетливо раскрывают влияние детского языка, логики и фольклора. «Еж», основанный первым в 1928 году (рис. 35, 36), предназначался «для детей младшего школьного возраста». Журнал имел такой успех, что в 1930 году был основан второй журнал, для детей помладше. Второй журнал, «Чиж» (рис. 37), рассчитанный на «детей младшего возраста», пережил более ранний «Еж», выпуск которого был прекращен в 1935 году. «Чиж» издавался сравнительно долго, до 1941 года, и приютил под своим крылом многих писателей[48].

Эти новаторские журналы для детей предоставили редкую возможность публиковаться для многих оставшихся представителей авангарда — художников, поэтов и писателей, теоретиков.

---

[46] «Еж» — ежемесячный журнал для детей младшего школьного возраста. Издавался в 1928–1935 годах.

[47] «Чиж» — «Чрезвычайно интересный журнал» — ежемесячный журнал для детей младшего возраста. Издавался в 1930–1941 годах.

[48] О символическом значении ежа и чижа, вытекающем из басни Крылова «Чиж и Еж» (1814), см. в [Weld 2012].

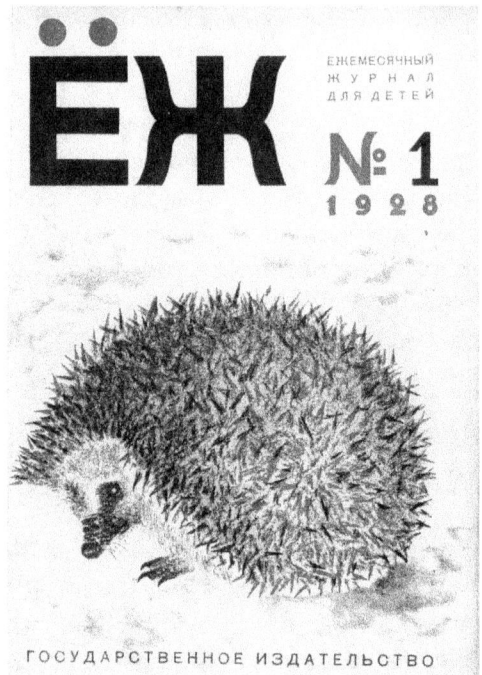

Рис. 35. Обложка журнала «Еж» (1928. № 1). Детская библиотека Котцена. Отдел редких книг и специальных коллекций библиотеки Принстонского университета. Принстон, Нью-Джерси

В их число входили поэт-футурист Маяковский и теоретик формализма Шкловский, чьи работы иногда украшали страницы этих журналов, а также все писатели-обэриуты, публиковавшиеся в них регулярно. Одним словом, в этих детских журналах печатались рассказы и стихи лучших авторов того времени, в том числе признанных детских писателей, таких как Корней Чуковский, Самуил Маршак и Евгений Шварц, и прославленных взрослых писателей, таких как Михаил Зощенко, Евгений Замятин и Максим Горький. Однако их ядро составляли представители позднего авангарда — обэриуты.

Писатели-авангардисты ОБЭРИУ были привлечены к этой задаче редакторами, такими как С. Я. Маршак, который увидел их потенциал для детской аудитории. Л. К. Чуковская, представляя взгляд на издательский мир изнутри, отмечает, что Маршак

Рис. 36. Обложка
журнала «Еж» (1928.
№ 12). Детская
библиотека Котцена.
Отдел редких книг
и специальных
коллекций библиотеки
Принстонского
университета.
Принстон, Нью-
Джерси

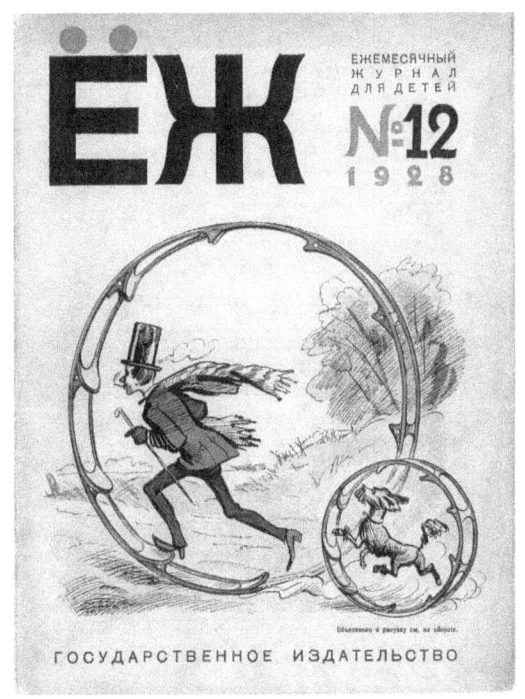

признавал за Хармсом и другими обэриутами способность
привнести элемент игры, присущий детскому фольклору, в детскую литературу. Обратите внимание, как она связывает их работу с заумью и с детьми:

> Какой прок, казалось бы, можно извлечь для детской лите-
> ратуры, требующей содержательности и ясности, из заум-
> ного творчества? «Но мне казалось, эти люди могут внести
> причуду в детскую поэзию, ту причуду в считалках, в по-
> вторах и припевах, которой так богат детский фольклор во
> всем мире», — рассказывал впоследствии Маршак. За их
> молодым задорным экспериментаторством он сумел раз-
> глядеть и талантливость, и большую чуткость к слову. В их
> «заумничанье» он разглядел нечто весьма для детской ли-
> тературы ценное — тягу к словесной игре. Общеизвестно,

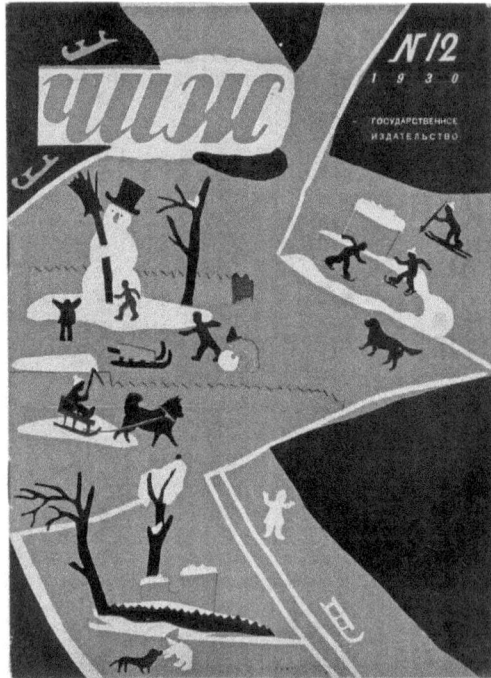

Рис. 37. Обложка журнала «Чиж» (1930. № 12). Детская библиотека Котцена. Отдел редких книг и специальных коллекций библиотеки Принстонского университета. Принстон, Нью-Джерси

что есть в жизни каждого ребенка такой этап развития, когда игра — его главная деятельность, когда с помощью игры он упражняет свои физические и душевные силы, с помощью игры готовится к труду, постигает реальность, познает счет, изучает родной язык. Недаром в фольклоре всего мира так много считалок и дразнилок. Значение игры в воспитании малышей, особенно дошкольников, всегда было ясно Маршаку — и давать детям материал для игры, всякой, в том числе и словесной, он считал необходимостью [Чуковская 1963: 268–269].

Как и детский писатель К. И. Чуковский, отец Лидии Чуковской, Маршак понимал художественную ценность детского фольклора и словесной игры, отмечал их сходство с авангардным инфантилизмом и считал их идеальным источником вдохновения для успешных детских произведений. Для инфантилистского

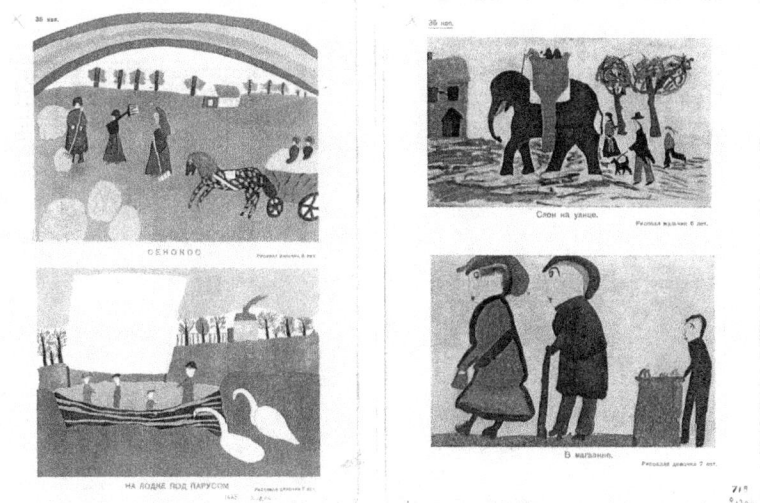

Рис. 38. Опубликованные детские рисунки на обложках журнала «Еж» (1928–1935). Детская библиотека Котцена. Отдел редких книг и специальных коллекций библиотеки Принстонского университета. Принстон, Нью-Джерси

авангарда приглашение Маршака оказалось особенно удачным. Его результатом стал прочный литературный успех у поколений детей и возможность обеспечить средства к существованию и выживание писателей, которые уже столкнулись с серьезным давлением и цензурой.

Помимо литературных материалов этих писателей, а также классиков русской и зарубежной литературы, в журналах публиковались письма, рисунки, рассказы и стихи детей (рис. 38). В этом смысле журналы предоставили детям возможность для творческого самовыражения, созвучную целям первых деятелей, связанных с авангардом, которые печатали, публиковали и выставляли детские работы как часть своей практики инфантильного примитивизма[49]. Серьезное внимание редакторов к детским

---

[49] Как обсуждалось ранее, к этим деятелям относятся участники объединения «Мир искусства» и сторонники неопримитивизма и кубофутуризма.

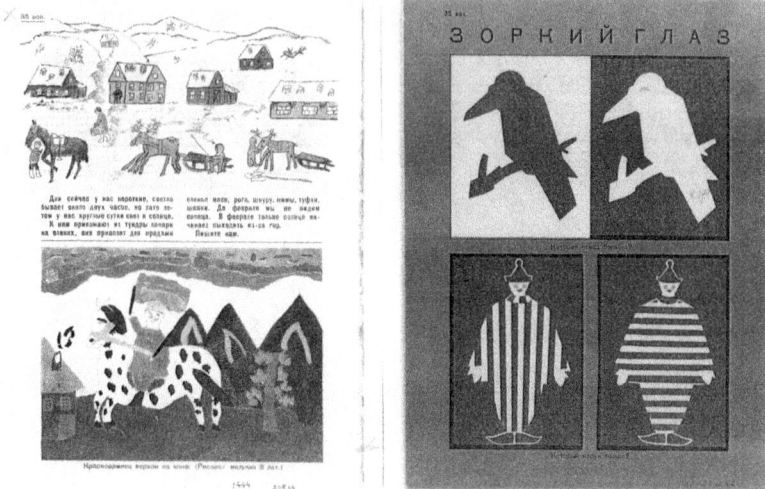

Рис. 39. Упражнение «Зоркий глаз»» с задней обложки журнала «Еж» (1929. № 1. С. 3). Детская библиотека Котцена. Отдел редких книг и специальных коллекций библиотеки Принстонского университета. Принстон, Нью-Джерси

работам и мнениям свидетельствует и о желании нивелировать иерархию отношений между взрослыми и детьми. Для последнего выпуска «Ежа» в 1930 году[50] редакторы подготовили анкету, целью которой было узнать, что детям нравится больше всего — какие рассказы, стихи и ребусы им понравились, нравятся ли им фельетоны и предложения «сделай сам», хотели ли они видеть больше текста или больше картинок, иллюстрированных текстов или цветных разворотов и так далее. Хотя эти вопросы в большей степени были адресованы взрослым посредникам, редакция проявила большой интерес к тому, как художественные и литературные новшества журнала воспринимались детской аудиторией.

На страницах журнала также присутствуют визуальные головоломки и логические задачки, побуждающие ребенка-читателя

---

50 См.: Еж. 1930. № 12.

подумать. Часто встречаются ребусы и другие задачки из серии «Зоркий глаз», основанные на игре слов или зрительном восприятии (рис. 39). «Зоркий» в переносном смысле означает «прозорливый», «проницательный», «бдительный» — качества, ценимые во вдумчивом читателе. Примечательно, что объяснение одного из заданий «Зоркого глаза» гласит: «На многие вещи мы смотрим по нескольку раз в день и все-таки не замечаем их», что перекликается с идеями Толстого и Шкловского[51]. В этом смысле детские журналы в первую очередь воспитывают новую аудиторию детей, обращаясь с ними как с достойными внимания, признавая ценность их вклада и стимулируя их творчество с помощью головоломок и проектов. Более того, эти журналы приучали детей развивать зрительное восприятие и наблюдательность, быть проницательными читателями и интерпретаторами всех форм текста. Эти журналы оказались чрезвычайно качественными по культурному уровню, литературному наполнению, умным играм и рекламе, а также общей легкости подхода, который, казалось, вовлекал детей во все аспекты журнала.

Содержимое журнала, будь то рассказы, стихи, головоломки, рисованные истории или реклама, привлекают детей, исходя из их уровня и интересов. Креативные материалы, такие как рекламные объявления в журналах, ориентированные на детей посредством юмора и игры, адресованы непосредственно ребенку и вовлекают читателя в игровое развитие повествования или в акт интерпретации. Существенно, что журналы также открывают ребенку вход в творческую мастерскую, превращая редакторов и писателей в литературных персонажей, а литературных персонажей — в сотрудников редакции. Граница между литературой и реальностью стирается, поскольку реалии становятся совершенно условными.

Эти новаторские журналы вводят читателя-ребенка в творческую лабораторию, раскрывая конструкцию и процесс создания произведения искусства, обращаясь к ребенку как к достойной аудитории, а также интересуясь мнением ребенка и откликаясь

---

[51] См.: Еж. 1930. № 9.

на него, отвечая на старания ребенка путем публикации творческих работ детей. Таким образом, они дают ребенку право голоса и свободу действий, даже включая его в искусство и нарратив. В одном из примеров создается впечатление, что имена реальных детей, приславших свои работы в журнал, становятся материалом для стихотворения, объявляющего о награде:

> Слушайте, / Кто / За хороший / рассказ / получит / Сегодня / Подарки / От нас: / Галя Чижова, / Ника Синева, / Марта Кравцова, / Валя Попов, / Жукова Галя, / Садовская Ира, / Карсовская Женя / И Лёня Бобков. <...> Юра Шевченко, / Нина Бутенко, / Вася Покровский / И много других[52].

Независимо от того, принадлежат ли эти организованные в соответствии с законами благозвучия имена реальным детям, журнал размывает грань между реальностью и вымыслом, тем самым как бы перенося читателя в печатный текст и через четвертую стену авансцены.

Даниил Хармс отметился во всех видах творческой активности, представленных на страницах этих детских журналов, и направлял свою энергию на каждый аспект деятельности «Чижа» и «Ежа». Существует множество примеров, где Хармс вовлекает ребенка в нарратив, предвосхищая интерактивные формы «текста», представленные ребенку в эпоху постмодерна. Примечательно, что интерактивная природа нарратива также напоминает о спонтанности и динамичности устных форм, включая детский фольклор и другие формы текста, пытающиеся поймать, обмануть или обдурить собеседника, которому предстоит вырваться из ловушки. Многие истории Хармса создают для ребенка сложности при интерпретации; они могут быть понятны или не понятны в зависимости от зрелости мышления ребенка. Таким образом, эти истории функционируют на нескольких смысловых уровнях, способных привлечь читателей всех возрастов, от ребенка до взрослого.

---

[52] См. рубрику «Почтовый ящик» в седьмом номере журнала «Чиж» за 1930 год (№ 7. С. 27).

Присутствует также широкий диапазон задачек на мышление, которые имеют разные формы, восходящие к детскому фольклору. На самом простом уровне это короткие прозаические произведения, напоминающие загадки, вроде красноречивого названия «В гостях. Придумай сказку»[53], «Что это было?»[54], «Кто кого перехитрил?»[55] и многие другие. Спектр задачек на мышление и интерпретацию охватывает также и глубокие поэтические произведения, такие как включающее в процесс интерпретации ребенка-читателя стихотворение «Из дома вышел человек»[56], которое делает ребенка участником таинственного исчезновения человека посредством просьбы немедленно сообщить, если он увидит пропавшего. Стихотворение заключается строками: «Но если как-нибудь его / Случится встретить вам, / Тогда скорей, тогда скорей, / Скорей скажите нам» [Хармс 1997–2002, 3: 57]. Под нехитрой поверхностью этого «детского» стихотворения скрываются глубины эзопова языка. Значимо, что история необъяснимого исчезновения близкого рассказчику человека была опубликована во время Большого террора в 1937 году. Оно не только трагически предвещало последний арест и исчезновение самого Хармса, как и многих других, но и оказалось роковым для его единственного средства к существованию. Действительно, Н. Гернет вспоминает, что именно публикация этого стихотворения побудила власти рекомендовать детским журналам больше не печатать произведения Хармса[57].

Подобно воспеванию юных и лишенных власти, характерному для народных сказок, где главный герой может полагаться только на свою сообразительность, в своих типичных детских рассказах Хармс выбирает в качестве темы умного ребенка. В его произведениях различные сильные детские персонажи переодева-

---

[53] См.: Чиж. 1938. № 11, также см. в [Хармс 1997–2002, 3: 62].

[54] См.: Чиж. 1940. № 3, также см. в [Там же: 73–74].

[55] См.: Чиж. 1941. № 3, также см. в [Там же: 82–83].

[56] См.: Чиж. 1937. № 3, также см. в [Там же: 57].

[57] Гернет Н. О Хармсе // Нева. 1988. № 2. С. 204. Цит. по: Сажин В. Н. Примечания [Там же: 290].

ются во взрослых, могут перехитрить других или умудряются захватить контроль над нарративом. Однако, пожалуй, лучшим примером использования этого приема является «Умная Маша»[58], быстро перерастающая рассказы и иллюстрированные истории, в которых она впервые появляется. Позже она попадает в мета-поэтическое объявление и становится фактически членом редакции, проявляя свое присутствие в туманном вымышленном и реальном пространстве журнала. Таким образом, журналы «Чиж» и «Еж» стали первыми в русской литературе, которые обращались к ребенку напрямую — как читателю, писателю и демографической группе — в такой шутливой и интерактивной манере.

Своим успехом детские журналы «Чиж» и «Еж» во многом обязаны творчеству обэриутов. Н. М. Олейников, который работал вместе с Е. Л. Шварцем в качестве редактора журнала, играл ключевую руководящую роль, а Введенский и Хармс были их активными авторами. Примечательно, что обэриуты постепенно переключали свои усилия на журнал для детей младшего возраста, «Чиж», демонстрируя тем самым свой интерес к очень маленьким детям, дошкольникам, как к подходящей аудитории для своих творческих открытий. Дошкольники начинают появляться в стихах и рассказах, где важна их бóльшая, по сравнению со школьниками, степень бесправия. В то же время этот сдвиг показал, что издание для самых маленьких детей стало единственной доступной возможностью для полного игры авангардного творчества. К этому времени авангард уже был вынужден искать последнее доступное пристанище — в публикациях для самой юной аудитории.

Когда возрастающие идеологические ограничения стали сказываться на публикуемых материалах, особенно в журнале «Еж», предназначенном для детей более старшего возраста, новая аудитория детей, обретших голос на его страницах, не утихомирилась. Напротив, они наводнили журнал выражениями проте-

---

[58] См., например, Даниил Хармс, «Как Маша заставила осла везти ее в город» (1934), в [Хармс 1997–2002, 3: 166–167].

ста против все более пресного характера научно-популярных и политических материалов, публикуемых на его страницах. В ответах, напечатанных в последнем номере за 1933 год, фигурируют цитаты из писем читателей[59]. Прислушиваясь к детям, публикуя их рисунки, рассказы и письма и символически вовлекая их в процесс, редакторы этих детских журналов открыли шлюзы. Читатели почувствовали себя вправе вносить конкретные предложения, но в конечном итоге это приглашение и расширение прав и возможностей детей в силу меняющегося политического контекста оказались иллюзорными.

Редакция «Ежа» признает справедливость упреков детей в том, что она не выполнила своих обещаний. Она отвечает Всеволоду Сафонову: «Ты прав также, когда пишешь, что в начале 1933 года мы обещали много рассказов и стихов, а в первой половине года напечатали их мало»[60]. Отвечая на подробную критику мальчика Лени Бондаренко, редакция обещает исправиться, «чтобы не наскучить ребятам одними очерками и советами»[61]. Журнал «Еж» для детей более старшего возраста просуществовал после этого недолго, будучи перегружен дидактикой, обусловленной ростом ограничений в области литературы, которые получили конкретное выражение к 1934 году, когда социалистический реализм был объявлен официальной государственной политикой в области искусства. Очевидно, что все эти грамотные дети среднего школьного возраста сетовали на отсутствие творческих и полных

---

[59] Редакторы подробно цитируют одно письмо. «Тебе, Леня Бондаренко, мы также благодарны за твое письмо. Ты пишешь: «Чтобы журнал "Еж" был привлекателен и интересен, предлагаю открыть следующие отделы: "Юный натуралист" — в нем печатать письма... рассказы, дневники и заметки. <...> "Ежовые рукавицы" — в этом отделе продолжать работу по-старому и усилить ее. Отдел "Мастер-Еж" — вновь открыть и писать в нем о самоделках, о труде в школах и об изобретениях читателей. Отдел "В свободный час" — в нем необходимо печатать загадки, ребусы, шарады, задачи, игры и т. д. Отдел "Клуб Ежа" — так и оставить. <...> Все твои предложения, Леня Бондаренко, также правильны». См.: Письма Ежа // Еж. 1933. № 12. С. 32.

[60] Там же.

[61] Там же.

юмора произведений обэриутов, чьим ответом на все более многочисленные запреты был разворот интереса к журналу для детей помладше. Получив право голоса и возможность высказать свое мнение на страницах этих журналов, дети постарше выражали свой протест. Однако времена уже изменились, поэтому их просьбы остались без внимания. После того как в 1935 году перестал выходить «Еж», только самые маленькие дети все еще имели доступ к произведениям авангарда, который сам становился все более инфантильным из-за политического давления, вытеснявшего его из жизни.

Метатекстуальность и голос

Даниил Хармс, который писал для «Чижа» и «Ежа» в 1920-х — начале 1930-х годов, не считал юный возраст аудитории помехой своему стремлению играть в странном мире текста. Напротив, он использовал наивную и остраненную точку зрения ребенка для достижения своих поэтических целей. Нарушая устоявшееся равновесие позиций взрослого и ребенка посредством текстуальной и метатекстуальной игры, пародии и передразнивания, Хармс создавал пространство, где расшатывалась иерархия и опрокидывались ожидания. Разрывая текстовую рамку и размывая границы внутри текста, он допускал странное смешение миров игры и реальности, детского и взрослого, читателя и писателя. Так, он не только преподносил ребенку эксперименты в духе авангарда и модернизма, но и расширял возможности своих читателей, обучая детей и других причастных к процессу чтению на нескольких уровнях и пониманию, выходящему за пределы текста. Во многих случаях кажется, что Хармс передразнивает сам себя, своих коллег и взрослых вообще, утверждая ум детей и воодушевляя их. Во всех своих произведениях он проявляет большую чувствительность к чувству бесправности маленьких детей, например, показывая их обиды, как в стихотворении «Странный бородач»: «Вход для школьников открыт, / Для дошкольников / — Закрыт» и «Вы сначала подрастите, / А таких пустить нельзя» [Там же: 78]. По мере того как писатели сталкивались с растущими ограничениями и исключением из общественной жизни, их положение все больше приближалось к бесправности маленьких детей, а авангардисты обнаруживали, что их собственный голос заглушается.

Вовлекая ребенка-читателя как равного в изощренную метатекстуальную игру, Хармс помогает высветить автономность и искусственность художественного текста, прибегая к типичному приему модернизма, необычному для детской литературы[62]. Примером такой изощренной метатекстуальной игры является довольно длинный рассказ «О том, как старушка чернила покупала» (1928). Здесь в магическом пространстве издательства прослеживается запутанная нить истории, пока не происходит метатекстуальное разрешение сюжета, которое аккуратно сшивает всю историю, ее начало с концом. Рассказ «О том, как старушка чернила покупала»[63] появился в последнем номере «Ежа» за первый год выхода журнала[64]. В 1929 году она была переиздана в виде двадцатисемистраничной книги с множеством иллюстраций Э. М. Криммера (рис. 40)[65]. В этой версии юмористические рисунки пером и тушью и линогравюры служат иконическими образами и иллюстрациями, которые прерывают, вторгаются и встраиваются в текст. Эти рисунки, как в ребусе,

---

[62] Метатекстуальный акцент на искусственности текста редко встречается в детской литературе до постмодернизма.

[63] См.: Еж. 1928. № 12. С. 11–12.

[64] Вполне уместно, что история появилась в выпуске, посвященном чудакам, на обложке которого были изображены человек и собака, бегущие в странных приспособлениях, похожих на колеса. «Не только с этим колесом оскандалились критики и зубоскалы. Нет почти ни одного изобретения, которое не облаяли бы люди при его рождении. И только когда у выдумки подрастут кулаки, начинают ее люди уважать. В этом номере "Ежа" на стр. 19–24 напечатана статья "Чудаки". В ней рассказано о разных смешных выдумках, из которых потом вышли серьёзные изобретения» (Еж. 1928. № 12. С. 2 обложки).

[65] См. [Хармс 1929]. Номера страниц указаны по этому изданию, так как оно представляет собой единое образное целое. См. также [Хармс 1997–2002, 3: 137–147].

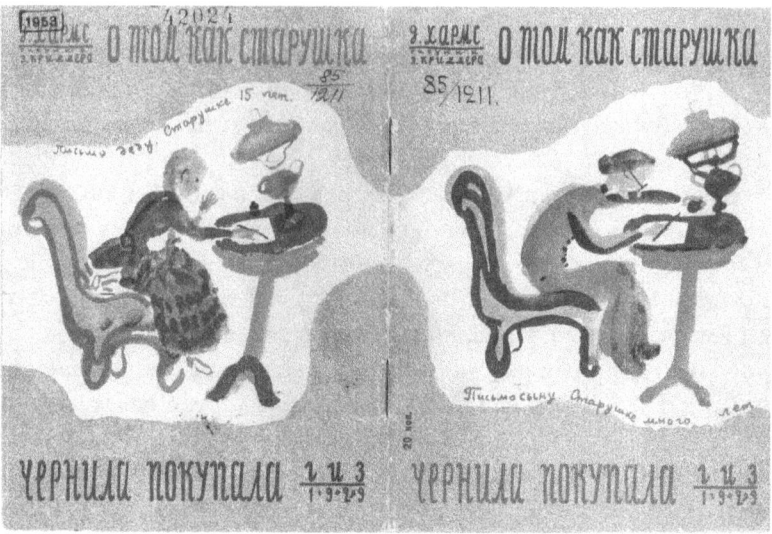

Рис. 40. Обложка книги «О том, как старушка чернила покупала».
Эскиз обложки Э. Криммера к книге Даниила Хармса, 1928 год.
Любезно предоставлено Российской государственной библиотекой,
Санкт-Петербург, Россия

головоломке или загадке, приглашают читателя воспринять сам текст как игру. На самом деле сама природа рассказа, природа Страны чудес или Зазеркалья, визуально подкрепляется повторяющимися изображениями отсутствующего предмета, который является главным символом этого рассказа о писательском кризисе — бутылочки с надписью «чернила» вместо «выпей меня».

На обложке книги «О том, как старушка чернила покупала» размещена мягко написанная акварель, изображающая «старушку», о которой идет речь, с пером в руках над чистым листком бумаги. На лицевой стороне обложки сгорбленной «старушке много лет», и она «сыну письма посылала», а на обороте изображена молодая девушка с косой — «старушке 15 лет», и она пишет «письмо деду». Таким парадоксальным образом обложка намекает, что номинальная идентичность главной героини как «старушки» не зависит от ее возраста, юная она или пожилая[66]. Скорее, быть «старушкой» — это свойство ее бытия — состояния неуместности и бессилия — которое могло иметь отношение и к такому непубликовавшемуся автору, как Хармс. Жизнь прошла мимо нее, и она осталась без чернил, то есть принадлежностей для письма. Однако увядшая муза не приемлет этого отсутствия. Напротив, оно служит парадигматическим импульсом для истории о приключениях, по мере того как старушка бросает вызов странному новому миру, отправляясь на поиски чернил, чтобы написать — и завершить — рассказ.

Здесь Хармс использует фигуру «старушки» ради ее комического и трагического потенциала. Старушки, которым суждено стать типичными персонажами Хармса, наводняют его позднюю взрослую прозу, такую как рассказ «Вываливающиеся старухи» (1936–1937), который появляется в «Случаях» [Хармс 1997–2002, 2: 331], и важное более длинное прозаическое произведение «Старуха» (1939) [Там же: 161–191]. Старушку, ставшую со временем и в силу обстоятельств неуместной, почти все, кто с ней взаимодействует, считают «сумасшедшей». Каждый раз, когда ее спрашивают: «да ты что, с луны свалилась?» — мы видим на полях стилизованную иллюстрацию этой идиомы. На протяжении всей истории ее считают глупой старухой, что сопоставимо с инфантильным и детским. Те, с кем она сталкивается, хотят, чтобы она убралась из центра на обочину, пока она не встречает писателя, который понимает возможности ее остраненной и периферийной перспективы. В этот момент пренебрежительное отношение к старушке и луне подвергается пересмотру, поскольку она принимает роль музы и источника трансцендентного вдохновения для писателя.

В ходе своих поисков писчих принадлежностей старушка сталкивается с литературными явлениями — бессмыслицей, заумью и абсурдом. На рынке она спрашивает о чернилах у торговки. Та, казалось бы готовая помочь, интересуется: «Какие

---

[66] Таким образом, обложка уравнивает позиции молодого и старого, или старческого и детского.

чернила — красные или черные?» [Хармс 1929: 12], но оказывается, что у нее нет никаких, как нет и смысла в ее вопросе. Позже старушка выходит на «широкую и шумную улицу» [Там же: 16], вероятно, на Невский проспект (тогда проспект 25-го октября), где ее оглушает шум современного транспорта. Словно декламируя заумную поэзию, автомобиль произносит «Тарар-арарар-арар-ррррр!» [Там же], трамвай «Джен-джен! Динь-динь-дин!» и мотоцикл «Пыр-пыр-пыр-пыр!» [Там же: 17]. Едва перебравшись живой на другую сторону центральной улицы, старушка встречает седого старичка, с которым ведет абсурдный диалог. Она вежливо спрашивает, не знает ли он, где продаются чернила. Он останавливается, глубоко задумывается, скручивает папиросу, закуривает и говорит «беззубым ртом»: «Шешиши пошаются в макашише» (исковерканное до невозможности понять «Чернила продаются в магазине») [Там же: 17–18]. Старушка ничего не понимает из этого абсурдного обмена репликами, напоминающего стихи о Бармаглоте. По иронии судьбы, однако, беззубый старик просто не мог внятно произнести правильный ответ; таким образом, он служит трагической метафорой другого состояния поэтической неспособности, характерного для авангарда, — неспособности быть понятым. Таким образом, изнурительная недееспособность, незнание и немощь старости служат законченным контрапунктом изнурительной недееспособности, незнанию и незрелости детства, щедро изображенного в других произведениях Хармса.

Решив справиться о чернилах в магазине, старушка наконец находит на шумной улице книжный магазин. Она сразу понимает связь между письмом, чернилами и книгами, хотя ее высказывание представляет собой анахронизм: «Ведь книги-то, чай, пишутся чернилами» [Там же: 18]. Ее заявление подчеркивает метатекстовый символизм чернил, которые воплощают собой вдохновение и средство выражения. Чтобы войти в метафикциональный мир книжного магазина и в само здание, старушка должна пройти через ряд непривычных препятствий, начиная с вращающейся двери. Словно магическая тропа, вход испытывает упорство старушки, которую сбивают с толку «двери стек-

лянные и странные какие-то» [Там же], которые закружили ее,
прежде чем ей насилу удалось спастись: «Закружилась у старушки голова, идет она и сама не знает, куда идет. А кругом всё двери,
двери, все они кружатся и старушку вперед подталкивают» [Там
же: 20]. Пережив нескончаемый проход через эти странные
стеклянные двери, старушка попадает в метафикциональную
Страну чудес, что подчеркивается описанием ее состояния:
«совсем как во сне» [Там же: 22].

Внутри этого странного пространства с ней происходят более
символические встречи с остраненными атрибутами современной жизни — человек у часов, дверь с железной решеткой и лифт,
который приводит ее в полное недоумение. Лифт она сравнивает
со «шкафом», создавая литературно нагруженную аллюзию на
квартиру Раскольникова; в нем происходит еще один магический
переход.

> Старушка стоит, шевельнуться не смеет, а в груди у нее
> будто камень расти начал. Стоит она и дышать не может.
> Сквозь дверку чьи-то руки, ноги и головы мелькают, а во-
> круг гудит, как швейная машинка [Там же: 21–22].

Примечательно, что гудение, как от «швейной машинки»,
которое она слышит в момент озарения, напоминает об истории
Дома книги, в здании которого до революции располагалась
штаб-квартира российского представительства производителя
швейных машин «Зингер». Таким образом, остраненное и сно-
видческое описание выдуманного мира изобилует узнаваемыми
намеками на конкретное и реальное место[67]. Расположение
магазина на Невском проспекте, множество книг, выставленных

---

[67] Построение сложной схемы аллюзии с помощью применяемого здесь
алеаторного поэтического приема напоминает о Кнуте Гамсуне, который,
наряду с Эдвардом Лиром и Льюисом Кэрроллом, был одним из любимых
писателей Хармса. Строки из «Мистерий» Гамсуна приводятся в качестве
эпиграфа к стилистически близкой повести «Старуха». Сьюзан Скотто
опубликовала общее сравнительное исследование, в котором рассматриваются некоторые сходства темы, сюжета и стиля в «Старухе» Хармса и «Ми-
стериях» Гамсуна. См. [Scotto 1986].

в его окнах — «больших, в целую стену» [Там же: 18], вращаю-
щаяся дверь и лифт с железной решетчатой дверью, гудение
швейных машин и, наконец, прибытие старушки на шестой,
последний этаж («Пожалуйте, приехали, шестой этаж, выше
некуда» [Там же: 21]), отчетливо обозначают появление вымыш-
ленного персонажа в реальном пространстве. Это помещение,
по сути, и было штаб-квартирой издательства детской литературы в Ленинграде — на самом верху Дома книги[68]. «Попала
старушка в большую, светлую комнату. Смотрит — стоят
в комнате столики, а за столиками люди сидят. Одни, уткнув
носы в бумагу, что-то пишут, а другие стучат на пишущих ма-
шинках. Шум стоит будто в кузнице, только в игрушечной» [Там
же: 22–23]. Таким образом, утерянная было нить повествования
обнаружилась во внутреннем функционировании издательско-
го мира, расположенного в Доме книги. На этой метатекстуальной игровой площадке Хармс описывает встречу старушки из
своего рассказа с реальными детскими писателями, один из
которых испытывает кризис творчества. Это сам Хармс, который является автором книги, на что указывает иллюстрация
Э. Криммера (рис. 41). На ней изображен крупный мужчина
в очках, с прической, напоминающей прическу главного редактора С. Я. Маршака, который сидит в кресле рядом с неподвиж-

---

[68] Прекрасным источником знаний о внутреннем устройстве и организации
книгоиздания для детей в это время является Л. К. Чуковская. Она вклю-
чила главу «Маршак-редактор» во второе издание своей книги «В лаборатории редактора». Глава начинается словами: «Ленинград. Дом книги, детский отдел Госиздата. Начало тридцатых годов. Редакция занимает три
комнаты на пятом этаже. <...> Вот уже несколько лет отделом руководит
С. Я. Маршак» [Чуковская 1963: 219]. Чуковская упоминает несколько по-
стоянных фигур, таких как Хармс [Там же: 221] и его собратья по ОБЭРИУ
[Там же: 268]. Редакторы детских журналов «Еж» и «Чиж» были близкими
коллегами, работавшими по соседству. Также упоминаются конкретные
детали того времени, относящиеся к зданию, такие как его точное местопо-
ложение, количество этажей и главный вход с вращающейся дверью: «...в
Доме книги пустынно, во всех его шести этажах, во всех сотнях комнат.
Давно уже заперта стеклянная важная крутящаяся дверь, выходящая на
Невский прямо против колонн Казанского собора» [Там же: 223].

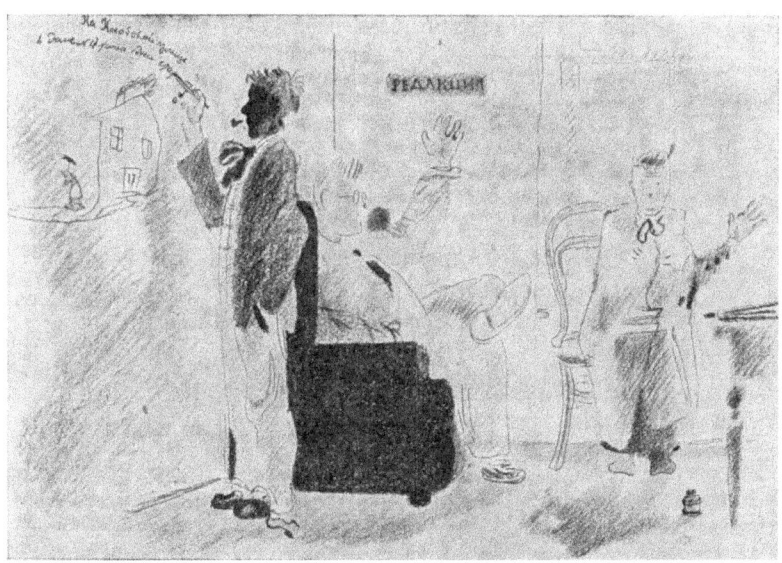

Рис. 41. Иллюстрации Э. Криммера к книге Даниила Хармса «О том, как старушка чернила покупала», 1928 год. Любезно предоставлено Российской национальной библиотекой, Санкт-Петербург, Россия

но застывшей на стуле старушкой. Спиной к ним стоит худощавая мужская фигура, которая пишет на стене и демонстрирует темный профиль, похожий на Хармса, с привычной для автора трубкой в зубах[69]. Изобразив на стене старушку, которая выходит из дома, человек пишет первые строки этой истории: «На Кособокой улице, в доме № 17 жила одна ста...» [Там же: 25]. Рисунок и текст открывают, что старушка явилась как муза к писателю, у которого творческий кризис. Таким образом символическая репрезентация запутанного нарратива выявила литературные средства, необходимые для того, чтобы написать о старушке.

---

[69] В своих воспоминаниях, впервые опубликованных в 1980 году, Алиса Порет пишет: «Постоянной принадлежностью его лица была трубка» [Порет 2003: 425].

Показывая писателю странность мира, который она видит, она дает ему материал для рассказа. Она дарует ему остраненную перспективу пограничного персонажа:

> — В шкафу приехала, — сказала старушка.
> — В каком шкафу? — в один голос спросили толстый и тонкий.
> — В том, который у вас на лестнице вверх и вниз катается, — сказала старушка.
> — Ах, в лифте! — рассмеялся тонкий [Хармс 1929: 26].

В то время как редактор выносит свое суждение «Да вы прямо как с луны на землю свалились!» [Там же], тонкий писатель воспринимает ее точку зрения как ценную, и на метафорическом уровне это показано тем, что он снимает, вытирает и снова надевает свои очки.

> Тонкий человек снял свои очки, подышал на них, вытер носовым платком, одел опять на нос и сказал старушке:
> — Расскажите вы нам о том, как вы чернила покупали, а мы про вас книжку напишем и чернил дадим.
> Старушка подумала и согласилась.
> И вот тонкий человек написал книжку:
> О ТОМ, КАК СТАРУШКА ЧЕРНИЛА ПОКУПАЛА
> [Там же: 27].

Таким образом, символически нагруженный рассказ в своем финале содержит предполагаемую метатекстовую загадку о своем происхождении — его последняя строка является его названием. Запас чернил был пополнен и голос старушки был услышан, но это лежит уже за пределами рассказа. Таким образом, рассказ привел ребенка в творческую лабораторию и захватил читателя в нескончаемый метатекстовый момент. Таким образом, Хармс вовлекает ребенка в метатекстуальную игру с происхождением и автономией текста. Он дарует ребенку доступ к процессу письма, и письмо в зеркальной петле этого момента начинает осознавать себя самоё.

Заключительный этап расширения прав и возможностей ребенка-читателя представлен в другом позднем метатекстуальном произведении Хармса[70], где он дарует свой всемогущий голос писателя девочке. Небольшое произведение с родовым и глубоко символичным названием «Сказка»[71], также обращается к процессу письма и тому, чтобы сделать это процесс осознанным. Оно начинается словами: «Вот, — сказал Ваня, кладя на стол тетрадку, — давай писать сказку» [Хармс 1997–2002, 3: 175]. За этим началом следует ряд неудачных попыток начать сказку. Трижды Ваня предлагает избитое начало, типа «Жил-был король» [Там же], но каждый раз Леночка заявляет, что такая сказка уже есть, и продолжает повествование, завершая его на одном дыхании в порыве логореи. Эта Леночка — уверенная и красноречивая — напоминает о музах-девочках, как безымянных, так и тех, чьи имена известны, вдохновлявших представителей раннего авангарда, о которых шла речь на страницах этой книги, включая Милицу у Хлебникова и Зину В. у Кручёных, а также Нину Кульбину и Марианну Эрлих. Гендерная динамика их творческого партнерства повторяет динамику Льюиса Кэрролла и влиятельного персонажа Алисы, созданного им по образцу реальной Алисы Лидделл. Действительно, в основополагающем модернистском тексте «Алиса в Стране чудес» Алиса, погрузившись в символическое младенчество безречия и бессилия, создается заново бессмыслицей и абсурдной логикой Страны чудес, постепенно обретая голос и свободу воли до такой степени, что она рассеивает иллюзии текста и пробуждается от него, как ото сна.

---

[70] См. [Хармс 1997–2002, 3: 175–180]; впервые опубликовано в журнале «Чиж», № 7 за 1935 год.

[71] Близкий коллега Хармса Введенский занимается метатекстовыми экспериментами, имеющими несколько сходный характер. Например, рассказ «Художники и писатели» включает в себя и творческие действия персонажей — рассказ, стихотворение и песню, и их написанный художником портрет, который является наградой для них, — и тем самым рассказывает своего рода истории искусств для читателей. См.: Введенский А. Художники и писатели // Чиж. 1930. № 3. С. 2–6.

В «Сказке» Ваня в последней попытке обрести автономию в этом процессе наконец предлагает написать сказку о себе, но Леночка и текст снова перехитрили его. Леночка говорит: «И про тебя уже сказка написана» [Там же: 179]. Ваня возражает, что это невозможно, и требует сказать ему, где она напечатана, но и тут у Леночки есть готовый ответ: «А вот купи журнал "Чиж" № 7, и там ты прочтешь сказку про самого себя, — сказала Леночка» [Там же]. Здесь девочка обретает всемогущий авторский голос и демонстрирует пророческую точку зрения, которая выходит за пределы текста. Ей удалось завладеть всем ходом нарратива, — даже если не принимать в расчет заключительную победу над собеседником — охватывающего три сказки и рамку, в которую они заключены. Детская сказка, таким образом, предстает как изобретательный метатекстуальный прием, притом что она воплощает обретение ребенком голоса в рамках инфантилистских экспериментов авангарда.

Тем не менее рассказ Хармса показывает, что обретение голоса одним человеком часто происходит за счет потери голоса другим; Леночка обретает власть над нарративом благодаря нарративному импульсу Вани. Подобный перехват голоса у субъекта, который хочет говорить, безусловно, имеет зловещий аспект. Он не может рассказать свою сказку, потому что он — любой ребенок и начинающий писатель — уже оказался внутри нарратива, который не оставляет ему места для творческой свободы и возможности бежать. Прочитанный как аллегория, этот мрачный взгляд может быть отнесен к судьбе автора этого внешне легкомысленного рассказа. С другой стороны, скрытая критика со стороны бесправного субъекта, содержащаяся в нем, также может быть отнесена к авангарду, который в своем стремлении к инфантилистской эстетике в некотором смысле узурпирует позицию, точку зрения и голос ребенка. В поисках последней меры художественного выражения авангардные писатели-обэриуты занимают субъектную позицию ребенка, оказываясь его рупором или вовсе чревовещателями. Обреченный на безречие, если перефразировать Марианну Торговник, ребенок позволяет авангарду говорить за тебя. «Младенец/ребенок» и в самом деле служит для обэриутов чревовещательной куклой. В этом отношении авангард представлял собой лишь одну из многих фракций нового советского общества, которые использовали «младенца/ребенка» для обретения контроля над новым будущим. Как это часто бывает, дети призваны стать рядовыми идеологии, поскольку, как написал У. Р. Уоллес в стихотворении 1865 года, «Рука, качающая колыбель, — это рука, которая правит миром».

Тем не менее поданная в игривой манере модернистская «Сказка» показывает, до какой степени Хармс уважал свою детскую аудиторию, и как он был чувствителен к бесправной позиции детей, которым даровал голос. Хармс вводит ребенка-читателя в лабораторию художественной литературы и раскрывает работу логики, мышления и нарратива, в то же время давая пример того, как бессильный может обрести голос. Он дает детям метатекстовую подсказку, как им обрести всесильную авторскую позицию и тем самым достичь понимания структур, держащих субъекта в плену. Подражая детскому мышлению и алогизму, Хармс расширяет отработку критического мышления и тем самым побуждает детей, как и текст, разрушать и подвергать сомнению границы логических ожиданий и становиться искушенными читателями или писателями, которые участвуют в создании смысла. Хармс не только вовлекает детей как равных в метатекстуальные игры, утверждает их силу и разум и позволяет им маскироваться под взрослых и авторов; он еще и делает это за счет взрослых, которые выступают как марионетки, как насмешка над собой и над миром взрослых. Расширение прав и возможностей ребенка как субъекта, по сути, происходит за счет взрослых и других наделенных властью фигур, что является наиболее подрывной характеристикой его творчества в авторитарное время.

Абсурдистские произведения Хармса для взрослых и детей, дарующие модель обретения права голоса читателю и вдохновляющие его, — это великий финал инфантилистской эстетики русского авангарда. Соположение маргинального по своей сути старческого, детского и инфантильного показывает, как продуктивно работают произведения Хармса для детей и взрослых, взятые как единое целое, хотя судьба его «старушки», созданной для детей, значительно оптимистичнее, чем судьба «старухи», написанной для взрослых. В конечном счете утверждение уникальных открытий и творчества, берущих начало в периферийной перспективе, наряду с максимальным комическим и трагическим эффектом сопоставления принадлежащих разным семиотическим сферам объектов, показывают, в какой степени для Хармса оригинальные принципы ОБЭРИУ лежат в основе его детских произведений.

Воспитывая читателя метатекста и даруя литературный голос ребенку, он завершает работу, начатую признанием ребенка субъектом. Интерес к ребенку как к объекту, субъекту и субъектности вывел авангард на новую художественную и языковую территорию, освободив его посредством примера детского лепета, детского языка, детского алогизма. Поздние произведения Хармса, пройдя путь от неговорящего младенца или от младенца, которого не слушают или не замечают, но который дарует в автобиографических текстах Хармса свой странный взгляд на мир, через воплощения у Хармса и Введенского младенца, наделенного пугающим пониманием, приближаются к ребенку на его собственном уровне мышления и используют детский язык, логику и фольклор как прием, побуждающий читателя — взрослого или ребенка — принять участие в построении смысла и исследовать измерения нарратива, который предлагает возможность бегства, силу и голос через сотворчество и процесс участия в интерпретации. Через эти метатекстуальные эксперименты, а также конструкцию и деконструкцию текста посредством алогизма Хармс предвосхищает бóльшую часть абсурдистской литературы и становится частью литературы модернизма в более широкой западной традиции. В то же время остаются сильны его авангардистские корни, проявляющиеся в обнажении приемов и ниспровержении ожиданий.

В конце концов инфантилистская эстетика привела Хармса в область алогизма и абсурда. Продолжая традиции обожаемых им Эдварда Лира, Льюиса Кэрролла и Кнута Гамсуна[72], Хармс прокладывает новые пути. Он возделывает новые земли. Его творчество не только вносит опережающий свое время вклад в литературу абсурда, которая разовьется впоследствии для выражения необычайных переживаний и экзистенциальных вопросов современности, но и достигает той глубокой простоты, которая является венцом инфантилистской эстетики русского авангарда. Руководствуясь принципами инфантильного примитивизма, инфантилистскими взглядами и младенческим сознанием, русский авангард устремился в направлении абстракции, достиг разделения означаемого и означающего, выполнил переоценку наивной и периферийной перспективы и исследовал границы языка, логики и значения. В этом смысле авангард окончательно и бесповоротно вбивает клин между объектом и его значением на пути к самоуничтожению.

Тем не менее авангардистская деконструкция искусства имела глубокие последствия с точки зрения интерпретации и порождения смыслов. Как видно на примере многослойных текстов Даниила Хармса, плодотворные соположения относящихся к различным семиотическим сферам объектов и контраст между лежащей на поверхности простотой и все более глубоким и расширяющимся значением объектов дают невероятный символический потенциал. Авангард меняет природу интерпретации, хотя и привлекает внимание к материальности художественного текста. При ближайшем рассмотрении кажущаяся простота, конкретные объекты и пустые пространства, лежащие в основе хармсовского текста, раскрываются во внутренний универсум символического, экзистенциального и метатекстового значения. Там, где мы могли бы ожидать найти конец интерпретации, мы находим ее начало.

Тем не менее судьба авангарда была предопределена с самого начала. Его радикальная и мятежная эстетика, рожденная в ре-

---

[72] В дневниковых записях за ноябрь 1937 года Хармс называет Эдварда Лира, Льюиса Кэрролла и Кнута Гамсуна в числе своих любимых писателей [Кобринский, Устинов 1991: 501].

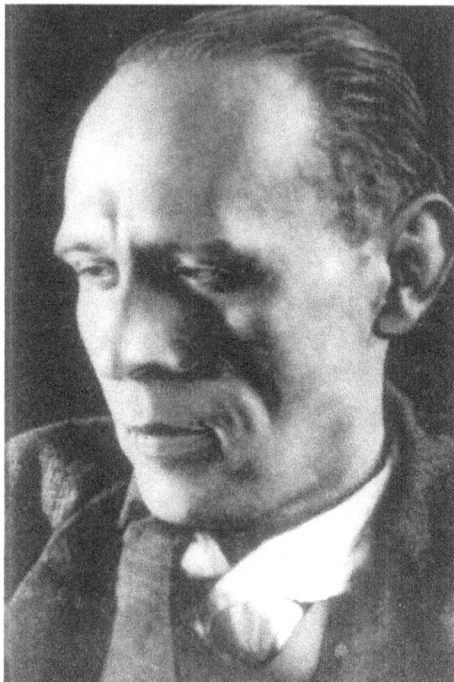

Рис. 42. Фотография Даниила Хармса в последние годы жизни, 1938 год. Опубликовано в книге В. Глоцера «Марина Дурново. Мой муж Даниил Хармс» (М.: Пресс, 2000). Личный архив М. В. Дурново; используется с разрешения издателя

волюционном брожении общества на пороге потрясений, все больше противоречила любой тотальной авторитарной системе, какой стало Советское государство к 1930-м годам. Хармс, как и его друзья и ближайшие соратники по ОБЭРИУ, стал жертвой тоталитарного государства. Арестованный 23 августа 1941 года, Даниил Хармс умер от голода в тюремной психиатрической больнице 2 февраля 1942 года[73] (рис. 42). Конец ОБЭРИУ, ставшего последним вздохом авангарда, означал, что его эволюция резко оборвалась. Если абсурдистские эксперименты Хармса со взрослой аудиторией подчеркивали конец каузальности, логики и нарратива, в то время как слово сохраняло свое всемогущество, а его детская литература наделяла детей и слабых или бесправных силой и голосом, то мрачные темы бытия и самоуничтожения

---

[73] Подробнее об известных обстоятельствах его последних дней см. в [Кобринский 2008: 483].

в его литературе для взрослых, а также бесправие и безречие, изображенные в его произведениях для детей, оказались наиболее пророческими. Маргинализованный и лишенный голоса, авангард отныне окончательно замолчал. И все же в качестве эпитафии, произнесенной детским голосом, который привлекает внимание к конечности и неотменности финала и к пределам существования, логики, языка и текста, уместно предоставить последнее слово Хармсу, таким образом подводя итог самоуничтожающим заключительным словом, которое отмечает конец языка, конец нарратива и говорит все это сразу:

ВСЁ.

Заключение
Конечная точка инфантилистской эстетики

Во многих отношениях творчество Казимира Малевича, такое как картина конца 1920-х годов «Черный круг» (рис. 43), представляет собой крайнюю по выражению, если не хронологически, точку авангардистской эстетики. Как и в супрематическом искусстве Малевича, инфантилистский редукционизм формы ведет к самым базовым, наименьшим и фундаментальным компонентам искусства и значения, которые могут быть представлены этим совершенным кругом[1]. Если поэтический язык характеризуется как детский лепет, каракули, колдовство и загадка, то авангард высвечивает инфантильную природу этих базовых компонентов искусства [Frye 1957: 275]. Если мое исследование было нацелено продемонстрировать, как неопримитивизм Ларионова сводит живопись к детским каракулям, кубофутуризм Кручёных сводит поэзию к младенческому лепету, формализм Шкловского сводит искусство к наивной перспективе и абсурдизм Хармса сводит художественный текст к детскому алогизму, то Малевич предлагает пример инфантилистского упрощения средств в своем

---

[1] Джеральд Янечек в «Зауми» также сравнивает заумный язык с абстракцией в живописи и заумь Кручёных с «Черным квадратом» Малевича. Он пишет: «Можно сказать, что заумь существует на границе языка, и поэтому ее изучение — это один из способов добраться до корней (и границ) самого человеческого языка» [Janecek 1996: 3]. На самом деле, как утверждается в этой книге, все ветви авангардного инфантилизма движутся к одной и той же конечной точке.

Рис. 43. Казимир Малевич. Черный круг. Около 1923 года. Холст, масло, 105,5 × 106 см, Русский музей, Санкт-Петербург. Copyright © 2022, Государственный Русский музей, Санкт-Петербург

крайнем выражении. Как и привычное для Хармса заключительное слово или же инфантильное уведомление Шкловского «конец» в его рассказах для детей, объявляющие, что художественное произведение закончилось и начинается реальность, преувеличенно минималистский дизайн Малевича если и не оказывается хронологическим финалом, но все же ставит точку в истории инфантилистской эстетики. Это ослепляюще темное пятно заключает в себе глубину всепоглощающей сингулярности в черной дыре, но, возможно, также и всеобъемлющее изначальное яйцо, и первозданную клетку, из которой может родиться заново современное искусство и новый подход к смыслу.

Как мы видели, для каждой из фигур, обсуждавшихся в этом исследовании, движение в направлении минималистских форм в их практике художественного инфантилизма можно проследить в тот период, который обсуждается на этих страницах, но не на протяжении всей их деятельности или после появления социалистического реализма[2]. Выражаясь более экспансивно, Ларионов упрощает живопись в соответствии с формальными принципами детского рисунка и в конце концов доходит до простых каракулей, искусственно воспроизводящих лучи света, которые достигают сетчатки, делая таким образом значимый шаг в сторону беспредметного искусства. Кручёных упрощает поэзию до младенческого лепета, который отмечен эвфонией и какофонией, сопровождающими вхождение ребенка в язык, и независимую игру ребенка со звучащим языком, и тем самым он безвозвратно отчуждает означающее и означаемое. Шкловский сводит саму природу искусства, литературы и теории к сознательному переживанию их формы, фиксируемой с наивной перспективы, которая воспринимает все остраненным взглядом, тем самым устанавливая основы новой критической теории. Хармс в своих произведениях как для детей, так и для взрослых ограничивает собственное использование языка, каузальность и значение, что напоминает инфантильный язык и детское мышление, приближаясь в этом к детскому алогизму как лучшему средству выражения экзистенциальной абсурдности остраненного субъекта

---

[2] Хотя я намечаю здесь одну эстетическую траекторию, это не означает, что эти авангардисты не следовали другим — до этого или после; в некоторых случаях они имели долгую карьеру в Советском Союзе или в эмиграции, где они столкнулись с различными эстетическими альтернативами или были вынуждены идти на определенные компромиссы. Эта книга представляет собой синхронное исследование почти одновременных проявлений инфантилистской авангардной практики в период с 1909 по 1939 год, а не исследование их упадка. Она сосредоточена на самых крайних проявлениях авангардных изысканий в области инфантилизма в искусстве, языке, теории и логике и определяет одну яркую и анахроничную конечную точку в этой большой одновременности, которая продолжала оказывать влияние даже после того, как центр прекратил существовать.

модерности, которым становится некто бесправный, как ребенок[3]. Таким образом, развитие каждой фигуры в течение изучаемого здесь периода следует сходным курсом на деконструкцию, несмотря на родовые границы между литературой, искусством и теорией, которые разделяют их. Как размышляет, оглядываясь назад, Шкловский: «Заумный язык — это язык пред-вдохновения... это до-книжный, до-словный хаос, из которого все рождается и в который все уходит» [Шкловский 1990a: 254][4]. Он подчеркивает, как именно доязыковое состояние младенцев ознаменовало собой ключевой этап пути развития авангарда.

В конце концов, инфантилизирующая эстетика русского авангарда двигалась по пути к самоуничтожению и самоаннигиляции. Регрессивное движение инфантильного примитивизма ведет взрослого к ребенку, младенцу и эмбриону, будучи развернуто вспять по отношению к универсальной траектории развития, и беспрепятственно движется вперед, к небытию[5]. Используя инфантильное в качестве образца, авангард исследует пределы искусства, языка и логики и деконструирует восприятие, эстетику и интерпретацию. Исторический контекст революционного времени, в политическом и эстетическом отношении одновременно устремленный вперед и ретроспективный, перекрывается эсхатологическими элементами конца времен, который, в религиозном контексте, предвещает воскрешение, искупление и возрождение. Отсюда символика «воскрешения слова» и неологизм как таковой — «В начале было Слово...». Действительно, современное искусство проходит через детство языка и искусства на своем пути к сингулярности, которая, подобно кротовой норе, открывается в новую эстетическую вселенную.

---

[3] Бранислав Яковлевич замечает: «Хармс понимает ничто как бесконечно сжимающуюся опору, как начало, которое постоянно уходит в себя» [Jakovljevic 2009: 136].

[4] Я благодарна Нине Гурьяновой, которая обратила мое внимание на эту цитату.

[5] Можно сравнить с оценкой Гурьяновой: «...супрематизм предлагал в качестве конечной цели "ничто", "ноль"» [Gourianova 2012: 189].

Если говорить об истории живописи в России, пример Малевича также замыкает круг. Он возвращает к жизни архаические и исконные образцы живописи, и в то же время обновляет их в соответствии с веяниями XX века. В мире святой иконы древнего православия существовала нерушимая связь между Означаемым и означающим, которая составляла единое святое означающее целое. Согласно этой модели, процесс означивания совершался в силу сакральной трансцендентности искусства, а не через процесс интерпретации, связывающий означающее и означаемое. Живопись, литература и теория русского авангарда разрывают эту связь и освобождают форму от смысла, совершая грандиозный виток по спирали и возвращаясь к архаичному искусству. Русский авангард очевидно заимствует у православия отношение к форме, так же как заимствует из платонической традиции идеальной формы [Платон 1994]. Например, Малевич называет свой квадрат «творением интуитивного разума» [Малевич 1995: 53], как бы безупречно задуманным в уме. Авангардные эксперименты с формой и значением, отдавая предпочтение первой, еще глубже разделяют означающее и означаемое — вплоть до затмения означаемого, уничтожения и стирания его; при этом означающее упрощается до крайности, будучи сдвинуто до минимальных компонентов в разных сферах или же к нулю. Как я утверждаю в своей книге, обращение русского авангарда к инфантильному примитивизму и инфантилистской эстетике необратимо меняет историческое соотношение между формой и смыслом и инфантилизирует искусство до самого его зарождения.

Тем не менее очевидно, что конструкт «младенец/ребенок» парадоксален. Он включает в себя как *infans*, чье состояние безречия служит репрезентацией доязыкового единства означающего и означаемого и идеального состояния целостности означивания, так и *puer loquens*, чьи остраняющие и полные игры столкновения с границами языка используются «взрослым» авангардом для того, чтобы подчеркнуть разделение между означающим и означаемым и восстановить осознание процесса означивания. Занимая идеальную позицию до конвенций визуальной и вербальной репрезентации и материализации значения, которая становится безграничным переживанием в произвольном языке, «младенец/ребенок» служит точкой возгорания эстетической революции, освобождающих сил и карнавального разрешения модернистской живописи, литературы и теории. Таким образом, *infans*, «младенец/ребенок» и ребенок становятся странным Другим, с чьей помощью можно остранить мир искусства, мир взрослых и мир в целом. Коротко обобщая, пример ребенка служит дестабилизации укоренившихся отношений означающего и означаемого и помогает авангарду добиться упрощения формы, бросить вызов условностям значения и коренным образом изменить природу самой интерпретации.

Лепечущий младенец и рисующий каракули ребенок — на грани живописи и языка, визуальной и словесной репрезентации, языка и художественного представления — являют собой потенцию в чистом виде и максимальную выразительность и восприимчивость среди исполненной оптимизма и революционных настроений атмосферы раннего авангарда дореволюционного периода. Между тем трагический взгляд на «младенца/ребенка» как на беспомощную и бесправную жертву, попавшую в ловушку роковых обстоятельств, порождает выразительную метафору, которая находит отклик в последние годы авангарда, когда он все больше инфантилизируется и маргинализируется и, наконец, вытесняется из жизни. Некоторые авторы, например Ларионов, продолжили работу в эмиграции, будучи оторваны от своей привычной среды и аудитории. Кручёных разными путями продолжил свои труды, хотя и перестал быть актуальным, а вместо этого превратился в своего рода анахронизм, постоянного архивариуса раннего авангарда. Шкловский стал объектом значительного давления, официально отказался от своих формалистских взглядов, чем обеспечил себе долгое существование, несмотря на государственный контроль над литературой и искусством. Однако трагическая и безвременная гибель Хармса показывает, насколько высоки были ставки в последние годы существования авангарда.

Вселяющие надежду открытие, оккупация и узурпация «младенца/ребенка» постепенно уступают место признанию тщетности парадоксального стремления дать голос неговорящему, в то время как сам авангард постепенно сдается, признавая бессмысленным парадоксальное стремление даровать голос неговорящему, инфантилизируется, становится бессильным, лишается голоса и замолкает. Но, хотя младенец и представляет собой чистую потенциальность доязыкового единства означающего и означаемого, нечто сконструированное и абстрактное, порожденное крайними проявлениями авангарда, углубляющийся интерес к точке зрения и внутреннему миру ребенка продолжал порождать творчески продуктивную субъектную позицию параллельно с менее радикальными модернистскими экспериментами в других сферах. Тем не менее в России потенциал инфантильной позиции субъекта для выражения страданий, свойственных состоянию неговорения, применим не только к лишенному прав ребенку, но и к писателю, чей творческий путь подошел к концу, навсегда остановленный в развитии и оборванный, в некотором смысле, в его младенчестве.

В эстетическом отношении упрощение формы, нашедшее воплощение в художественных артефактах того времени, экспоненциально увеличивает интерпретативный потенциал, поскольку отделяет означаемое от означающего, продлевает процесс означивания и требует изощренной и интерактивной интерпретации современной аудитории. Означающее получает преимущество перед означаемым, которое ценилось трансцендентным взглядом на искусство, по мере того как форма становится новым образцом и основной чертой искусства модерна. Конечной целью эстетики авангарда, как показывает Малевич, является инфантилизация искусства. Однако это упрощение формы и сведение к минимуму компонентов дает и большую глубину. Когда Малевич загоняет искусство в угол, сводя его к простому квадрату (рис. 44), и выставляет его наподобие православной иконы в «красном углу» выставочного зала, он выражает глубокое благоговение перед формой, искусством и трансцендентным смыслом, и в то же время он заменяет православное поклонение означаемому цело-

Рис. 44. Казимир Малевич. Черный квадрат. Около 1923 года.
Холст, масло, 106 × 106 см, Русский музей, Санкт-Петербург.
Copyright © 2022, Государственный Русский музей, Санкт-Петербург

му, предпочитая означающее с открытым финалом. Форма теперь преобладает над смыслом, тогда как раньше смысл превалировал над формой. Так же, как и авангард в целом, Малевич символически и революционно переворачивает исторические отношения формы и смысла, означающгго и означаемого, возвращая художественное развитие к нулю.

Таким образом, в этой книге утверждается, что инфантильный примитивизм и развитие инфантилистской эстетики помогают развить движение к глубокому минимализму, когда искусство становится лишь рамкой для простой глубины минималистской формы. Малевич также демонстрирует намеренную и сознательную инфантилизацию искусства, когда размышляет об эволюции живописи в статье «От кубизма и футуризма к супрематизму» [Там же]. Он называет квадрат «лицом нового искусства» и «первым шагом чистого творчества в искусстве» [Там же: 53]. Сведя живопись к этому наиболее базовому компоненту, к простой форме рамы, которая ее ограничивает, Малевич рассматривает квадрат как лицо новорожденного искусства в его младенчестве. Он использует метафору «первых шагов» ребенка, чтобы выразить неуверенные начинания и базовые действия, знаменующие начало этого нового художественного пути. Однако его сознательное отождествление квадрата с детством нового искусства становится наиболее очевидным, когда он заявляет: «Квадрат живой, царственный младенец» [Там же], возвращаясь на новом витке к истории изображения святого младенца на православных иконах. Подобным образом в письме к М. В. Матюшину он называет квадрат «зародышем всех возможностей» [Малевич 1974: 180], подчеркивая интерпретативную плодотворность самого раннего существования. Таким образом, слова Малевича свидетельствуют о том, что его самое известное произведение, наглядный манифест авангардного искусства, причастно к широко распространенному инфантилизму авангарда.

Примечательно, что «царственный младенец» — это единственный младенец, у которого есть царское право и власть, позволяющая выйти за пределы бесправия неговорящего субъекта[6]. «Царственный» — это в том числе «имперский». Детское искусство, детский взгляд, детское слово и детское мышление, возведенные на трон инфантильным примитивизмом и инфантилистской эстетикой русского авангарда, продемонстрировали проявления далеко идущего империализма. Взойдя на трон современного искусства и авангарда, этот царственный младенец претендует на будущее как на принадлежащее ему и стремится

---

[6] Сравните термин инфант/инфанта для детей, рожденных испанскими и португальскими королями и королевами, хотя этот термин, строго говоря, не обозначал наследника престола.

расширить свое господство над современной эпохой, объявленной с самого начала «веком ребенка»[7].

С воцарением квадрата Малевич провозглашает: «Наш мир искусства стал новым, беспредметным, чистым» [Малевич 1994: 53]. Он справедливо признает переход живописи в чистую абстракцию или «беспредметное» искусство; впрочем, и превозносимая Малевичем «чистота» заслуживает определенных скептицизма и настороженности. Столь крайняя в выражении риторика раскрывает стремящиеся к единству и тоталитарные смыслы авангардного искусства, как утверждает Гройс в «Рождении социалистического реализма из духа русского авангарда» [Groys 1996]. Следуя этой логике, можно предсказать рождение соцреалистического героя-ребенка из духа авангардного инфантилизма, где обращенное вспять возвращение авангарда к младенчеству проходит через самоуничтожение на пути возрождения в ином облике в новом советском мире.

И в самом деле, в однородной черноте и острых гранях «Черного квадрата» и революционном духе «Красного квадрата» Малевича мы видим тоталитарные смыслы стерильного искусства, где стирается человеческая индивидуальность, подобно тому как «младенец/ребенок» подвергается деперсонализации до такой степени, что становится абстрактным конструктом и минимальной геометрической и математической исходной точкой. Об уплощении человека до двух измерений и чистой геометрии свидетельствует дополнительный подзаголовок «Красного квадрата»: «Живописный реализм крестьянки в 2-х измерениях»» (1915). Геометрическая формовка ребенка и призыв под знамена революционной целесообразности, так же как и угроза поглощения и уничтожения, проясняет стихотворение Маяковского

---

[7]   Эллен Ки заимствовала название своей книги «Век ребенка» из отрывка из драмы «Львенок» («Lejonets unge», 1896) Фриды Штеенхофф (писавшей под псевдонимом Гарольд Готэ): «Следующее столетие будет веком ребенка. <...> Когда ребенок добьется своих прав, нравственность возрастет» (Nästa århundrade blir barnets århundrade — liksom detta varit kvinnans. Och när barnet kommit until sin rätt är sedligheten fullkomnad)». Stéenhoff F. (Harold Gote). Lejonets unge. Stockholm: Wahlström & Widstrand, 1906. S. 143. Цит. в [Key 1909].

«Сказка о красной шапочке», включенное в сборник «Для голоса» в оформлении Эль Лисицкого. Он предупреждает: «Когда будете делать политику, дети, / не забудьте сказочку об этом кадете» [Маяковский 1923: 43], с отсылкой к тому, что кадета съели волки — волки революции. Подобные жестокие и воинственные коннотации возникают в других касающихся революции работах авангардного художника Эль Лисицкого, в том числе в иллюстрированной книге «Супрематический сказ про два квадрата» (1922), в которой два квадрата, черный и красный, используются для того, чтобы рассказать историю о революции «всем / всем / ребятам» [Лисицкий 1922]. Оба этих произведения и подобные им обращены к детям и инфантилизируют аудиторию революционного и авангардного искусства. Как и в пьесе Введенского, в уравнительной эстетике авангардного инфантилизма все рассматриваются как дети, независимо от их возраста.

Хотя необычайно богатый и получивший реальное воплощение пример России приводит к революционным крайностям и движется в направлении объединения всех направлений перед лицом все более мрачного исторического и политического контекста, новые творческие территории, освоенные в ходе исследований авангардистами пространства детского искусства, языка, восприятия и мышления продолжают изучаться в XX веке другими модернистами, которые видели особый творческий и языковой потенциал в сознании ребенка. Современные поиски общности происхождения также объясняют применимость результатов этого исследования в более широком европейском контексте, где, как упоминалось ранее, детское искусство вдохновило модернистских художников-новаторов, таких как Пикассо, Клее и Миро[8], а детский язык и сознание стали образцами для подражания для писателей-новаторов, таких как Пруст, Вульф и Джойс[9]. Коротко обобщая,

---

8 Эти художники, а также Жан Дюбюффе и Кобра, Ларионов и Кандинский — в русском контексте — представлены многочисленными иллюстрациями в исследовании и каталоге в [Fineberg 1997].

9 Относительно связи между детскими книгами XIX и XX веков и модернистской литературой, особенно Льюиса Кэрролла и Вирджинии Вулф, вспомните аргумент Джульетты Дюсинберре, что «культурные изменения были отражены

Рис. 45. Казимир
Малевич. Исчезающие
белые поверхности.
1917–1918 годы,
Стеделейкмюсеум,
Амстердам,
Нидерланды.
Публикуется
с разрешения
Стеделейкмюсеум,
Амстердам

хотя пример России — исключительно богатый, всеобъемлющий, созидающий и убедительный, все же выводы, сделанные в этом исследовании, не должны ограничиться рамками, заданными в одной этой книге. Хотя она сосредоточивает внимание на четырех тесно взаимосвязанных авангардных движениях, определяющих некую траекторию, ряд базовых черт модернистской практики инфантильной эстетики оказываются универсальными. Действительно, перефразируя Шкловского, можно утверждать, что инфантилизм есть почти везде, где есть модернистская эстетика[10].

и впервые сделаны в книгах, которые читают дети. Радикальные эксперименты в искусстве раннего Нового времени начались в книгах, которые Льюис Кэрролл и его преемники написали для детей» [Dusinberre 1987: 5].

[10] В статье «Искусство как прием» Шкловский пишет: «Я лично считаю, что остранение есть почти везде, где есть образ» [Шкловский 1990: 68].

И хотя поначалу может возникнуть впечатление, что искусство движется в направлении самоуничтожения, неуклонно ведет к нулю, тем не менее в стерильной пустоте пребывает животворная сила. Даже холст, кажущийся белым, скрывает бледные пятна большей и меньшей белизны и несет приглашение зрителю участвовать в построении смысла, выходя за раму картины и вступив в определяемое ею пустое пространство. Даже если в результате крушения творчества и эстетической революции искусство, язык, форма и значение прекратили существовать во множестве измерений, живописное полотно вроде «Исчезающих белых поверхностей» Малевича (1917–1918) (рис. 45) раскрывается в новые измерения. Будучи радикально инфантилизированным, искусство практически самоуничтожилось; оно перевернуло акт интерпретации, сделав произведение искусства негативным пространством, тогда как мир вокруг него становится искусством. Это заставляет зрителя перевернуть свою перспективу и принять новую идею того, что такое искусство, шагнув в пространство рамы, пройдя сквозь зеркало и бросив вызов отсутствию интерпретаций — туда, где заново рождается искусство. После инфантилизации и деконструкции искусства аудитория авангарда должна была заново научиться смотреть на искусство взглядом младенца, взаимодействовать с ним, участвовать в воссоздании искусства, языка и смысла. Таким образом, аннигиляция искусства через его приравнивание к младенчеству ведет также к его возрождению и воскресению. Действительно, подобно первозданному хаосу и черноте космоса, пустота белизны содержит в себе все и ничто, смерть и рождение. Это полная возможностей тишина невысказанного и голос неговорящего субъекта, пространство до смысла и первичный источник всего искусства.

Библиография

Справочники и словари

БАС 1957 — Словарь современного русского литературного языка. Л.; М.: Изд-во АН СССР, 1957.

БАС 2008 — Большой академический словарь русского языка. Т. 11. СПб.: Наука, 2008.

Дьяченко 1900 — Дьяченко Г. М. Полный церковно-славянский словарь (со внесением в него важнейших древне-русских слов и выражений), содержащий в себе объяснения малопонятных слов и оборотов, встречающихся в церковно-славянских и древне-русских рукописях и книгах: пособие для преподавателей русскаго и церковно-славянскаго яз. в низших и средних учебных заведениях... : всех слов объяснено около 30 000 / сост. свящ. магистр Григорий Дьяченко. М.: Тип. Вильде, 1900.

Преображенский 1910–1914 — Преображенский А. Этимологический словарь русского языка: в 3 т. М.: Тип. Г. Лисснера и Д. Совко, 1910–1914.

Словарь древнерусского языка 1988 — Словарь древнерусского языка (XI–XIV вв.): в 10 т. / АН СССР, Ин-т рус. яз.; [И. В. Андрианова и др.]; гл. ред. Р. И. Аванесов. М.: Рус. яз., 1988–. URL: http://rus-yaz.niv.ru/doc/old-russian-dictionary/fc/slovar-206–23.htm#zag-9809 (дата обращения: 18.11.2021).

Срезневский 1893–1912 — Срезневский И. В. Материалы для словаря древнерусского языка по письменным памятникам: в 3-х т. СПб.: Тип. Имп. Акад. наук, 1893–1912.

Фасмер 1986–1987 — Фасмер М. Этимологический словарь русского языка: в 4 т. М.: Прогресс, 1986–1987.

Norton 2001 — The Norton Anthology of Theory and Criticism / ed. by V. B. Leitch. New York: Norton, 2001.

Источники

Августин 2013 — Блаженный Августин. Исповедь / пер. М. Е. Сергеенко. СПб.: Наука, 2013.

Александров 1991 — Ванна Архимеда: Сборник / составление, подготовка текста, вступительная статья, примечания А. А. Александрова. Л.: Художественная литература, 1991.

Аристотель 1981 — Аристотель. Сочинения: В 4 т. Т. 3. М., 1981.

Бакст 1909 — Бакст Л. Пути классицизма в искусстве // Аполлон. 1909. № 3. С. 46–61.

Белый 1910 — Белый А. Магия слов // Символизм. М.: Мусагет, 1910. С. 429–448.

Белый 1922 — Белый А. Котик Летаев. Петербург <sic>: Эпоха, 1922.

Белый 1930 — Белый А. На рубеже двух столетий. Л.: Земля и фабрика, 1930.

Белый 1970 — Белый А. Предисловие к «Котику Летаеву» // Новый журнал. 1970. № 101. С. 69–71.

Белый 1982 — Белый А. Почему я стал символистом и почему я не перестал им быть во всех фазах моего идейного и художественного развития. Ann Arbor, Mich.: Ardis, 1982.

Белый 2002 — Белый А. Глоссолалия. М., 2002.

Бенуа 1908 — Бенуа А. Выставка «Искусство в жизни ребенка» // Речь. 1908. 26 нояб. С. 3.

Бенуа 1909 — Бенуа А. Н. Поворот к лубку // Речь. 1909. № 75. 18 марта. С. 2.

Бенуа 1916 — Бенуа А. И. О детском творчестве // Речь. 1916. № 144. 27 мая. С. 2.

Бергсон 1911 — Бергсон А. Материя и память. СПб.: Издание Д. Е. Жуковского, 1911.

Бергсон 1992 — Бергсон А. Смех. М.: Искусство, 1992.

Беренштам 1916 — Беренштам Ф. Г. Художественное творчество детей. О «Нашем журнале» (Приложение) // Наш журнал: Наша первая книга. Пг.: Свободное искусство, 1916. С. 14.

Блок 1910 — Блок А. С. О современном состоянии русского символизма // Аполлон. 1910. № 8. С. 21–31.

Блок 1960–1965 — Блок А. А. Полное собрание сочинений: в 8 т. М.; Л.: Художественная литература, 1960–1965.

Бодлер 1986 — Бодлер Ш. Поэт современной жизни // Бодлер Ш. Об искусстве. М.: Искусство, 1986. С. 283–315.

Бодуэн де Куртенэ 1963 — Бодуэн де Куртенэ И. А. Избранные труды по общему языкознанию: в 2 т. М.: Академия наук, 1963. Т. 2.

Бодуэн де Куртенэ 2017 — Бодуэн де Куртенэ И. А. Некоторые общие замечания о языковедении и языке // Общее языкознание. Избранные труды. М., 2017. С. 16–47.

Бурлюк 1912 — Бурлюк Д. Кубизм (Поверхность-плоскость) // Пощечина общественному вкусу. Д. Бурлюк, Н. Бурлюк, А. Кручёных, В. Кандинский, Б. Лившиц, В. Маяковский, В. Хлебников: [стихи, проза, статьи]. М.: Издатель Г. Л. Кузьмин, 1912. С. 95–101.

Бурлюк, Кручёных и др. 1912 — Пощечина общественному вкусу (манифест) // Пощечина общественному вкусу. Д. Бурлюк, Н. Бурлюк, А. Кручёных, В. Кандинский, Б. Лившиц, В. Маяковский, В. Хлебников: [стихи, проза, статьи]. М.: Издатель Г. Л. Кузьмин, 1912. Б/п.

Ван Гог 1966 — Ван Гог В. Письма. М.; Л.: Искусство, 1966.

Введенский 1991 — Введенский А. И. Елка у Ивановых // Ванна Архимеда: Сборник / составление, подготовка текста, вступительная статья, примечания А. А. Александрова. Л., 1991. С. 388–410.

Волошин 1908 — Волошин М. Блики (Выставка детских рисунков. В. Э. Борисов-Мусатов. Врубель) // Русь. 1908. 17 марта. № 76. С. 2.

Волошин 1988 — Волошин М. Выставка детских рисунков // Лики творчества. Л.: Наука, 1988. С. 271–272.

Вордсворт 2001 — Вордсворт У. Избранная лирика. М.: Радуга, 2001.

Геваэзи 1909 — Геваэзи Л. В мире искусства // Золотое руно. 1909. № 2–3. С. 110–120.

Глоцер 2000 — Глоцер В. И. Марина Дурново. Мой муж Даниил Хармс. М.: Б. С. Г. Пресс, 2000.

Гоген 2021 — Гоген П. Дневник художника. М.: АСТ, 2021.

Гуро 1914 — Гуро Е. Небесные верблюжата / илл. Марианны Эрлих и Елены Гуро. СПб.: Журавли, 1914.

Гусман 1923 — Гусман Б. 100 поэтов. Литературные портреты. Тверь: Октябрь, 1923.

Даниельсон 1973 — Даниельсон Б. Гоген в Полинезии. М.: Искусство, 1973.

Дарвин 1881 — Дарвин Ч. Наблюдения над жизнью ребенка. СПб.: Тип. д-ра М. А. Хана.

Дарвин 1939 — Дарвин Ч. Происхождение видов путем естественного отбора. М.: Из-во АН СССР, 1939.

Достоевский 1865 — Достоевский Ф. М. Крокодил. Необыкновенное событие, или Пассаж в Пассаже // Эпоха. Журнал литературный и политический, издаваемый семейством М. Достоевского. СПб.: Тип. Э. Праца и Н. Тиблена, 1865. Февраль. С. 1–40.

Друскин 1989 — Друскин Я. С. Чинари. Публикация Л. Друскиной // Аврора. 1989. № 6. С. 103–115.

Екатерина II 2004 — Екатерина II. Бабушкина азбука великому князю Александру Павловичу. М.: МГИ им. Е. Р. Дашковой, 2004.

Жамм 1913 — Жамм Ф. Стихи и проза. М., 1913.

Зелинский 1995 — Зелинский Ф. Ф. Из жизни идеи. М.: Ладомир, 1995.

Каменский 1914 — Каменский В. Танго с коровами. М.: Футуристы «Гилея», 1914.

Каменский 1927 — Каменский В. И это есть: автобиография, поэмы, стихи. Тифлис: Акц. о-во «Заккнига», 1927.

Каменский 1966 — Каменский В. Стихотворения и поэмы. М.: Советский писатель, 1966.

Кандинский 2001 — Кандинский В. В. О духовном в искусстве (Живопись) // Кандинский В. В. Избранные труды по теории искусства, 1901–1914: в 2 т. Т. 1. М.: Гилея, 2001. С. 96–156.

Клюн 1916 — Клюн И. Примитивы XX века // Кручёных А., Клюн И., Малевич К. Тайные пороки академиков. М., 1916.

Кобринский, Устинов 1991 — Дневниковые записи Даниила Хармса / публикация, вступительная статья, комментарии А. Устинова и А. Кобринского // Минувшее. Paris. 1991. № 11. С. 417–583.

Крокодил 1983 — Крокодилу — 60 лет. Юбилейная летопись. М.: Правда, 1983.

Круглов 2003 — Круглов В. Салоны А. В. Издебского // Владимир Издебский и его «салоны». СПб.: Palace Edition, 2003. С. 7–20.

Кручёных 1913 — Кручёных А. Е. Помада / [соч. Кручёных; рис. Ларионова]. М.: Изд-во Г. Л. Кузьмина и С. Д. Долинского, 1913.

Кручёных 1913а — Зина В., Кручёных А. Е. Поросята / рис. К. Малевича. СПб.: ЕУЫ, Тип. т-ва «Свет», 1913.

Кручёных 1913б — Кручёных А. Е. Возропщем. СПб.: ЕУЫ, Тип. т-ва «Свет», 1913.

Кручёных 1913в — Кручёных А. Е. Футуристы. Дохлая Луна. М.: Гилея, 1913.

Кручёных 1913г — Кручёных А. Е. Взорваль. СПб.: ЕУЫ, 1913. Б/п.

Кручёных 1913д — Кручёных А. Е. Чорт и речетворцы. СПб.: ЕУЫ, Тип. т-ва «Свет», 1913.

Кручёных 1914 — Собственные рассказы и рисунки детей / собрал А. Кручёных. СПб.: ЕУЫ, 1914.

Кручёных 1917 — Кручёных А. Е. Учитесь худоги. Тифлис, 1917.

Кручёных 1918 — Кручёных А. Е. Клез сан бы. Тифлис — Саракамыша, 1918.

Кручёных 1918a — Кручёных А. Е. Малохолия в капоте. Тифлис: 41°, 1918.

Кручёных 1921 — Кручёных А. Е. Декларация заумного языка. Листовка. Баку, 1921.

Кручёных 1922 — Кручёных А. Е. Сдвигология русского стиха. М.: МАФ, 1922.

Кручёных 1923 — Кручёных А. Е. Собственные рассказы детей. М.: 41°, 1923.

Кручёных 1928 — Кручёных А. Е. Автобиография дичайшего // 15 лет русского футуризма 1912–1927 гг. М.: Всерос. союз поэтов, 1928. С. 57–61.

Кручёных 1928a — Кручёных А. Е. Говорящее кино. 1-я книга стихов о кино. Сценарии. Кадры. Либретто. Книга небывалая. Продукция № 150. М., 1928.

Кручёных 1973 — Кручёных А. Е. Избранное / Hg. von V. Markov. München: Wilhelm Fink Verlag, 1973.

Кручёных 2001 — Кручёных А. Е. Стихотворения. Поэмы. Романы. Опера. СПб.: Академический проект, 2001.

Кручёных 2002 — Книги А. Е. Кручёных кавказского периода из коллекции Государственного музея В. В. Маяковского. М.: Государственный музей В. В. Маяковского, 2002.

Кручёных 2006 — Кручёных А. Е. К истории русского футуризма. Воспоминания и документы. М.: Гилея. 2006. С. 45–63.

Кручёных и др. 1922 — Кручёных А., Петников Г., Хлебников В. Заумники. Пг., 1922.

Кручёных, Хлебников 1912 — Кручёных А., Хлебников В. Мирсконца. М.: Кузмин и С. Д. Долинский, 1912.

Кручёных, Хлебников 1913 — Кручёных А., Хлебников В. Слово как таковое. М.: ЕУЫ, Я. Данкин и Я. Хомутов, 1913.

Кручёных, Розанова 1915 — Кручёных А. Е., Розанова О. В. Заумная гнига. М.: Тип. И. Д. Работнова, 1915. Б/п.

Кульбин 1910 — Кульбин Н. И. Свободное искусство как основа жизни // Студия импрессионистов / ред. Н. И. Кульбин. СПб.: Изд. Н. И. Бутковской, 1910. С. 3–14.

Ларионов и др. 1989 — Ларионов М., Гончарова Н., Шевченко А. Об искусстве: Из архива русского авангарда. Л., 1989.

Лисицкий 1922 — Лисицкий Эль. Про два квадрата: Супрематический сказ в шести постройках. Берлин: Скифы, 1922.

Малевич 1976 — Малевич К. С. Письма к М. В. Матюшину / публ. Е. Ф. Ковтуна // Ежегодник рукописного отдела Пушкинского Дома на 1974 год / Л.: Наука, 1976. С. 177–195.

Малевич 1995 — Малевич К. С. От кубизма и футуризма к супрематизму: Новый живописный реализм // Малевич К. С. Собрание сочинений: в 5 т. Т. 1. М.: Гилея, 1995. С. 35–55.

Марков 2002 — Марков В. Принципы нового искусства // Волдемар Матвей (Владимир Марков). Статьи. Каталог работ. Переписка. Хроника деятельности «Союза молодежи». Рига: Valsts Makslas muzejs, 2002. С. 26–31.

Матюшин 1997 — Матюшин М. Русские кубофутуристы // Н. И. Харджиев. Статьи об авангарде: в 2 т. Т. 1. М.: РА, 1997.

Маяковский 1925 — Маяковский В. В. Что такое хорошо и что такое плохо? / илл. Н. Денисовского. Л.: Прибой, 1925.

Маяковский 1925а — Маяковский В. В. Сказка о Пете, толстом ребенке, и о Симе, который тонкий. М.: Московский рабочий, 1925.

Маяковский 1926 — Маяковский В. В. Для голоса / илл. Эль Лисицкого. Берлин: Госиздат, 1926.

Маяковский 1928 — Маяковский В. В. Что ни страница — то слон, то львица / илл. К. Зданевич. Тифлис: Заккнига, 1928.

Маяковский 1965 — Маяковский В. В. Сочинения. М., 1965.

Молок 2003 — Молок Ю. А. Детский футуризм (Собственные рисунки детей глазами художников «Мира искусства» и футуристов) // Н. Гончарова. М. Ларионов. Исследования и публикации. М.: Наука, 2003. С. 208–218.

Морозов 1916 — Морозов Н. А. // Художественное творчество детей. О «Нашем журнале». Приложение. СПб.: Свободное искусство, Художественно-Графическое Заведение «Унион», 1916. С. 11–12.

Ницше 1990 — Ницше Ф. Так говорил Заратустра // Ницше Ф. Сочинения: в 2 т. М.: Мысль, 1990. Т. 2 С. 5–238.

Овсянико-Куликовский 1895 — Овсянико-Куликовский Д. Язык и искусство. СПб.: Типо-лит. А. Рабиновича и Ц. Крайца, 1895.

Ослиный хвост 1913 — Ослиный хвост и мишень. М.: Изд. Ц. А. Мюнстреа, 1913.

Пастернак 1928 — Пастернак Б. // Турнир поэтов: Сборник. М.: Ленинг. театр Дома печати, 1928. С. 10.

Пастернак 1989 — Пастернак Б. А. Собрание сочинений: в 5 т. Т. 2. М.: Художественная литература, 1989.

Пастернак 1994 — Пастернак Б. А. Е. Кручёных // Алексей Кручёных в свидетельствах современников / Hg. von S. Sukhoparov. München: Verlag Otto Sagner, 1994. S. 68–69.

ПВЛ 1950 — Повесть временных лет / подгот. текста Д. С. Лихачева; пер. Д. С. Лихачева и Б. А. Романова; под ред. чл.-кор. АН СССР В. П. Адриановой-Перетц. Акад. наук СССР. Ч. 1–2. М.; Л.: Изд-во Акад. Наук, 1950.

Покровский 1895 — Покровский Е. А. Детские игры, преимущественно русские. М.: Типо-лит. В. Ф. Рихтер, 1895.

Покровский 1994 — Покровский Е. А. Детские игры. Преимущественно русские. Историческое наследие. СПб.: Фирма «ЛАНС», 1994.

Порет 2003 — Порет А. Воспоминания о Данииле Хармсе // Даниил Хармс. Антология сатиры и юмора России XX века. Т. 23. М.: Эксмо, 2003.

Пропп 1928 — Пропп В. Я. Морфология сказки. Л.: Academia, 1928.

Пяст 1997 — Пяст Вл. Встречи. М.: Новое литературное обозрение, 1997.

Руссо 1961 — Руссо Ж.-Ж. Опыт о происхождении языков, а также мелодии и музыкальном подражании // Ж.-Ж. Руссо. Избр. соч.: в 3 т. Т. 1. М.: Гос. Из-во худ. лит-ры, 1961. С. 221–267.

Руссо 1981 — Руссо Ж-Ж. Эмиль, или О воспитании // Ж.-Ж Руссо. Педагогические сочинения: в 2-х т. Т. 1. М.: Педагогика, 1981. [1911].

Садок судей II — Садок судей II. СПб.: Журавли, 1913. С. 106–107.

Сёлли 1903 — Сёлли Дж. Очерки психологии детства. 2-е изд. М.: Изд. К. Тихомирова, 1903.

Сологуб 1916 — Сологуб Ф. К. // Художественное творчество детей. О «Нашем журнале». Приложение. СПб.: Свободное искусство, Художественно-Графическое Заведение «Унион», 1916. С. 11.

Терентьев 1919 — Тереньтев И. Кручёных-грандиозарь. Тифлис, 1919.

Терентьев 1928 — И. О разложившихся и полуразложившихся // 15 лет русского футуризма 1912–1927 гг. М.: Всерос. союз поэтов, 1928. С. 61–67.

Толстая-Вечорка 1923 — Толстая-Вечорка Т. Слюни черного гения // Д. Бурлюк, С. Третьяков, Т. Толстая, С. Рафалович. Бука русской литературы. М.: Тип. ЦИТ, 1923. С. 19–37.

Толстой 1928–1964 — Толстой Л. Н. Полное собрание сочинений: в 90 т. М.; Л.: Художественная литература, 1928–1964.

Третьяков 1923 — Третьяков С. Бука русской литературы // Бурлюк Д., Третьяков С., Толстая Т., Рафалович С. Бука русской литературы. М.: Тип. ЦИТ, 1923. С. 3–18.

Тугендхольд 1916 — Тугендхольд Я. А. О детских рисунках и их взаимодействиях со взрослым искусством. (По поводу московской выставки) // Северные записки. 1916. Апрель–май. С. 124–125.

Флоренский 1985 — Флоренский П. А. Обратная перспектива // Флоренский П. А. Собрание сочинений / под ред. Н. А. Струве. Т. 1. Париж: YMCA, 1985.

Флоренский 1992 — Флоренский П. А. Детям моим. Воспоминания прошлых дней. Генеалогические исследования. Из соловецких писем. Завещание. М.: Московский рабочий, 1992.

Фрейд 1912 — Фрейд З. Леонардо да Винчи. Воспоминания детства. СПб.: Прометей, 1912.

Фрейд 2006 — Фрейд З. Остроумие и его отношение к бессознательному. М.; Минск, 2006. С. 3–231.

Фрейд 2007 — Фрейд З. Из истории одного инфантильного невроза // Два детских невроза. М., 2007. С. 125–232.

Фрейд 2017 — Фрейд З. Три очерка по теории сексуальности. СПб.: Изд-во Восточно-европейского института психоанализа, 2017.

Хармс 1929 — Хармс Д. О том, как старушка чернила покупала / илл. Э. Криммера. М.; Л.: Госиздат, 1929.

Хармс 1997–2002 — Хармс Д. Полное собрание сочинений: в 6 т. СПб.: Академический проект, 1997–2002.

Хармс 2000 — Хармс Д. И. Собрание сочинений в трех томах. Т. 1: Авиация превращений. СПб.: Азбука. 2000.

Хлебников 1994 — Хлебников В. Кручёных // Алексей Кручёных в свидетельствах современников / ред. С. Сухопаров. München: Verlag Otto Sagner, 1994. P. 60–61.

Хлебников 2001 — Хлебников В. Собрание сочинений: в 3 т. СПб.: Академический проект, 2001.

Чаадаев 1991 — Чаадаев П. Я. Полное собрание сочинений и избранные письма: в 2 т. М.: Наука 1991.

Чуковская 1963 — Чуковская Л. К. Маршак-редактор // В лаборатории редактора. М.: Искусство, 1963. С. 219–334.

Чуковский 1922 — Чуковский К. И. Приключения Крокодила Крокодиловича / с рис. Ре-Ми. Петербург; Берлин: в Тип. Зинабург и Ко, 1922.

Чуковский 1928 — Чуковский К. И. Маленькие дети. Детский язык. Экикики. Лепые нелепицы. Л.: Красная газета, 1928.

Чуковский 1969 — Чуковский К. И. Футуристы. Об И. Северянине // Чуковский К. И. Собрание сочинений: в 6 т. Т. 6. М.: Художественная литература, 1969. С. 202–217.

Чуковский 2001 — Чуковский К. И. Собрание сочинений: в 15 томах. Т. 2: От двух до пяти. Литература и школа. Серебряный герб. М.: Терра — Книжный клуб, 2001.

Шевченко 1913 — Шевченко А. Принципы кубизма и других современных течений в живописи всех времен и народов. М.: Изд. А. Шевченко, 1913.

Шкловский 1923 — Шкловский В. Б. Ход коня: Сборник статей. М.; Берлин: Геликон, 1923.

Шкловский 1926 — Шкловский В. Б. Третья фабрика. М.: Артель писателей «Круг», 1926.

Шкловский 1928 — Шкловский В. Б. Нанду II. [Рассказ для детей] / рис. Н. Тырсы. М.; Л.: Гос. изд., 1928.

Шкловский 1928а — Шкловский В. Б. Страус // Ёж. Ежемесячный журнал для детей. 1928. № 4. С. 9–15.

Шкловский 1929 — Шкловский В. Б. О теории прозы. М.: Федерация, 1929.

Шкловский 1931 — Шкловский В. Сказка о тенях / рис. Т. Лебедевой. М.: Детгиз, 1931.

Шкловский 1966 — Шкловский В. Б. Жили-были. М., 1966.

Шкловский 1966а — Шкловский В. Б. Старое и новое: Книга статей о детской литературе. М.: Детская литература, 1966.

Шкловский 1967 — Шкловский В. Б. О цветных снах // Литературная газета. 1967. 22 нояб. № 47. С. 16.

Шкловский 1973 — Шкловский В. Б. О Маяковском // Шкловский В. Б. Собрание сочинений: в 3 т. М.: Художественная литература, 1973. Т. 3.

Шкловский 1990 — Шкловский В. Б. Гамбургский счет. Статьи. Воспоминания. Эссе. М.: Советский писатель, 1990.

Шкловский 1990а — Шкловский В. Б. О заумном языке, 70 лет спустя // Русский литературный авангард: Документы и исследования / ред. М. Марцадури, Д. Рицци и М. Евзлин. Тренто: Университет Тренто, 1990. С. 253–259.

Штайнер 1993 — Штайнер Р. Воспитание ребенка с точки зрения духовной науки / пер. с нем. Д. Виноградова. М.: Парсифаль, 1993.

Штерн 1915 — Штерн В. Психология раннего детства, до шестилетнего возраста. С использованием в качестве материала ненапеч. дневников Клары Стерн. Пг., 1915.

Эйхенбаум 1987 — Эйхенбаум Б. М. Теория «формального метода» // Эйхенбаум Б. М. О литературе. М.: Советский писатель, 1987. С. 375–408.

Эфрос 1919 — Эфрос А. М. Вослед уходящим // Москва. 1919. № 3. С. 4–6.

Якобсон 1919 — Якобсон Р. О. Новейшая русская поэзия. Набросок первый. М., 1919. Прага, 1921.

Якобсон 1979 — Якобсон Р. О. Новейшая русская поэзия. Набросок первый. Подступы к Хлебникову // Jakobson R. Selected Writings. Vol. V: On Verse, Its Masters and Explorers. The Hague; Paris; New York: Mouton, 1979. P. 299–354.

Якобсон 1985 — Якобсон Р. О. Звуковые законы детского языка и их место в общей фонологии // Якобсон Р. О. Избранные работы. М., 1985. С. 105–116.

Якубинский 1986 — Якубинский Л. П. Избранные работы. Язык и его функционирование М.: Наука, 1986.

Baudouin de Courtenay 1974 — Baudouin de Courtenay J. Spostrzezenia nad jezykiem dziecka / ed. by M. Chmura-Klekotowa. Wroclaw: Polska Akademia Nauk, 1974.

Druskin 1991 — Druskin Ia. On Daniil Kharms // Daniil Kharms and the Poetics of the Absurd: Essays and Materials / transl. and ed. by N. Cornwell. New York: St. Martin's, 1991. P. 22–31.

Freud 1963 — Freud S. The Sexual Enlightenment of Children. New York: Collier Books, 1963.

Jakobson 1971 — Jakobson R. Why "Mama" and "Papa"? // Studies on Child Language and Aphasia. The Hague: Mouton, 1971. P. 21–29.

Ruskin 1991 — Ruskin J. The Elements of Drawing. New York: Watson-Guptill, 1991.

Stern 1914 — Stern W. Psychologie der frühen Kindheit. Leipzig: Quelle & Meyer, 1914.

Stern, Stern 1928 — Stern C., Stern W. Die Kindersprache. Leipzig: Barth, 1928.

Versnel 1990 — Versnel S. Greek Myth and Ritual: The Case of Kronos // Interpretations Greek Mythology / ed. by J. Bremmer. London: Routledge, 1990. P. 135–136.

Wulff 1907 — Wulff O. Die umgekehrte Perspektive und die Niedersicht // Kunstwiss. Beitr. August Schmarsow gewidm. Leipzig, 1907. S. 1–40.

Литература

Александров 1991 — Александров А. Чудодей: Личность и творчество Даниила Хармса // Д. Хармс. Полет в небеса. Л., 1991. С. 7–48.

Арьес 1999 — Арьес Ф. Открытие детства // Ребенок и семейная жизнь при Старом порядке. Екатеринбург: Изд-во Урал. ун-та, 1999.

Бейтсон 2005 — Бейтсон Г. Шаги в направлении экологии разума: избранные статьи по антропологии / пер. с англ. и предисл. Д. Я. Федотова. 2-е изд., испр. М.: URSS: КомКнига, 2005.

Бенчич 1996 — Бенчич Ж. Инфантильное как эстетическая категория // Russian Literature. 1996. Vol. 40, № 1. P. 1–17.

Бубер 1995 — Бубер М. Я и ты // Бубер М. Два образа веры. М., 1995. С. 15–92.

Витгенштейн 1994 — Философские работы: Часть 1. М.: Гнозис, 1994.

Выготский 1934 — Выготский Л. С. Мышление и речь. Психологические исследования. М.; Л., 1934.

Выготский 1966 — Выготский Л. С. Игра и ее роль в психическом развитии ребенка // Вопросы психологии. 1966. № 6. С. 62–77.

Гречко 2000 — Гречко В. О некоторых общих особенностях инфантильного и заумного языка // Russian Literature. 2000. Vol. 48, № 1. P. 15–31.

Гройс 1992 — Гройс Б. Рождение социалистического реализма из духа русского авангарда // Вопросы литературы. 1992. № 1. С. 42–61.

Жаккар 1995 — Жаккар Ж.-Ф. Даниил Хармс и конец русского авангарда. СПб.: Академический проект, 1995.

Иванов 2005 — Иванов С. Блаженные похабы. Культурная история юродства. М.: Языки русской культуры, 2005.

Кайуа 2007 — Кайуа Р. Игры и люди. Статьи и эссе по социологии культуры. М.: ОГИ, 2007.

Кацис 2001 — Кацис Л. Ф. Маяковский Владимир. Поэт в интеллектуальном контексте эпохи. М.: Языки русской культуры, 2000.

Кобринский 2000 — Кобринский А. А. Поэтика ОБЭРИУ в контексте русского литературного авангарда XX века: в 2 т. М., 2000.

Кобринский 2008 — Кобринский А. Даниил Хармс. М.: Молодая гвардия, 2008.

Кобринский, Устинов 1991 — Дневниковые записи Даниила Хармса / публикация, вступительная статья, комментарии А. Устинова и А. Кобринского // Минувшее. 1991. № 11. Paris. С. 417–583.

Красицкий 2001 — Красицкий С. О Кручёных // Алексей Кручёных. Стихотворения. Поэмы. Романы. Опера. СПб.: Академический проект, 2001. С. 5–40.

Красицкий 2001a — Поэзия русского футуризма. СПб.: Академический проект, 2001.

Лотман 1996 — Лотман Ю. М. Внутри мыслящих миров. Человек — текст — семиосфера — история. М.: Языки русской культуры, 1996.

Мазин 2005 — Мазин В. Стадия зеркала Жака Лакана. СПб., 2005.

Панкеньер 2010 — Панкеньер С. Поэзия Хармса в контексте детского фольклора // Детский фольклор в контексте взрослой культуры / ред. М. Л. Лурье, И. А. Сергиенко. СПб.: СПГУКИ, 2010. С. 202–208.

Парнис, Тименчик 1985 — Парнис А., Тименчик Р. Программы «Бродячей собаки» // Памятники культуры: Новые открытия: Ежегодник. 1983. М., 1985. С. 160–257.

Перцов 1976 — Перцов В. О. Маяковский: Жизнь и творчество: в 3 т. Т. 1. Изд. 2-е. М.: Художественная литература, 1976.

Перцова 1995 — Перцова Н. Н. Словарь неологизмов Велимира Хлебникова. München: Verlag Otto Sagner, 1995.

Пиаже 1969 — Пиаже Ж. Логика и психология // Избранные труды. С. 567–673.

Сажин 1999 — Поэзия русского футуризма / ред. В. Н. Сажин. СПб.: Академический проект, 1999.

Сухопаров 1994 — Алексей Кручёных в свидетельствах современников / ред. С. Сухопаров. München: Verlag Otto Sagner, 1994.

Токарев 2002 — Токарев Д. В. Курс на худшее: Абсурд как категория текста у Даниила Хармса и Семюэля Беккета. М.: Новое литературное обозрение, 2002.

Токарев 2002a — Токарев Д. В. Поэтика насилия: Даниил Хармс в мире женщин и детей // Национальный эрос и культура / ред. Г. Д. Гачев, Л. Н. Титова. Т. 2. М.: Ладомир, 2002. С. 345–403.

Ушакова 1970 — Ушакова Т. Н. О причинах детского словотворчества // Вопросы психологии. 1970. № 6. С. 114–117.

Флейшман 1975 — Флейшман Л. С. Маргиналии к истории русского авангарда: (Олейников, обериуты) // Олейников Н. М. Стихотворения. Bremen: K-Presse, 1975. С. 3–18.

Фрейд 2012 — Фрейд З. Тотем и табу. Психология первобытной культуры и религии. М.: АСТ, 2012.

Фрэнк 2007 — Фрэнк Дж. Пространственная форма в современной литературе // Зарубежная эстетика и теория литературы XIX–XX вв. М.: МГУ, 1987. С. 194–213.

Хейзинга 2011 — Хейзинга Й. Человек играющий. СПб.: Изд-ва Ивана Лимбаха, 2011.

Цейтлин 2000 — Цейтлин С. Н. Язык и ребенок: Лингвистика детской речи. М.: Владос, 2000.

Швейцер 1992 — Швейцер В. Быт и бытие Марины Цветаевой. М.: Интерпринт, 1992.

Шопенгауэр 2016 — Шопенгауэр А. Афоризмы житейской мудрости. М., 2016.

Эсслин 2000 — Эсслин М. Театр абсурда / пер. Г. М. Коноваленко. СПб.: Балтийские сезоны, 2000.

Якобсон 1992 — Якобсон Р. О. Будетлянин науки: Сборник материалов / ed. by B. Jangfeldt. Stockholm: Almqvist & Wiksell International, 1992.

Якобсон 1999 — Якобсон Р. О. Пять писем к А. Е. Кручёных (1914–1915) // Experiment. 1999. № 5. С. 58–64.

Agamben 1993 — Agamben G. Infancy and History: The Destruction of Experience / transl. by L. Heron. London: Verso, 1993.

Alexandrov 1985 — Alexandrov V. Andrei Bely: The Major Symbolist Fiction. Cambridge, Mass.: Harvard University Press, 1985.

Ames 1996 — Ames L. B. Children's Stories // Genetic Psychological Monographs. 1996. Vol. 73. P. 337–396.

Avrich 1967 — Avrich P. The Russian Anarchists. Princeton, N.J.: Princeton University Press, 1967.

Barnett 2002 — Barnett V. E. The Blue Four Collection: At the Norton Simon Museum. New Haven, Conn.: Yale University Press, 2002.

Baudrillard 1993 — Baudrillard J. Baudrillard Live: Selected Interviews / ed. by M. Gane. London: Routledge, 1993.

Beckett 1999 — Transcending Boundaries: Writing for a Dual Audience of Children and Adults / ed. by S. Beckett. New York: Garland, 1999.

Beresin 1996 — Beresin A. R. "Sui" Generis: Mock Violence in an Urban School Yard // Children's Folklore Review. 1996. Vol. 18, № 2. P. 25–35.

Bloom 1997 — Bloom H. The Anxiety of Influence: A Theory of Poetry. Oxford: Oxford University Press, 1997.

Calder 2003 — Calder M. Encounters with the Other: A Journey to the Limits of Languages Through Works by Rousseau, Defoe, Prévost and Graffigny. New York: Rodopi, 2003.

Carrick 1998 — Carrick N. Daniil Kharms: Theologian of the Absurd. Birmingham, Eng.: University of Birmingham Press, 1998.

Cavanaugh 1993 — Cavanaugh C. Pseudo-Revolution in Poetic Language: Julia Kristeva and the Russian Avant-garde // Slavic Review. 1993. Vol. 52, № 2. P. 283–297.

Clark 2003 — Clark E. V. First Language Acquisition. Cambridge, Mass.: Cambridge University Press, 2003.

Clark 2003 — First Language Acquisition. Cambridge, Mass.: Cambridge University Press, 2003.

Cornwell 1991 — Daniil Kharms and the Poetics of the Absurd: Essays and Materials / ed. by N. Cornwell. New York: St. Martin's, 1991.

Coveney 1967 — Coveney P. The Image of Childhood: The Individual and Society: A Study of the Theme in English Literature. Baltimore, Md.: Penguin Books, 1967.

Cox 1993 — Cox M. Children's Drawings of the Human Figure. New York: Psychology, 1993.

Dusinberre 1987 — Dusinberre J. Alice to the Lighthouse: Children's Books and Radical Experiments in Art. Basingstoke: Macmillan, 1987.

Edwards 1979 — Edwards B. Drawing on Right Side of the Brain. New York: Putnam, 1979.

Eliot 2000 — Eliot L. What's Going On in There? How the Brain and Mind Develop in the First Five Years of Life. New York: Bantam Books, 2000.

Emerson 1989 — Emerson C. The Tolstoy Connection in Bakhtin // Rethinking Bakhtin: Extensions and Challenges / ed. by G. S. Morson, C. Emerson. Evanston, Ill.: Northwestern University Press, 1989. P. 149–192.

Erikson 1977 — Erikson E. H. Toys and Reasons: Stages in the Ritualization of Experience. New York: W. W. Norton, 1977.

Erikson 1979 — Erikson E. Childhood and Society. New York: Norton, 1975.

Fabian 2002 — Fabian J. Time and the Other: How Anthropology Makes Its Object. New York: Columbia University Press, 2002.

Fineberg 1997 — Fineberg J. The Innocent Eye: Children's Art and the Modern Artist. Princeton, N.J.: Princeton University Press, 1997.

Fineberg 1998 —Discovering Child Art: Essays on Childhood, Primitivism, and Modernism / ed. by J. Fineberg. Princeton, N.J.: Princeton University Press, 1998.

Fink 1998 — Fink H. The Kharmsian Absurd and the Bergsonian Comic: Against Kant and Causality // Russian Review. 1998 (October). Vol. 57, № 4. P. 526–538.

Firtich 2004 — Firtich N. WORLDBACKWARDS: Lewis Carroll, Aleksei Kruchenykh, and Russian Alogism // Slavic and East European Journal. 2004. Vol. 48, № 4. P. 593–606.

Freeman 1975 — Freeman N. Do Children Draw Men with Arms Coming Out of Their Head? // Nature. 1975. № 254. P. 416–417.

Freeman 1980 — Freeman N. Strategies of Representations in Little Children: Analysis of Spatial Skills and Drawing Process. New York: Academic, 1980.

Frye 1957 — Frye N. Anatomy of Criticism: Four Essays. Princeton, N.J.: Princeton University Press, 1957.

Gainer 1980 — Gainer D. H. Eeny Meeny Miney Mo: Violence and Other Elements in Children's Rhymes // Southwest Folklore. 1980. Vol. 4. P. 44–50.

Goldwater 1986 — Goldwater R. Primitivism in Modern Art. Cambridge, Mass.: Harvard University Press, 1986.

Gough 1998 — Gough M. Anthony Parton, Mikhail Larionov and the Russian Avant-Garde // Art Bulletin. 1998 (December). Vol. 80, № 4. P. 752–755.

Gould 1977 — Gould S. J. Ontogeny and Phylogeny. Cambridge, Mass.: Harvard University Press, 1977.

Gourianova 1991 — Gourianova N. The Russian Futurists and Their Books. Paris: Le Hune, 1994.

Gourianova 1999 — Gourianova N. Iz literaturnogo naslediia Kruchenykh // Modern Russian Literature and Culture: Studies and Texts. Vol. 41. Oakland, Calif.: Berkeley Slavic Specialties, 1999.

Gourianova 2002 — Gourianova N. A Game in Hell, Hard Work in Heaven: Deconstructing Canon in Russian Futurist Books // Russian Futurist and Constructivist Books / ed. by D. Whye. New York: Museum of Modern Art, 2002. P. 24–32.

Gray 1960 — Gray C. The Russian Contribution to Modern Painting // Burlington Magazine. 1960 (May). Vol. 102, № 686. P. 204–211.

Gray 2000 — Gray C. The Russian Experiment in Art 1863–1922 / ed. by M. Burleigh-Motley. London: Thames and Hudson, 2000.

Grider 1995 — Grider S. A. Who Are the Folklorists of Childhood? // Children's Folklore: A Source Book / ed. by B. Sutton-Smith et al. New York: Garland, 1995. P. 11–17.

Groys 1996 — Groys B. The Birth of Socialist Realism from the Spirit of the Russian Avant-Garde // Laboratory of Dreams: The Russian Avant-Garde and Cultural Experiment / ed. by J. E. Bowlt, O. Matich. Stanford, Calif.: Stanford University Press, 1996. P. 193–218.

Gurianova 2012 — Gurianova N. The Aesthetics of Anarchy: Art and Ideology in the Early Russian Avant-Garde. Los Angeles: University of California Press, 2012.

Herrnstein, Boring 1965 — A Source Book in the History of Psychology / ed. by R. J. Herrnstein, E. G. Boring. Cambridge, Mass.: Harvard University Press, 1965.

Hindley 1966 — Hindley L. Die Neologismen Andrej Belys. München: Wilhelm Fink Verlag, 1966.

Holquist 1992 — Holquist M. What Is a Boojum? Nonsense and Modernism // Carroll L. Alice in Wonderland / ed. by D. J. Gray. New York: W. W. Norton, 1992. P. 388–398.

Howe, Courage 1993 — Howe M. L., Courage M. L. On Resolving the Enigma of Infantile Amnesia // Psychological Bulletin. 1993. Vol. 113, № 2. P. 305–326.

Jakovljevic 2009 — Jakovljevic B. Daniil Kharms: Writing and the Event. Evanston, Ill.: Northwestern University Press, 2009.

Jameson 1972 — Jameson F. The Prison-House of Language: A Critical Account of Structuralism and Russian Formalism. Princeton, N.J.: Princeton University Press, 1972.

Janecek 1972 — Janecek G. Poetic Devices and Structures in Belij's Kotik Letaev, Ph.D. diss. Ann Arbor: University of Michigan, 1972.

Janecek 1984 — Janecek G. The Look of Russian Literature: Avant-Garde Visual Experiments, 1900–1930. Princeton, NJ: Princeton University Press, 1984.

Janecek 1996 — Janecek G. Zaum: The Transrational Poetry of Russian Futurism. San Diego, Calif.: San Diego State University Press, 1996.

Janecek 1999 — Janecek G. Introduction // Bely A. Kotik Letaev / transl. by G. Janecek. Evanston, Ill.: Northwestern University Press, 1999.

Jenks 1982 — Jenks C. Introduction: Constituting the Child // The Sociology of Childhood: Essential Readings / ed. by C. Jenks. London: Batsford Academic and Educational, 1982.

Jooss 1998 — Jooss B. Kinder- und Laienkunst // Der Almanach "Der Blaue Reiter": Bilder und Bildwerke in Originalen / Hg. von B. Salmen. Murnau: Schlossmuseum, 1998.

Kelly 2007 — Kelly C. Children's World: Growing Up in Russia, 1890–1991. New Haven, Conn.: Yale University Press, 2007.

Key 1909 — Key E. The Century of the Child / transl. by F. Maro. New York: G. P. Putnam's Sons, 1909.

Kirschenbaum 2001 — Kirschenbaum L. A., Small Comrades: Revolutionizing Childhood in Soviet Russia, 1917–1932. New York: Routledge, 2001.

Kovtun 1998 — Kovtun E. Mikhail Larionov. Bournemouth, Eng.: Parkstone, 1998.

Krauss 1997 — Krauss R. E. The Originality of the Avant-Garde and Other Modernist Myths. Cambridge, Mass.: MIT Press, 1997.

Kristeva 1980 — Kristeva J. Desire in Language: A Semiotic Approach to Language and Art / transl. by T. Gora, A. Jardine, L. Roudiez. New York: Columbia University Press, 1980.

Kristeva 1984 — Kristeva J. Revolution in Poetic Language / transl. by M. Waller. New York: Columbia University Press, 1984.

Lejeune 1989 — Lejeune P. Lejeune P. On Autobiography. Minneapolis: University of Minnesota Press, 1989.

Lévi-Strauss 1969 — Lévi-Strauss C. The Elementary Structures of Kinship. Boston: Beacon, 1969.

Lillard 2002 — Lillard A. Pretend Play and Cognitive Development // Blackwell Handbook of Childhood Cognitive Development / ed. by U. Goswami. Malden, Mass.: Blackwell, 2002. P. 188–205.

Lippitz 1983 — Lippitz W. The Child's Understanding of Time // Phenomenology + Pedagogy. 1983. Vol. 1, № 2. P. 172–180.

Lipton et al. 1965 — Lipton E. L. et al. Swaddling, A Child Care Practice: Historical, Cultural and Experimental Observations. Springfield, Ill.: Thomas, 1965.

Loseff 1984 — Loseff L. On the Beneficence of Censorship: Aesopian Language in Modern Russian Literature. Munich: Verlag Otto Sagner, 1984.

Lovejoy, Boas 1997 — Lovejoy A. O., Boas G. Primitivism and Related Ideas in Antiquity. Baltimore: Johns Hopkins University Press, 1997.

Malmstad 1996 — Malmstad J. E. The Sacred Profaned: Image and Word in the Paintings of Mikhail Larionov // Laboratory of Dreams: The Russian Avant-Garde and Cultural Experiment / ed. by J. E. Bowlt, O. Matich. Stanford, Calif.: Stanford University Press, 1996.

Marcus 1984 — Marcus S. Freud and the Culture of Psychoanalysis: Studies in the Transition from Victorian Humanism to Modernity. New York: W. W. Norton, 1984.

Markov 1968 — Markov V. Russian Futurism: A History. Berkeley: University of California Press, 1968.

Massé 2003 — Massé M. A. Constructing the Psychoanalytic Child: Freud's From the History of an Infantile Neurosis // The American Child: A Cultural Studies Reader / ed. by C. F. Levander, C. J. Singley. New Brunswick, N.J.: Rutgers University Press, 2003. P. 149–166.

Mause 1974 — The History of Childhood / ed. by L. de Mause. New York: Psychohistory, 1974.

Misler 1996 — Misler N. Toward an Exact Aesthetics: Pavel Florensky and the Russian Academy of the Artistic Sciences // Laboratory of Dreams: The Russian Avant-Garde and Cultural Experiment / ed. by J. E. Bowlt, O. Matich. Stanford, Calif.: Stanford University Press, 1996. P. 118–132.

Molok 1998 — Molok Iu. A. Children's Drawing in Russian Futurism // Discovering Child Art: Essays on Childhood, Primitivism, and Modernism / ed. by J. Fineberg. Princeton, N.J.: Princeton University Press, 1998. P. 55–67.

Motherwell 1989 — The Dada Painters and Poets: An Anthology / ed. by R. Motherwell. Cambridge, Mass.: Harvard University Press, 1989.

Müller 1978 — Müller B. Absurde Literatur in Russland: Entstehung und Entwicklung. München: Verlag Otto Sagner, 1978.

Murav 1992 — Murav H. Holy Foolishness: Dostoevsky's Novels and the Poetics of Cultural Critique. Stanford, CA: Stanford University Press, 1992.

O'Toole 1998 — O'Toole M. Russian Literary Theory: From the Formalists to Lotman // Reference Guide to Russian Literature / ed. by N. Cornwell. Chicago, Ill.: Fitzroy Dearborn, 1998. P. 40–44.

Okenfuss 1980 — Okenfuss M. J. The Discovery of Childhood in Russia: The Evidence of the Slavic Primer. Newtonville, Mass.: Oriental Research Partners, 1980.

Pankenier 2000 — Pankenier S. Uncle Lighthouse: The Authority Presence in Vladimir Mayakovsky's Books for Children // Princeton University Library Chronicle. 2008. Vol. 68, № 3. P. 909–940.

Pankenier 2004 — Pankenier S. Reborn in a Reappropriation of Creation: Marina Tsvetaeva's "Po nagoriiam" // Slavic and East European Journal. 2004. Vol. 48, № 4. P. 607–626.

Pankenier 2009 — Pankenier S. The Birth of Memory and the Memory of Birth: Daniil Kharms and Lev Tolstoi on Infantile Amnesia // Slavic Review. 2009 (Winter). Vol. 68, № 4. P. 804–824.

Paperno 1988 — Papermo I. Chernyshevsky and the Age of Realism: A Study in the Semiotics of Behavior. Stanford, Calif.: Stanford University Press, 1988.

Parton 1993 — Parton A. Mikhail Larionov and the Russian Avant-Garde. Princeton, N.J.: Princeton University Press, 1993.

Piaget 1977 — Piaget J. The Essential Piaget / ed. by H. E. Gruber, J. J. Voneche. New York: Basic Books, 1977.

Piaget 1981 — Piaget J. Einführung in die Genetische Erkenntnistheorie. Frankfurt: Suhrkamp, 1981.

Polhemus 1992 — Polhemus R. "The Comedy of Regression" and "Play, Nonsense, and Games: Comic Diversion" // Carroll L. Alice in Wonderland / ed. by D. J. Gray. New York: W. W. Norton, 1992. P. 365–372.

Ram 2004 — Ram H. Modernism on the Periphery: Literary Life in Postrevolutionary Tbilisi // Kritika: Explorations in Russian and Eurasian History. 2004. Vol. 5, № 2. P. 367–382.

Rose 1998 — Rose J. The Case of Peter Pan: The Impossibility of Children's Fiction // Children's Culture Reader / ed. by H. Jenkins. New York: New York University Press, 1998.

Rowell, Wye 2002 —The Russian Avant-Garde Book 1910–1934 / ed. by M. Rowell, D. Wye. New York: Museum of Modern Art, 2002.

Scotto 1986 — Scotto S. D. Kharms and Hamsun: Starukha Solves a Mystery? // Comparative Literature Studies. 1986 (Winter). Vol. 23, № 4. P. 282–296.

Shavit 1986 — Shavit Z. Poetics of Children's Literature. Athens: University of Georgia Press, 1986.

Sikimic 1996 — Sikimic B. Violent Death in South Slavic Children's Folklore // Etnolog. 1999. Vol. 60, № 1. P. 27–37.

Steedman 1995 — Steedman C. Strange Dislocations. Childhood and the Idea of Human Interiority 1780–1930. London: Virago, 1995.

Sutton-Smith 2001 — Sutton-Smith B. The Ambiguity of Play. Cambridge, Mass.: Harvard University Press, 2001.

Tucker 1995 — Tucker E. Tales and Legends // Children's Folklore: A Source Book / ed. by B. Sutton-Smith et al. New York: Garland, 1995. P. 193–211.

Vroon 1983 — Vroon R. Velimir Khlebnikov's Shorter Poems: A Key to the Coinages. Ann Arbor: University of Michigan, 1983.

Wachtel 1990 — Wachtel A. B. The Battle for Childhood: Creation of a Russian Myth. Stanford, Calif.: Stanford University Press, 1990.

Wachtel 1994 — Wachtel M. Russian Symbolism and Literary Tradition: Goethe, Novalis, and the Poetics of Vyacheslav Ivanov. Madison: University of Wisconsin Press, 1994.

Wachtel 2006 — Wachtel A. B. The Theatrical Life of Murdered Children // Plays of Expectations: Intertextual Relations in Russian Twentieth-Century Drama / ed. by A. B. Wachtel. Seattle: University of Washington Press, 2006. P. 123–137.

Wall 1991 — Wall B. The Narrator's Voice: The Dilemma of Children's Fiction. London: Macmillan, 1991.

Weir 1962 — Weir R. Language in the Crib. The Hague: Mouton, 1962.

Weld 2012 — Weld S. P. Towards a Genealogy of the Kharmsian Hedge-hog // Till en evakuerad igelkott: Festskrift till Maria Nikolajeva / ed. by M. Lassen-Seger, M. Österlund. Stockholm: Makadam, 2012. P. 65–74.

Weld 2014 — Weld S. P. Voiceless Vanguard: The Infantilist Aesthetic of the Russian Avant-Garde. Evanston, IL: Northwestern University Press, 2014.

Willats 1997 — Willats J. Art and Representation: New Principles in the Analysis of Pictures. Princeton, N.J.: Princeton University Press, 1997.

Zweers 1971 — Zweers A. F. Grown-Up Narrator and Childlike Hero. Paris: Mouton, 1971.

Предметно-именной указатель

абсурд 21–24, 71, 111, 129, 137,
166, 227, 234, 235, 237, 238, 242,
243, 246, 248–251, 256, 258, 261,
262, 264–267, 270, 271, 277, 278,
281, 283, 291, 292, 295, 309, 310,
315, 317–320, 322, 324
авангард 9, *passim*; см. также
цензура и репрессии в отношении русского авангарда
детские журналы и авангард
227, 239, 295, 296, 299–305,
312, 316
оригинальность и авангард
33, 34
Августин 11, 12, 163
акмеизм 26, 259
Аксаков Сергей Тимофеевич
28, 205
алогизм 20, 21, 242, 243, 246, 251,
258–263, 292, 293, 317, 318,
322, 324
Андерсен Ханс Кристиан 205, 254
Аристотель 216, 217

Барри Джеймс Мэтью 232
Питер Пэн 232, 239
Бахтин Михаил Михайлович
53, 215

безречие 11, 12, 18, 23, 182, 193,
211, 214, 221, 222, 240, 241, 253,
273, 315, 316, 321, 326
Белый Андрей 26, 27, 177,
212–225, 243, 259, 281
Котик Летаев 26, 27, 177,
213–224, 281
Бенуа Александр Николаевич 48,
56, 58, 99, 100
бесправие 246, 253, 265, 304, 321,
330; см. конструкт «младенец/
ребенок»
бессмыслица 11, 20, 28, 108, 192,
243, 247, 248, 260, 309, 315
благородный дикарь 42, 43, 103
Блок Александр Александрович
26, 217–219, 259
Бодлер Шарль 29, 171
Бодуэн де Куртенэ Иван Александрович 109, 110, 174–178, 194
Бранкузи Константин 34
Бунин Иван Александрович 27
Бурлюк Давид Давидович 74, 109,
111, 117, 118, 120, 123, 133, 156

В. Зина 120, 129, 131, 134, 279, 315
Ван Гог Винсент 41, 56
варварство 31, 52, 53

Васнецов Виктор Михайлович 68
Введенский Александр Иванович 254, 256–258, 273, 277–282, 304, 315, 318, 332
Елка у Ивановых 277, 280, 282
Витгенштейн Людвиг 11, 12
Владимирская Богоматерь 68, 69
Волошин Максимилиан Александрович 48
Вулф Вирджиния 20, 29, 332
Выготский Лев Семенович 106, 107, 185, 260, 262, 263
Вышеславский Леонид Николаевич 140, 141
Вяземский Петр Андреевич 194

Гамсун Кнут 192, 311, 319
Геккель Эрнст 29, 30, 216
Гернет Нина Владимировна 303
глоссолалия 113, 177–179, 181, 182, 196, 197
Гоген Поль 41, 56, 75
Гоголь Николай Васильевич 275
Гончарова Наталья Сергеевна 57–59, 61, 62, 64, 70, 79, 92, 93, 96, 100
Горький Максим 26, 191, 196, 225, 296
Гражданская война 46, 227–229, 231, 233
Гуро Елена Генриховна 63, 109, 141, 143, 146, 148, 191

дадаизм 147
Дарвин Чарльз 29, 30
Державин Гаврила Романович 164
детская литература 26, 116, 240, 247, 320

детские журналы 227, 239, 295, 296, 299–305, 312
детский фольклор 9, 130, 145, 146, 173, 190, 196, 197, 210, 243, 245, 248, 250, 253, 257, 268, 279, 283, 284, 287, 290, 291, 293, 295, 297, 298, 302, 303, 318
детский язык 28, 84, 100, 101, 104–107, 109, 110, 116, 120, 121, 124, 125, 127, 129, 131–134, 142, 143, 145–149, 166, 173, 175–178, 182, 193, 196–198, 210, 211, 286, 287, 295, 318, 332
детское восприятие 40, 86–88, 169, 193, 197, 226
детское творчество 28, 40, 43, 46, 48, 49, 54–58, 60–65, 73, 74, 89, 93, 96, 99, 100, 109, 110, 120, 121, 140–142, 155, 166, 196, 201
детство 10, 15, 20, 24–33, 39, 41, 50, 54, 61, 69, 90, 99, 100, 107, 112, 113, 121, 128, 129, 156, 163, 164, 171, 183, 185, 187, 194, 199, 203, 205, 207, 213, 215, 217, 219, 221, 240, 242, 251, 252, 255, 261, 263, 310, 325, 330; см. также младенчество, конструкт «младенец/ребенок»
культ детства 29, 99, 100, 251, 252, 255
стадии детства по Пиаже 260–262
стадии детства у Екатерины II 164, 165
Джойс Джеймс 20, 29, 332
доисторическое искусство 38, 43, 94
Достоевский Федор Михайлович 50, 111, 251, 259, 275

Друскин Яков Семенович
254, 258
Дурново (Малич) Марина
Владимировна 254, 320

Ёж, журнал 227, 239, 295–297,
299–302, 304–307, 312

жизнетворчество 32, 111, 112

Заболоцкий Николай Алексеевич 257
Замятин Евгений Иванович 296
затруднение 79, 259
заумная поэзия 135, 137, 146, 149,
190, 191, 197, 258, 287, 310
Бодуэн де Куртенэ и 175
Хармс и 258, 287, 291, 294, 310
ОБЭРИУ и 258
Шкловский и 149, 173, 180,
183, 189–191, 195, 197, 287
Зданевич Илья Михайлович
148, 149
Зелинский Фаддей Фаддее-
вич 195
Зощенко Михаил Михайло-
вич 296

игра 16–18, 31, 48, 57, 77, 82, 109,
110, 115–117, 123–125, 128,
129, 132, 146–149, 157, 165,
182, 195, 217–220, 243, 245,
246, 248, 251, 263, 287, 291,
293, 295, 297, 298, 301, 304–
308, 314, 317, 324, 326
Издебский Владимир Алексеевич
58–60
икона 68, 69, 170, 326, 328, 330
иконография 68–70, 280

империализм 208, 330; см. также
колониализм постколониа-
лизм
инфантилистская эстетика
13–16, 20–26, 49, 96, 97, 158,
166–168, 183, 187, 189, 197, 208,
209, 214, 218, 225, 227, 240, 241,
243, 246, 251, 264, 266, 276, 283,
291, 316–319, 322–334
инфантильное 12, *passim*
инфантильная амнезия
220, 243
инфантильное сознание 32,
214, 219–221, 223, 264
инфантильное мышление 171
инфантильная перспектива
13, 33, 198, 226, 232, 234
инфантильный примитивизм
12–16, 21, 23, 25, 26, 35–159,
166–168, 173, 175, 183, 189, 191,
197, 198, 200, 207, 208, 212, 214,
241, 246, 276, 299, 325, 326,
329, 330

Каменский Василий Васильевич
63, 121, 122, 148
Кандинский Василий Васильевич
28, 60, 62, 87–89, 237, 332
Клее Пауль 28, 56, 60, 332
колониализм/постколониализм
40, 44–46, 55
Короленко Владимир Галактио-
нович 194
Криммер Эдуард Михайлович
307, 308, 312, 313
Кристева Юлия 13, 107, 214, 274
крокодил 232, 274, 275
в русской литературе 275
Крония 271, 272

Кручёных Алексей Елисеевич 12,
20, 22, 38, 39, 63, 71, 81, 95,
100–159, 166, 173, 181, 183,
190–192, 200, 243, 258, 271, 279,
315, 322, 324, 327
рождение образа 118, 154
сотрудничество с Хлебниковым 22, 38, 105, 109, 117–123,
132, 133, 134, 137
эпитеты 112
интерес к детской литературе
и языку 20, 38, 63, 103–105,
116, 120, 129–133, 135–137,
140–145, 147–149, 151, 166, 173,
279, 324
дальнейшая карьера 105, 114
Шкловский и К. 12, 22, 148,
149, 166, 173, 181, 183,
190–192
15 лет русского футуризма,
сборник 151, 153
Бобэоби пелись губы 155
Весна гусиная 130, 137
Говорящее кино 154
Дыр бул щыл 104, 125, 155,
191, 192
Жизнь и смерть Лефа 154–158
Заумная гнига 135
Игра в аду 117, 118, 132
Клез сан ба 137
Малохолия в капоте 147
*На борьбу с хулиганством
в литературе* 151
Помада 93, 95, 125–127
Поросята 71, 120, 129–132,
134, 149, 279
*Сдвигология русского сти-
ха* 150
Слово как таковое 132

*Собственные рассказы детей
и рисунки детей* 134–136,
138–143
Учитесь худоги 137
Чорт и речетворцы 101, 102,
119, 132, 136
кубизм 59, 63–65, 74, 330
Кубистская девочка 19, 21
кубофутуризм 22, 59, 101, 111,
113, 118, 158, 166, 201, 299, 322
Кульбин Николай Иванович 56,
121, 123, 140, 141
Кульбина Нина 138–140, 315
Кэрролл Льюис 20, 30, 260, 311,
315, 319, 332, 333

Лавджой Артур 101
Лакан Жак 13, 30, 107, 221, 276
Ларионов Михаил Федорович 12,
20, 22, 28, 37–100, 104, 121, 126,
127, 166, 172, 200, 322, 324,
327, 332
датировка картин 97
дальнейшая карьера 91, 96
примитивистское влияние
и техника 38–40, 57, 62, 74, 89
надписи на картинах 72, 74, 75,
79, 81, 93
лучизм 91
Венера 75–77, 85
*Голова восточной женщины
с толстой шеей* 93, 97, 98
Зима. Времена года 80, 83–85
*Лучистый портрет женщины
в шляпе* 93, 95
Осень желтая 76, 78, 79, 85
Портрет А. Кручёных 104
*Портрет Наталии Гончаро-
вой* 92, 93,

Прогулка в провинциальном городе 71
Проходящя женщина 70
Синяя свинья 71
Собственный портрет Ларионова 93
Солдат на коне 72, 73
Цыганка в Тирасполе 66, 67
Лебедева Татьяна Александровна 232, 233, 235, 236
Леви-Стросс Клод 39, 44
Ленин Владимир Ильич 157, 275
лепет 13, 14, 28, 42, 55, 104–106, 108, 109, 117, 118, 120, 128, 129, 136, 145, 146, 148, 149, 151, 154, 155, 158, 165, 170, 176–179, 183, 191, 286, 291, 292, 318, 322, 324
ЛЕФ 154, 157
журнал ЛЕФ 157
Лир Эдвард 260, 311, 319
Лисицкий Эль 332
Лотман Юрий Михайлович 16, 167, 168
лучизм 88, 89, 91, 93, 94

Малевич Казимир Северинович 34, 131, 149, 322, 323, 326, 328–331, 333, 334
Исчезающие белые поверхности 333, 334
Красный квадрат 331
Черный круг 322, 323
Черный квадрат 322, 329, 331
Мандельштам Осип Эмильевич 27
манифест неопримитивизма 53, 54, 86
Маринетти Филиппо Томмазо 34, 180

Маршак Самуил Яковлевич 296–299, 312
Матюшин Михаил Васильевич 63, 119, 330
Маяковский Владимир Владимирович 8, 103, 118, 120, 133, 140, 155–157, 207, 233, 254, 256, 296, 331, 332
работы для детей 331, 332
Митинг детей, плакат Алексея Комарова 24, 25
Милица 119, 120, 134, 315
минимализм 93, 329
Мир искусства, движение 48, 56, 99, 140, 299
Миро Хуан 28, 57, 332
Мирсконца, сборник 37, 38, 81, 118, 125
младенчество 11–13, 30–32, 54, 90, 91, 94, 99, 129, 156, 163, 165, 166, 185, 188, 189, 203, 207, 208, 213, 216, 219–221, 240, 241, 250, 252, 261, 264, 269, 315, 328, 330, 331, 334
овладение языком 84, 106, 127, 133, 148, 193, 209, 211, 288
довербальное состояние 13, 107, 154, 223, 276
«младенец/ребенок» конструкт 12–16, 19, 22, 23, 25, 26, 30–34, 40, 42, 44, 47, 49, 66, 81, 87, 97–99, 101, 102, 105, 106, 109–111, 140, 142, 150, 154, 155, 158, 159, 165–167, 184, 185, 190, 200, 203, 206, 212, 214–218, 222, 234, 241, 246, 248, 251, 253, 256, 265, 272, 273, 276, 277, 291, 317, 325–328, 331
ребенок как прием 206

ребенок как странный Другой 15, 43, 166, 216, 251

ребенок как бесправный объект 256

ребенок как примитив 39, 40, 42, 47, 65, 66, 150

ребенок как жертва 103, 246, 248, 256, 290, 327

формализм и 165, 166, 184, 185, 240

футуризм и 22, 105, 106, 111, 154–156, 158, 166, 180, 330

ОБЭРИУ и 111, 166, 261, 265, 273, 277, 317

царственный младенец 330

символизм и 217, 220, 269

модернизм 18, 29, 214, 276, 306, 307, 318

модерность 37, 41, 325

морфология 156, 163, 188, 189, 294

наивность 33, 34, 73, 75, 79, 170, 186, 187, 194, 206, 228, 241

неологизм 101, 109, 117, 118, 124, 114, 145, 149, 156, 188, 191–193, 197, 211, 217, 286, 288, 325

неопримитивизм 34, 39, 40, 49, 53–59, 61, 66, 74, 86, 88, 91, 93, 97, 99, 100, 158, 166, 201, 299, 322

«открытие ребенка» 15, 42, 56–67, 107, 328

Ницше Фридрих 29, 108, 157

Новое мюнхенское художественное объединение 59

ОБЭРИУ 111, 166, 242, 249, 256–261, 263, 273, 275, 280, 283, 285, 296, 312, 318, 320

Ванна Архимеда, сборник 257, 277

детские журналы и 296, 304, 306, 312

обэриуты 22, 235, 257–263, 265, 277, 283, 296, 297, 304, 306, 316, 317

Овсянико-Куликовский Дмитрий Николаевич 209, 210

означивание (означающее/означаемое) 12–14, 19, 20, 23, 25, 79, 94, 107, 126, 145, 177, 191, 192, 194, 202, 206, 209, 222, 246, 247, 263, 278, 319, 324, 326–329

Октябрьская революция 37, 46, 156, 174, 231, 311

Олейников Николай Михайлович 254, 257, 304

ОПОЯЗ (Общество изучения поэтического языка) 170, 171, 178, 179, 198, 212

Ослиный хвост, группа 175

остранение 166, 185, 192, 199, 201–208, 226–228, 231, 234, 248, 278, 333

Пастернак Борис Леонидович 27, 115, 116

педофагия 101, 103

педофобия 251, 252, 256

Пиаже Жан 40, 260–262

Пикассо Пабло 28, 45, 57, 332

Платон 210, 237, 326

Платонов Андрей Платонович 27

Порет Алиса Ивановна 254, 313

Пощечина общественному вкусу, сборник 123, 174

примитивизм 12–16, 21–23, 25, 26, 31, 35–106, 113, 116, 118, 120, 121, 125, 132, 135, 139, 145, 148–151, 153, 158, 159, 166–168, 173, 175, 183, 189, 191, 196–198, 200, 207, 208, 212, 214, 240, 241, 246, 250, 276, 299, 319, 325, 326, 329, 330; см. также инфантильный примитивизм
Ларионов 12, 22, 37–100, 166, 322
неопримитивизм 37–100, 113, 158, 166, 201, 299, 322
п. как стратегический анахронизм 39, 40, 52, 59, 84, 94
Пропп Владимир Яковлевич 294
пространство/время 19, 20, 37, 39–44, 46, 47, 51, 64, 134, 170, 223, 243
Пруст Марсель 29
Пушкин Александр Сергеевич 27, 111, 123, 233
Пяст Владимир Алексеевич 180

ребенок-дикарь 32, 103, 112, 113
Рерих Николай Константинович 58
Рёскин Джон 168, 169
Розанова Ольга Владимировна 101, 102, 113, 120, 136, 137, 144, 149, 181
романтизм 29, 31, 42, 43, 55, 103, 205
Россия как ребенок 51
культурная отсталость Р. 50
восточное наследие 51
отрицание Запада 50–57
Русакова Эстер 286
Руссо Жан-Жак 42, 163, 164, 255, 256

Садок судей, альманах 119
свинья в русской литературе 71
сдвиг 23, 29, 52, 59, 89, 133, 165, 166, 182–186, 198, 207, 211, 226, 231, 240, 241, 274, 278, 304
Северянин Игорь 123
семиотика 13, 15, 16, 18, 44, 134, 167, 184, 187, 190, 318, 319
Сервантес Мигель 213, 225
Дон Кихот 213, 214
символизм 26, 48, 56, 91, 155, 212, 215, 217–221, 224, 225, 233, 259, 269, 281, 310
Синий всадник/Der Blaue Reiter, движение 60, 123
сказки 205, 303, 315–317, 332
словотворчество 124, 158, 173, 193, 197, 211, 291
собственный язык детей 125, 127, 134, 144, 155, 198
Сологуб Федор Кузьмич 27, 47, 136
социалистический реализм 17, 20, 249, 305, 324, 331
Союз молодежи, сборник 55, 131, 180
спонтанность искусства модерна 302
Стерн Лоуренс 213, 225, 226
субъектность 13, 14, 18, 23, 28, 32, 33, 166, 214, 241, 265, 273, 276, 318
супрематизм 113, 322, 325, 330

Терентьев Игорь Герасимович 124, 125, 148, 149, 151, 152
Толстой Лев Николаевич 28, 48, 53, 56, 111, 124, 129, 137, 138, 198–201, 203–208, 220, 223, 225,

228, 230, 231, 243, 245, 251–253, 255, 256, 264, 301

Хармс и 243, 245, 251–256

использование Шкловским 198–208

Война и мир 219

Детская мудрость 129, 204

Детство 205, 207

Кому у кого учиться писать: крестьянским ребятам у нас или нам у крестьянских ребят? 45, 53, 137, 200, 207

Холстомер 203–206, 228

Что такое искусство? 199, 200

Толстая-Вечорка Татьяна Владимировна 150

Тугенхольд Яков Александрович 99

Туфанов Александр Васильевич 258

универсальный язык 28, 133, 134, 147

Филонов Павел Николаевич 70

Философов Дмитрий Александрович 179, 180

Флоренский Павел Александрович 170, 171

фовизм 59

фольклор 104, 130, 142, 145, 146, 173, 190, 196, 197, 210, 243, 254, 248, 250, 253, 257, 268, 279, 283, 284, 287, 290, 291, 293, 295, 297, 298, 302, 303, 318

формализм 21, 49, 110, 141, 163, 165, 166, 168, 173, 177, 178, 181,

183–186, 189, 193, 198, 227, 238–241, 259, 296, 322, 327

Фрейд Зигмунд 29–32, 43, 107, 179, 242, 244–248, 267, 279

футуризм 47, 63, 104–106, 113, 118, 119, 121, 124, 125, 127, 132, 139, 147, 150, 151, 153–158, 173, 178–180, 182, 183, 193, 196, 225

Хармс Даниил Иванович 12, 21, 22, 111, 166, 233, 239, 242–246, 248–258, 260–262, 264–277, 280, 283–295, 297, 302–304, 306–325

абсурдизм 21, 166, 249, 250, 265, 322

отношение к детям 111, 251, 252, 254,

автобиографии 264, 266, 267, 269, 270, 272

смерть 320

интерес к детскому языку и литературе 21, 242–246, 248–258, 283–295, 297, 302–304, 306–325

псевдонимы 283

работа в детских журналах 302–304, 312

Анекдоты из жизни Пушкина 233

Был Володя на елке 273, 280

В июле как-то в лето наше 283

Ваньки встаньки [I] 287

Ваньки встаньки [II] 287

Вываливающиеся старухи 309

Елизавета Бам 277

Инкубаторный период 242, 243, 264, 269, 272

Как старушка чернила покупала 307, 308, 313, 314
Кика и Кока 287
О том как Иван Иванович попросил и что из этого вышло 284
От бабушки до Esther 285–287
Половинки 287
Пожар 289
Сек 287
Сказка 315–317
Скупость 287
Случаи 309
Случай на железной дороге 289
Старуха 309, 311
Странный бородач 306
Судьба жены профессора 255
Теперь я расскажу как я родился 264, 266
Фадеев Калдеев и Пепермалдеев 293–295
Человек устроен из трех частей 292
Хёйзинга Йохан 16
Хлебников Велимир 22, 38, 105, 109, 117–123, 125, 130, 132–134, 137, 143, 145, 146, 148, 155–157, 174, 180, 192, 258, 295, 315; см. также Мирсконца
и *Пощечина общественному вкусу* 174
отношение к детям 22, 119, 120, 125, 132, 133, 174
сотрудничество с Кручёных 105, 117–120
критика Кручёных 117
Заклятие смехом 295
Зангези 130, 133, 137

Цветаева Марина Ивановна 27, 217
цензура и репрессии в отношении русского авангарда 18, 320

Чаадаев Петр Яковлевич 50, 51, 275
Чиж, журнал 239, 295, 298, 302–304, 306, 312, 315, 316
Чуковская Лидия Корнеевна 296, 298, 312
Чуковский Корней Иванович 82, 109, 122–124, 131, 148, 156, 193, 198, 210, 211, 275, 296, 298

Шварц Евгений Львович 296, 304
Шевченко Александр Васильевич 53, 54, 56–58, 61, 63–65, 86, 100
Шкловский Виктор Борисович 12, 21, 22, 84, 90, 109, 128, 148, 149, 163, 165–175, 177–199, 201–215, 217, 224–240, 259, 261, 262, 268, 287, 296, 301, 322–325, 327, 333
«затрудненная форма» 202, 209, 259
футуризм и 22, 173, 179–187, 196, 225
идея формы 172, 188, 208–212
интерес к детскому языку / литературе 166, 173, 196–198, 209–211
перевернутое изображение 90, 170
изучение языка 170, 173, 209
неологизмы 188, 191–193, 197, 217

Воскрешение слова 163, 169, 181, 188–190

Искусство как прием 169, 186, 198, 201, 204, 209, 211, 213, 228, 333

Место футуризма в истории языка 182

Нанду II 227, 229, 230

О заумном языке 183

О поэзии и заумном языке 149, 189, 190, 195

О теории прозы 213

Орнаментальная проза 213

Сентиментальное путешествие 229

Сказка о тенях 227, 232, 233, 235, 236, 238

Страус 227

Третья фабрика 226

Ход коня 184–186, 226, 229

ZOO, или Письма не о любви 229, 230

Шопенгауэр Артур 210

Штайнер Рудольф 216, 219

эзопов язык 227, 228, 238, 247, 303

Эйхенбаум Борис Михайлович 197, 198

Эриксон (Erikson) Эрик 255, 263

Эрлих Марианна 141–143, 315

этимология 13, 14, 52, 55, 108, 111, 163, 164, 167, 182, 188–190, 210, 211

Явленский Алексей Георгиевич 60

Якобсон Роман Осипович 109, 121–123, 128, 133, 134, 137, 144–149, 173, 198, 211, 286, 287

интерес к детскому творчеству 121, 122, 133, 134, 145–149, 286

лингвистические исследования 133, 146, 173, 286

его поэзия 137

Якубинский Лев Петрович 174, 178, 179, 198

enfant terrible 32, 103, 112–114, 150, 151, 156, 158

Список иллюстраций

Рис. 1. Без названия (Кубистская девочка). Рисунок ученицы шестого класса.

Рис. 2. Алексей Комаров. Митинг детей. Плакат, 1923 год.

Рис. 3. Михаил Ларионов. Вселеночка. Лучистая композиция. Иллюстрация Михаила Ларионова к книге Алексея Кручёных и Велимира Хлебникова «Мирсконца», 1912 год.

Рис. 4. Анонимный детский рисунок, 1913 год.

Рис. 5. Михаил Ларионов. Цыганка в Тирасполе, 1909 год.

Рис. 6. Владимирская икона Божией Матери, XI–XII века.

Рис. 7. Михаил Ларионов. Солдат на коне, 1910–1911 год.

Рис. 8. Михаил Ларионов. Венера, 1912 год.

Рис. 9. Михаил Ларионов. Осень желтая (Осень счастливая), 1912 год.

Рис. 10. Михаил Ларионов. Зима. Из цикла «Времена года», 1912 год.

Рис. 11. Михаил Ларионов. Портрет Н. С. Гончаровой, 1913 год.

Рис. 12. Михаил Ларионов. Лучистый портрет женщины в шляпе (иллюстрация к «Помаде» А. Кручёных), 1913 год.

Рис. 13. Михаил Ларионов. Голова восточной женщины с толстой шеей (Женская голова и птичка с веткой в клюве. Из альбома «Путешествие в Турцию», около 1928 года).

Рис. 14. Ольга Розанова. Чорт и речетворцы. Обложка книги Алексея Кручёных, 1913 год.

Рис. 15. Михаил Ларионов. Портрет А. Кручёных, 1912 год.

Рис. 16. Босиком на крапиве. Визуальное стихотворение из сборника «Танго с коровами» Василия Каменского, 1914 год.

Рис. 17. Страница из книги «Помада». Текст Алексея Кручёных, иллюстрации Михаила Ларионова, 1913 год.

Рис. 18. Страница из книги «Помада». Текст Алексея Кручёных, иллюстрации Михаила Ларионова, 1913 год.

Рис. 19. Обложка сборника «Поросята» Зины В. и А. Кручёных с иллюстрациями Казимира Малевича, 1913 год.

Рис. 20. Обложка сборника «Собственные рассказы детей» под редакцией Алексея Кручёных, 1914 год.

Рис. 21. Обложка сборника «Собственные рассказы, стихи и песни детей» под редакцией Алексея Кручёных, 1923 год.

Рис. 22. Рисунки лиц, выполненные Ниной Кульбиной, из сборника Алексея Кручёных «Собственные рассказы и рисунки детей», 1914 год.

Рис. 23. Рисунок дома, выполненный Ниной Кульбиной, из сборника Алексея Кручёных «Собственные рассказы и рисунки детей», 1914 год.

Рис. 24. Рисунок М. Э. [Марианны Эрлих] из сборника Алексея Кручёных «Собственные рассказы и рисунки детей», 1914 год.

Рис. 25. Обложка сборника «Небесные верблюжата», разработанный Марианной Эрлих для книги Елены Гуро, 1914 год.

Рис. 26. Обложка книги А. Кручёных «На борьбу с хулиганством в литературе». Дизайн Густава Клуциса, 1926 год.

Рис. 27. Обложка книги Алексея Кручёных «15 лет русского футуризма». Дизайн Густава Клуциса, 1928 год.

Рис. 28. Обложка сборника В. Шкловского «Ход коня», 1923 год. (Шкловский В. Б. Ход коня: Сборник статей. М.; Берлин: Геликон, 1923).

Рис. 29. Страница сборника В. Шкловского «Ход коня», 1923 год. (Шкловский В. Б. Ход коня: Сборник статей. М.; Берлин: Геликон, 1923).

Рис. 30. Обложка Н. Тырсы для книги В. Шкловского «Нанду II», 1928 год.

Рис. 31. Обложка «Сказки о тенях» В. Шкловского, оформление Т. Лебедевой, 1931 год.

Рис. 32. Иллюстрации Т. Лебедевой к «Сказке о тенях».

Рис. 33. Иллюстрации Т. Лебедевой к «Сказке о тенях».

Рис. 34. Фотография Даниила Ювачева (Хармса), сделанная Левицким, 1906 год.

Рис. 35. Обложка журнала «Еж», (1928. № 1).

Рис. 36. Обложка журнала «Еж», (1928. № 12).

Рис. 37. Обложка журнала «Чиж» (1930. № 12).

Рис. 38. Опубликованные детские рисунки на обложках журнала «Еж» (1928–1935).

Рис. 39. Упражнение «Зоркий глаз»» с задней обложки журнала «Еж» (1929. № 1. С. 3).

Рис. 40. Обложка книги «О том, как старушка чернила покупала». Эскиз обложки Э. Криммера к книге Даниила Хармса, 1928 год.

Рис. 41. Иллюстрации Э. Криммера к книге Даниила Хармса «О том, как старушка чернила покупала», 1928 год.

Рис. 42. Фотография Даниила Хармса в последние годы жизни, 1938 год.

Рис. 43. Казимир Малевич. Черный круг. Около 1923 года.

Рис. 44. Казимир Малевич. Черный квадрат. Около 1923 года.

Рис. 45. Казимир Малевич. Исчезающие белые поверхности. 1917–1918 годы.

Оглавление

Слова благодарности   7

Введение. От безречия к голосу 11

Часть I. Инфантильный примитивизм

Глава первая. Детское искусство: Михаил Ларионов,
    детские рисунки и неопримитивизм 37

Глава вторая. Детское слово: Алексей Кручёных,
    детский язык и поэтика кубофутуризма 101

Часть II. Инфантилистская эстетика

Глава третья. Детский взгляд: Виктор Шкловский,
    наивная перспектива и теория формализма 163

Глава четвертая. Детское сознание: Даниил Хармс,
    детский алогизм и литература абсурда ОБЭРИУ 242

Заключение. Конечная точка инфантилистской эстетики . . . 322

Библиография 335
Предметно-именной указатель 355
Список иллюстраций 365